KB124205

明文東洋古典

新譯

諸子百家

金瑩洙・安吉煥　共撰譯

明文堂

[上] **복희상**(伏羲像) 중국의 전설적인 상고사(上古史)는 삼황오제(三皇五帝)로부터 시작된다. 삼황 중 으뜸으로 꼽히는 복희는 역(易)의 팔괘(八卦)를 만들고 그물을 만들어 고기잡이를 가르쳤다고 한다. 13세기, 남송(南宋) 마린(馬麟) 그림. 고궁박물관(故宮博物館) 소장.

[下] **은허**(殷墟) **출토 옥기**(玉器) 옥은 사악(邪惡)을 물리치는 주력(呪力)이 있다고 했다. 은나라 때부터 서주(西周) 초기에 걸쳐 동물의 모양을 한 장신구라든가 애완물품이 많이 만들어졌다. 훼룡(虺龍 : 살모사, 左)과 기러기(中)와 물고기(右). 안양시(安陽市)에서 출토.

堯

大哉帝堯　盛德巍巍
垂衣而治　光披華夷
聖神文武　四岳是咨
揖遜之興　萬世仰之

帝舜
大孝格天
玄德配帝
精一執中
聖學攸始
煥乎文章
巍乎成功
千萬世下
仰瞻無窮

[左] 요제상(堯帝像)　상고시대 오
제(五帝) 중 한 사람. 의관(衣冠)
을 갖추고 발에는 적석(赤舄 : 빨간
신)을 신고 있다. 13세기, 남송(南
宋) 마린(馬麟) 그림. 고궁박물관
소장.

[右] 순제상(舜帝像)　상고시대 오
제 중 한 사람. 곤룡포에 면류관을
쓰고 있다. 16세기 명(明) 손승은
(孫承恩) 그림.《집고상찬(集古像
贊)》에서.

禹

克勤于邦　烝民乃粒

慮戜在彰　廚中允執

惡酒好言　九叙由立

不伐不矜　振古莫及

[左] **우왕상**(禹王像)　우왕은 순제 (舜帝)로부터 천하를 물려받아 하 (夏)나라를 창시했다. 곤룡포에 면 류관을 쓴 우왕이 환규(桓圭 : 위 는 뾰족하고 아래는 사각인 옥)를 들고 있다. 13세기, 남송(南宋) 마 린(馬麟) 그림. 고궁박물관 소장.

[下] **균대**(鈞臺)　하대(夏臺)라고 도 한다. 하남성 우현(禹縣) 소재. 우왕의 아들 계(啓)가 왕위에 오른 다음 제후들을 이 균대로 초치하여 향응을 베풀었다는 기록이 《좌전 (左傳)》에 전한다. 또 하나라 최후 의 왕인 걸왕(桀王)이 후일 은(殷) 나라를 세우는 탕(湯)을 이 균대에 감금한 적이 있다고 《사기(史記)》 는 전하고 있다. 이 균대를 중심으 로 하는 일대에서 하나라 시대의 유적과 유물이 많이 발굴되고 있어 서 이런 기록들을 뒷받침해 주고, 하왕조의 실재가 더욱 거론되고 있 다.

[上] **공자입상**(孔子立像) 노(魯)나라 정치가로서 주공(周公)의 이상(理想)을 추구하던 공자는 개혁에 실패하여 망명길에 나선다. 만년에는 노나라로 돌아와서 《시경(詩經)》《서경(書經)》등, 고전의 정리 편집과 제자 교육에 전심했다. 그런 공자의 언행을 모은 책이 《논어(論語)》이다.

[下] **공묘대성전**(孔廟大成殿) 공자를 제사지내는 공묘의 정전(正殿). 맹자(孟子)의 평(評)에, 공자는 성지(聖旨)를 겸비하고 선인(先人)의 갖가지 장점을 '집대성(集大成)'했다 하여 '대성전'이란 이름을 붙였다. 산동성 곡부(曲阜) 소재.

[上左] **관중**(管仲) 관중은 부국강병에 힘을 써 제환공을 패자(覇者)의 자리
에 올려놓았다. 고대 중국에서부터 당나라 때까지의 성인·현인·명신을 그린
〈현성도(賢聖圖)〉. 우측이 관중이고, 좌측은 당나라 시인 유우석(劉禹錫).
[上右] **순자**(荀子) 전국시대의 사상가. 이름은 황(況). 맹자의 성선설(性善
說)에 대하여 성악설(性惡說)을 주장했다.
[下] **합려**(闔閭)**의 묘**(墓) 소주시(蘇州市) 호구(虎丘) 소재.

[上] **조형청동제유**(鳥形靑銅製卣) 서주(西周) 초기. 하남성 준현(濬縣) 출토. 높이 23.5cm. 닭 머리인 이 술통은 내부와 뚜껑 속에 '대보주(大保鑄)'라는 명문이 새겨져 있는데 서주 초기의 대보관(大保官)이었던 소공석(召公奭)의 것임을 입증해 주고 있다.

[下左] **모공정**(毛工鼎) 서주 후기 선왕(宣王) 시대. 높이 53.8cm. 섬서성 기산현(岐山縣) 출토. 명문으로 보아 선왕이 모공에게 정치 혁신을 명하며 하사한 것임을 알 수 있다.

[下右] **부종주종**(麩宗周鐘) 서주 소왕(昭王) 시대. 높이 65.6cm. 악기의 일종이다. 부(麩)는 제후 중 한 사람으로서 소왕의 명을 받고 남정(南征)하여 승리했는데 그 기념으로 이 종을 만들어 도종주(都宗周)에 헌상했다.

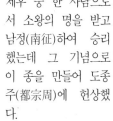

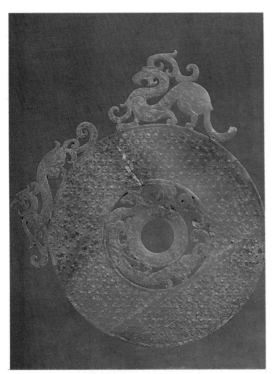 

[上左] **백옥제벽**(白玉製璧) 전국시대 후기. 직경 21.9㎝. 중앙에 원형의 구멍을 뚫은 원판상 옥기(玉器)를 벽(璧)이라고 한다.

[上右] **월왕**(越王) **자지어사**(者旨於賜)**의 모**(矛) 춘추시대 말기. 자지어사는 월왕 구천(勾踐)의 아들이다. 이 창은 청동으로 만든 것에 금으로 상감했다.

[下] **월왕 구천**(勾踐)**의 검**(劍) 춘추시대 후기. 길이 55.6㎝. 호북성 강릉현 망산(望山)의 초(楚)의 묘지에서 발굴되었다. 문자는 금으로 상감되어 있으며, 구천이 죽은 후에도 그 자손에게 전해졌었다.

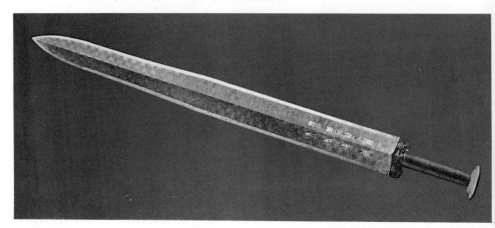

책머리에
－해제(解題)－

중국의 고대 사상가 이름에는 대체로 '자(子)'라는 호칭이 붙어 다닌다. 이 '자'란 남자의 존칭으로서 '선생'의 뜻을 지니며 동시에 '선생이 지은 책'을 가리킨다. 따라서 '제자(諸子)'란 '많은 사상가들'을 지칭하는데, 중국의 고대 사상가들을 '제자백가'로 통칭하기는 한(漢)나라 성제(成帝 : 재위 기원전 33~기원전 7년) 때이다.

그보다 앞서, 진시황(秦始皇)의 '분서갱유(焚書坑儒)' 사건이 벌어지면서부터 고대 중국의 사상적 근거가 흔들리기 시작하고 한(漢)나라의 통일천하가 이루어지기까지의 혼란기를 거침으로써, 고대 중국의 사상계는 일종의 마비상태에 빠져들게 되었다. 이에 한제국(漢帝國)의 체제가 안정되면서부터 이 마비상태에의 타개책이 강구되기 시작해, 무제(武帝) 때에는 본격적인 집서계획(集書計劃)이 이루어졌고, 성제 때에 그 정리 사업이 진행됐다.

이때 중심이 된 사람이 유향(劉向)·유흠(劉歆) 부자로, 뒤에 유흠은 〈칠략(七略)〉이라는 분류 목록을 작성해, 정리 사업의 완료를 보고했다. 〈칠략〉은 글자 그대로 모든 서적을 7종으로 분류하였다는 뜻으로, 이때 제1 부류인 〈육예략(六藝略)〉에 이어 〈제자략(諸子略)〉이 제2 부류로 구성된 것이다.

〈제자략〉에 수록된 서책은 모두 189가(家)에 4천 수백 권으로서,

이로부터 '백가(百家)'라는 말이 제자와 함께 성어(成語)를 이루게 됐다. 〈제자략〉은 다시 유가(儒家)·도가(道家)·음양가(陰陽家)·법가(法家)·명가(名家)·묵가(墨家)·종횡가(縱橫家)·잡가(雜家)·농가(農家) 이렇게 아홉 유파로 나누어지고, 여기에 소설가(小說家)가 덧붙여져 있다. 제자백가를 '구류백가(九流百家)'라고도 하는 것은 그 때문이다.

그러나 이 구류 속에는 《손자》나 《오자(吳子)》 같은 군학(軍學) 서적 즉, 병가(兵家)의 책이 들어 있지 않다. 그것은 〈제자략〉과는 별도로, 〈병서략〉이라는 부류가 뒤에 있기 때문이지만 나중에는 병가 역시 '제자백가' 속에 포함된다.

이 제자백가의 저술은 어느 것이나 다 한 개인의 독자적인 저술은 아니라고 보아야 할 것이다. 그러나 이들 몇 사람의 손을 거쳐 완성된 것들이면서도 제각기 뚜렷한 개성을 지니고 있다는 점은 주목되는 바이고, 또 그에 응당한 평가를 받고 있다.

사실 고대 중국의 극도에 이른 혼란기라 할 수 있는 전국시대(戰國時代)를 무대로 갖가지 활약과 사상 체계의 확립을 실현한 제자백가를 단 한 권으로 요약하기란 불가능한 일 중의 하나이다.

따라서 이 책은 우선 제자백가 중에서도 주요한 세력을 차지하고 있던 유가(儒家)·도가(道家)·묵가(墨家)·법가(法家)의 주요 저작이랄 수 있는 공자(孔子)·맹자(孟子)·노자(老子)·장자(莊子)·열자(列子)·포박자(抱朴子)·한비자(韓非子)·순자(荀子)·묵자(墨子) 등과, 여타의 제자백가의 활약상을 담고 있는 《전국책》《여씨춘추》《회남자》《사기》 등을 대상으로 하였다. 각 편의 수록 순위는 원전이 지닌 우의성(寓意性)에 중점을 두었다.

제자백가 중, 유가·묵가·도가·법가에 대한 대략은 생략하고, 여타의 제자에 대해서만 그 개요를 붙이겠다.

우선 농가는 신농(神農)이라는 수호신을 세워, 개농주의(皆農主義)를 설파하고 스스로 농경에 힘쓰는 실천적인 집단이었다. 물가 통제를 행하는 경제적인 주장도 있었던 모양인데 오늘날 그 종합된 자료는 없다. 《맹자》에서 볼 수 있는 것은 간단하긴 하나 귀중한 자료이다. 《여씨춘추》〈상농편〉 이하에 농업을 존중하여야 할 일을 설명한 것이나 한나라 초기의 농업정책론 등은 이 파의 흐름이라고 보아야 할 것이다.

명가는 논리학파라 할 수 있는 것이다. 그러나 농가의 경우처럼 뚜렷한 집단을 구성하고 있던 것은 아니다. 여기 발췌된 유가의 《순자》〈정명편(正名篇)〉, 묵가의 《묵자》〈경편(經篇)〉 등도 논리학 자료이다. 변론을 첫째로 꼽는 제자백가 속에서는 학파를 불문하고 크건 작건 논리에 대한 반성이 일어나는 것은 자연스러운 일이었다. 순수한 명가로 알려진 것은 궤변을 주로 한 혜시(惠施)나 공손룡(公孫龍)이다. 혜시는 '하늘은 땅과 같이 낮고, 산(山)은 습지와 같이 편평하다', '태양이 바로 위에 있을 때는 이미 기운 것이다'라고 말하며, 현실의 시간이나 공간의 관념을 부정했다. 그 자료는 《장자》〈천하편〉에 가장 잘 정리되어 있다. 공손룡은 '백마는 말이 아니다', '견백석(堅白石)은 두 개의 물건이다'라는 등, 개념 분석을 주로 했다. 《공손룡자》라는 책이 전해지고 있으나, 어디까지가 원본대로 전해진 것인가는 의문이며, 또 본문도 제대로 되어 있지 않다.

음양가에 대한 일은 잘 모른다. 고대인은 이 우주에는 여성적인 음기(陰氣)와 남성적인 양기(陽氣)가 충만해 있어, 그것으로 세계가 이루어졌다고 생각하고 있었다. 음양가는 그런 우주론을 주로 한 학파를 가리키는 것이겠는데, 그 파에 속하는 인물로 들 수 있는 것은 추연(鄒衍)이다. 그는 '담천(談天)의 연(衍)'이란 별명을 듣는 웅변가였으나 중국 본토를 세계의 80분의 1에 불과하다는 공상적인 대지리설(大地理說)을 주장하고, 또 목·화·토·금·수 오행(五行)의 덕에 의해 고

대 왕조의 역사를 설명했다. 다만 그 자료는 《사기》 속에 약간 인용되었을 뿐 《추자(鄒子)》라는 책은 없어졌다.

종횡가는 사상가라기보다는 오히려 국제 외교의 흑막으로 활약한 책사(策士)들이다. 동방의 6개국을 남북[縱]으로 연합케 하여 서(西)의 진(秦)나라에 대항하려는 것이 합종설(合縱說)로, 그 대표자는 소진(蘇秦)이다. 서의 진나라와 동의 어느 나라가 동서[橫]로 동맹을 맺고 다른 나라를 공격하려는 것이 연횡설(連衡說)로, 그 대표자는 장의(張儀)이다. 그들의 선생을 귀곡자(鬼谷子)라고 했는데, 그 이름으로 된 책이 오늘날에도 전해지고 있다. 또 《전국책》 속에는 그들의 활동 상황이 생생히 그려져 있다.

최후로 잡가는 《관자(管子)》나 《여씨춘추》 등에 내포된 사상이 그것이라고 하는데, 그 책들의 내용이 잡스러워 지금까지의 구분 속에 들어갈 수 없기 때문에, 잡가로 한 데 불과하다.

이런 점으로 보아 잘 알 수 있듯이 지금까지 말해 온 파별(派別)은 후세 사람들이 한 편이적인 분류이다. 실제로 학파로서의 통합과 전통을 유지했다고 볼 수 있는 것은 유가와 묵가 정도가 확실하다. 도가나 법가라는 제자백가의 파별을 그대로 후세의 학파라는 이름에 합당한 것으로 생각하는 것은 잘못이다. 오히려 제자백가의 사람들은 전국이라는 특수한 시대 상황에 따라 발흥한 개성적인 자유사상가들이었다. 학파의 의식이 이미 있었던 것만은 명백하나 실정은 뛰어난 개인을 중심으로 하는 개별적인 집단의식이 강했었다고 봄이 옳을 것이다.

전국시대는 일반 민중에게 있어서 분명 불행한 전란 시대였다. 그러나 그것은 봉건 체제가 확립된 후세와는 달리 어떤 뜻에서는 활기차고 자유로운 공기가 충만한 세계였다. 제자백가의 사람들은 그런 자유로운 공기 속에서 태어난 것이다.

■ 장자(莊子)

제자백가의 여러 책 중에서도 가장 이채롭고 문학적 상상력의 보고(寶庫)라고 일컬어지는 《장자》의 저자는 장주(莊周)이다.

장주는 유가(儒家)·묵가(墨家)와 더불어 정립(鼎立)하는 도가(道家)의 중심 인물이기 때문에 노자(老子)와 아울러 '노장(老莊)'이라고 불리기도 한다.

장주의 생몰 연대는 분명하지 않은데, 《사기(史記)》에서는 위혜왕(魏惠王 : 재위 기원전 370~319년) 및 제선왕(齊宣王 : 재위 기원전 319~301년)과 동시대 인물이라고 기록되어 있다. 어떤 학자는 장주의 생존 시기를 기원전 369년에서부터 기원전 286년까지로 추정하기도 한다.

그의 출생지는 몽(蒙), 즉 지금의 하남성(河南省) 상구현(商邱縣) 부근으로 전하는데 당시는 송(宋)나라에 속한다.

장주의 활동 시기는 대체로 전국시대이지만, 그는 당시의 풍조인 변사(辯士)들의 유세(遊說)에 대해서 오히려 초연한 태도를 보였을 뿐 아니라, 《사기》에 의하면 초위왕(楚威王)에게서 재상(宰相)의 초빙을 받고서도 웃으며 거절했다고 한다.

그의 저서인 《장자》는 논문과 우화로 이루어졌으며, 전문 6만 5천여 자(字) 33편인바, 다시 〈내편(內篇)〉 7, 〈외편〉 15, 〈잡편〉 11의 세 부분으로 나뉘어진다. 편명(篇名)의 이름은 〈내편〉에만 의미가 있고, 〈외편〉 〈잡편〉은 모두(冒頭)의 문자에 의해서 형식적으로 붙여져 있다. 또한 〈잡편〉의 경우, 내용과 문장에 차이가 많아 후세의 위작(僞作)이라는 혐의를 받기도 한다.

장주의 사상은 노자의 도(道)를 발전 종합한 것으로서 '부지(不知)

의 지(知)'와 '만물제동(萬物齊同)' 등으로 요약된다. 다시 말해서 세속(世俗)의 권위나 명예 및 도덕(道德) 따위는 전혀 무가치한 것이며, 생사(生死)는 자연계(自然界)의 한 현상에 지나지 않는다는 것이다.

《장자》는 처음에 그것이 인간성 회복(人間性回復)을 내포한다 하여 체제유지(體制維持)에 전력을 기울이는 권력 계급으로부터 질시받았지만, 근대에 이르러서는 '무위자연(無爲自然)의 다스림[治]', 즉 이상적(理想的)인 정치 형태를 제시했다 하여 높이 평가받는다.

한편 장주의 신선사상(神仙思想)은 민간신앙과 결합, 변질되면서 더욱 세력을 떨쳐, 한때 당(唐)나라에서는 《장자》를 《남화진경(南華眞經)》, 장주를 '남화진인(南華眞人)'이라고까지 존숭할 정도였다.

또한 《장자》의 그 자유분방한 상상력은 후세의 문학가에게 《장자》를 필독(必讀)의 서(書)로 받아들이게 했을 뿐 아니라, '무용(無用)의 용(用)'이라는 장주의 견해는 문학이 정치·도덕에서 떨어져 나와 독자적인 장르를 형성하는 근대적인 문학관 확립에도 커다란 역할을 해냈다.

결론을 말한다면, 《장자》는 새로운 가치 창조의 원천(源泉)으로 이용될 뿐 아니라 인간이 구현한 현대 문명에, 인간이 압박받는 오늘과 같은 역구조(逆構造) 속의 현대인에게 새로운 의의와 반성을 갖게 한다.

■ 열자(列子)

열자의 이름은 어구(禦寇)로서 혹은 오구(圄寇), 어구(圍寇)라고도 쓴다. 기원전 400년경 정(鄭)나라에서 태어났다고 하며 노자(老子)의 제자이자 장자의 선배이다. 시대적으로 공자(孔子)와 맹자(孟子) 사이에 활동했다고 추정된다.

그러나 일부에서는 열어구가 실존 인물이 아니며 《열자》 자체도 진

(晉)나라 때의 위작(僞作)이라고 주장하는데, 사실《열자》는 내용상《장자》및《회남자(淮南子)》《산해경(山海經)》《한비자(韓非子)》《여씨춘추(呂氏春秋)》등과 중복되는 이야기가 많다. 그 중에서도 특히《장자》의 수록 내용과 같은 우화는 25여 종이나 된다.

아무튼《열자》는 많은 의문을 지니면서도 방대한 양의 우화를 주내용으로 하고 있어서 역대에 걸쳐 인기있는 애독서의 하나로 늘 꼽혀왔다.

따라서 사상적으로도 뚜렷하게 일관된 사상은 없으나,《열자》가 도가(道家)에 속한다는 것은 명확한 사실이다. 즉 그 기조(基調)를 이루는 것은 도가사상이며, 노자의 무위(無爲)를 더욱 축소시켜 현실을 아예 외면할 뿐 아니라 상대적인 차별이 있는 일반적 현상을 초월한 절대적인 '자연(自然)의 도(道)'가 존재한다고 역설한다. 그렇지만 이 주장이 동시에 불교사상(佛敎思想)과 맥락을 가짐으로써 '진나라 때의 위작'이라는 설을 굳히기도 한다.

그의 사상과 관계없이《열자》의 주내용을 이루는 우화는 일면 고대 중국인들의 생활과 사고방식의 한 양상을 드러내고 있어 흥미를 끈다. 다시 말해 당대 중국인들의 언행은 부지불식중에 우리로 하여금 그들 중국인의 본질을 깨닫게 한다는 점이다.

■ 노자 (老子)

《노자》의 저자로 전해지는 노담(老聃)은 춘추시대 말기의 현인(賢人)으로서, 공자에게도 가르침을 준 일이 있다고 하는데, 일설에 의하면 성명은 이이(李耳), 자(字)를 담(聃)이라 했다고 전해 온다. 초(楚)나라 출신으로서 주(周)나라 왕실을 섬겼는데 주나라의 덕이 쇠퇴해지는 것을 보고, 함곡관(函谷關)을 나와 그대로 행방불명이 되었다고 한다.

　그러나 노담이 실존인물이었음을 증명할 만한 문헌이나 자료는 없어서, 단지 우화적 존재가 아닌가 하는 의심을 자아내게 한다. 가령 그 존재를 긍정한다 하더라도 《노자》라는 서적이 노담의 저작일 가능성은 없다고 해도 좋겠다.

　《노자》는 《노자서(老子書)》, 또는 《노자도덕경(老子道德經)》이라고도 한다. 그 용어나 문체 등으로 보아 전국시대 이후의 작품이라는 점에는 의심의 여지가 없다.

　사상적으로는 전국시대의 양주(楊朱) · 송연(宋鈃) · 윤문(尹文) · 전병(田駢) · 신도(愼到) · 장주(莊周) 등등, 후일 일괄하여 도가(道家)로 분류되는 여러 학파의 설이 혼재(混在)되어 있다는 점에서, 주로 도가에 속하는 사람들의 사상을 집약하여 체계화하고 노담의 이름을 가탁(假託)한 것으로 생각하는 설이 유력하다. 그러나 그것이 몇 사람의 손에 의해 이루어진 것인지는 분명치 않다.

　'도(道)'를 체득한 성인(聖人 : 이상적 知者란 의미. 儒敎에서 말하는 有德者로서의 聖人과는 다르다)만이 이상적 사회를 실현할 수 있다고 하는 그 정치이론은 이윽고 법가(法家)의 설과 결합되어 군주 독재제(獨裁制)의 확립에 기여했다고 평가되며, 또 힘의 남용을 피하면서 싸우지 않고 승리하는 것을 주안점으로 삼은 군사론(軍事論)은 《손자(孫子)》의 병법과 연관성이 있다.

　전문(全文) 약 5천 4백 자로 이루어져 있으며, 통행본(通行本)은 이것을 81장으로 나누고 1~37장을 상편(上篇), 38~81장을 하편(下篇)으로 한다.

　이 《노자》와 다음의 《포박자》는 일화 중심이 아닌 사상 중심으로 이 책에 수록했다.

■ 포박자(抱朴子)

《포박자》란 《노자》의 '견소포박(見素抱撲)'이란 말에서 따온 저자의 호(號)임과 동시에 저서의 제명(題名)이기도 하다. 내편(內篇) 20권은 선도(仙道)를 설명하는 도가(道家)의 서(書), 외편(外篇) 50권은 유가(儒家) 입장에서 세상 풍속의 득실을 논한 서(書)이다. 단, 《포박자》라고 하면 통상 내편만을 가리킨다. 본문은 〈창현(暢玄)〉〈논선(論仙)〉 이하 합계 20편이다.

진(秦)나라 시황제(始皇帝)라든가 한(韓)나라 무제(武帝)는 전문적인 방사(方士)에게 명하여 불사약을 구해 보았지만 성공하지 못했다. 한나라 시대에는 태평도(太平道)라든가 오두미도(五斗米道)로 불리는 도교 교단이 흥성했는데, 그것은 경전(經典) 독송(讀誦)이나 기도를 중시하는 신흥 종교로서, 자력(自力)으로 불사신선(不死神仙)이 되고자 하는 것은 아니었다.

그러던 것이 진(晉)나라 시대가 되어, 포박자, 즉 갈홍(葛洪)에 의해 '선도(仙道)'의 실현을 목적으로 하는 행기(行氣 : 호흡법)라든가 방중술(房中術 : 性交 기술) 등의 건강법을 위시하여 승선(昇仙)의 단약(丹藥)을 만들기 위해 약물학(藥物學)·화학·의학을 연구하는 등, 종래의 사상·종교로서의 노장학(老莊學)과 도교에 과학적인 방법을 도입·발전시키어 현대 과학의 평가를 받을 만한 신선을 자력으로 실현 가능케 하고자 했다. 이것이 도서(道書)로서 획기적인 저술인 《포박자》이다.

갈홍은 자(字)가 치천(稚川)으로 그 집안에 조부(祖父)뻘되는 갈현(葛玄)이라고 하는 저명한 금단학자(金丹學者)가 있었다. 이 갈현의 제자가 정은(鄭隱)이고 정은의 제자가 갈홍이다. 오늘날의 남경(南京)

에서 가까운 단양(丹陽) 사람으로서 젊었을 때부터 고학으로 도가양생(道家養生)의 술(術)을 배웠으며 20여세 때 뜻을 세우고, 저술에 전념하여 10여년 사이에 《포박자》 내외편을 완성했다. 진(晋)나라 건무(建武) 원년(元年 : 서기 317년)의 일이다. 갈홍이 제일 힘을 기울였던 것은 내편이다. 이 책은 중국 과학기술사상 귀중한 문헌이기도 하다.

■ 한비자 (韓非子)

한비자는 성(姓)이 한(韓), 이름이 비(非)로서 한왕(韓王) 안(安)의 서공자(庶公子)다. 장자 등과 같이 한자(韓子)라 불리지 않고, 한비자라고 불리는 것은 후대 당(唐)나라의 한유(韓愈)가 '한자'로 불리기 때문이다. 선대(先代)인 그가 한유보다 격이 떨어지는 것은 유가(儒家)에게 한비자가 이단시되기 때문이다.

《한비자》는 전 55편으로서 〈이병(二柄)〉 〈비내(備內)〉 〈고분(孤憤)〉 〈설난(說難)〉 등은 논문체(論文體)·문답체(問答體)의 문장으로 되어 있고, 〈십과(十過)〉 〈설림(說林)〉 〈내·외저설(內外儲說)〉 등은 우화집(寓話集)으로 구성되어 있는데, 그 양적 비율은 반반으로 나뉜다.

《한비자》 55편은 모두 한비자의 소작(所作)으로 인정하기도, 또 인정하지 않기도 어렵다. 하지만 그 대부분이 한비자의 소작임에는 틀림이 없다. 한비자는 선천적인 말더듬이로서 유세(遊說)를 단념한 채, 변론 대신 저술(著述)로 그의 경륜을 펼쳤던 것으로 전한다. 그리하여 마침내는 뒤에 시황제(始皇帝)가 된 진왕(秦王) 정(政)에게 발탁되었으나, 동문(同門) 이사(李斯)의 시기를 받아 자살을 강요받고 음독함으로써 생애를 끝마쳤다. 기원전 233년의 일이다.

하지만 그의 불행한 최후와는 달리 《한비자》는 진왕 정의 중국 통일에 사상적 근거와 함께 기본 전략을 제공했으며, 한편으로는 악명높은 '분서갱유(焚書坑儒)'의 여파를 몰아오기도 했다.

한비자는 법가(法家)에 속해 상앙(商鞅)·관중(管仲)·신불해(申不害) 등과 맥락을 함께할 뿐 아니라, 나아가 법가사상(法家思想)을 완성했다고 평가받는다.

그의 사상의 핵심은 '법술(法術)'로서, 무능한 임금이라도 법술만 운용하면 나라를 다스릴 수 있다는 것이 그 골자라 할 수 있다. 특이한 것은 임금의 신하 조종법과 신하의 출세법이 동시에 서술된 것으로, 법술로 인정받고 법술로 목숨을 잃었던 한비자의 모순(矛盾)에 찬 생애를 잘 말해 준다. '모순'이란 말 역시 한비자에 의해 만들어진 말임도 덧붙여 둔다.

■ 공자(孔子)

공자의 이름은 구(丘), 자(字)는 중니(仲尼), 노(魯)나라 사람으로 유가(儒家)의 비조(鼻祖)이다. 생몰 연대는 기원전 551년에서 기원전 479년까지이다. 생애의 30여년 동안 치국(治國)의 도(道)를 펴기 위해 여러 나라를 두루 돌아다녔다.

육경(六經), 곧 예(禮)·악(樂)·시(詩)·서(書)·역(易)·춘추(春秋)를 산술(刪術)했고 인(仁)을 이상(理想)의 도덕, 효제(孝悌)와 충서(忠恕)로서 이상을 이루는 근저로 삼았다.

그는 중국 역사상 최초로 학문적 집단을 이루었는바, 그 중 70명이 후세에 현인(賢人)으로 불릴 정도로 성공을 거두었다.

이 책에서는 《논어(論語)》와 《가어(家語)》 두 책에서 내용을 추렸다. 《논어》는 공자와 그의 제자들의 문답록(問答錄)으로서 그 제자들이 서로 같이 논의하여 편집했다 하여 이런 서명(書名)이 붙여졌다.

그 편집 연대는 대략 주말(周末), 즉 기원전 247년경이거나 진(秦)나라 초기로 사료된다.

《논어》에 나타난 공자의 사상은 중용사상(中庸思想)과 인도주의사상(人道主義思想)으로 요약되지만, 그보다도 유가의 근본적 덕목(德目)과 규범(規範)을 가장 평이하게 집약적으로 기술했다는 데 더 큰 평가를 받는다.

《가어》는《공자가어(孔子家語)》의 약칭으로서, 공안국(孔安國)이 편찬했다는 설이 있지만 분명하지 않다.《사기》를 비롯해 제자(諸子)의 저서 중에서 공자나 그 제자들에 관계된 부분을 추린 것이다.

본서의 〈공자편〉에 수록된 내용은 굳이 구분하자면 우화라기보다는 일화(逸話)라고 할 수 있는 것으로《가어》를《논어》와 같이 자료로 삼은 이유 역시 이러한 일화를 보다 많이 소개하고자 했기 때문이다.

■ 묵자(墨子)

전국시대에 있어 공자의 유가(儒家)와 더불어 쌍벽을 이루었던 묵가(墨家)의 비조(鼻祖), 묵자의 이름은 적(翟)이다. 자세한 신원은 분명하지 않은데, 대략 공자와 동시대 인물, 혹은 그보다 후배라는 설이 통용되고 있다.

그런데 흥미있는 일은 원래 중국에는 묵씨(墨氏)가 없다는 점이다. 또한 '묵'은 죄인의 얼굴에 먹을 넣는 것을 가리켰었다. 따라서《묵자》의 한두 곳 내용과 연관시켜 그가 천인(賤人) 출신이기에 '묵적'이라 불리었던 것이 아닌가 하는 추론도 있다. 하지만 이 이야기는 어디까지나 가설에 지나지 않는다.

묵가는 그 철저한 규율로 견고한 결속력을 보이고 있어 주목을 끈다. 즉《여씨춘추(呂氏春秋)》에는 묵가의 거자(鉅子 : 團長)가 규율을 지켜 자기의 아들을 사형에 처하는 예가 나오는 것이다.

묵적의 사상은 겸애사상(兼愛思想)으로 요약되는데, 묵적은 유가사상을 별애(別愛)로 파악하고, 그에 대립해 이 주장을 역설하고 있다. 따라서 전쟁을 반대하고, 세계를 지배하고 있는 존재로 '천지(天志)'를 내세우며 일종의 사회계약설(社會契約說)인 '상동론(尙同論)'을 주장한다.

《묵자》는 모두 71편이었는데 지금 전해지는 것은 53편이다.

《한비자》에 의하면 묵가는 묵적의 사후(死後)에 상리(相里)·상부(相夫)·등능(鄧陵)의 묵가로 삼분(三分)되었다 한다.

《묵자》는 근대에 이르기까지 유가와 대립하는 그 이단성(異端性) 때문에 경원되어 왔으나, 그 민중적인 입장과 논리학적(論理學的)인 업적에 대해 새로운 평가를 받기 시작하고 있다.

■ 맹자(孟子)

맹자의 이름은 가(軻), 자(字)는 자거(子車), 자여(子輿) 등으로 불리었다. 산동성(山東省) 추현(鄒縣)에서 기원전 327년에 출생했다. 공자 사후 108년째 해였다. 그의 스승에 관해서는 여러 가지 설이 있으나, 대체로 공자의 손자인 자사(子思)에게 입문했다는 설이 유력하다.

맹자는 공자의 '인(仁)'의 사상을 다듬어 '인의(仁義)'·'성선(性善)'을 주장했고, 여러 나라 임금에게 유세해 '왕도사회(王道社會)'의 실현에 노력함으로써 양혜왕(梁惠王)·제선왕(齊宣王) 등에게 예우(禮遇)를 받았으나 끝내 경륜을 펴보지는 못했다. 많은 사람들의 방해와 멸시 속에 만년(晩年)을 교육과 저술로 보내었다.

맹가는 후대인 송(宋)나라 학자들에 의해 재평가를 받으면서부터 공자의 정통(正統)으로 추앙되었다.

《맹자》는 맹가의 사후, 제자인 만장(萬章)·공손추(公孫丑) 등이
스승의 언행 등을 기록한 것으로 14권 7책이다.

■ 순자(荀子)

순자는 기원전 323년에 조(趙)나라에서 태어났다. 이름은 황(況),
순경(荀卿)이라고도 부른다. 경(卿)은 자(字)라고 하는 이도 있고 존
칭이라고 하는 이도 있다. 또 한대(漢代) 이후로는 손경(孫卿)이라고
부른다. 손경이라고 부르게 된 것은 순(郇)나라 공손(公孫)씨 집안이
기 때문이라고도 하고 한나라 선제 이름 순(詢)을 피하여 그렇게 부른
것이라고도 한다.

《순자》는 20권 32편으로, 사상의 종주는 성악설(性惡說)이다. '사
람의 본성은 태어나면서부터 악하다'고 맹자의 성선설(性善說)과 반대
되는 학설을 제창하고 있다. 이것은 공자의 사상을 이어받은 유학자인
데도 불구하고, 그가 이단자로 몰리게 된 원인이기도 하다.

그는 자사(子思)나 맹자의 사상뿐만 아니라 제자백가의 사물을 어느
한 부분만 보는 견해도 맹렬히 공격하며 살아온 사상가라 할 수 있다.

■ 기타(其他)

이 책의 성격상 제자(諸子)의 저서에서 우화·일화 및 언행 등을 수
록한 외에도 제자백가를 이해하는 데 필요한 《전국책(戰國策)》《여씨
춘추(呂氏春秋)》《회남자(淮南子)》《사기(史記)》 등을 포함시켰다.

《전국책》은 《전국책모(戰國策謀)의 서(書)》의 약칭으로 전한말(前
漢末)에 유향(劉向)이 당시에 전하던 《국책(國策)》《국사(國事)》《단
장(短長)》 등등의 여러 책을 비교 교정해 전국시대 세객(說客)들의 언

행과 우화를 모은 것이다. 12개국의 것을 33편으로 엮어 놓았다.

《여씨춘추》는 일명 《여람(呂覽)》이라고도 하며 12권 160편으로 구성되었다. 일종의 백과사전적인 성격을 가진 것으로서 진승상(秦丞相) 여불위(呂不韋)가 문객(門客) 학자들을 동원하여 편찬했다.

《회남자》는 일명 《회남홍렬(淮南鴻烈)》이라고도 하며 21권 21편으로 구성되었다. 《여씨춘추》와 비슷한 성격으로 전한(前漢)의 회남왕(淮南王) 유안(劉安)이 빈객 학자들을 동원하여 편찬했다.

《사기》는 《태사공서(太史公書)》의 약칭으로서 '역사의 아버지'라 불리는 사마천(司馬遷)의 저서이다. 중국 정사(正史)의 대종(大宗)을 이룰 뿐 아니라 전130권의 장대한 저작으로서 당대의 세계를 무대로 무수한 인간 군상이 점철된다. 그러나 이 책에서는 제자백가로 일컬어지는 일부 인물의 언행을 중점적으로 채록하였다.

제자백가(諸子百家) 차례

장자 편(莊子篇)

　　33권＝33편(內篇 7, 外篇 15, 雜篇 11)으
로 이루어진다. 전국시대의 전형적인 도가
(道家)이자 철학자인 장자, 즉 장주(莊周 :
기원전 370~300년)의 저서라고 하는데, 외
편(外篇)·잡편(雜篇)의 대부분은 그의 후
학(後學), 이른바 장자학파의 사람들에 의해
쓰여진 것으로 생각된다. 내용은 물론 장자
류(莊子流)의 자유분방한 인생철학론을 기
축(基軸)으로 삼고 있는데, 그 속에 아로새
겨진 설화의 가지가지는 고대우화문학(古代
寓話文學)의 정화(精華)로서 특히 즐겨 읽
을 만하다.

대붕(大鵬)과 작은새 — 소요유(逍遙遊)

북해(北海) 끝쪽에 곤(鯤)이라고 하는 고기가 있는데, 그 크기는 몇천 리가 되는지 알 수 없다.

또한 곤이 화해서 붕(鵬)이라는 새가 된다는데, 그것의 등만도 몇천 리에 이른다고 한다.

붕새가 힘껏 하늘로 날아오를 때면 그 날개가 마치 하늘을 뒤덮고 있는 구름처럼 보였다.

이 새는 바닷물이 온통 뒤흔들릴 만큼 큰 바람이 일어날 때면 그 때를 틈타 남해(南海) 끝으로 옮겨간다. 남해란 대자연이 만들어 놓은 큰 못이다.

제해(齊諧)는 세상의 신기한 것들에 대해 잘 알고 있는 사람인데, 그 사람의 이야기 속에도,

'대붕이 남해로 날아갈 때는, 날개로 바닷물을 치는 것만도 3천 리, 회오리바람을 타고 허공으로 날아오르는 것만도 9만 리, 이렇게 여섯 달 동안을 계속 난 다음에야 비로소 날개를 쉰다.'

고 나와 있다.

아지랑이와, 티끌과 먼지와, 샘물이 토해 내는 입김, 그런 것들로 가득차 있는 지상에서 바라보면, 허공은 그저 검푸르게만 보인다. 그러나 그것이 과연 허공의 본래의 빛깔일 수 있을까? 아니면 끝도 없이 너무도 멀기 때문에 그렇게 보이는 것뿐일까? 저 높은 허공에서 내려다보는 땅 위의 모습도 역시 마찬가지일 것이다.

그리고 물 또한 수심(水深)이 깊지 않으면 큰 배를 띄울 힘이 생기지 않는다. 물 한 잔을 방바닥의 우묵한 곳에 엎질렀을 때 먼지[芥]는 떠서 하나의 조각배가 될 수 있겠지만, 술잔을 놓게 되면 바닥에 닿고 만다. 물은 얕고 배는 크기 때문이다. 그와 마찬가지로, 바람도 강하게 일지 않

으면 대붕의 큰 날개를 실을 만한 힘이 생기지 않는다. 그렇다면 대붕이 하늘 9만 리로 올라가야만 이 바람은 그 밑에서 일게 되는 셈이다.

이리하여 비로소 대붕은 바람 등에 올라타 푸른 하늘을 업고, 아무런 방해도 받지 않으며 남해를 향해 나는 것이다.

쓰르라미나 작은 비둘기 [鷽鳩] 는 대붕의 모습을 보고 이렇게 비웃는다.

"우리는 힘을 주어 훌쩍 날아, 느릅나무나 참빗살나무 가지를 향해 뛰어오르려 하지만, 때로는 거기조차 미치지 못하고 땅으로 뚝 떨어지고 만다. 저 녀석처럼 굳이 9만 리나 날아올라가서 남쪽으로 가는 따위의 짓은 하지 않는다."

푸른 풀이 우거진 교외로 놀러가는 사람은, 세 끼 먹을 도시락만 준비해 가지고 가면 돌아와서도 배고픈 일은 없게 된다. 그러나 백 리 길을 가려는 사람은, 전날 밤부터 쌀을 찧어 양식을 마련하지 않으면 안 된다.

또 천 리의 먼길을 가려는 사람은 석 달 전부터 그 양식을 장만해 두어야 한다. 그러고 보면 쓰르라미나 비둘기 같은 작은 것이 저 대붕의 마음을 알 리가 없다. 대체로 말해서 지혜가 작은 것은 지혜가 큰 것을 따르지 못하고, 수명이 짧은 것은 수명이 긴 것에 미치지 못한다. 쉬운 예를 든다면, 아침에 생겨났다가 저녁에 죽고 마는 버섯 [朝菌] 은 한 달이 얼마나 긴지를 모르고, 여름에 생겨났다가 가을에 죽고 마는 여름 매미는 1년이 얼마나 되는 것인지를 모른다. 수명이 짧은 것들이기 때문이다. 그런데 초(楚)나라 남쪽에 있는 명령(冥靈)이란 나무는, 5백 년을 봄으로 삼고 5백 년을 가을로 삼으며, 상고(上古)의 대춘(大椿)이라는 나무의 경우는 8천 년을 봄으로 삼고 8천 년을 가을로 삼고 있다. 오랜 수명을 누린 사람으로는 팽조(彭祖)가 특히 유명한데, 사람들은 그 하찮은 팽조가 되고 싶어하고 있으니 이 얼마나 가련한 이야긴가.

옛날 은(殷)나라 탕왕(湯王)이, 극(棘)이라는 어진 사람에게 들은 이야기에도 이와 비슷한 내용의 것이 있다.

먼 황야 북쪽에 명해(冥海)라는 못이 있어 그 못에 고기가 살고 있는데 몸의 너비만도 수천 리, 길이는 얼마나 되는지 모른다. 그 고기 이름이 곤이다.

거기에는 또 새가 살고 있는데, 그 이름을 붕이라고 한다. 붕새의 등은 태산(泰山)만큼이나 크고, 날개는 허공을 내리덮고 있는 구름과 같다. 회오리바람을 타고 하늘로 날아오르기를 9만 리, 구름을 꿰뚫고 푸른 하늘을 업은 채 남쪽을 향해 남해로 날아가려 한다. 그런데 메추라기[斥鴳]는 그런 대붕의 모습을 보고 이렇게 비웃는다.

"저 녀석은 대관절 어디로 가려는 것일까. 우리는 아무리 날아 보아야 고작 네댓 길 높이밖에 오르지 못하고, 다북쑥[蓬蒿] 사이를 날아다닐 뿐이지만, 그래도 나로서는 더할 나위없이 즐겁기만 하다. 그런데 저 녀석은 대관절 어디까지 날아가려는 것일까."

이것이 바로 작은 것과 큰 것의 차이이다.

原文　北冥有魚 其名爲鯤. 鯤之大 不知其幾千里也. 化而爲鳥 其名爲鵬 鵬之背 不知其幾千里也. 怒而飛 其翼若垂天之雲.

是鳥也. 海運則將徙於南冥 南冥者 天池也.

齊諧者 志怪者也. 諧之言曰, 鵬之徙於南冥也. 水擊三千里 搏扶搖而上者九萬里 去以六月息者也.

野馬也 塵埃也 生物之以息相吹也. 天之蒼蒼 其正色邪 其遠而無所至極邪 其視下也. 亦若是則已矣.

且夫水之積也不厚 則負大舟也無力 覆杯水於坳堂之上. 則芥爲之舟 置杯焉則膠. 水淺而舟大也 風之積也不厚. 則其負大翼也無力. 故九萬里則風斯在下矣. 而後乃今培風 背負靑天 而莫之夭閼

32

者. 而後乃今將圖南.

　蜩與鸎鳩笑之曰, 我決起而飛 槍楡枋 時則不至 而控於地而已矣. 奚以之九萬里而南爲. 適莽蒼者三湌而反 腹猶果然. 適百里者宿春糧 適千里者三月聚糧 之二蟲又何知 小知不及大知 小年不及大年 奚以知其然也. 朝菌不知晦朔 惠蛄不知春秋 此小年也. 楚之南有冥靈者 以五百歲爲春 五百歲爲秋 上古有大椿者 以八千歲爲春 八千歲爲秋. 而彭祖乃今以久特聞 衆人匹之 不亦悲乎.

　湯之問棘也是已. 窮髮之北有冥海者 天池也. 有魚焉 其廣數千里 未有知其脩者 其名爲鯤. 有鳥焉 其名爲鵬. 背若泰山 翼若垂天之雲. 搏扶搖羊角而上者九萬里 絶雲氣 負青天 然後圖南 且適南冥也. 斥鷃笑之曰, 彼且奚適也 我騰躍而上 不過數仞而下 翺翔蓬蒿之間. 此亦飛之至也 而彼且奚適也 此小大之辨也.

註解 ○北冥(북명)‐북해(北海). ○鯤(곤)‐원래는 작은 물고기 이름인데 장자는 이것을 큰 물고기 이름으로 썼다. ○鵬(붕)‐상상적인 새. 봉(鳳)의 고자(古字). ○怒(노)‐성낸다는 뜻이 아니라 기운을 돋군다는 뜻이다. ○齊諧(제해)‐사람 이름. 책 이름이라는 설도 있지만 책 이름이라면 그냥 해(諧)라고 하지 제해라고 하지 않았을 것이다. ○扶搖(부요)‐회오리바람. ○野馬(야마)‐아지랑이. ○且(차)‐가령. 예컨대. 여기서는 '또한'이란 의미가 아니다. ○培風(배풍)‐바람을 타고. ○圖南(도남)‐남쪽으로 가려고 한다. ○蜩(조)‐작은 매미. 쓰르라미. ○鸎鳩(학구)‐비둘기. ○槍(창)‐모이다. 머물다. ○楡(유)‐느릅나무. ○適(적)‐가다. ○三湌(삼손)‐세 끼니 식사. ○朝菌(조균)‐아침에 생겨나서 저녁에 죽는 버섯의 일종. 벌레 이름이란 설도 있다. ○彭祖(팽조)‐요(堯)임금 때부터 8백년을 살았다고 히는 인물. ○湯(탕)‐은(殷)나라를 창건한 왕. 하(夏)나라 걸왕(桀王)을 무찌르고 즉위했다. ○棘(극)‐탕왕을 섬기던 현신(賢臣). 가공인물인 것 같다. ○負靑天(부청천)‐붕(鵬)이 9만 리 높은 하늘에 올

라가, 날개 밑에는 운기(雲氣)가 하나도 없고 그 등 위에 다만 푸른 하늘을 이고 날 뿐이다. ㅇ且(차)—여기서는 장(將)과 같은 뜻으로서 '바야흐로 ……을 하려 한다.' ㅇ斥鴳(척안)—메추라기의 일종.

물건의 사용법 —소요유(逍遙遊)

송(宋)나라에 손발 트지 않게 하는 약을 잘 만드는 사람이 있었는데, 그는 조상 때부터의 가업(家業)인 무명 바래는 일을 하고 있었다. 그 이야기를 들은 나그네 한 사람이, 그를 찾아와 약 만드는 처방을 백 금(金)에 사고 싶다고 했다. 그래서 그는 가족들을 모아놓고 상의했다.

"우리는 조상 때부터 무명 바래는 것을 가업으로 해 왔지만, 벌이라야 고작 5, 6금(金)밖에 되지 않는다. 그런데 지금 이 약 처방을 팔면 당장 백 금이 생긴다. 팔도록 하는 것이 좋겠다."

하고 결정을 보게 되었다.

그것을 산 나그네는 오왕(吳王)에게로 가서 그 약을 군대에 쓰도록 권했다. 얼마 안 있어 오나라와 월나라 사이에 전쟁이 벌어지자, 오왕은 그를 대장으로 삼아 한겨울에 월나라 군사와 물에서 싸우게 했다. 오나라 군사들은 약 덕분에 손발이 어는 일 없어 크게 승리를 거두었다. 왕은 그에게 땅을 봉해 주고 대부(大夫) 벼슬을 내렸다.

손발을 트지 않게 한다는 점에서는 마찬가지였지만, 한쪽은 대부로 출세를 하고, 한쪽은 끝내 무명이나 바래고 살 수밖에 없었던 것은 결국 그것을 사용하는 방법에 차이가 있었기 때문이다.

原文 宋人有善爲不龜手之藥者. 世世以洴澼絖爲事. 客聞之 請買其方百金. 聚族而謀曰, 我世世爲洴澼絖 不過數金 今一朝而鬻技百金 請與之.

34

客得之以說吳王. 越有難 吳王使之將 冬與越人水戰 大敗越人
裂地而封之.

能不龜手一也 或以封 或不免於洴澼絖 則所用之異也.

註解　○不龜手之藥(불균수지약)－손 트지 않는 약. ○洴澼絖(병벽광)－
고운 솜[絖]을 물로 빨다. ○鬻技(육기)－기술을 사다. ○說(세)－설득하
다. ○越有難(월유난)－월나라 군대가 오나라에 침범하다. ○裂地而封之
(열지이봉지)－나라 땅 일부를 나누어 그에게 통치하게 하다.

조삼모사(朝三暮四)－제물론(齊物論)

　머리를 짜가며 각각 한쪽으로 치우친 이야기들을 하면서도, 그것이
근본적으로 캐고 들어가면 결국은 마찬가지라는 것을 모르고 있다. 이
런 것이 바로 조삼모사란 것이다.

　어느 원숭이 놀리는 사람이 원숭이들에게 도토리를 나눠 주면서,

　"오늘부터는 아침에 3개, 저녁에 4개씩이다."

라고 말했더니 원숭이들이 모두 성을 냈다. 그래서,

　"그럼, 아침에 4개, 저녁에 3개씩으로 한다."

라고 말을 바꿔놓자, 이번엔 원숭이들이 모두 기뻐했다는 것이다.

　명목이나 실지가 조금도 다를 것이 없는데도, 기뻐했다 성을 냈다
하는 것도 이와 마찬가지다. 그러므로 성인(聖人)은 대시(大是)에 의
해 천균(天鈞), 즉 자연적으로 이루어진 균형잡힌 세계에서 편안하게
살고 있다. 그것은 또 양행(兩行), 즉 옳고[是] 그른[非] 것이 다같이
행해지면서 조금도 장애가 없는 세계로도 불리게 된다.

原文　勞神明爲一 而不知其同也. 謂之朝三.

何謂朝三. 曰, 狙公賦芧曰, 朝三而暮四. 衆狙皆怒. 曰, 然則朝四而暮三. 衆狙皆悅.

名實未虧而喜怒爲用. 亦因是也. 是以聖人和之以是非 而休乎天鈞 是之謂兩行.

註解 ㅇ神明(신명)－마음. 정신. ㅇ朝三(조삼)－조삼모사(朝三暮四)의 생략. ㅇ狙公(저공)－원숭이의 주인. 저(狙)는 원숭이이다. ㅇ和之以是非(화지이시비)－시비를 조화시키다. ㅇ天鈞(천균)－균(鈞)은 균(均)과 같음. 시비를 평균케 하여 사물에 구애되지 않는다.

올바른 판단－제물론(齊物論)

설결(齧缺)이 그의 스승인 왕예(王倪)에게 물었다.

"선생님께선 모든 사람이 다 옳다고 인정하는, 즉 참다운 도(道)가 어떤 것인지 알고 계십니까?"

"내가 어떻게 그런 것을 알 수 있겠느냐."

"그러면 그것을 알지 못한다는 것은 알고 계시겠군요?"

"그것도 모른다."

"그렇다면 세상에는 안다는 것이 없는 것입니까?"

"그것도 알 수 없지. 그러나 굳이 말을 한다면 말이다, 우리들이 말하는 안다는 것이 실은 모르는 것인지도 모를 일이며, 모른다는 것이 실은 아는 것이 될지도 모를 일이다. 또 하나 시험삼아 네게 물어 보겠는데 사람은 습기 많은 곳에 살면 신경통이나 반신불수에 걸리게 되지만, 미꾸라지는 과연 어떻겠느냐. 또한 사람은 나무 위에서 살면 무서워서 부들부들 떨게 되지만, 원숭이는 과연 어떻겠느냐. 그러나 이 세 가지 중 과연 어느 쪽이 가장 올바른 곳에 살고

36

있는지는 아직 결정된 것은 아니다. 먹는 것부터가, 사람은 소나 돼지를 먹지만 고라니와 사슴은 풀을 먹으며, 지네는 뱀을 좋아하고, 솔개와 까마귀는 쥐를 잘 먹는다. 그러나 이 네 가지 중에서 어느 쪽이 가장 올바른 음식맛을 알고 있는지는 결정할 수 없는 일이다. 또 하나, 원숭이는 같은 종류의 편저(猵狙)라는 원숭이를 암컷으로 삼고, 고라니는 사슴과 교미(交尾)를 하며, 미꾸라지는 물고기와 사이좋게 지낸다. 모장(毛嬙)과 여희(麗姬)는 천하 사람들로부터 미인이라 환영을 받고 있지만, 물고기들은 이들을 보면 무서워서 물속으로 숨어 버리고, 새는 이들을 보면 하늘 높이 날아가 버리며, 사슴은 정신없이 달아나 버릴 것이다. 그러므로 이 네 가지 중 어느 쪽이 가장 올바른 미색(美色)을 알고 있다고 단정할 수는 없다. 그러므로 나보고 말하라고 한다면, 인의(仁義)니 시비(是非)니 하는 것도 그 한계나 구별은 너무도 복잡하게 얽히고 설키어 있다. 어찌 그렇게 간단히 결정을 지을 수 있겠는가."

原文 齧缺問乎王倪曰, 子知物之所同是乎. 曰, 吾惡乎知之. 子知子之所不知邪. 曰, 吾惡乎知之. 然則物無知邪. 曰, 吾惡乎知之. 雖然 嘗試言之 庸詎知吾所謂知之非不知邪 庸詎知吾所謂不知之非知邪. 且吾嘗試問乎女. 民溼寢則腰疾偏死 鰍然乎哉. 木處則惴慄恂懼 猨猴然乎哉. 三者孰知正處 民食芻豢 麋鹿食薦 蝍蛆甘帶 鴟鴉耆鼠. 四者孰知正味. 猨猵狙以爲雌 麋與鹿交 鰍與魚游. 毛嬙麗姬 人之所美也 魚見之深入 鳥見之高飛 麋鹿見之決驟. 四者孰知天下之正色哉. 自我觀之 仁義之端 是非之塗 樊然殽亂 吾惡能知其辯.

註解 ○齧缺(설결)-요(堯)임금 시대의 현인(賢人). 허유(許由)의 스

승. ㅇ王倪(왕예)-요임금 시대의 현인. ㅇ民溼寢(민습침)-사람이 축축한 곳에서 잠을 자다. 습(溼)은 습(濕)의 본자(本字)이다. ㅇ偏死(편사)-반신불수로 죽다. ㅇ鰌(추)-미꾸라지. ㅇ惴慄恂懼(췌율순구)-두려워하고 무서워하다. ㅇ猨猴(원후)-원숭이. ㅇ三者(삼자)-여기서는 사람과 원숭이와 미꾸라지. ㅇ芻豢(추환)-풀을 먹는 짐승. ㅇ薦(천)-짐승이 먹는 잡초. ㅇ蝍蛆(즉저)-지네. ㅇ帶(대)-띠처럼 긴 것. 즉 뱀을 가리킨다. 지네는 뱀의 머리골을 잘 먹는다고 한다. ㅇ鴟鴉(치아)-올빼미. ㅇ猵狙(편저)-원숭이의 일종. ㅇ毛嬙 · 麗姬(모장 · 여희)-모두 고대 중국의 미녀. 모장은 월왕(越王)의 미희(美姬)라고도 하고, 춘추시대 송(宋)나라 평공(平公)의 부인이라고도 한다. 또 여희는 춘추시대 진(晋)나라 헌공(獻公)의 부인인데 여희(驪姬)로 쓰기도 한다. ㅇ樊然(번연)-어수선하다. ㅇ殽亂(효란)-뒤섞이어 어지럽다.

여희(麗姬)의 눈물과 웃음 - 제물론(齊物論)

인간이 살아 있음을 기뻐하는 것은 천박하고 잘못된 생각일지도 모를 일이며, 죽는 것을 싫어하는 것은 어렸을 때 고향을 떠나 객지에 눌러 살게 된 사람이 돌아가는 것을 잊고 있는 것과 같은 것일지도 모른다.

저 여희(麗姬)라는 미인은 애(艾)라는 곳의 변방지기의 딸이었는데, 처음 진(晋)나라로 끌려갔을 때는 옷깃이 흠뻑 젖도록 울기만 했었다. 그러나 이윽고 궁중으로 들어가 화려한 침대에서 임금을 모시며 맛있는 음식을 먹게 된 뒤로는, 도리어 처음에 울고불고했던 것을 후회했다고 한다. 그것과 마찬가지로 죽은 사람은 살아 있는 동안 더 살고 싶어하던 것을 후회할지도 모를 일이 아닌가.

또 꿈속에서 술을 마시며 기뻐한 사람이 아침에 울며 슬퍼하기도 하고, 꿈속에서 울며 슬퍼한 사람이 아침에 즐겁게 사냥을 가는 수도 있다. 꿈을 꾸고 있는 동안은 그것이 꿈인 줄을 모르고, 또 꿈속에서 그

38

꿈이 좋고 나쁜 것을 점치며 기뻐도 하고 슬퍼도 하지만, 꿈을 깨고 나서야 비로소 그것이 꿈인 것을 깨닫는 것이다. 그것과 마찬가지로 확고하게 진리를 깨달은 뒤라야 인간의 삶이 또한 하나의 커다란 꿈에 지나지 않는다는 것을 알 수 있을 것이다.

어리석은 사람들은 천박한 생각 속에 얽매여 살면서 그래도 올바른 정신을 가진 줄 알고, 영리한 체하며, 저분은 귀족이다, 이 녀석은 소몰이꾼이다 하고, 귀천과 상하의 구별을 하곤 하는데, 참으로 옹졸한 일이다.

原文   予惡乎知說生之非惑邪. 予惡乎知惡死之非弱喪 而不知歸者邪. 麗之姬 艾封人之子也. 晋國之始得之也 涕泣沾襟 及其至於王所 與王同筐牀 食芻豢 而後悔其泣也. 予惡乎知夫死者 不悔其始之蘄生乎.

夢飮酒者 旦而哭泣 夢哭泣者 旦而田獵 方其夢也 不知其夢也. 夢之中又占其夢焉 覺而後知其夢也. 且有大覺 而後知此其大夢也. 而愚者自以爲覺 竊竊然知之 君乎牧乎 固哉.

註解   ○弱喪(약상)-어렸을 때에 고향을 떠나, 타향에서 돌아갈 길을 잃다. ○王所(왕소)-춘추시대 진(晋)나라 헌공(獻公)의 궁전. ○筐牀(광상)-네모진 침상. 광(筐)은 방(方)과 같다. ○蘄生(기생)-삶을 바라다. ○方其夢也(방기몽야)-꿈을 꿀 때는. 방(方)은 '……을 당하여'란 뜻이다. ○竊竊然(절절연)-아는 체하는 모양. 작은 재주를 자랑하는 모양. ○君乎牧乎(군호목호)-군주라 해서 추켜올리고 목부(牧夫)라 하여 천대하는 따위의 차별. 인생을 꿈이라고 보는 입장에서는 그런 귀천은 한 사건에 지나지 않는데, 그런 것에 얽매여 남을 평가하는 것은 어리석기 짝이 없는 것이다. ○固哉(고재)-고루하다. 마음이 좁고 융통성이 없다.

그림자와 망량(罔兩) - 제물론(齊物論)

망량(罔兩)이 그림자를 보고 물었다.

"넌 왜 그 모양이지. 금방 걸어가는 줄 알고 있었는데 어느새 우뚝 서 버리고, 금방 앉아 있는 줄 알았더니 어느새 또 일어나 버리니, 그 따위 절조(節操) 없는 행동이 또 어디 있는가?"

그러자 그림자는 이렇게 대답했다.

"글쎄, 난 아무래도 형체의 지시에 따라 움직여야만 되는 것 같다. 그런데 내가 우러러보고 있는 형체란 것부터가 역시 조화신(造化神)의 지시에 따라 움직이지 않으면 안되는 것 같다. 내가 형체에 이끌려 움직이는 것은, 뱀의 배에 붙은 비늘이나 쓰르라미의 날개가, 뱀이나 쓰르라미에 따라 움직이는 것과 같은 이치인 것 같다. 하물며 그런 내가 왜 걸어갔다 앉았다 하는지, 왜 우뚝 서거나 벌떡 일어나는지 알 턱이 있겠는가."

原文 罔兩問景曰, 曩子行 今子止 曩子坐 今子起 何其無特操與. 景曰, 吾有待而然者邪 吾所待 又有待而然者邪 吾待蛇蚹蜩翼邪. 惡識所以然 惡識所以不然.

註解 ○罔兩(망량)-그림자 가장자리에 생기는 희미한 그림자. ○景(경)-그림자. 영(影)과 같다. ○特操(특조)-마음속에 일정한 지조를 지니다. ○有待(유대)-그림자가 의존하는 것이 있다. 즉 유소대(有所待)와 같다. ○吾所待(오소대)-내가 기대는 것. ○蛇蚹(사부)-뱀의 비늘. ○蜩翼(조익)-매미의 날개.

40

나비의 꿈 — 제물론(齊物論)

언젠가 나 장주(莊周)는 꿈속에서 나비가 되었다. 훨훨 날아다니는 나비가 되었다. 나는 마음껏 즐기는 가운데 내가 나라는 것마저 잊고 말았다.

얼마 후 문득 꿈에서 깨니 나는 여전히 나 그대로였다.

그러면 지금의 내가 꿈속에 나비가 되었던 것일까. 아니면 그 나비가 꿈을 꾸면서 이 나로 변한 것일까.

물론 지금의 모습으로는, 장주와 나비 사이에는 뚜렷한 구별이 있다. 그러나 그것은 물화(物化), 즉 오만 것의 끝없는 변화 속의 거짓 모습[假相]인 것이다.

原文   昔者 莊周夢爲蝴蝶 栩栩然蝴蝶也. 自喩適志與 不知周也. 俄然覺 則蘧蘧然周也. 不知周之夢爲蝴蝶與 蝴蝶之夢爲周與. 周與蝴蝶 則必有分矣 此之謂物化.

註解   ○莊周(장주) – 장자. 주(周)는 그의 이름이다. ○栩栩然(허허연) – 한가한 모양. 즐거운 모양이란 설도 있다. ○蘧蘧然(거거연) – 명확하고 뚜렷한 모양. 놀라는 모양이란 설도 있다. ○物化(물화) – 하나의 것이 다른 것으로 변화하는 것. 삶과 죽음도 또한 물화(物化)이다. 여기서는 장주가 나비로 변하고 나비가 장주로 변화함을 가리킨다.

들꿩의 낙(樂) — 양생주(養生主)

형(刑)을 받아 한쪽 발이 잘린 우사(右師)의 모습을 보고 공문헌(公文軒)이 깜짝 놀라 물었다.

"아니 이게 무슨 일인가? 대관절 어쩌다가 그렇게 되었는가? 하늘 때문인가? 사람들 때문인가?"

우사는 대답했다.

"하늘 때문이지 사람들 때문은 아니야. 하늘이 나를 낳게 만들었을 때 쪽발이가 되도록 운명을 지어준 것이네. 원래 사람은 두 발을 갖도록 되어 있는 만큼, 내가 이렇게 된 것은 하늘 때문이지 사람 때문은 아닐세. 저 들판에 사는 꿩을 보게. 열 걸음쯤 걸어가서야 겨우 한 번 쪼아먹고, 백 걸음쯤 가서야 겨우 한 모금 마시며, 눈으로 보기에는 몹시 부자유한 것처럼 보이지만 그런 생활을 그만두고 새장 속에서 살기를 바라지는 않는다네. 새장 속에서는 아무리 먹을 것이 풍족하고 기운이 펄펄 난다 하더라도 자유라는 것을 즐길 수는 없으니까."

原文 公文軒見右師而警曰, 是何人也 惡乎介也. 天與 其人與. 曰, 天也 非人也. 天之生是使獨也 人之貌有與也. 以是知其天也 非人也. 澤雉十步一啄 百步一飮 不蘄畜乎樊中. 神雖王 不善也.

註解 ○公文軒(공문헌)−상고시대(上古時代)의 현인(賢人). ○右師(우사)−상고시대의 현인. 악관(樂官). ○介也(개야)−다리를 자르는 형벌. 개(介)는 월(刖)과 같다. ○天之生是使獨也(천지생시사독야)−하늘이 나를 낳아 외발이 되게 하였다. 시(是)는 이 사람. 즉 자기 자신을 가리킨다. ○有與也(유여야)−두 눈, 두 귀, 두 손, 두 발 등 인체(人體)의 짝을 이루어 나란히 있는 것을 뜻한다. ○澤雉(택치)−못가에 사는 꿩. ○不蘄畜乎 樊中(불기축호번중)−기(蘄)는 바라다, 원하다. 번(樊)은 새장. 즉 새장 속에서 길러지기를 바라지 않는다. ○不善也(불선야)−즐겁지 않다. 불낙야 (不樂也)와 같다.

제(帝)의 현해(懸解) - 양생주(養生主)

노담(老聃)이 죽자, 그의 친구인 진실(秦失)이 조상을 갔다. 형식대로 세 번 울고 곧 돌아가려 했다. 제자들이 웬일인가 싶어 물어 보았다.

"손님께선 우리 선생님의 친구가 아니십니까?"

"친구일세."

"그런데, 겨우 이런 정도의 인사로 좋을까요?"

"처음엔 나도 그 사람을 남과 똑같은 사람인 줄 알고 있었으나 지금은 그렇게 생각하지 않네. 방금 내가 조상하러 가서 보니 노인들은 마치 자기 아들이라도 잃은 듯이, 또 젊은 사람들은 마치 친부모라도 잃은 듯이 울며 슬퍼하고 있더군. 결국 그런 사람들만 모여 있는 것을 보면, 그는 비록 자기가 죽거든 섭섭해 하라든가 울어 달라든가 부탁은 하지 않았더라도 역시 그렇게 하도록 만들었을 것이 틀림없네. 대체 사람이 죽었다고 해서 울며불며하는 것은 하늘의 도리에서 벗어나고, 사람의 자연스런 감정에 어긋나는 일이며 하늘로부터 받은 인간의 생명이 어떤 것인가를 잊고 있는 행동이야. 옛날 사람은 이것을 '둔천(遁天)의 형(刑)', 즉 천명(天命)을 도피하는 죄라고까지 불렀어. 자네들 스승이 우연히 세상에 태어난 것은, 마침 태어날 시기가 되었던 것뿐이며, 우연히 이 세상을 뜬 것은 죽을 차례가 돌아온 것뿐일세. 시기를 조용히 받아들이고 차례에 따르는 것뿐이라면 삶의 즐거움도 죽음의 슬픔도 마음에 스며들 여지가 없을 것이네. 이러한 도리를 깨달은 사람을 옛날 사람은 '제의 현해', 즉 하느님이 인간에 내린 생사(生死)의 끄나풀을 벗어 버린 사람이라 불렀네. 게다가 인간 개개인의 육체는 죽음에 의해 없어져 버릴지 모르지만, 인간의 생명은 영원한 것일세. 마치 장작이 인간의 육체라면 그것을 태우는 불길은 생명이며, 한 개 한 개의 장작은 타서

없어지지만, 불 그 자체만은 장작에서 장작으로 옮겨가며 어디까지
나 계속 타고 있는 것과 같은 것이라네."

原文 老聃死 秦失弔之. 三號而出. 弟子曰, 非夫子之友邪. 曰,
然. 然則弔焉若此可乎. 曰, 然 始也. 吾以爲其人也 而今非也. 向
吾入而弔焉 有老者哭之 如哭其子 少者哭之 如哭其母. 彼其所以
會之 必有不蘄言而言 不蘄哭而哭者 是遁天倍情 忘其所受 古者
謂之遁天之刑 適來. 夫子時也 適去 夫子順也. 安時而處順. 哀樂
不能入也 古者謂是帝之懸解. 指窮於爲薪 火傳也 不知其盡也.

註解 ○老聃(노담)―노자(老子). 성은 이(李), 이름은 이(耳), 자(字)가
담(聃)이다. 노(老)는 존경을 나타내는 뜻. ○秦失(진실)―가공인물. ○三
號而出(삼호이출)―형식적인 곡(哭)을 세 번 했을 뿐, 진정이 깃들어 있
지 않다. 호(號)는 곡(哭)과 같은 뜻. ○遁天倍情(둔천배정)―자연의 도리
에서 벗어나 진실을 배반하다. 배(倍)는 배(背)와 같다. ○遁天(둔천)―자
연의 이치를 벗어나다. ○帝之懸解(제지현해)―제(帝)는 상제(上帝). 천제
(天帝). 즉 천제가 부여한 생사(生死)의 괴로움에서 벗어나다. ○不知其
盡也(부지기진야)―불이 꺼지는 일이 결코 없다.

당랑(螳螂)의 어리석음―인간세(人間世)

"그대는 저 당랑을 모르는가. 당랑은 그 앞발을 번쩍 들고 큰 수레
앞을 딱 가로막고는 도저히 상대가 되지 않는다는 것을 모르고 있
다. 평상시 작은 벌레들을 잡아먹던 팔힘만을 뽐내고 있는 것이다.
주의를 하고 조심해야 한다. 자기의 잘난 것만 뽐내며 상대방을 무
시하는 것은 위험한 일이다.
   그대는 저 범을 길들이는 사람의 방법을 모르는가. 그는 범에게

44

결코 산 먹이를 주지 않는다. 그것은 범이 산 먹이를 잡아먹으려고
덤벼들 것을 두려워하기 때문이다. 또 그는 먹이를 줄 때 결코 짐승
을 통째로는 주지 않는다. 그것도 범이 먹이를 찢어먹으려고 성을
내는 것이 두렵기 때문이다. 이같이 하여 그는 범의 배고픈 것을 잘
조절하며 범의 성내는 버릇을 없애는 데 주력한다. 범은 인간과 종
류가 다르지만 여전히 기르는 주인을 따르게 되는 것은 범을 기르
는 사람이 범의 본성을 따라 거스르지 않기 때문이다. 잘못하다 그
범에게 죽게 되는 것은 범의 본성을 거슬러 마음에 들지 않는 짓을
하기 때문이다.

　또 말을 사랑하는 사람은, 좋은 바구니에 똥을 담고, 깨끗한 대합
(大蛤) 조개 껍데기에 오줌을 받을 정도로 그를 귀여워하고 있지만,
모기나 등에가 붙어 있는 것을 보고 갑자기 탁 치기라도 한다면 말
은 깜짝 놀라 재갈을 물어 끊고, 머리나 가슴에 상처를 입을 정도로
몸부림치는 일도 있다. 이것은 말을 사랑하는 마음은 크면서도 우
연한 부주의로 그 사랑을 형편없이 만들어 버린 것이다. 어떻게 조
심하지 않을 수 있겠는가.”

原文　汝不知夫螳螂乎. 怒其臂以當車轍. 不知其不勝任也　是其
才之美者也. 戒之愼之　積伐而美者以犯之　幾矣.

　汝不知夫養虎者乎. 不敢以生物與之　爲其殺之之怒也. 不敢以
全物與之　爲其決之之怒也. 時其飢飽　達其怒心　虎之與人異類　而
媚養己者順也. 故其殺者逆也.

　夫愛馬者　以筐盛矢. 以蜄盛溺. 適有蚊虻僕緣　而拊之不時　則
缺銜毀首碎胸　意有所之. 而愛有所亡　可不愼邪.

註解　○螳螂(당랑)-사마귀. 버마재비. ○怒其臂(노기비)-그　팔뚝을

휘두르다. ○當車轍(당거철)-수레바퀴 자국에 들어가, 수레와 맞서다. ○
不勝任(불승임)-감당할 수가 없다. ○犯之(범지)-이를 거역하다. ○幾
(기)-위험. ○不敢(불감)-감히 하지 않는다. ○時其飢飽(시기기포)-호
랑이가 굶주렸을 때와 배부를 때를 잘 맞추다. ○適有蚊虻僕緣(적유문맹
복연)-어쩌다 모기나 등에가 달라붙다. ○拊之不時(부지불시)-갑자기
그것(모기나 등에)을 치다. ○缺銜毀首碎胸(결함훼수쇄흉)-(말은 놀라
서) 재갈을 물어 끊고 머리라든가 가슴을 쳐서 부숴 버리다.

상구(商丘)의 큰 나무 - 인간세(人間世)

남백자기(南伯子綦)가 상구로 놀러갔다가 한 그루 이상한 큰 나무
를 보게 되었다. 네 마리가 끄는 마차가 천 대라도 그 나무 그늘에 묻
힐 만큼 컸다. 자기는,

"이것이 무슨 나문지 모르겠구나. 틀림없이 좋은 재목이 될 수 있을
거야."

라며, 우러러 그 나무를 살펴보니 온통 꾸불꾸불해서 도리[棟]나 들
보[梁]로는 도저히 쓸 수가 없었고, 아래로 그 굵은 나무둥치를 바라
보니 속이 텅 비어 있어서 널나무[棺木]로도 쓸모가 없을 것 같았다.
잎을 씹어 보니 독이 있어 입이 부르틀 지경이었고, 냄새를 맡아 보니
어찌나 고약한지 사흘은 구역질이 날 것 같았다. 그래서 자기는 혼자
중얼거렸다.

"이건 역시 쓸모가 없는 나무다. 그러나 그 덕분에 이렇게 클 수도
있었던 것이다. 신인(神人)으로 불리는 덕이 지극한 사람이 그의
생명을 보전하는 것도 이 쓸모없는 나무의 도리에 의한 것이리라."

原文 南伯子綦遊乎商之丘 見大木焉有異. 結駟千乘 隱將芘其
所藾. 子綦曰, 此何木也哉. 此必有異材夫 仰而視其細枝 則拳曲

46

而不可以爲棟梁 俯而視其大根 則軸解而不可以爲棺槨. 咶其葉
則口爛而爲傷 嗅之 則使人狂酲三日而不已. 子綦曰, 此果不材之
木也. 以至於此其大也. 嗟乎 神人以此不材.

註解 ○南伯子綦(남백자기)-초(楚)나라의 은사(隱士)인 남곽자(南郭
子). 또는 남백자규(南伯子葵)라고도 한다. ○結駟千乘(결사천승)-네 마
리의 말이 끄는 수레 1천 대를 맬 수 있다. ○異材(이재)-보통 것과는 다
른 목재. 즉 썩 좋은 목재. ○拳曲(권곡)-주먹처럼 굽었다. ○軸解(축해)
-나무 속이 갈라지다. ○三日而不已(삼일이불이)-사흘이 되어도 낫지
않다.

지리소(支離疏)의 팔자 - 인간세(人間世)

지리소(支離疏)라는 사나이는 턱이 배꼽에 와닿고, 어깨는 목보다
높으며, 목뼈는 하늘을 향하고, 오장(五臟)의 위치가 머리보다 위에 있
으며, 두 넓적다리가 옆구리에 와 있는 그런 곱사등이였다. 그러나 곱
사로 등이 휘어 있기 때문에 바느질이나 빨래를 하는 데는 안성맞춤이
므로 사방에서 데려다 일을 시키는지라 먹고 지내는 데는 아무 걱정이
없었고, 키로 쌀과 겨를 까부는 일이라면 열 사람 가족을 넉넉히 먹여
살릴 만했다. 정부에서 군대를 징발할 때에는 뽑혀갈 걱정이 없었기
때문에 두 팔을 내저으면서 그곳에 나타날 수가 있었고, 큰 공사판으
로 부역군을 마구 끌고 나갈 때도 그만은 병신이라 해서 끌려가는 일
이 없었다. 그런데도 정부에서 구제가 있을 때면, 쌀 석 종(鍾)에 장작
열 단은 꼭꼭 받게 되는 늘어진 팔자였다.
지리소와 같이 그 육신이 뒤죽박죽[支離]이 된 병신도 자기 몸을
길러 가며 하늘이 준 수명을 온전히 할 수가 있는데, 하물며 그 도덕을
뒤죽박죽으로 하는 사람에게 있어서는 말해 무엇하리요. 즉 귀찮기만

한 인의(仁義)니 도덕이니 하는 따위에 조금도 신경쓸 것 없이 자연 그대로 살아가는 사람이라면 참된 생명을 온전히 할 수 있을 것은 말할 나위도 없을 것이다.

[原文] 支離疏者 頤隱於齊 肩高於頂 會撮指天 五管在上 兩髀 爲脅. 挫鍼治繲 足以餬口 鼓筴播精 足以食十人. 上徵武士 則支 離攘臂於其間 上有大役 則支離以有常疾不受功 上與病者粟 則 受三鍾與十束薪. 夫支離其形者 猶足以養其身 終其天年 又況支 離其德者乎.

[註解] ○支離疏(지리소)-심한 불구자. 지리(支離)는 꼽추를 가리킨다. ○齊(제)-제(臍)와 같다. 즉 배꼽. ○肩高於頂(견고어정)-두 어깨가 정 수리보다 높다. ○挫鍼治繲(좌침치해)-남의 부탁으로 옷을 깁거나 빨래 를 하다. ○餬口(호구)-입에 풀칠을 하다. ○鼓筴播精(고책파정)-키로 까불어 쌀을 고르다. ○上徵武士(상징무사)-전쟁이 일어나 병사를 징집 하다. ○攘臂(양비)-팔을 걷어붙이다. ○不受功(불수공)-일을 떠맡기지 않는다. ○鍾(종)-분량의 단위. 1종은 6섬 4말. ○況支離其德者乎(황지 리기덕자호)-하물며 그 마음의 덕(德)이 온전치 못한 자(덕의 불구자)야 다시 말해 무엇하랴.

공자(孔子)의 천형(天刑)-덕충부(德充符)

노(魯)나라에 숙산무지(叔山無趾)라는 (발이 없어서) 발꿈치로 다 니는 사람[兀者]이 있었는데, 어느 날 발을 절뚝거리며 공자(孔子)를 만나러 왔다. 공자에게서,

"당신은 행실을 조심하지 않았기 때문에 필경은 형벌을 받아 그런 꼴 이 되어 버린 것이오. 새삼 나를 찾아와 보았자 무슨 소용이 있겠소"

하는 소리를 듣자 무지는 이렇게 대답했다.

"물론 내가 사람으로서 참된 도리를 다하지 못하고 명리(名利)를 좇아 경솔한 행동을 했기 때문에 발을 없애는 결과를 가져오긴 했습니다. 그러나 지금 내가 찾아온 것은 발보다도 더 소중한 것이 남아 있어 그것을 잃지 않으려는 생각 때문입니다. 하늘은 만물을 덮고 땅은 만물을 싣고 있다고 합니다. 나는 선생님을 하늘과 땅처럼 넓은 덕을 가지신 분으로 알고 찾아왔는데 그런 선생님께서 이토록 나를 병신이라 해서 천대한다는 것은 너무도 뜻밖의 일입니다."

공자는 그 말을 듣자,

"내가 생각이 모자랐소. 자아, 어서 안으로 들어오시오. 내가 아는 데까지는 들려 줄 터이니."

하고 태도를 바꾸었으나, 무지는 곧장 돌아가 버리고 말았다. 뒤에 공자는 제자들에게 이렇게 타일렀다.

"너희들은 더 열심히 공부하지 않으면 안된다. 저 무지라는 사람은 형을 받은 병신인데도 학문에 힘을 기울여 지금까지의 잘못을 보상하려 하고 있다. 너희들 또한 부족한 것이 없는 완전한 사람들이 아니다."

한편 무지는 노담(老聃)을 찾아가서 이렇게 말했다.

"저 공구(孔丘)란 사람은 덕이 지극한 사람이 되려면 아직도 멀었더군요. 그런데 어떻게 제자들을 가르친다고 그처럼 법석을 떠는지요? 아는 것이 많다는 터무니없는 평판을 들으려는 것이 틀림없겠습니다만, 덕이 지극한 사람의 위치에서 볼 때, 그런 평판 따위는 자기 몸을 속박하는 수갑(手匣)이나 족가(足枷)와 마찬가지라는 것을 모르고 있는 것 같습니다."

"구태여 그렇게 말하지 말게. 덕이 지극한 사람은 죽고 사는 것을 하나로 보고, 옳고 그른 것을 마찬가지로 안다는 것을 가르쳐 주어 그 수갑과 족가를 풀어 주는 것이 좋지 않을까?"
"아닙니다. 그는 명성(名聲)에 사로잡힌, 말하자면 천형(天刑)을 받은 사람이라서 도저히 달리 구원할 도리가 없습니다."

原文 魯有兀者叔山無趾 踵見仲尼. 仲尼曰, 子不謹 前旣犯患若是矣 雖今來何及矣. 無趾曰, 吾唯不知務 而輕用吾身 吾是以亡足. 今吾來也 猶有尊足者存, 吾是以務全之也. 夫天無不覆 地無不載. 吾以夫子爲天地 安知夫子之猶若是也. 孔子曰, 丘則陋矣. 夫子胡不入乎. 請講以所聞. 無趾出. 孔子曰, 弟子勉之 夫無趾兀者也 猶務學以復補前行之惡. 而況全德之人乎.

無趾語老聃曰, 孔丘之於至人 其未耶. 彼何賓以學子爲 彼且蘄以諔詭幻怪之名聞 不知至人之以是爲己桎梏邪. 老聃曰, 胡不直使彼以死生爲一條 以可不可爲一貫者 解其桎梏 其可乎. 無趾曰, 天刑之 安可解.

註解 ○叔山無趾(숙산무지) - 숙산(叔山)은 성(姓)이란 설도 있고 자(字)란 설도 있다. 무지(無趾)는 발이 잘려진 올자(兀者)였으므로 발의 그림자가 없으므로 이렇게 부른 것이다. ○踵(종) - 발이 없으므로 발꿈치로 가다. ○若是矣(약시의) - 이와 같은 꼴이 되다. ○丘則陋矣(구즉루의) - 나, 즉 공자의 생각이 좁았다는 뜻. ○胡不(호불) - 하불(何不)과 같다. 즉 '어찌 ……하지 않겠는가?'라는 반어형(反語形)이다. ○復補(복보) - 보상(補償)하다. ○全德之人(전덕지인) - 죄를 범한 일이 없어 오체(五體)가 온전한 사람. ○孔丘(공구) - 공자(孔子)라 하지 않고 공구라 한 것은 공자를 경시하여 한 말임. ○桎梏(질곡) - 질(桎)은 차꼬[足枷], 곡(梏)은 수갑. ○條(조) - 노끈. ○貫(관) - 돈이나 물건을 꿰는 꿰미. ○天刑之(천형지) - 하늘이 그를 벌하다. 즉 그는 하늘의 벌을 받고 있다는 뜻.

좌망(坐忘) - 대종사(大宗師)

공자(孔子)의 사랑하는 제자인 안회(顔回)가 공자를 보고 말했다.

"저도 이제 많은 수양을 얻게 되었습니다."

"무엇이 어떻다는 말이냐?"

"저는 인의(仁義)를 잊어버릴 수가 있습니다."

"그건 장한 일이다. 그러나 그것만으로는 아직 충분하지 못하다."

그뒤 어느 날, 안회가 다시 찾아와서 말했다.

"저도 이젠 많은 수양의 진보를 보았습니다."

"어떻게 말이냐?"

"저는 예악(禮樂)을 잊을 수 있게 되었습니다."

"그건 장한 일이다. 그러나 그것만으로는 충분하다고 할 수 없다."

다음날 안회가 또 찾아와서 말했다.

"이젠 보다 많은 수양을 얻게 되었습니다."

"어떻게 말이냐?"

"좌망(坐忘)을 했습니다."

공자는 깜짝 놀란 표정으로 반문했다.

"좌망이란 무엇이냐?"

"자기 육신을 버리고 총명(聰明)이 소용없게 되는 것, 즉 모양과 지각(知覺)에서 벗어나 큰 도(道)와 일체가 되는 것, 이것이 앉아 있으면서 잊는 좌망입니다."

그러자 공자는 말했다.

"도와 일체가 되면 사물(事物)에 대한 좋고 싫고 사랑스럽고 미운 감정이 없어지고, 도와 동화(同化)되면 모든 집착과 구속에서 벗어나게 된다. 너는 역시 현명하다. 나도 이제 너를 따라 배우기로 하겠다."

原文 顔回曰, 回益矣. 仲尼曰, 何謂也. 曰, 回忘仁義矣. 曰, 可矣. 猶未也. 它日復見曰, 回益矣. 曰, 何謂也. 曰, 回忘禮樂矣. 曰, 可矣. 猶未也. 它日復見曰, 回益矣. 曰, 何謂也. 曰, 回坐忘矣. 仲尼蹴然曰, 何謂坐忘. 顔回曰, 墮枝體 黜聰明 離形去知 同於大通 此謂坐忘. 仲尼曰, 同則無好也 化則無常也. 而果其賢乎. 丘也請從而後也.

註解 ㅇ它日(타일)-그후 어느 날. 타(它)는 타(他)의 고자(古字). ㅇ坐忘(좌망)-앉아 있는 채 만사를 잊고 무심한 상태가 되다. ㅇ蹴然(축연)-깜짝 놀라는 모양. ㅇ墮枝體(타지체)-손발과 몸의 존재를 내동댕이치고 잊어버리다. ㅇ同於大通(동어대통)-대도(大道)와 하나가 되다.

하늘이냐 사람이냐 — 대종사(大宗師)

자여(子輿)는 자상(子桑)과 친구 사이였다. 장마가 열흘이나 계속되고 있었으므로 자여는 이런 생각을 했다.

'자상은 가뜩이나 가난한데, 이 장마에 먹을 것도 없이 어떻게 살고 있을까?'

그래서 그는 밥을 싸들고 자상의 집으로 찾아갔다. 그런데 자상의 사립문 앞에 이르자 자상이 거문고를 뜯으며 노래도 울음도 아닌 이상한 목소리로,

"아버지냐? 어머니냐? 하늘이냐? 사람이냐?"

하고 중얼거리는 소리가 들려왔다. 배가 고픈 탓인지 소리가 노래가 되지 못하고 연거푸 같은 소리만을 되풀이할 뿐이었다.

자여가 안으로 들어가서,

"자네는 아버지냐 어머니냐 하늘이냐 사람이냐 하고 노래를 하는데,

그건 무슨 의미인가?"

하고 묻자, 자상은 대답했다.

"나는 대관절 무슨 인과(因果)로 이런 곤궁에 빠져 있는지를 생각
해 보았으나 전연 알 수가 없어. 아버지나 어머니가 설마하니 나를
가난에 빠뜨려 놓고 기뻐할 리도 없으며, 하늘과 땅도 굳이 나만을
가난 속에 밀어 넣을 리도 없잖겠나. 대관절 누구 때문인지 알 수가
없어. 그런데도 이 꼴이 되어 있으니 이건 역시 자연의 운명임을 깨
닫고 있네."

[原文] 子輿與子桑友. 而霖雨十日 子輿曰, 子桑殆病矣. 裹飯而
往食之 至子桑之門. 則若歌若哭 鼓琴曰, 父邪母邪 天乎人乎 有
不任其聲而趨擧其詩焉. 子輿入曰, 子之歌詩 何故若是. 曰, 吾思
夫使我至此極者 而弗得也. 父母豈欲吾貧哉 天無私覆 地無私載
天地豈私貧我哉. 求其爲之者而不得也. 然而至此極者 命也夫.

[註解] ○霖雨(임우) - 장마. ○殆病矣(태병의) - 굶주림으로 괴로워하다.
○父邪母邪(부야모야) 天乎人乎(천호인호) - 원망의 시(詩). 자기를 불행
한 처지에 놓이도록 한 것은 아버지일까, 어머니일까, 아니면 하늘일까, 사
람일까라는 뜻. ○不任其聲(불임기성) - 노래를 하는데도 몸에 힘이 없어
서 큰 소리로 못한다는 뜻이다.

혼돈(渾沌)의 죽음 - 응제왕(應帝王)

남해(南海)의 임금을 숙(儵)이라 하고, 북해의 임금을 홀(忽)이라
하고, 중앙의 임금을 혼돈(渾沌)이라 불렀다.

숙과 홀, 두 임금이 함께 혼돈이 있는 곳으로 찾아갔다. 혼돈은 그들

을 반겨 맞아 정중히 대접했다. 숙과 홀은 혼돈의 호의에 어떻게 보답하면 좋을지 상의를 하게 되었다.

"사람은 누구나 눈과 귀와 입과 코 모두 합쳐 일곱 개의 구멍이 있고, 그 덕택으로 보고 듣고 먹고 숨쉬고 할 수 있는 것인데 혼돈에게는 그것이 없다. 우리가 고맙다는 표시로 구멍을 뚫어 주는 것이 어떨까."

그래서 두 임금은 하루 한 구멍씩 뚫기 시작했는데, 일곱째 날, 일을 끝마쳤을 때는 혼돈은 이미 숨이 끊어져 있었다.

原文 南海之帝爲儵 北海之帝爲忽 中央之帝爲渾沌. 儵與忽 時相與遇於渾沌之地 渾沌待之甚善 儵與忽謀報渾沌之德. 曰, 人皆有七竅 以視聽食息 此獨無有. 嘗試鑿之 日鑿一竅 七日而渾沌死.

註解 ○儵忽(숙홀)―둘 다 제왕(帝王)의 이름으로 되어 있지만 우의적(寓意的)인 것이며 숙홀은 '갑자기' '순식간'이란 뜻으로도 쓰고 있다. ○渾沌(혼돈)―역시 제왕의 이름으로 되어 있지만 원래는 사물의 미분화(未分化) 상태. 즉 천지가 아직 개벽되지 않아서, 모든 사물이 확실하게 구별되지 않은 상태를 나타내는 것이며, 인위적인 차별이 없는 자연 그대로의 모습을 뜻하는 것이다. ○七竅(칠규)―일곱 개의 구멍. 두 눈, 두 귀, 두 콧구멍, 입 등을 가리킨다.

백이(伯夷)와 도척(盜跖) ― 변무(駢拇)

하인과 하녀 두 사람이 각각 양(羊)을 보살피고 있었는데 둘이 똑같이 양을 놓쳐 버리고 말았다. 하인에게 너는 무엇을 하고 있었느냐고 물었더니 책을 읽는 데 열중해 있었다고 대답하고, 하녀에게 너는 무엇을 하고 있었느냐고 물었더니 주사위놀이를 하고 있었다고 대답했다. 두 사람이 하고 있던 것은 서로 달랐지만 양을 놓친 것은 똑같았다.

성인으로 불리는 백이(伯夷)는 명분과 절의(節義) 때문에 수양산(首陽山) 밑에서 굶어 죽었고, 거물 도둑으로 불리는 도척(盜跖)은 이욕(利欲) 때문에 동릉산(東陵山) 위에서 살해되었다. 두 사람이 죽게된 이유는 다르지만 그 목숨을 잃고 본성을 해친 것은 마찬가지다. 아무도 백이가 옳고 도척이 옳지 못하다고 말할 수는 없다.

세상 사람들은 모두 자기 이외의 것, 즉 명분이나 절조, 이욕 때문에 몸을 바친다. 다만, 그럴 경우, 인의(仁義)를 위해 몸을 바치면 군자라 부르고 재물을 위해 몸을 바치면 소인이라 부른다. 몸을 바치는 것은 마찬가지지만 군자도 되고 소인도 된다. 그러나 그 생명을 잃고 본성을 해친 점에서는 도척이나 백이나 마찬가지인데, 무슨 군자니 소인이니 하고 구별을 지을 수 있겠는가.

原文 臧與穀 二人相與牧羊 而俱亡其羊. 問臧奚事 則挾策讀書. 問穀奚事 則博塞以遊. 二人者 事業不同 其於亡羊均也.
伯夷死名於首陽之下 盜跖死利於東陵之上. 二人者 所死不同 其於殘生傷性均也. 奚必伯夷之是而盜跖之非乎.
天下盡殉也. 彼其所殉仁義也. 則俗謂之君子 其所殉貨財也 則俗謂之小人. 其殉一也. 則有君子焉 有小人焉 若其殘生損性 則盜跖亦伯夷已. 又惡取君子小人於其間哉.

註解 ○臧·穀(장·곡)-둘 다 노예. 여기서는 그것을 인명(人名)으로 사용했다. ○挾策(협책)-책을 옆구리에 끼다. 종이가 없었던 시대이므로

대나무에 글을 써서 엮었었다. ㅇ博塞(박색)-주사위놀이. ㅇ東陵(동릉)-
산동성에 있는 태산(泰山).

백락(伯樂)의 과오 - 마제(馬蹄)

말이란 것은 그 발굽으로 서리와 눈을 밟게 되고, 그 털로써 추위를
막는다. 그리고 배가 고프면 풀을 뜯고 목이 마르면 물을 마시며 껑충
껑충 뛰어다닌다. 이것이 말의 본성이다. 말에게는 아름답고 높은 집이
나 궁전 따위는 있어 보아야 아무 소용이 없다.

그런데, 백락(伯樂)이란 사람이 나타나서,

"나는 말을 길들이는 명수다."

라면서 털을 태우고 깎기도 하며, 발굽을 깎기도 하고 낙인(烙印)을
찍기도 하며, 게다가 고삐를 매고 발을 묶어 마구간에서 기르곤 했기
때문에 열 마리 가운데 두세 마리의 말은 죽고 마는 형편이었다. 백락
은 다시 여물과 물을 제한해서 굶주리게 하고 목마르게도 하며, 빨리
달리고 천천히 뛰는 훈련을 시키며, 앞쪽에는 재갈과 가슴걸이 [纓] 로
못견디게 하고 뒤로는 채찍으로 위협했기 때문에 말은 마침내 반 수
이상이나 죽고 말았다.

또 도공(陶工)은,

"나야말로 찰흙을 다루는 명수다. 둥근 그릇이라면 둥근 자 [規] 를
댄 것처럼, 모난 그릇이라면 곡척(曲尺)을 댄 것처럼 만들 수 있다."

고 하고, 목수는,

"나야말로 나무를 다루는 명수로서 굽은 것은 굽은 대로, 곧은 것은
먹줄 그대로 다듬어 보일 수 있다."

고 한다. 그러나 찰흙이나 나무 자체가 과연 그런 모양으로 만들어지
는 것을 원할 것인가.

56

세상에서는 백락이야말로 말을 잘 다루는 명수라 떠들어 대고, 도공(陶工)이나 목수는 흙과 나무를 잘 다룬다고 칭찬들을 하고 있지만, 이들은 인의(仁義)와 예악(禮樂)으로 인간의 본성을 바로잡아 천하를 잘 다스리게 한다고 뽐내고 있는 명군(明君)이니 현사(賢士)니 하는 사람들과 똑같은 과오를 범하고 있는 것이다.

原文 馬 蹄可以踐霜雪 毛可以禦風寒. 齕草飮水 翹足而陸 此馬之眞性也. 雖有義臺路寢 無所用之. 及至伯樂曰, 我善治馬 燒之剔之 刻之雒之 連之以羈馽 編之以皁棧 馬之死者十二三矣. 饑之渴之 馳之驟之 整之齊之 前有橛飾之患 而後有鞭策之威 而馬之死者 已過半矣.

陶者曰, 我善治埴 圓者中規 方者中矩. 匠人曰, 我善治木 曲者中鉤 直者應繩 夫埴木之性 豈欲中規矩鉤繩哉. 然且世世稱之曰, 伯樂善治馬 而陶匠善治埴木 此亦治天下者之過也.

註解 ○翹足(교족)-발을 들다. ○義臺路寢(의대로침)-높은 건물과 훌륭한 궁전. ○無所用之(무소용지)-쓸모가 없다. ○伯樂(백락)-말을 감별하고 조련시키는 재주가 뛰어났다는 전설적인 인물. 성(姓)은 손(孫), 이름은 양(陽). 춘추시대 진(秦)나라 사람이었다. 백락은 그의 별명으로서 천마(天馬)를 관장하는 별의 이름이다. ○善治馬(선치마)-말을 잘 다루다. ○燒之剔之(소지척지)-말의 털을 태우거나 깎아서 제거하는 것. ○刻之雒之(각지락지)-말의 발굽을 깎거나 지지거나 하여 모습을 갖추는 것. ○羈馽(기칩)-굴레와 다리줄. ○橛飾(궐식)-재갈과 가슴받이.

도둑의 도덕 – 거협(胠篋)
거물 도둑인 도척(盜跖)의 부하들이 도척을 보고,

"도둑에게도 도덕이 있습니까?"
라고 물었다.

그러자 도척은 이렇게 대답했다.

"어떤 사회든 도덕이 없는 곳은 없다. 도둑의 사회에서 말한다면 남의 집안에 있는 재물을 알아내는 것이 성(聖)이고, 목표한 곳에 남보다 먼저 뛰어드는 것이 용(勇)이며, 추격을 막으며 철수하는 것이 의(義), 실행의 가능 여부를 판단하는 것이 지(知), 훔친 물건을 공평하게 나눠 주는 것이 인(仁)이다. 이 다섯 가지 도덕을 가지지 못하는 한 큰 도둑이 될 수 없다."

이 이야기를 놓고 생각해 볼 때, 착한 사람도 성인(聖人)의 도(道)를 얻지 못하면 그 몸을 편안히 할 수가 없고, 도척과 같은 도둑도 성인의 도를 얻지 못하면 훌륭한 도둑질을 할 수는 없다.

그러나 세상에는 착한 사람이 적고 악한 사람이 많기 때문에 성인의 도란 결국 세상을 이롭게 하기보다는 해치는 경우가 더욱 많다.

原文 故跖之徒問於跖曰, 盜亦有道乎. 跖曰, 何適而無有道邪. 夫妄意室中之藏 聖也 入先 勇也 出後 義也 知可否 知也 分均 仁也. 五者不備而能成大盜者.

天下未之有也 由是觀之 善人不得聖人之道不立 跖不得聖人之道不行. 天下之善人少 而不善人多 則聖人之利天下也少 而害天下也多.

註解 ○何適(하적)-어디로 가든지. ○妄意室中之藏(망의실중지장)-망의(妄意)는 '대강 알아맞추다', 중지장(中之藏)은 '안에 간수한 것을 알아맞추다'란 뜻.

오래 살면 욕된 일이 많다 - 천지(天地)

요(堯)임금이 화(華)라는 지방으로 순시를 갔을 때 그곳 관문을 지키는 관리가 인사를 올렸다.

"삼가 성인께 축복을 드리며 만수무강하옵심을 비옵니다."

요임금은 대답했다.

"아니, 나는 사양하겠다."

"그러하오면 더욱더 부(富)하시기를 비옵니다."

"그것도 사양하겠다."

"그러하오면 아들을 많이 두시기를 비옵니다."

"그것도 사양하겠다."

그러자 관문지기는 반문했다.

"수(壽)와 부와 아들 많은 것은 누구나가 다 원하는 것이온데, 전하께서는 그것을 원치 않으시니 어인 까닭이옵니까?"

"아들이 많으면 개중에 못난 놈이 생겨서 도리어 걱정만 많아지고, 부하면 그만큼 일이 많아지며, 오래 살면 그만큼 욕된 일이 많아진다. 이 세 가지는 어느 것이나 내 몸의 덕을 기르는 데 도움이 되지 못하는 것이라 사양하는 것이다."

그 말을 듣자 관문지기는 이렇게 반박했다.

"신은 전하께서 성인인 줄 알았더니 지금 말씀하시는 것을 들으니 고작 군자밖에 되지 못한다는 것을 알았나이다. 하늘은 모든 사람을 낳게 한 다음에는 반드시 그에게 일을 주도록 되어 있습지요. 아들이 아무리 많더라도 각각 일을 맡기게 되면 무슨 걱정이 있겠나이까. 재물이 불어나는 대로 남에게 고루 나눠 주면 또 무엇이 귀찮겠사옵니까. 대저 참다운 성인이란 메추라기와 같이 집을 가리지 않고 새 새끼처럼 생각없이 먹으며 새가 날아다니듯이 자유자재로운 법입지요. 세상이 올바르면 모든 사람들과 함께 번영을 누리고, 올바르지 못하면 덕을 닦아 숨어 사는 것도 좋으며, 천 년이나 오래 살다가 세상이 싫어졌을 때면 하늘에 올라 신선이 되어, 저 흰 구름을 타고 하느님 나라에 사는 것도 무방한 일이나이다. 질병과 노쇠와 사망의 세 가지 환난에 시달리는 일없이 몸을 언제나 탈없이 지낸다면 아무리 오래 산들 또 무슨 욕된 일이 있겠나이까?"

말을 마치자 그는 곧 떠나가려 했다. 요임금은 급히 그를 뒤쫓아가 매달리며,

"잠깐만 이야기를 좀더 들려주지 않겠소."

하고 사정했으나, 그는,

"저리 물러나시오."

라며 뿌리쳤다.

原文 堯觀乎華 華封人曰, 嘻 聖人. 請祝聖人 使聖人壽. 堯曰, 辭. 使聖人富. 堯曰, 辭. 使聖人多男子. 堯曰, 辭. 封人曰, 壽富多男子 人之所欲也. 女獨不欲 何邪. 堯曰, 多男子則多懼 富則多事 壽則多辱 是三者 非所以養德也 故辭.

封人曰, 始也我以女爲聖人邪 今然君子也. 天生萬民 必授之職. 多男子而授之職 則何懼之有. 富而使人分之 則何事之有. 夫聖人 鶉居而鷇食 鳥行而無彰. 天下有道 則與物皆昌. 天下無道 則脩德就閒. 千歲厭世 去而上僊 乘彼白雲 至于帝鄕. 三患莫至 身常無殃 則何辱之有. 封人去之 堯隨之曰, 請問. 封人曰, 退已.

註解 ○華(화)―지명(地名). ○封人(봉인)―국경을 지키는 사람. 은자(隱者)일 것으로 생각된다. ○祝(축)―남을 위해 신(神)에게 빌다. 또는 축하하다. ○多懼(다구)―두려운 일이나 근심되는 일이 많다. ○多事(다

60

사)—귀찮은 일이 많다. ○鶉居(순거)—메추라기가 집이 없듯이 거처가 일정하지 않음을 말한다. ○鷇食(구식)—새 새끼가 어미의 입을 거쳐 먹이를 받아먹음. ○彰(창)—형적(形迹). 자취. ○上僊(상선)—하늘에 오름. 선(僊)은 선(仙)의 고자(古字). ○帝鄕(제향)—천제(天帝)가 있는 이상향. ○三患(삼환)—세 가지 고생. 즉 앞에서 말한 부(富)·수(壽)·다남자(多男子)의 세 가지. ○請問(청문)—부디 묻고 싶다. 가르침을 받고 싶다는 뜻.

옛사람의 조박(糟粕) — 천도(天道)

제환공(齊桓公)이 어전에서 책을 읽고 있는데, 윤편(輪扁)이라는 목수가 어전 뜰에서 수레바퀴를 깎고 있다가 연장을 놓고 어전에까지 올라와서 환공에게,

"지금 읽으시는 책에는 누구의 말씀이 적혀 있나이까?"

하고 물었다.

"성인의 말씀이 적혀 있다."

하고 환공은 대답했다.

"그 성인이 지금 살아 계신가요?"

"이미 돌아가신 지 오래다."

"그러고 보니 전하께서 읽고 계신 것은 옛사람의 찌꺼기[糟粕]로 군요."

"아니, 과인이 글을 읽는데 네가 감히 그런 말……. 그만한 이유라도 있으면 모르되, 그렇지 못하다면 너는 살아 남지 못하리라."

그러자 윤편은 거침없이 이렇게 말했다.

"소신은 소신이 하는 일을 두고 하는 말씀이옵니다. 나무를 깎아 바퀴에 맞출 때 너무 수월하게 들어가면 헐거워서 덜거덕거리게 되고, 너무 꼭 끼게 하려면 뻑이 채서 잘 들어가지가 않습지요. 너무 헐겁지도 않고 너무 끼지도 않게 하려면 비록 다 같은 손으로 하는 것

이긴 하지만 역시 영감(靈感)과 같은 것이 작용하게 되옵니다. 그
것은 말로 어떻게 하면 된다고 표현할 수는 없는 것입지요. 그러한
특기란 것은 소신이 자식에게도 가르쳐 줄 수가 없었고 자식도 소
신에게서 배울 수가 없었나이다. 그래서 소신은 이 나이가 되도록
손수 이 일을 하며 살아가고 있사옵니다. 옛 성인들도 그분이 돌아
가신 뒤엔 그 마음의 재주란 것이 전해질 리가 없지 않겠나이까. 그
러므로 전하께서 읽고 계신 것도 옛사람들의 마음의 찌꺼기밖에 더
될 것이 없다는 뜻으로 아뢰었나이다."

原文   桓公讀書於堂上. 輪扁斲輪於堂下 釋椎鑿而上. 問桓公曰,
敢問公之所讀爲何言邪. 公曰, 聖人之言也. 曰, 聖人在乎. 公曰,
已死矣. 曰, 然則君之所讀者 古人之糟粕已夫. 桓公曰, 寡人讀書
輪人安得議乎 有說則可 無說則死. 輪扁曰, 臣也 以臣之事觀之
斲輪徐則甘而不固 疾則苦而不入. 不徐不疾 得之於手 而應於心
口不能言. 有數存焉於其間 臣不能以喩臣之子, 臣之子亦不能受
之於臣 是以行年七十而老斲輪. 古之人與其不可傳也死矣. 然則
君之所讀者 古人之糟粕已夫.

註解   ㅇ桓公(환공)-제(齊)나라 환공. ㅇ輪扁(윤편)-수레바퀴를 만드
는 편(扁)이란 사람. 윤(輪)은 직업을 나타내고 편(扁)은 이름이다. ㅇ斲
輪(착륜)-나무를 깎아 수레바퀴를 만들다. ㅇ椎鑿(추착)-망치와 끌. ㅇ
糟粕(조박)-찌꺼기. ㅇ臣之事(신지사)-신(臣)이 하는 일. 즉 수레바퀴를
만드는 일. ㅇ徐則甘而不固(서즉감이불고)-느슨하게 깎으면 헐겁고 미
끄러워서 튼튼하지 못하다. ㅇ疾則苦而不入(질즉고이불입)-꽉 끼게 되
도록 팽팽하게 깎으면 들어가기 어렵다. ㅇ數(수)-여기서는 술(術)과 같
다. 즉 비결. ㅇ喩(유)-효(曉)와 같으며 환히 안다는 뜻이다. ㅇ行年(행
년)-나이를 먹다. 향년(享年).

노자(老子)의 인의관(仁義觀) ─ 천운(天運)

공자가 노담(老聃)을 만나 인의(仁義)에 대해 말하자, 노담은 이렇게 말했다.

"비유해서 말한다면 겨를 체로 칠 때 그것이 눈에 들어가면 눈이 캄캄해서 앞뒤 좌우조차 분간하지 못하는 경우가 있고, 모기나 등에에게 물리면 가려워서 밤이 새도록 잠을 못자는 수도 있소. 그러나 그것들은 그때만 마음을 뒤흔들어 놓을 뿐인데 인의란 것은 우리들의 마음을 몹시 흥분시키고 뒤흔들어 놓는 것이오. 그대도 인의로서 세상 사람들의 순박한 마음을 잃게 만들지 말고, 자연의 덕을 그대로 지니도록 하오. 구태여 혼자 잘난 체 큰 북을 등에 지고 두들겨 대며 길 잃은 아이들을 찾아 헤매는 것 같은 흉내는 내지 않는 것이 좋단 말이오.

그리고 또 흰 새는 날마다 목욕을 하지 않아도 새하얗고 까마귀는 날마다 검게 물을 들이지 않아도 새까맣지만, 그것들이 날 때부터 지니고 있는 희고 검은 것은 어느 쪽이 좋고 나쁘다는 표준이 될 수는 없소. 그것과 마찬가지로 인이니 의니 하고 세상의 평판을 염두에 둔다는 것은 아마 옹졸한 생각일 것이오. 물고기만 하더라도 물이 모자란 곳으로 한데 몰려들어 서로의 입김과 물거품으로 몸을 축이고 있는 것보다는 강호(江湖)에서 나를 잊고 물과 하나가 되어 유유히 헤엄쳐 다니는 것이 다시없이 좋을 것이오. 사람 역시 그 하찮은 인의 따위에 얽매이지 말고, 자연의 대도(大道)에 몸을 내맡기는 쪽이 바람직한 일일 것이오."

原文 孔子見老聃而語仁義. 老聃曰, 夫播穅眯目 則天地四方易位矣. 蚊虻嘈膚 則通昔不寐矣. 夫仁義憯然乃憤吾心 亂莫大焉

吾子使天下無失其朴 吾子亦放風而動 總德而立矣. 又奚傑然若負
建鼓而求亡子者邪. 夫鵠不日浴而白 烏不日黔而黑. 黑白之朴 不
足以爲辯. 名譽之觀 不足以爲廣. 泉涸 魚相與處於陸 相呴以濕
相濡以沫 不若相忘於江湖.

註解　○播穅眯目(파강미목)−키질을 하여 겨를 날리고, 티가 눈에 들어
가서 눈을 잘 못보다. ○易位(역위)−방향을 바꾸다. ○憯然(참연)−비통
한 모양. 여기서는 '무참하게'란 뜻이다. ○吾子(오자)−공자(孔子). ○黔
(검)−검다.

우물 안 개구리 − 추수(秋水)

공손룡(公孫龍)이 위(魏)나라 공자(公子) 모(牟)에게 물었다.

"나는 어릴 때부터 선왕(先王)의 도(道)를 배우고 커서는 인의의
행실을 분명히 했으며, 동이(同異)를 합치고 견백(堅白)을 나누어
그렇지 않은 것을 그렇다고 하고 옳지 못한 것을 옳다고 하여 궤변
에 의해 많은 학자들의 지혜를 보잘것없는 것으로 만들고, 모든 변
사들의 의논을 꺾게 되었으므로 스스로 다시없는 달인(達人)으로
자부하고 있었습니다. 그런데 저 장자(莊子)가 말하는 것을 듣고
있노라면 전연 뭐가 뭔지 갈피를 잡을 수가 없습니다. 내 의론과 지
식이 아직 그만은 못한 때문일까요. 도무지 반박을 할 만한 틈마저
보이지 않습니다. 어떻게 하면 그를 입도 못 벌리게 만들 수 있을는
지요."

그러자 공자 모는 책상에 기댄 채 한숨을 쉬더니 하늘을 쳐다보고
웃으면서 이렇게 대답했다.

"그대는 저 사용하지 않는 우물 안 개구리의 이야기를 모르는 모양

이로군. 그 개구리는 동해(東海)에 사는 자라를 보고 이렇게 자랑을 했던 거야. '나는 사는 것이 참으로 즐겁다. 나무틀 위로 뛰어오르기도 하고 옆벽의 떨어져 나간 기왓장에서 쉬기도 하며, 물로 풍덩 뛰어들어 두 다리를 물속에 담그고 얼굴만을 물 위로 내놓기도 하고 진흙 속에 발끝을 밀어넣기도 하며 논다. 주위에는 장구벌레나 가재나 올챙이들이 있지만 어느 것도 나를 당할 놈은 없거든. 우물 안 물을 전부 내가 차지하고, 사용하지 않는 우물 안을 나보란듯이 돌아다니는 즐거움이란 정말 가슴이 벅차오를 지경이거든. 자네도 가끔 좀 찾아 주지 않겠나'.

그래서 자라가 찾아가 보았더니 왼쪽 발이 아직 다 들어가지도 않아서 오른쪽 무릎이 걸릴 지경이었으므로 하도 어이가 없어 뒤로 물러서면서, '내가 살고 있는 동해란 곳은 말이다, 넓이는 천 리 정도가 아니고 깊이 역시 천 길이 넘는단 말이다. 우왕(禹王) 때는 10년 동안 아홉 번 큰 홍수가 있었지만 물이 불어난 일이 없었고, 탕왕(湯王) 때에는 8년에 일곱 번 큰 가뭄이 있었으나 물이 준 일이 없었어. 즉 세월에 따라 변하는 일도 없고 비가 많이 오거나 적게 오는 데 따라 물이 불어나거나 줄어드는 일이 없어. 말하자면 이런 점들이 동해에 사는 즐거움이거든'하고 들려주었으므로 우물 안 개구리는 기가 질려 버리고 말았다는 거야.

자네 같은 사람은 어느 것이 옳고 그른지 그것마저 잘 구별을 못하는 주제에 장자의 말을 이러쿵저러쿵 한다는 것부터가 흡사 모기에게 산을 지우고 노래기에게 강을 건너게 하는 거나 마찬가지여서 도저히 될 수 없는 이야기야. 그리고 장자의 미묘하고 지극한 의론을 알아듣지도 못하면서 하찮은 구변 따위로 한때의 승리를 거둔 것을 뽐내고 있는 꼴이란 우물 안 개구리를 너무도 닮아 있거든."

原文 公孫龍問於魏牟曰. 龍少學先王之道 長而明仁義之行 合同異. 離堅白 然不然 可不可 困百家之知 窮衆口之辯 吾自以爲至達已. 今吾聞莊子之言 汒焉異之. 不知論之不及與. 知之弗若與今吾無所開吾喙. 敢問其方.

公子牟隱机大息 仰天而笑曰, 子獨不聞夫埳井之鼃乎 謂東海之鱉曰, 吾樂與 吾跳梁乎井幹之上 入休乎缺甃之崖 赴水則接掖持頤 蹶泥則沒足滅跗. 還虷蟹與科斗 莫吾能若也. 且夫擅一壑之水而跨跱埳井之樂 此亦至矣 夫子奚不時來入觀乎. 東海之鱉 左足未入 而右膝已縶矣. 於是逡巡而却 告之海曰, 夫千里之遠 不足以舉其大 千仞之高 不足以極其深. 禹之時十年九潦 而水弗爲加益. 湯之時八年七旱 而崖不爲加損. 夫不爲頃久推移 不以多少進退者 此亦東海之大樂也. 於是埳井之鼃聞之. 適適然驚 規規然自失也.

且夫知不知是非之竟 而猶欲觀於莊子之言 是猶使蚊負山商蚷馳河也. 必不勝任矣. 且夫知不知論極妙之言 而自適一時之利者是非埳井之鼃與.

註解 ○公孫龍(공손룡)－조(趙)나라 평원군(平原君)을 섬긴 논리학파의 대표자. ○魏牟(위모)－위나라 공자이며 중산(中山)에 봉해졌으므로 공자모(公子牟) 또는 중산공모(中山公牟)라고 하였다. ○合同異(합동이)－공손룡파의 궤변. 같은 것을 다르다 하고, 다른 것을 같다 하며 동이(同異)의 구별을 뒤집어 하나로 합치는 이론. ○離堅白(이견백)－굳고 흰 돌을, 실은 굳은 돌과 흰 돌의 두 가지라고 하는 궤변. ○埳井之鼃(함정지와)－와(鼃)는 와(蛙)의 고자(古字). 즉 우물 안의 개구리. ○鱉(오)－바다에 사는 큰 자라. ○接掖(접액)－두 겨드랑이를 물에 착 붙이다. 액(掖)은 액(腋)과 같음. ○虷(간)－장구벌레. ○九潦(구료)－아홉 차례의 장마. ○適適然(적적연)－놀라서 보는 모양. ○規規然(규규연)－작은 모양. 즉 놀라

서 몸을 웅크리다. ㅇ不知是非之竟(부지시비지경)-시비의 경계를 알지
못하다. ㅇ商蚷(상거)-노래기. ㅇ一時之利(일시지리)-일시적으로 얻는
명리(名利).

곡(哭) 대신에 노래를 - 지락(至樂)

장자의 부인이 죽었을 때 친구인 혜자(惠子)가 조상을 갔다. 장자는
비스듬히 기대고 앉아 분(盆)을 두드리며 노래를 부르고 있었다. 그것
을 본 혜자가,

"자네는 부인과 함께 살며 같이 자식을 기르고, 같이 늙어 온 사이
가 아닌가. 부인이 죽어서 울지 않는 것까지는 또 모르겠는데 분을
두드려 가며 노래까지 부른다는 건 좀 너무하지 않은가."
라며 나무라자 장자는 이렇게 대답했다.

"그런 게 아닐세. 그 사람이 죽었을 당시는 나도 슬프지 않은 게 아
니었네. 그러나 잘 생각해 보면 인간이란 애당초부터 생명을 가지
고 있지는 않았어. 생명은 고사하고 형체도 없었으며 형체는 고사
하고 기운조차 없었네. 그저 망막(茫漠)하고 혼돈한 대도(大道) 속
에 섞여 있던 것이 변해서 기운을 낳게 되고, 기운이 변해서 형체가
생기고 형체가 변해서 생명을 갖게 되고, 그것이 지금 또 변해서 죽
어간 것뿐인 거야. 즉 삶과 죽음의 변천이란 것은 사시(四時)의 순
환과 역시 마찬가지가 아닌가. 그리고 모처럼 하늘과 땅을 침실삼
아 편안히 잠들어 있는 참된 모습 옆에서 엉엉 소리쳐 운다는 것은
천명(天命)의 자연을 분간 못하는 천박한 짓으로 생각되었기 때문
에 우는 것을 그만둔 걸세."

原文 莊子妻死 惠子弔之 莊子則方箕踞 鼓盆而歌. 惠子曰, 與

人居 長子 老. 身死不哭 亦足矣 又鼓盆而歌 不亦甚乎. 莊子曰,
不然. 是其始死也 我獨何能無槪然 察其始 而本無生 非徒無生
也. 而本無形 非徒無形也. 而本無氣 雜乎芒芴之間 變而有氣 氣
變而有形. 形變而有生 今又變而之死 是相與爲 春秋冬夏四時行
也. 人且偃然寢於巨室 而我噭噭然 隨而哭之 自以爲不通乎命.
故止也.

註解　○惠子(혜자)－전국시대 송(宋)나라 사람. 본명은 혜시(惠施), 제
자백가 중 명가(名家)의 한 사람이다. ○弔之(조지)－문상(問喪)하다.
○鼓盆(고분)－고(鼓)는 두드리다. 분(盆)은 뚝배기와 같은 고대(古代) 악
기. 즉, 악기를 두드리다란 뜻이다. ○與人居(여인거)－여기서 인(人)은
처(妻). 즉, 처와 함께 살다란 의미이다. ○身死(신사)－친히 그 죽음을 보
다. ○無槪(무개)－놀라서 슬퍼하는 모양. 개(槪)는 개(槪)와 같다. ○偃
然(언연)－편히 자는 모양. 언(偃)은 연(宴)의 차자(借字)라고 함. ○巨室
(거실)－천지(天地)로 방을 삼다. ○通乎命(통호명)－천명(天命)에 능통
하다. 즉, 천명을 익히 잘 알다란 뜻이다.

꿈속의 문답 - 지락(至樂)

장자는 초(楚)나라로 가던 도중 들판에 버려진 해골을 보게 되었는
데, 바싹 말라빠진 앙상한 형체만이 남아 있었다. 장자는 들고 있던 채
찍으로 해골을 두들기며 조용히 말을 건넸다.

"그대는 삶을 탐내고 욕심에 사로잡혀 이 꼴이 되었는가. 아니면 망
국의 화를 입고 처형의 죄를 받아 이 모양이 되었는가. 혹은 못된
일을 저지르고 부모 처자에게 욕된 이름을 남기는 것이 부끄러워
이리 되었는가. 굶주리고 추워서 이렇게 죽고 말았는가. 또는 천수
(天壽)를 다하고 이 지경에 이른 것인가."

68

말을 마친 장자는 해골을 끌어당기자 그것을 베개삼아 옆으로 누웠다. 그날 밤 해골이 꿈에 나타나 말을 건넸다.

"그대의 말하는 품이 흡사 변사인 것처럼 보이는데 그대가 말한 모든 것은 어느 것이나 다 육신이 살아 있는 인간 세상의 근심 걱정일 뿐, 죽은 사람의 세계와는 전연 상관이 없는 일이오. 듣고 싶다면 죽은 사람의 세계가 어떤 것인가를 말해 줄 수도 있소."

"좋소. 어디 들어보도록 합시다."

"그런데 죽은 사람의 세계란 위로 임금도 없고 아래로 신하도 없으며, 봄 가을 등 사시의 구별조차도 없소. 그저 유연히 하늘과 땅으로서 봄 가을을 삼을 뿐, 그 즐거움이란 인간 세상의 왕자(王者)로서도 미칠 수 없는 그런 것이오."

장자는 잘 믿어지지가 않아서 다시 물었다.

"하지만 만일 내가 사람의 수명을 맡아 있는 천신(天神)에게 부탁해서 그대의 몸을 옛날 그대로 뼈와 살과 피부를 만들어 부모와 처자와 옛 친구들이 있는 곳으로 보내줄 수 있다면 그대도 그것을 원할 것이 아니겠소."

그러자 해골은 몹시 못마땅한 표정을 지으며 대답했다.

"무슨 소리를 하는 거요. 왕자보다도 더한 즐거움을 버리고 또다시 천박한 인간 세계의 고통을 겪으란 말이오."

原文 莊子之楚 見空髑髏. 髐然有形 撽以馬捶. 因而問之曰, 夫子貪生失理 而爲此乎. 將子有亡國之事 斧鉞之誅 而爲此乎. 將子有不善之行 愧遺父母妻子之醜 而爲此乎. 將子有凍餒之患 而爲此乎. 將子之春秋 故及此乎. 於是語卒 援髑髏枕而臥. 夜半髑髏見夢曰, 子之談者似辯士 諸子所言 皆生人之累也. 死則無此矣. 子欲聞死之說乎. 莊子曰, 然. 髑髏曰, 死無君於上 無臣於下 亦

無四時之事. 從然以天地爲春秋 雖南面王樂 不能過也. 莊子不信
曰, 吾使司命復生子形 爲子骨肉肌膚 反子父母妻子 閭里知識 子
欲之乎. 髑髏深矉蹙頞曰, 吾安能棄南面王樂 而復爲人閒之勞乎.

註解 ○髑髏(촉루)-해골. ○鵠然有形(효연유형)-바싹 말라서 앙상
한 몰골이다. ○斧鉞之誅(부월지주)-전쟁에서 패배한 죄로 처형되다. ○諸
子所信(제자소신)-그대가 나를 볼진대란 뜻. 여기서 제(諸)는 시(視)이다.
○司命(사명)-사람의 수명을 관장하는 신(神).

나무로 만든 닭 - 달생(達生)

투계(鬪鷄)를 잘 길들이기로 유명한 기성자(紀渻子)가 어느 왕의
부탁으로 투계 한 마리를 길들이게 되었다. 열흘이 지나자 왕은 기성
자를 불러 물었다.

"어떤가, 이제 그만하면 싸움을 붙여 볼만큼 되었는가?"

"아직 멀었습니다. 지금 한창 허세를 부리고 있는 중이옵니다."

그뒤 열흘이 지나 또 물었다.

"아직 멀었나이다. 아직도 다른 닭의 울음소리나 그림자만 보아도
덤벼들려 하고 있사옵니다."

다시 열흘이 지나서 물었다.

"아직도 멀었사옵니다. 적을 보면 노려보기만 할 뿐 여전히 지지 않
으려는 태도가 가시지 않나이다."

그리고 열흘이 지나서 다시 물었다.

"그런대로 좋을 것 같나이다. 이젠 상대방 닭이 아무리 소리치며 덤
벼들어도 태도가 조금도 달라지지 않사옵니다. 멀리서 바라보면 흡
사 나무로 깎아 만든 닭처럼 보이나이다. 그 덕(德)이 충실해진 증

70

거입지요. 이만하면 어떤 닭이라도 상대가 되려 하지 않고 도망칠
것이 틀림없사옵니다."

[原文] 紀渻子爲王養鬪鷄 十日而問. 鷄已乎. 曰, 未也. 方虛憍而
恃氣 十日又問. 曰, 未也. 猶應嚮景. 十日又問. 曰, 未也. 猶疾視
而盛氣. 十日又問. 曰, 幾矣. 鷄雖有鳴者 已無變矣. 望之似木鷄
矣. 其德全矣. 異鷄無敢應者 反走矣.

[註解] ○紀渻子(기성자)―제(齊)나라의 현인(賢人). ○幾矣(기의)―완
성에 가깝다. ○反走矣(반주의)―도망치다. 주(走)는 도주(逃走)를 뜻한다.

가난과 고생의 차이 ― 산목(山木)

장자가 누덕누덕 기운 옷에 허리띠를 질끈 동여매고 다 떨어진 신을
새끼로 발에 얽어맨 채 대궐로 위왕(魏王)을 찾아갔다.
"이거 장선생 아니시오. 고생이 너무도 심하시구려."
장자는 위왕의 이 말에 다음과 같이 대답했다.
"천만에요. 제가 가난하기는 하지만 고생이랄 건 없습니다. 고생이
란 선비가 모처럼 도덕을 배워 가지고 있으면서 그것을 실천하지
못해 고통스러워하는 모습으로, 누더기 옷에 떨어진 신을 신는 것
은 가난한 것은 될 수 있지만 고생이라고는 말할 수 없습니다. 다만
때를 만나지 못했을 뿐이지요. 전하께선 저 나무를 잘 타는 원숭이
를 알고 계시겠지요. 들메[枏]나무나 가래나무나 예장(豫章)나무
를 만나 가지를 잡고 한창 신바람이 나있을 때는 예(羿)나 봉몽(逢
蒙) 같은 명궁(名弓)도 쏘아 떨어뜨릴 수 없지만, 회양목이나 가시
나무, 탱자나무처럼 가시가 돋친 위험한 나무 사이에 있을 때는 조

심조심 걸어가며, 눈을 두리번거리고 후들후들 겁이 나 떨게 됩니다. 이것은 원숭이의 뼈나 힘줄이 굳어 버려서 그런 것이 아니고, 있는 장소가 불편해서 있는 기능을 제대로 발휘할 수 없기 때문입니다. 그것과 마찬가지로 오늘과 같은 세상에서 어둡고 어리석은 임금이나 사악한 재상들 틈바구니에 끼어 있게 되면 고통스럽지 않을래야 않을 도리가 없을 것입니다. 비간(比干)이 가슴을 갈라야만 했던 것도 역시 그런 하나의 예로 볼 수 있을 것입니다."

原文　莊子衣大布而補之　正緳係履　而過魏王. 魏王曰, 何先生之憊邪. 莊子曰, 貧也. 非憊也. 士有道德不能行　憊也. 衣弊履穿貧也. 非憊也. 此所謂非遭時也. 王獨不見夫騰猿乎. 其得柟梓豫章也. 攬蔓其枝　而王長其閒　雖羿逢蒙　不能眄睨也. 及其得柘棘枳枸之閒也. 危行側視　振動悼慄　此筋骨非有加急而不柔也. 處勢不便　未足以逞其能也. 今處昏上亂相之閒　而欲無憊　奚可得邪. 此比干之見剖心　徵也夫.

註解　ㅇ大布(대포)-남루한 옷. 너절한 옷. ㅇ正緳係履(정혈계리)-신발을 삼끈으로 묶다. ㅇ魏王(위왕)-위나라 혜왕(惠王). ㅇ騰猿(등원)-나무에 오르는 원숭이. ㅇ柟梓豫章(남재예장)-모두 큰 나무[巨木] 들이다. ㅇ王長(왕장)-스스로 크다고 하다. ㅇ逞(영)-충분히 발휘하다. ㅇ昏上亂相(혼상난상)-암우(暗愚)한 군주와 난신(亂臣). ㅇ徵也夫(징야부)-징(徵)은 징험. 즉 그 일을 잘 증명한다는 뜻이다.

두 첩의 아름다움 - 산목(山木)

양자(陽子)가 송(宋)나라로 가서 어느 여관에 묵게 되었다. 여관 주인에게 두 첩이 있었는데 하나는 미인이었고 또 하나는 못생긴 편이었다. 그런데 못생긴 쪽이 대우를 받고 미인은 그 아랫자리에 놓여 있었다. 양자가 그 까닭을 묻자 여관 주인은 이렇게 대답했다.

"좀 잘생긴 여자는 제 스스로 잘생긴 것을 자랑하고 있기 때문에 나는 도리어 싫증이 나서 조금도 잘나보이지가 않습니다. 못생긴 여자는 제 스스로 못생긴 것을 알고 언제나 기를 못펴고 지내기 때문에 나는 그것이 공연히 귀엽고 기특하기만 해서 얼굴 못생긴 것은 조금도 느껴지지가 않습지요."

그 말을 듣고 양자는 제자들에게 이렇게 타일렀다.

"너희들도 명심해 두어라. 남에게 좋은 일을 하고도 제 스스로 잘한 것 같은 태도를 갖지 않게 된다면 어디를 가나 남들로부터 사랑을 받지 않는 일이 없을 것이다."

原文　陽子之宋 宿於逆旅. 逆旅人有妾二人. 其一人美 其一人惡 惡者貴而美者賤. 陽子問其故. 逆旅小子對曰, 其美者自美 吾不知其美也. 其惡者自惡 吾不知其惡也. 陽子曰, 弟子記之. 行賢而去自賢之行 安往而不愛哉.

註解　○陽子(양자)－양주(陽朱). 진(秦)나라 사람으로 자는 자거(子居). ○逆旅(역려)－주막. 여인숙. ○惡(악)－여기서는 못생겼다는 뜻이다. ○逆旅小子(역려소자)－여인숙의 주인. 소(小)는 지(之)이고 자(子)는 부(父)의 변자(變字)라는 설이 유력하다.

참다운 화공(畵工)－전자방(田子方)

송원군(宋元君)이 화공(畵工)을 불러 그림을 그리게 했다. 불려온 많은 화공들은 명령을 받기가 무섭게 곧장 일어나 붓을 빨고 먹을 갈기 시작하여, 방안이 비좁아 다 들어가지 못하고 밖에 있는 사람이 반이 넘는 형편이었다. 거기에 뒤늦게 나타난 화공 한 사람이 있었는데 걸음걸이는 너무도 태연스러웠고, 명령을 받고도 성급하게 일어서는 일도 없이 그대로 여관을 향해 돌아가 버리고 말았다. 원군이 사람을 시켜 그의 거동을 살피게 했던바, 그 화공은 옷을 훨훨 벗어 버리고 두 다리를 쭉 뻗고는 몸을 쉬고 있다는 것이었다. 원군은 그 말을 듣자,

"됐다, 됐어. 그 화공이야말로 참다운 화공이다."

라며 감탄했다.

[原文] 宋元君將畫圖. 衆史皆至 受揖而立 舐筆和墨 在外者半. 有一史後至者 儃儃然不趨 受揖不立 因之舍. 公使人視之 則解衣槃礴臝. 君曰, 可矣. 是眞畫者也.

[註解] ○宋元君(송원군)-원군(元君)은 원공(元公). 즉 송나라의 임금 원공을 가리키는 것이다. ○在外者半(재외자반)-방에 들어가지 못한 사람이 반이나 되었다.

활쏘기의 명인 - 전자방(田子方)

열어구(列禦寇)가 백혼무인(伯昏無人)에게 활을 쏘아 보였다.

활촉 끝이 닿도록 활줄을 마냥 잡아당기고 물이 가득 담겨 있는 잔을 팔뚝 위에 올려 놓은 채 화살을 쏘았다. 화살 하나가 줄을 떠났다고 생각되는 순간 어느새 다른 화살이 줄에 와 얹혀 있었고, 그 화살이 줄을 떠나기가 무섭게 또 다른 화살이 줄에 와 얹혔다. 그러는데도 그동안 몸은 나무로 만든 사람처럼 꼼짝도 하지 않았다.

그것을 보자 백혼무인은 말했다.

74

"이것은 맞히려고 쏜 것이지 맞히지 않으려고 쏜 것은 아니다. 그러니 맞은 것은 당연하지 않은가. 어디 자네와 같이 한번 높은 산으로 올라가서 쑥 내민 바위 끝을 밟고 백 길 깊은 못을 굽어보기로 하자. 그래도 그대가 과연 활을 제대로 쏠 수 있을까?"

이리하여 두 사람은 높은 산으로 올라가 내민 바위를 딛고 백 길 못을 굽어보게 되었다. 백혼무인은 못을 등 뒤로 하고 뒷걸음을 치더니 발뒤꿈치를 3분의 2나 허공으로 나가 있도록 한 다음 열어구를 손짓해 그리로 와서 서도록 했다.

열어구는 제대로 서있지를 못하고 바위에 엎드린 채로 있었는데 식은땀이 발끝까지 흘러내렸다. 백혼무인은 그것을 보자 이렇게 말했다.

"원래 덕이 지극한 사람은 위로는 하늘 끝까지, 아래로는 황천(黃泉) 밑바닥까지 우주의 사방 팔방을 남김없이 날아다녀도 마음이나 얼굴에 사소한 동요도 없는 것이다. 그런데 그대는 지금 눈앞이 캄캄해지고 부들부들 떠는 그런 모습이 아닌가. 그래 가지고야 아무리 활을 쏜들 어떻게 과녁에 가서 맞겠는가."

原文 列禦寇爲伯昏無人射. 引之盈貫 措杯水其肘上 發之. 適矢復沓 方矢復寓 當是時 猶象人也. 伯昏無人曰, 是射之射 非不射之射也. 嘗與汝登高山 履危石 臨百仞之淵 若能射乎.

於是無人遂登高山 履危石 臨百仞之淵 背逡巡 足二分垂在外 揖禦寇而進之. 禦寇伏地 汗流至踵 伯昏無人曰, 夫至人者 上闚靑天 下潛黃泉 揮斥八極 神氣不變 今汝怵然有恂目之志 爾於中也. 殆矣夫.

註解 ㅇ列禦寇(열어구)-열자(列子). ㅇ伯昏無人(백혼무인)-상고시대의 현인(賢人). ㅇ射之射(사지사)-유심(有心)의 사술(射術). 사물을 쏘

는 데 잘 맞추고자 하는 의식을 가지고 쏘는 것. 그 다음 구절의 불사지사
(不射之射)는 반대로 무심(無心)의 사술(射術)이다. ○背逡巡(배준순)−
준순(逡巡)은 뒷걸음질을 치는 것. 즉 이 구절은 앞의 구절을 합치어 높은
산을 향하고 심연(深淵)을 등에 지고 뒷걸음질을 치다란 뜻이다. ○足二
分垂在外(족이분수재외)−발을 삼분(三分)하여 그 3분의 2를 허공에 내
디뎠다는 뜻이다. ○八極(팔극)−팔방(八方). ○怵然(출연)−두려워하는
모양. ○恂目(순목)−두려워서 눈이 어두워지다.

도(道)가 있는 곳−지북유(知北遊)

동곽자(東郭子)가 장자(莊子)에게 물었다.
"당신이 말하는 도(道)란 것은 어디에 있는 것입니까?"
"어디에고 있지."
"어디라고 분명히 이름을 일러주십시오."
"땅강아지와 개미에게 있다."
"꽤나 시시한 것에 있군요."
"벼쭉정이와 피[稗]에도 있지."
"점점 더 시시하군요."
"기왓장에도 있지."
"점점 극단으로 가는군요."
"똥이나 오줌에도 있는 걸."
동곽자는 잠자코 있을 수밖에 없었다.
그러자 장자는 이렇게 말했다.
"도대체 자네가 묻는 것이 틀려먹었네. 예를 들어 귀족 집의 집사가
시장에서 돼지를 차례차례 더듬어 살찌고 여윈 것을 골라내고자 할
때도 머리가 있는 위쪽보다는 궁둥이와 발이 있는 아래쪽으로 갈수
록 알기가 쉬운 법일세. 자네도 도가 어디에 있다고 결정을 지으려

고 해서는 안되네. 사물(事物)을 초월해 있는 것으로 생각해서도 안되네. 도는 어디에나 있는 것이며 참다운 가르침도 역시 그런 걸세."

原文 東郭子問於莊子曰, 所謂道惡乎在. 莊子曰, 無所不在. 東郭子曰, 期而後可. 莊子曰, 在螻蟻. 曰, 何其下邪. 曰, 在稊稗. 曰, 何其愈下邪. 曰, 在瓦甓. 曰, 何其愈甚邪. 曰, 在屎溺. 東郭子不應. 莊子曰, 夫子之問也. 固不及質 正獲之問於 監市履狶也. 每下愈況 汝唯莫必 無乎逃物 至道若是. 大言亦然 周徧咸三者異名同實 其指一也.

註解 ○東郭子(동곽자)-이름은 순자(順子). 동곽에 살았기 때문에 동곽자라고 했다. 전자방편(田子方篇)에 그의 스승이라고 했다. ○不及質(불급질)-질문이 본질에 아직 미치지 못하다. ○正獲(정획)-정(正)은 관호(官號), 즉 시령(市令)이고 획(獲)은 그의 이름이라고 한다. ○監市(감시)-저자의 우두머리. 시장(市場)을 감시하는 자이다. ○履狶(이희)-돼지를 발로 밟고 그 살찐 상태를 살펴본다는 뜻. ○每下愈況(매하유황)-(돼지의) 하체(下體)로 내려가면서 전체의 살찐 상태를 잘 알 수 있다. ○莫必(막필)-필(必)은 이것저것 한정(限定)하는 것. 즉 도(道)가 있는 곳을 한정해서는 안된다는 뜻이다. ○周徧咸(주편함)-두루 널리 미치다란 의미이다. ○其指一也(기지일야)-그것이 가리키는 뜻은 같다란 뜻이다.

원숭이의 재주 — 서무귀(徐無鬼)

오왕(吳王)이 원숭이 사냥을 위해 강 건너 산으로 올라갔다. 대부분의 원숭이들은 일행을 보는 즉시 소리없이 깊은 숲속으로 달아나 버렸다. 그런데 유독 한 놈이 나뭇가지 사이로 이리로 갔다, 저리로 갔다 재주를 부리며 달아날 생각을 하지 않았다. 왕이 활을 쏘면 화살이 날아오는 것을 모조리 한 손으로 척척 받아넘겼다. 그래서 왕은 시종들에게 명령하여 눈코 뜰 새 없이 마구 활을 쏘도록 했다. 원숭이란 놈은 필경은 손이 미치지 못해 화살을 맞고 거꾸러졌다. 그것을 본 왕은 동행했던 안불의(顔不疑)를 돌아보며 말했다.

"이 원숭이는 제 재주만 믿고 까불어대다가 필경 죽고 말았어. 주의하지 않으면 안될 일이야. 그대도 잘난 척하면서 남을 업신여기는 일이 없도록 하오."

안불의는 그 길로 돌아와 동오(董梧)라는 어진 사람을 스승으로 섬기며 남을 업신여기는 태도를 버리고 세속적인 즐거움 같은 것에도 관심을 두지 않고 높은 벼슬도 버리고는 수양에만 힘썼기 때문에 3년 뒤에는 온 백성들로부터 존경을 받게 되었다.

原文　吳王浮於江 登乎狙之山. 衆狙見之 恂然棄而走 逃於深蓁. 有一狙焉 委蛇攫抓見巧乎王. 王射之. 敏給搏捷矢 王命相者趨射之 狙執死. 王顧謂其友顔不疑曰, 之狙也. 伐其巧 恃其便以敖予 以至此殛也. 戒之哉. 嗟乎無以汝色驕人哉. 顔不疑歸而師董梧 以鋤其色 去樂辭顯 三年而國人稱之.

註解　○恂然(순연)-놀라는 모양. 두려워하는 모양. ○深蓁(심진)-초목이 우거진 숲. ○搏捷矢(박첩시)-손으로 쳐서 화살을 잡다. 첩(捷)은 접(接)과 같다. ○執死(집사)-화살을 쥔 채로 죽다. ○顔不疑(안불의)-성이 안(顔)이고 불의(不疑)는 이름이며 왕의 벗이라고 한다. ○敖予(오여)-오왕(吳王)을 가리킴. ○至此殛(지차극)-극(殛)은 사(死)라고 함. 즉, 이렇게 죽는 꼴이 되었다는 뜻이다. ○董梧(동오)-성은 동(董), 이름이 오(梧)로서 오나라의 현인이라고 한다. ○鋤其色(서기색)-(교만한) 안색을 제거하다. ○辭顯(사현)-영현(榮顯)을 사양하다. 즉 고관(高官)의 자리를 사양하다.

행운의 상(相) - 서무귀(徐無鬼)

남백자기(南伯子綦)에게 여덟 명의 아들이 있었다. 자기는 구방인(九方歅)이란 관상 잘보는 사람을 불러 그들 여덟 아들의 관상을 물었다.

"자식들 가운데 누가 가장 행운을 누리게 되는지 관상을 좀 봐 주시오"

"곤(梱)이라는 아드님이 가장 뛰어납니다."

자기는 싱글벙글하며 말했다.

"대관절 어떤 행운이란 말이오?"

"곤이란 아드님은 일국의 임금님과 다름없는 식복(食福)을 누리며 일생을 마치겠습니다."

그 말을 듣자 자기는 눈물을 주루룩 흘리며 말했다.

"내 자식이 어쩌면 그렇게까지 불행하게 된다는 건가?"

"원 천만에요. 일국의 임금과 같은 식복을 누리게 된다면 그 부귀의 은택이 삼족(三族)에까지 미칠 것이 아니옵니까. 더구나 부모님이야 말할 것도 없지 않습니까. 지금 그런 기쁜 소식을 듣고 슬퍼하신다면 모처럼 찾아온 복을 멀리하는 것이 되옵니다. 아드님은 행운의 상을 가졌지만 우시는 아버님은 불운한 상이 되옵니다."

"아마 당신은 아직 모를 거요. 당신이 말한 곤의 복이란 것은 단순한 술냄새와 고기맛이 코와 입으로 들어오는 것만을 말한 것일 뿐, 그런 사치스런 것이 어디서 어떻게 오는 것인가는 모르고 있는 거요. 만일 내가 양을 기르지도 않는데 암양이 집안에 생겨난다거나, 사냥을 한 적도 없는데 메추라기가 집 모퉁이에 떨어져 있다면 당신도 아마 이상하게 여길 거요. 나는 내 자식들이 모두 천지 자연에 몸과 마음을 맡기도록 하고 있소. 하늘을 따라 즐거움을 찾고 땅을 의지하여 먹을 것을 구할 뿐, 세속적인 일에 손을 댄다거나 공연한 계획을 꾸민다거나 색다른 이상한 짓을 저지르게 한 일도 없소. 자식들이 다같이 자연의 진실을 본받아 외물(外物)로 인해 마음을 어지럽히는 일이 없이, 생긴 그대로에 만족하게 했을 뿐 세속적인 좋고 나쁜 일을 꾀한 적도 없소. 그런데 지금 일국의 임금과 똑같은 세속적인 식복을 누리게 된다니 알 수 없는 일이 아니오. 대체로 이상한 징후(徵候)는 이상한 행동이 있기 때문인데 그럴 말한 까닭을 모르겠구려. 정말 두렵기만 하오. 나와 내 자식들이 지은 죄가 아니라면 아마 하늘이 내린 괴변일 거요. 그런 생각에서 내가 울었던 것이오."

그런 일이 있은 뒤 얼마 안되어 곤을 연(燕)나라로 보내게 되었다. 그런데 도중에 도둑에게 붙잡혀 팔려 넘어가게 되었는데 도둑들은 혹시 곤이 도망이라도 칠까 해서 발목을 잘라 버린 채 제(齊)나라로 데리고 와서 팔아넘겼다. 그러나 운좋게 거공(渠公)에게 팔리어 문지기 노릇을 하게 되었기 때문에 그는 일생 동안 고기를 먹으며 지낼 수가 있었다.

原文 子綦有八子. 陳諸前 召九方歅曰, 爲我相. 吾子孰爲祥. 九方歅曰, 梱也爲祥. 子綦瞿然喜曰, 奚若. 曰, 梱也將與國君同食以終其身. 子綦索然出涕曰, 吾子何爲以至於是極也. 九方歅曰, 夫與國君同食 澤及三族 而況於父母乎. 今夫子聞之而泣 是禦福也. 子則祥矣. 父則不祥.

子綦曰, 歅, 汝何足以識之. 而梱祥邪. 盡於酒肉入於鼻口矣. 而何足以知其所自來. 吾未嘗爲牧 而牂生於奧 未嘗好田 而鶉生於宎 若勿怪何邪. 吾所與吾者遊者 遊於天地 吾與之邀樂於天 吾與之邀食於地. 吾不與之爲事 不與之爲謀 不與之爲怪. 吾與之乘天

80

地之誠 而不以物與之相攖. 吾與之一委蛇 而不與之爲事所宜. 今
也然有世俗之償焉 凡有怪徵者. 必有怪行 殆乎. 非我與吾子之罪.
幾天與之也. 吾是以泣也 無幾何.

　而使梱之於燕 盜得之於道. 金而鬻之則難 不若刖之則易. 於是
乎 刖而鬻之於齊. 適當渠公之街 然身食肉而終.

註解　○子綦(자기)-초(楚)나라의 사마자기(司馬子綦)란 설과, 또 남
백자기(南伯子綦)란 설이 있는데 남백자기가 맞는다고 함. ○九方歅(구방
인)-구방(九方)이 성이고 인(歅)이 이름인데 관상을 잘보는 사람임. ○索
然(색연)-눈물이 나는 모양. ○其所自來(기소자래)-그만한 이유가 있어
서 생긴다는 뜻. ○好田(호전)-전(田)은 사냥. 즉 사냥하기를 좋아하다.
○生於宎(생어요)-요(宎)는 동남쪽의 구석. 이 동남쪽의 구석은 진(辰)
에 해당하며 진(辰)은 순위(鶉位)이므로 메추라기떼가 생긴다는 의미이다.
○渠公(거공)-제(齊)나라의 부자(富者)라고 한다.

달팽이 뿔 위에서의 싸움-즉양(則陽)

위(魏)나라 재상인 혜자(惠子)가 대진인(戴晋人)이라는 어진 사
람을 위혜왕(魏惠王)으로 하여금 만나보게 했다. 대진인이 왕에게
말했다.
"전하, 전하께서는 달팽이를 알고 계시겠지요."
"알고 있습니다."
"그 달팽이의 왼쪽 뿔에는 촉씨(觸氏)가, 그리고 오른쪽 뿔에는 만
씨(蠻氏)가 나라를 만들어 가지고 있었나이다. 그런데 언젠가 그들
은 영토를 더 차지하려고 전쟁을 일으켰고 그 결과 죽은 사람이 수
만 명이나 되었으며 달아나는 적을 보름이나 추격한 뒤에야 비로소
군대를 돌렸다 하옵니다."

“그것은 터무니없는 이야기겠지요.”

“하지만 그 터무니없는 이야기가 사실이라는 것을 보여드리겠나이다. 전하께선 대관절 이 우주가 사방이나 위아래로 끝이 있다고 생각하시옵니까?”

“끝이 없다고 보아야겠지요.”

“그렇다면 그 마음이, 그 끝없는 세상에서 놀고 있는 사람의 위치에서 보았을 때 사람이 서로 오고가는 이 땅 위의 나라들이 있어도 그만, 없어도 그만인 하찮은 것으로 보이지 않겠나이까?”

“과연 그렇겠군요.”

“그 나라들 가운데 위라는 나라가 있고, 그 위나라 가운데 양(梁)이라는 도시가 있고, 그 도시 가운데 전하가 계시옵니다. 우주의 무궁한 것에 비한다면 전하와 달팽이 뿔 위에 있는 만씨와 과연 어느 정도의 차이가 있겠나이까?”

“과연 큰 차이가 없을 것 같습니다.”

대진인은 그대로 물러가 버렸는데, 혜왕은 멍하니 넋잃은 사람처럼 앉아 있었다. 대진인이 물러가고 혜자가 들어왔다.

“아니 지금 그 사람은 대단한 인물입디다. 성인도 그만은 못할 것이오.”

라며 감탄해 마지않는 혜왕을 보고 혜자는 이렇게 말했다.

“피리를 불면 높은 소리가 울리옵니다. 그러나 칼의 손잡이에 있는 작은 구멍은 불어야 쉬이 하고 바람이 빠져나갈 뿐이지요. 세상에서는 요순(堯舜)을 성인이라고 떠들어 대지만, 그들을 대진인 앞에 세워 두고 비교한다면 고작 쉬이 소리가 나는 정도일 것이옵니다.”

原文 惠子聞之而見戴晋人. 戴晋人曰, 有所謂蝸者 君知之乎. 曰, 然. 有國於蝸之左角者 曰觸氏. 有國於蝸之右角者 曰蠻氏.

82

時相與爭地而戰 伏尸數萬 逐北旬有五日而後反. 君曰, 噫其虛言
與. 曰, 臣請爲君實之 君以意在四方上下有窮乎. 君曰, 無窮. 曰,
知遊心於無窮 而反在通達之國 若存若亡乎.

　君曰, 然. 曰, 通達之中有魏 於魏中有梁 於梁中有王 王與蠻氏
有辯乎. 君曰, 無辯. 客出而君 惝然若有亡也. 客出. 惠子見. 君曰,
客大人也 聖人不民以當之. 惠子曰, 夫吹管也 猶有嗃也 吹劍首者
吷而已矣. 堯舜人之所譽也. 道堯舜於戴晋人之前 譬猶一吷也.

註解　○戴晋人(대진인)－양(梁)나라의 현인(賢人). 성이 대(戴)이고
진인(晋人)은 자(字)라고 한다. ○若存若亡(약존약망)－존(存)은 유(有)
이고 망(亡)은 무(無). 즉, 무궁한 속에 있음을 생각할 때 그것은 있는 듯,
없는 듯, 아주 하찮은 것이라는 의미이다. ○惝然(창연)－기대에 어긋나
망연자실한 모습. ○劍首(검수)－검(劍)의 손잡이 끝에 있는 작은 구멍.

붕어의 노여움 － 외물(外物)

장자(莊子)는 집이 가난했기 때문에 언젠가 감하후(監河侯)에게 돈
을 꾸러 갔었다.
"빌려 주고말고. 마침 봉읍(封邑)에서 세금이 들어오게 되어 있으
니 그것이 들어오면 3백 금(金) 정도 융통해 주겠소. 그만하면 군색
을 면할 수 있을지."
그 말을 듣자 장자는 성난 목소리로 받아넘겼다.
"내가 아까 이리로 오던 도중 누군가 뒤에서 나를 부르길래 주위를
둘러보았더니 길바닥 수레바퀴 자국으로 생긴 물웅덩이에 붕어란
놈이 한 마리 있지 않겠소. 내가 '대관절 넌 웬 놈이냐?'고 물었더
니 놈은 '난 동해(東海)의 수관(水官)이오. 부디 한 말이나 한 되쯤

물을 길어다가 나를 도와줄 수 없겠소' 합디다. 그래서 나는 '그야
어렵잖지. 나는 지금 남쪽으로 오나라와 월(越)나라 임금을 만나러
가는 길이니 겸사겸사 서강(西江)의 물을 이리로 끌고 와서 너를
맞이하도록 해 주겠다. 그러면 문제없겠지.'라고 했소이다. 그랬더니
붕어란 놈은 버럭 화를 내면서 이렇게 말했소 '난 지금 당장 목을
축일 물이 없어 곤란을 겪고 있는 중이오. 한 말이나 아니면 한 되
의 물만 있어도 살아날 수가 있지만 만일 당신이 그런 소리를 한다
면 아예 그만두는 것이 좋소 차라리 일찌감치 건어물 가게 앞에서
내 시체를 찾아주구려.' 합디다."

原文 莊周家貧 故往貸粟於監河侯. 監河侯曰, 諾. 我將得邑金
將貸子三百金 可乎. 莊周忿然作色曰, 周昨來 有中道而呼者 周顧
視 車轍中有鮒魚焉. 周問之曰, 鮒魚來 子何爲者邪. 對曰, 我東海
之波臣也. 君豈有斗升之水而活我哉. 周曰, 諾. 我且南遊吳越之
王. 激西江之水而迎子 可乎. 鮒魚忿然作色曰, 吾失我常與. 我無
所處 吾得斗升之水然活耳. 君乃言此 曾不如早索我於枯魚之肆.

註解 ○監河侯(감하후)-위(魏)나라 문후(文侯). 또는 감하의 관(官)
이 후(侯)라고 칭했든가, 아니면 후(侯)가 성(姓)일 것이라는 설도 있다.
○邑金(읍금)-고을에서 거두어들이는 세금. ○忿然作色(분연작색)-노여
움으로 얼굴빛이 달라지다. ○枯魚之肆(고어지사)-건어물 상점.

낚시와 경륜(經綸) - 외물(外物)

임국(任國)의 공자(公子)가 큰 낚시와 굵은 낚싯줄을 만들어 50마
리의 소를 미끼로 해서 회계산(會稽山)에 자리를 잡고 앉아 낚싯대를

동해 바다에 드리우고 고기를 낚고 있었다. 매일같이 그렇게 하기를 1년 가까이 했는데도 아무것도 걸리는 것이 없었다.

그러다가 겨우 어떻게 큰 고기 한 마리가 낚시를 물기는 했으나 낚시를 삼킨 채 물속 깊숙이 들어가 버리고 말았다. 얼마를 있노라니 무서운 기세로 물 위로 쑥 솟아오르며 지느러미를 흔들었다.

그러자 온통 산더미 같은 파도가 일어나며, 바닷물 진동하는 소리가 마치 귀신의 울음소리처럼 울려 천 리 밖에 있는 사람들까지 깜짝 놀라 몸을 떨 지경이었다.

공자는 가까스로 그 고기를 끌어올려 배를 가르고 토막을 내어 포를 만들었다. 워낙 큰 고기라서 제하(淛河) 동쪽 창오산(蒼梧山) 북쪽 사람들이 골고루 실컷 먹을 만큼 한몫씩을 얻게 되었다.

그 뒤, 수다스럽고 시시한 이야기를 즐기는 모든 사람들은 모두 얼이 빠진 듯이 이 이야기를 주고받았다 한다.

하기야 가느다란 낚싯줄을 매단 보잘것없는 낚싯대를 메고 들 가운데 있는 도랑으로 나가 붕어나 작은 물고기들을 노리고 있는 사람들에게는 이런 큰 고기를 낚는다는 것은 생각조차 할 수 없는 일이다.

마찬가지로 시시한 말재간을 부리며 세상의 평판을 얻으려는 사람은 큰 출세 같은 것은 생각조차 할 수 없다.

다시 말해 이 임나라 공자의 그릇을 이해 못하는 사람들과는 도저히 함께 천하의 경륜을 논할 수 없다는 이야기다.

原文 任公子爲大鉤巨緇 五十犗以爲餌 蹲乎會稽 投竿東海. 旦旦而釣 期年不得魚. 已而大魚食之 牽巨鉤 錎沒而下. 鶩揚而奮鬐 白波若山 海水震蕩. 聲侔鬼神 憚赫千里 任公子得若魚 離而腊之. 自淛河以東 蒼梧已北 莫不厭若魚者 已而後世. 輇才諷說之徒 皆驚而相告也. 夫揭竿累 趨灌瀆 守鯢鮒 其於得大魚難矣.

飾小說以干縣令 其於大達亦遠矣. 是以未嘗聞任氏之風俗 其不可
與經於世亦遠矣.

[註解]　○任公子(임공자)-임(任)은 나라 이름. 즉 임나라의 공자(公子 :
王子)란 뜻이다. ○大鉤巨緇(대구거치)-큰 낚시바늘과 굵은 낚싯줄. ○
錎沒而下(함몰이하)-바다속 깊이 끌고 들어가다. ○鶩揚(무양)-(물속에
서) 치달려 올라오다. ○憚赫(탄혁)-두루 두려워하다. ○澌河(제하)-제
하(制河), 즉 절강(浙江).

무용지물(無用之物)－외물(外物)

"자네의 의론은 전연 쓸모가 없는 것들이야."
하고 혜자가 말하자 장자는 이렇게 대답했다.
"그런 게 아닐세. 쓸모없는 것[無用]을 알고 있어야만 쓸모있는 것
[用]도 말할 수 있는 법이거든. 땅만 하더라도 넓고 큰 것임에는
틀림이 없지만, 사람이 서는 데는 발붙일 곳만 있으면 그만일세. 그
러나 발을 딛고 그 주위를 전부 낭떠러지가 되도록 파내려 가보게.
그렇게 되면 서있는 그 땅이 무슨 소용이 있겠는가."
"소용이 없지."
"그렇다면 쓸모없는 것이 실은 쓸모있는 것의 도움이 된다는 것을
알 수 있지 않은가."

[原文]　惠子謂莊子曰, 子言無用. 莊子曰, 知無用 而始可與言用
矣. 夫地非不廣且大也. 人之所用容足耳. 然則廁足而墊之 致黃泉
人尙有用乎. 惠子曰, 無用. 莊子曰, 然則無用之爲用也亦明矣.

[註解]　○廁(측)-측(測)과 같으며 잰다는 뜻이다. ○致黃泉(치황천)-

저승에 이르다. 여기서는 땅속 깊은 곳에 이른다는 의미이다.

참으로 흰 것은 때묻어 보인다 — 우언(寓言)

양자거(陽子居)가 노담을 찾아 멀리 남쪽으로 패(沛)에 갔을 때는 노담은 벌써 서쪽에 있는 진(秦)나라로 떠난 뒤였다. 양자거는 위나라 서울 양(梁)에까지 가서야 노담을 따를 수 있었다. 그는 성밖에까지 노담을 맞으러 나갔는데 노담은 같이 오는 도중 하늘을 우러러보며 탄식 섞인 목소리로 중얼거렸다.

"나는 처음에 너를 좀 취할 점이 있는 줄로 알고 있었는데, 지금 보니 전연 형편없는 녀석이로구나."

양자거는 그 말에 대답을 못했다. 그러나 이윽고 여인숙에 이르자 노담에게 세숫대야와 양칫물, 수건, 빗 등 필요한 것들을 갖다놓은 다음 방 밖에서 신을 벗어던지고 조심조심 무릎걸음을 치며 들어가 공손히 물었다.

"아까부터 여쭈어 보려 했습니다만 도중이라 그럴 겨를이 없었습니다. 지금은 한가하실 것 같아 여쭈어 볼까 합니다. 아까 저를 보시고 전연 형편없는 놈이라고 하셨는데 그 까닭이 무엇인지 알고 싶습니다."

노담은 대답했다.

"너는 말이다. 눈을 부릅뜨듯 크게 뜨고 거만을 부리며 난 체하는 것처럼 보인다. 그래 가지고는 모든 사람들로부터 따돌림을 당하게 된다. 참으로 흰 것은 도리어 때묻은 것처럼 보이고, 덕이 차있는 사람은 도리어 모자라는 것처럼 보이는 법이다."

양자거는 자지러지게 놀라 얼굴빛을 바꾸며,

"네, 이제야 알겠습니다."

라고 대답했다.

처음 양자거가 집을 떠났을 때는 그가 여인숙에 들게 되면 함께 들어 있는 손님들까지 그를 정중히 받들어 모셨고, 여인숙 주인은 깔방석을 들고 마누라는 손수건과 빗을 들고 나왔으며, 누구나 자리를 피해 주었고 난로가에 불을 쬐고 있던 사람도 따뜻한 곳을 양보하는 형편이었다. 그러나 돌아갈 때에는 함께 자는 손들이 그와 자리를 다투기를 꺼리지 않을 정도로 흉허물 없는 태도로 그를 대해 주었다.

原文 陽子居南之沛 老聃西遊於秦. 邀於郊 至於梁而遇老子 老子中道仰天而歎曰, 始以汝爲可敎 今不可也. 陽子居不答. 至舍進盥漱巾櫛 脫屨戶外 膝行而前曰, 向者弟子欲請夫子 夫子行不閒 是以不敢 今閒矣 請問其故. 老子曰, 而睢睢盱盱 而誰與居 太白若辱 盛德若不足. 陽子居蹴然變容曰, 敬聞命矣 其往也.
舍者迎將. 其家公執席 妻執巾櫛 舍者避席. 煬者避竈 其反也. 舍者與之爭席矣.

註解 ○陽子居(양자거)-양주(楊朱). 자가 자거(子居)이다. ○盥漱巾櫛(관수건즐)-대야와 양칫물, 수건, 빗 등을 이름이다. ○睢睢盱盱(휴휴우우)-휴(睢)는 눈을 부릅뜨고 쳐다보다이고, 우(盱)는 눈이 휘둥그래지다란 뜻. 모두 오만한 눈초리를 가리키는 뜻이다. ○蹴然(축연)-부끄러워하며 두려워하다. ○舍者(사자)-함께 묵는 나그네.

왕이 되기 싫은 왕자 - 양왕(讓王)

월(越)나라에서는 3대(代)를 계속해서 임금이 피살되었으므로 왕자인 수(搜)는 임금이 싫어서 산중의 굴속으로 달아나고 말았다. 월나라에서는 임금이 없는지라 왕자 수를 찾느라 헤맸으나 좀체로 찾을 수가 없었다. 겨우 어떻게 그가 있는 동굴을 발견하기는 했으나 왕자는 밖

으로 나오려 하지 않았다. 그래서 사람들은 쑥을 태워 억지로 나오게
한 다음 국왕의 수레에 모시게 했다. 왕자도 하는 수 없어 끈을 붙잡고
수레로 오르기는 했으나 하늘을 우러러보며 큰 소리로 외쳤다.

"왕이 되는 건가, 내가 또 왕이 되는 건가. 왜 나를 가만두어 주지
못하는가!"

왕자 수는 임금이 되는 것을 싫어한 것은 아니고 임금이 됨으로써
죽게 될 것을 두려워했던 것이다. 그와 같은 사람은 나라를 위해 자기
목숨을 손상시키지 않는 사람이라고 말할 수 있다. 그러나 한편 그렇
기 때문에 월나라 사람들은 그를 왕으로 받들려 했던 것이다.

原文 越人三世弑其君 王子搜患之 逃乎丹穴. 而越國無吾 求王
子搜不得. 從之丹穴 王子搜不肯出. 越人薰之以艾 乘以王輿 王子
搜援綏登車 仰天而呼曰. 君乎君乎. 獨不可以舍我乎. 王子搜非惡
爲君也 惡爲君之患也. 若王子搜者 可謂不以國傷生矣. 此固越人
之所欲得爲君也.

註解 ○搜(수)-월나라 왕자의 이름. ○丹穴(단혈)-남산(南山)에 있
는 동굴의 이름. ○乘以王輿(승이왕여)-왕이 타는 수레. ○援綏(원수)-
수레 위에 있는 끈을 잡다. ○舍我(사아)-사(舍)는 사(捨)와 통한다. 즉,
나를 버리다란 뜻.

사물의 경중(輕重)-양왕(讓王)

한(韓)나라와 위(魏)나라가 서로 영토를 침략하여 싸움을 하고 있었
다. 자화자(子華子)가 소희공(昭僖公)을 만나자 몹시 우울한 표정을
짓고 있는지라 이렇게 말했다.

"지금 가령 세상 사람들이 전하 앞에서 서약서를 썼다고 하고, 그

서약서에는 '왼손으로 이 서약서를 잡으면 오른손이 잘릴 것이며 오른손으로 잡으면 왼손이 잘리게 된다. 그러나 이것을 잡는 사람에겐 틀림없이 천하를 차지하도록 할 것이다'라고 쓰여져 있다고 하겠나이다. 전하께선 그것을 잡으시겠나이까?"

"아니오, 나는 잡지 않겠소."

"참으로 훌륭하시옵니다. 그러고 보면 두 팔은 천하보다도 소중한 것이며 몸은 두 팔보다도 소중한 것이 아니겠나이까? 그리고 한 나라는 천하보다 가벼운 것이며 지금 다투고 있는 땅은 한 나라보다도 더욱 가벼운 것이옵니다. 그런데 지금 전하께선 옥체를 괴롭히고 삶을 해쳐 가면서까지 그것을 손에 넣지 못해 걱정을 하고 계시나이까?"

그것을 들은 소희공은,

"참으로 좋은 말씀을 해주셨소. 나를 가르쳐 주는 사람은 많지만 그런 말을 들려 준 사람은 여지껏 없었소."

라고 말했다.

분명 자화자는 사물의 경중을 안 사람이라 할 수 있다.

原文　韓魏相與爭侵地. 子華子見昭僖侯 昭僖侯有憂色 子華子曰, 今使天下書銘於君之前. 書之言曰, 左手攬之則右手廢. 右手攬之則左手廢. 然而攬之者必有天下 君能攬之乎. 昭僖侯曰, 寡人不攬也. 子華子曰, 甚善 自是觀之 兩臂重於天下也. 身亦重於兩臂 韓之輕於天下亦遠矣. 今之所爭者 其輕於韓又遠 君固愁身傷生 以憂戚不得也. 昭僖侯曰, 善哉. 敎寡人者衆矣. 未嘗得聞此言也. 子華子可謂知輕重矣.

註解　○子華子(자화자) - 위(魏)나라의 현인(賢人)이라고 한다. ○昭僖

90

侯(소희후) – 한(韓)나라의 군주. ○書銘(서명) – 서약서.

용의 턱을 더듬는다 – 열어구(列禦寇)

어떤 사람이 송(宋)나라 임금을 만나보고 10승(乘)의 수레를 얻어 몹시 만족해 하며 장자에게 자랑을 하려고 찾아온 일이 있었다. 장자는 그를 보고 이렇게 말해 주었다.

"어느 강가에 가난한 부자(父子)가 살고 있었다네. 갈대로 발을 만들어 그날그날을 겨우 살아가고 있었지. 그런데 어느 날 아들이 물속으로 들어가서 값이 천 금(金)이나 나가는 구슬을 주워 가지고 왔어. 그걸 본 아버지는 아들에게 이렇게 말했다지 뭔가. '그런 구슬 따위는 돌로 부숴 버려라. 대관절 그런 구슬은 아홉 길이나 되는 깊은 물속에 사는 흑룡(黑龍)의 턱 밑에밖에 없는 것이란 말이다. 네놈이 그것을 가지고 올 수 있었던 걸 보니 틀림없이 그 흑룡이 잠들어 있었을 것이다. 그놈이 눈이라도 뜨고 있어 보아라. 너까짓 것은 통째로 집어삼키고 말았을 것이다'라고 말이야. 그런데 지금 송나라의 위험한 형편이라든가 송나라 임금의 횡포로 말하면, 아홉 길 물 밑에 있는 흑룡 정도가 아니란 말일세. 자네가 수레를 얻게 된 것은 송나라 임금이 잠을 자고 있었기 때문이야. 만일 그가 깨어 있었더라면 자네 역시 통째로 삼키고 말았을 것일세."

原文 人有見宋王者 錫車十乘 以其十乘驕穉莊子. 莊子曰, 河上有家貧 恃緯蕭而食者. 其子沒於淵 得千金之珠. 其父謂其子曰, 取石來鍛之. 夫千金之珠 必在九重之淵 而驪龍頷下. 子能得珠者 必遭其睡也. 使驪龍而寤 子尚奚微之有哉. 今宋國之深 非直九重之淵也. 宋王之猛 非直驪龍也. 子能得車者 必遭其睡也. 使宋王

而寙 子爲整粉夫.

<hr>

註解 ○驕穉(교치)−교(驕), 치(穉) 모두 자랑하다로서 (장자에게 수레를) 자랑했다는 뜻이다. ○鍛(단)−쳐부수다. ○驪龍(여룡)−검은 용. 흑룡(黑龍). ○整粉(제분)−산산이 부서져 가루가 되다.

천지를 널삼아 − 열어구(列禦寇)

장자가 죽게 되었을 때, 제자들은 장사를 후하게 지낼 생각이었으나 장자는 이렇게 말했다.

"하늘과 땅을 널로 삼고 해와 달을 한 쌍의 구슬로 삼고, 별들을 구슬 장식으로 하고, 만물(萬物)을 부장(副葬)이라고 생각한다면 내 장례식에 부족한 것이 뭐가 있겠느냐. 이 위에 또 무엇을 더하겠다는 것이냐?"

"그러나 아무렇게나 장사를 지내면 까마귀나 솔개가 선생님의 유체를 쪼아먹을까 걱정이옵니다."

"물론 땅 위에 있으면 까마귀와 솔개의 밥이 된다. 그러나 땅 밑에 있으면 땅강아지나 개미의 밥이 되지 않느냐. 까마귀와 솔개가 먹을 것을 땅강아지나 개미에게 준다고 해서 치우칠 게 무엇이겠느냐? 그런 공정하지 못한 생각으로 사물을 공정하게 만들려고 한다면 그 공정은 참다운 공정이 될 수 없다. 또 사심(私心)이 없는 무심(無心)의 감응(感應)에 의하지 않고 교활한 인위(人爲)로써 사물에 대응(對應)하려 한다면 그것은 참다운 대응이 되지 못한다. 어쨌든 명지(明知)를 자랑하는 사람은 자신의 지혜를 쓰게 되므로 도리어 외물(外物)의 부림을 당하게 된다. 그러나 신지(神知)를 가진 사람은 무심(無心)으로써 사물에 감응하여 순하게 따르게 된다. 명

92

지가 신지에 미치지 못하는 것은 오늘에 비롯된 것이 아닌데 어리석은 인간들은 자신의 지식이나 생각만을 믿고 인위에 빠져 버리기 때문에 그들이 하는 일은 밖으로만 치달을 뿐 내적(內的)인 것에는 아무런 도움도 주지 못한다. 참으로 슬픈 일이 아니냐."

原文 莊子將死 弟子欲厚葬之. 莊子曰, 吾以天地爲棺槨 以日月爲連璧. 星辰爲珠璣 萬物爲齎送 吾葬具豈不備邪. 何以加此. 弟子曰, 吾恐烏鳶之食夫子也. 莊子曰, 在上爲烏鳶食 在下爲螻蟻食 奪彼與此 何其偏也. 以不平平 其平也不平 以不徵徵 其徵也不徵. 明者唯爲之使 神者徵之. 夫明之不勝神也久矣. 而愚者恃其所見 入於人. 其功外也. 不亦悲乎.

註解 ㅇ連璧(연벽)-한 쌍의 둥근 옥(玉). ㅇ珠璣(주기)-둘 다 구슬. ㅇ以不平平(이불평평)-불평(不平)은 인지(人知)에 의한 편견(偏見). 즉, 인지(人知)란 것은 불공평한 척도(尺度)로 사물을 공평하게 하려는 이상 그 공평은 결코 참된 공평이 아니라는 것이다. ㅇ以不徵徵(이부징징)-징(徵)은 응(應). 즉, 감응(感應)이다. 부징(不徵)은 인지(人知)에 의한 부자연스러운 감응이라는 것이다. ㅇ明者(명자)-명지(明知)의 사람. 인위적인 지(知)를 자랑하는 사람. ㅇ神者(신자)-인지(人知)를 버리고 자연의 도리와 일치하게 행동하는 사람.

열자 편(列子篇)

　　8권=8편으로 이루어졌으며, 춘추시대 말기부터 전국시대 초기의 도가적(道家的) 사상가인 열자, 즉 열어구(列禦寇 : 기원전 450~375년)의 저서라고 한다. 그러나 열자의 전기(傳記)에는 의문스러운 대목이 적지 않으며, 《열자(列子)》의 성립에 대해서도 여러 이설(異說)이 있다. 적어도 이 8편의 문장의 성립연대는 상당히 뒤로 물려져야 하겠지만, 내용의 소재에는 전국시대의 것으로 생각되는 것이 많아서 《장자》와 중복되는 것이 많으므로 여기서는 《장자》 다음에 수록했다.

인생의 세 가지 낙 — 천서(天瑞)

공자(孔子)가 태산(太山)에서 유유자적하고 있을 때의 일이다. 노나라의 성(郕)이란 마을 어구에서 영계기(榮啓期)와 마주치게 되었다.
영계기는 사슴 털가죽을 두르고 새끼줄로 띠를 두른 허술한 차림으로 거문고를 타면서 흥겹게 노래를 부르고 있었다. 공자가,
"당신은 뭐가 그다지도 즐겁소?"
하고 묻자 영계기는 이렇게 대답했다.
"내게는 즐거운 일이 수없이 많소. 우선 하늘이 만든 만물 가운데서 무엇보다 귀한 것은 사람이 아니오. 그런데 나는 그 사람으로 태어났으니 이것이 첫째로 즐거운 일이오. 또 남자와 여자 사이에는 남자가 더 귀하지 않소. 그런데 나는 그 남자로 태어났으니 이것이 둘째로 즐거운 일이오. 또 사람으로 태어나더라도 햇빛도 못본 채 죽기도 하고, 배내옷을 벗기 전에 죽기도 하는데 나는 벌써 아흔까지 세상을 살았으니 이것이 셋째로 즐거운 일이오. 가난한 것은 선비의 본분이요, 죽음이란 인생의 종착점에 불과한 것, 그 본분을 달게 여기며 종착점까지 걸어가고 있는데 또 무엇이 못마땅해 마음을 괴롭힌단 말이오."
공자는 그가 하는 말을 듣고,
"대단한 인물이로군. 참으로 마음에 여유를 지니고 있는 사람이야."
라며 감탄했다.

原文　孔子遊於太山　見榮啓期行乎郕之野　鹿裘帶索　鼓琴而歌. 孔子問曰, 先生所以樂　何也. 對曰, 吾樂甚多. 天生萬物 唯人爲貴 而吾得爲人　是一樂也. 男女之別　男尊女卑　故以男爲貴　吾旣得爲 男矣　是二樂也. 人生有不見日月　不免襁褓者　吾旣已行年九十矣是三樂也. 貧者 士之常也. 死者 人之終也. 處常得終 當何憂哉.
孔子曰, 善乎. 能自寬者也.

[註解] ㅇ太山(태산)-태산(泰山)으로도 쓰며 산동성에 있는 명산. ㅇ榮
啓期(영계기)-옛날의 훌륭한 은사(隱士). ㅇ郕(성)-옛 노(魯)나라의 고
을 이름. ㅇ鹿裘(녹구)-사슴 털가죽으로 만든 갖옷. ㅇ帶索(대색)-새끼
줄로 허리띠 대신 매는 것. ㅇ自寬(자관)-스스로의 마음을 넓고 크게 갖
는 것.

생(生)과 사(死) ─ 천서(天瑞)

임유(林類)는 벌써 백 살에 가까운 노인이다. 봄이 되었는데도 아직
겨울 털옷을 두른 채 밭두렁 사이로 이삭을 주우러 다니면서 노래를
부르고 있었다.

공자는 위(衛)나라로 가던 도중, 멀리 논밭 사이로 그의 모습을 바
라보고 제자들을 돌아보며 말했다.

"저 노인은 말이 통할 것만 같이 보인다. 어디 한번 가서 말을 걸어
보아라."

자공이 달려가 밭 이쪽에서 노인을 기다리고 있다가 그를 대하는 즉
시 탄식 섞인 어조로 말을 건넸다.

"당신은 자신을 후회한 적이 없으십니까? 그런 나이로 노래를 부르
면서 이삭을 줍고 계시니."

임유는 이삭줍기를 그치지 않고, 여전히 노래를 부르고 있었다. 자
공은 몇번이고 되풀이해 물었다. 그제야 임유는 마지못해 눈을 들며,

"내게 무슨 후회가 있겠는가."

하고 대답했다.

"당신은 젊었을 때 공부나 기술을 배운 일도 없고 나이들어도 입신 출세(立身出世)를 위해 애쓴 적도 없으며, 늙도록 처자도 없이 이제 수명도 곧 다해 가지 않습니까. 그런데 대관절 뭐가 즐거워 이삭을 주우면서 노래를 부르고 계십니까?"

임유는 웃으며 대답했다.

"내가 낙으로 삼고 있는 것은 누구에게나 다 있는 거야. 그런데 사람들은 도리어 그것을 걱정의 씨앗으로 만들고 있거든. 나는 젊었을 때 학문을 닦은 일도 없고 나이 들어 출세를 꿈꾼 일도 없기 때문에 이처럼 오래 살 수가 있었던 게야. 나이들어 처자식도 없고 죽을 때도 이제 멀지 않았으므로 이렇게 즐기고 있는 것이 아닌가."

"오래 사는 것은 누구나 원하는 일이며, 죽는다는 건 누구나 싫어하는 것이 아닙니까. 그런데 당신은 그것을 즐겁다고 하시니 대관절 무슨 까닭으로 그런 말씀을 하시는 겁니까?"

"죽는 것과 태어난다는 것은, 가고 오고 하는 것과 마찬가지야. 그러므로 이 세상에서 죽는다는 것은 저 세상에서 태어나는 것일지도 모르지. 어느 쪽이 더 나은 것인지도 알 수 없는 일이야. 악착스레 살아 있으려는 것이 어리석은 일일지도 모르고, 지금 죽는 편이 지금까지 살아 왔던 것보다 나을지도 모를 일이 아닌가."

자공은 말을 듣고도 얼른 이해가 되지 않았으므로 돌아와 공자에게 고했다. 그러자 공자는,

"말이 통할 만한 사람으로 보았더니 역시 틀림이 없었군. 그러나 그가 한 대답만으로는 아직 죽고 사는 도리를 완전히 다 말했다고는 볼 수 없다."

라고 평했다.

자공은 학문을 하는 것이 싫증이 나기 시작해서 공자에게 물었다.

"학문이란 것은 어느 정도까지 하면 그만둘 수 있습니까?"

"살아 있는 동안은 그만둘 수 없는 것이다."

"그러면, 저 역시 그만둘 한계점은 없는 것입니까?"

"있기야 하지. 저 무덤을 보아라. 넓고 큰 것도 있고, 높이 쌓아올린 것이며, 둥글게 만든 것, 가마솥 밑바닥처럼 생긴 것, 모양은 가지각색이지만, 결국 그리로 들어가게 되면 그만둘 수가 있는 거다."

"과연 죽음이란 대단한 것이로군요. 훌륭한 사람에게 있어서는 휴식처가 되고, 보통 인간들에게는 마지못해 끌려가는 곳이 되는 셈이군요."

"너도 이젠 그것을 알게 된 모양이로구나. 사람은 누구나 살아 있는 즐거움만을 생각하고, 그것이 고통스러운 것임을 생각지 않으며, 나이를 먹으면 몸이 약해지고 고달픈 것만을 알고 그 편안함을 생각해 보려고도 않으며, 죽는 것이 나쁜 것인 줄만 알고 그것이 쉬는 장소라는 것을 모르고 있다."

原文 林類年且百歲 底春被裘 拾遺穗於故畦 竝歌竝進.

孔子適衛 望之於野 顧謂弟子曰, 彼叟可與言者 試往訊之. 子貢請行 逆之壟端 面之而歎曰, 先生曾不悔乎. 而行歌拾穗. 林類行不留 歌不輟. 子貢叩之不已 乃仰而應曰, 吾何悔邪. 子貢曰, 先生少不勤行 長不競時 老無妻子 死期將至 亦有何樂 而拾穗行歌乎. 林類笑曰, 吾之所以爲樂 人皆有之 而反以爲憂. 少不勤行 長不競時 故能壽若此. 老無妻子 死期將至. 故樂若此.

子貢曰, 壽者人之情 死者人之惡. 子以死爲樂 何也. 林類曰, 死之與生 一往一反故. 死於是者 安知不生於彼. 故吾知其不相若. 矣吾又安知營營而求生 非惑乎. 亦又安知吾今之死 不愈昔之生乎. 子貢聞之, 不喩其意 還以告夫子. 夫子曰, 吾知其可與言 果然. 然彼得之而不盡者也.

　子貢倦於學 告仲尼曰, 願有所息. 仲尼曰, 生無所息. 子貢曰,
然則賜息無所乎. 仲尼曰, 有焉耳 望其壙 睪如也 宰如也 墳如也
鬲如也 則知所息矣. 子貢曰, 大哉 死乎. 君子息焉 小人伏焉. 仲
尼曰, 賜 汝知之矣. 人胥知生之樂 未知生之苦. 知老之憊 未知老
之佚 知死之惡 未知死之息也.

註解 　○林類(임유)-옛날의 은사(隱士).　○底春被裘(저춘피구)-봄이
되었건만 겨울철에 입는 갖옷을 걸치고 있다.　○遺穗(유수)-떨어진 이삭.
○故畦(고휴)-묵은 밭.　○竝(병)-……하면서 ……하다.　○叟(수)-노인.
○子貢(자공)-공자의 제자로서 말재주와 이재(理財)에 뛰어났다. 성(姓)
은 단목(段木), 이름은 사(賜), 자가 자공이다.　○逆(역)-맞이하다.　○壟
端(농단)-밭두둑 가장자리.　○輟(철)-그치다. 중지하다.　○叩(구)-묻다.
○競時(경시)-때를 다투다. 분발하여 남과 경쟁하다.　○不相若(불상약)
-죽음과 삶의 차이점.　○營營(영영)-아귀다툼하며 살아가는 모습.　○喩
(유)-깨닫다.　○不盡者(부진자)-철저하지 못한 사람.　○壙(광)-무덤.
○睪如(고여)-언덕처럼 불룩하게 솟은 모양.　○宰如(재여)-우뚝 솟은
모양.　○鬲如(역여)-솥처럼 불쑥 솟은 모양.　○胥(서)-모두.　○憊(비)-
피곤하다.　○佚(일)-안일하다.

기우(杞憂) - 천서(天瑞)

기(杞)나라에, 하늘이 무너지고 땅이 갈라지면 몸둘 곳이 없어지지
않을까 걱정이 되어, 잠도 제대로 못자고, 밥도 제대로 못먹는 사람이
있었다.

그러자 그가 걱정하는 것이 딱해서 일부러 그를 찾아간 친구가 있
었다.

"이것 보게. 하늘이란 기운이 쌓인 것에 불과한 거야. 기운이란 어디든지 다 있어. 그러니까, 우리가 몸을 폈다 움츠렸다 하기도 하고, 숨을 들이마셨다 내쉬었다 하기를 날이면 날마다 하고 있는 것은 모두가 하늘 안에서 하고 있는 걸세. 그 하늘이 무너지지나 않을까 걱정하는 것은 터무니없는 생각이란 말일세."

"하늘이 참으로 기운이 쌓인 것이라고 하더라도, 해나 달이나 별이 떨어지는 수는 있을 게 아닌가."

"그것들도 역시 기운이 쌓인 것으로 다만 빛을 가지고 있을 뿐이야. 그러므로 설사 떨어지는 일이 있더라도 맞아서 상처를 입거나 하는 그런 것이 아니란 말일세."

"그럼 땅이 갈라지면 어떻게 하지."

"땅은 흙덩이가 쌓이고 쌓여서 된 것에 불과한 걸세. 흙덩이는 사방으로 빈틈없이 꽉 차 있어서 흙덩이 아닌 곳이 없어. 그러니까 우리가 날마다 걸어다니고 뛰노는 것은, 모두 땅 위에서 하고 있는 거야. 그 땅이 무너질 리가 있겠는가."

걱정하던 사람은 그제서야 마음이 놓여 웃는 얼굴을 지었고, 일러주러 갔던 사람도 그가 기뻐하는 것을 보고 매우 만족해 했다.

장려자(長廬子)는 그 말을 듣고 비웃으며 이렇게 말했다.

"무지개나 구름이나 안개나, 바람이나 비나, 사시(四時)의 변화나 모두 쌓인 기운이 하늘 가운데 나타나 있는 것이며, 산이나 강이나 바다나, 쇠나 돌이나, 불이나 나무나 모두 쌓인 모습이 땅 위로 나타나 생기는 것이다. 하늘과 땅이 기운과 흙이 쌓여서 된 것이라면 어떻게 무너지지 않는다고 말할 수 있겠는가. 물론 하늘과 땅은 무한한 공간 속의 한 작은 존재이기는 하지만 형태를 지닌 물건 가운데서는 가장 큰 것이라 말할 수 있다. 그것이 없어진다는 것도 어려운 일이며, 그것을 안다는 것도 어려운 일이다. 그러고 보면, 그것이 허물어지지나 않을까 하고 걱정하는 것은 너무 앞선 걱정이긴 하지만, 그것이 허물어지지 않는다고 단언하는 것도 정당한 것은 못된다. 하늘과 땅도 허물어지지 않을 수 없는 것인 이상 언젠가는 반드시 무너지는 때가 온다. 그것이 무너지는 시기를 당하게 된다면 어떻게 걱정을 아니할 수 있겠는가."

열자는 그 이야기를 듣자 이렇게 비웃어 말했다.
"천지가 무너진다는 것도 잘못이요, 무너지지 않는다는 것도 잘못이다. 무너지고 안 무너지고는 우리들이 알 바 아니다. 다만, 무너지지 않으면 무너지지 않아서 다행이며 무너지는 것은 무너질 때의 일이다. 살아 있는 동안은 죽음을 생각할 필요가 없고, 죽은 다음에는 사는 것을 생각할 필요가 없다. 이 세상에 태어날 때는 태어날 때의 일이며, 이 세상을 떠나는 것은 떠날 때의 일이다. 하늘과 땅이 무너지고 안 무너지고 그런 데 신경 쓸 필요는 없지 않은가."

原文 杞國有人 憂天地崩墜 身亡所寄 廢寢食者 又有憂彼之所憂者 因往曉之曰, 天積氣耳, 亡處亡氣. 若屈伸呼吸 終日在天中行止 奈何憂崩墜乎. 其人曰, 天果積氣 日月星宿 不當墜邪. 曉之者曰, 日月星宿 亦積氣中之有光輝者. 只使墜 亦不能有所中傷. 其人曰, 奈地壞何. 曉者曰, 地積塊耳. 充塞四虛 亡處亡塊. 若蹢步跐蹈 終日在地上行止 奈何憂其壞. 其人舍然大喜 曉之者亦舍然大喜.

長盧子聞而笑之曰, 虹蜺也 雲霧也 風雨也 四時也 此積氣之成乎天者也. 山岳也 河海也 金石也 火木也 此積形之成乎地者也. 知積氣也 知積塊也 奚謂不壞. 夫天地 空中之一細物 有中之最巨者 難終難窮 此固然矣. 難測難識 此固然矣. 憂其壞者 誠爲大遠

102

言其不壞者 亦爲未是. 天地不得不壞 則會歸於壞. 遇其壞時 奚
爲不憂哉.

子列子聞而笑曰, 言天地壞者亦謬 言天地不壞者亦謬. 壞與不
壞 吾所不能知也. 雖然 彼一也 此一也. 故生不知死 死不知生
來不知去 去不知來. 壞與不壞 吾何容心哉.

註解 ○杞(기)-춘추시대의 나라 이름. ○曉(효)-깨우치다. ○跐蹈(자
도)-밟고 뛰고 하는 것. ○舍然(사연)-시원하게 풀리다. ○長廬子(장려
자)-초(楚)나라의 현인(賢人). ○固然(고연)-원래부터 그러한 것. ○會
(회)-반드시 ……하게 된다. ○彼一也 此一也(피일야 차일야)-그래도
한가지이고 이래도 한가지이다.

도둑질의 차이 - 천서(天瑞)

제(齊)나라의 국씨(國氏)란 사람은 큰 부자였고, 송(宋)나라의 상씨
(向氏)란 사람은 몹시 가난했다. 그래서 상씨는 제나라로 가서 국씨에
게 부자가 되는 비결을 가르쳐 달라고 부탁했다. 그러자 국씨는 이렇
게 대답했다.

"나는 교묘하게 도둑질을 했을 뿐이오. 도둑질한 덕분에 1년째는
그럭저럭 지낼 만하게 되었고, 2년째에는 제법 편하게 되었으며, 3
년째에는 아주 풍부하게 되었지요. 그러고 나서 차츰 이웃 사람 이
웃 마을까지를 유복하게 만들어 주게끔 되었던 겁니다."

상씨는 그 말을 듣자 어찌나 기뻤던지 국씨가 도둑질했다는 그 말만
을 그대로 받아들인 다음 그것이 어떤 도둑질이었는지는 알아보지도
않은 채, 마침내 남의 집 담을 넘고 벽을 뚫어 닥치는 대로 마구 도둑
질을 했기 때문에 얼마 안가서 절도죄로 몰리어 훔쳐온 것은 물론, 가
지고 있던 것마저 다 빼앗기고 말았다.

상씨는 국씨에게 속았다는 생각에서 다시 그를 찾아가 원망을 늘어놓았다. 그러자 국씨는,

"대관절 당신은 도둑질을 어떻게 했소?"

하고 묻자 상씨는 사실 그대로 들려주었다. 그의 말을 듣자 국씨는 이렇게 이야기했다.

"그럴 수가 있나. 당신이 그토록 도둑의 도리를 엉뚱하게 생각할 줄이야. 내 자세히 설명을 하리다. 대저 하늘에는 천시(天時)란 것이 있고, 땅에는 지리(地利)란 것이 있지 않소. 나는 그 천시와 지리를 훔치고, 비와 이슬의 축임과 산과 못의 물건들을 훔쳐다가 농사를 짓고 곡식을 기르며, 담을 쌓고 집을 세웠던 거요. 또 뭍에서는 새 짐승을 훔치고, 물에서는 물고기와 자라들을 훔쳐다가 먹는 재료로 만들었던 거요. 모든 것이 도둑질 아닌 것은 없었소. 즉 곡식이든, 흙과 나무든, 새와 짐승과 물고기이든, 모두가 하늘이 만들어 낸 것으로, 내가 가진 것은 아니었소. 그러나 하늘이 만든 것은 훔쳐와도 재난을 당하지는 않는 법이오. 하지만 금은보화 따위는 사람들이 만든 것으로 하늘이 준 것은 아니오. 당신은 그걸 훔치고 죄를 받은 것이므로 남을 원망할 수는 없는 일이오."

상씨는 도무지 뭐가 뭔지를 알 수가 없었다. 국씨가 또 자기를 속이는 것만 같아 동곽(東郭) 선생을 찾아갔고 그의 의견을 물었다. 동곽 선생의 대답은 이러했다.

"네가 지금 네 것으로 알고 있는 그 몸뚱이도 훔친 것이 아니라고는 할 수 없지 않느냐. 즉 음양(陰陽) 두 기운의 조화(調和)를 훔쳐다가 네 생명을 만들어 내고, 네 몸뚱이를 생겨나게 한 것이다. 더더구나 나 이외의 것을 내 것으로 만드는 것이 도둑질이 안될 수는 없다. 틀림없이 천지와 만물은 떨어져 존재하는 것이 아니며, 만물은 모두가 천지에 속해 있는 것이다. 그것을 내 것이라고 믿고 있다

면 그것은 지나친 착각인 것이다. 다만 국씨가 한 도둑질은 자연의
공도(公道)에 따른 것이기 때문에 화가 되지 않지만, 네가 한 도둑
질은 나 개인의 욕심에서 생겨난 것이므로 죄를 받은 것이다. 그런
데 공과 사의 구별이 있든 없든, 그것은 도둑질인 것이다. 공이니
사니 하는 것은 천지 이치를 놓고 하는 말이긴 하지만, 참으로 천지
의 이치를 아는 사람에겐, 어느 것은 도둑질이 되고 어느 것은 도둑
질이 되지 않는다는 그런 구별이 있을 수 없다."

原文 齊之國氏大富 宋之向氏大貧. 自宋之齊 請其術. 國氏告
之曰, 吾善爲盜. 始吾爲盜也 一年而給 二年而足 三年大壤. 自此
以往 施及州閭. 向氏大喜 喩其爲盜之言 而不喩其爲盜之道. 遂
踰垣鑿室 手目所及 亡不探也. 未及時 以贓獲罪 沒其先居之財.

向氏以國氏之謬己也 往而怨之. 國氏曰, 若爲盜若何. 向氏言其
狀. 國氏曰, 嘻 若失爲盜之道至此乎 今將告若矣. 吾聞天有時 地
有利. 吾盜天地之時利. 雲雨之滂潤 山澤之産育 以生吾禾 殖吾
稼 築吾垣 建吾舍. 陸盜禽獸 水盜魚鼈 亡非盜也. 夫禾稼土木禽
獸魚鼈 皆天之所生 豈吾之所有 然吾盜天而亡殃. 夫金玉珍寶穀
帛財貨 人之所聚 豈天之所與. 若盜之而獲罪 孰怨哉. 向氏大惑
以爲國氏之重罔己也. 過東郭先生 問焉.

東郭先生曰, 若一身 庸非盜乎. 盜陰陽之和 以成若生 載若形
況外物而非盜哉. 誠然 天地萬物 不相離也. 認而有之 皆惑也. 國
氏之盜 公道也 故亡殃. 若之盜 私心也 故得罪. 有公私者 亦盜
也. 亡公私者 亦盜也. 公公私私 天地之德. 知天地之德者 孰爲盜
邪. 孰爲不盜邪.

註解 ○請其術(청기술)-(그에게 부자가 된) 술법을 가르쳐 달라고 청

하다. ○給(급)-자급자족하다. ○壤(양)-풍성하다. 양(穰)과 같다. ○州閭(주려)-고을과 마을의 일반 백성들. ○鑿室(착실)-집 벽에 구멍을 뚫고 방안으로 들어가다. ○謬己(유기)-자기 자신을 그르친 것. ○嘻(희)-감탄사. ○滂潤(방윤)-습기. 물기가 스며드는 것. ○稼(가)-농사지은 곡식. ○重罔己(중망기)-거듭하여 자신을 속이다. ○庸(용)-어찌. ○載(재)-이룩하다. ○認而有之(인이유지)-자기 것으로 인정하고 그것을 소유하다. ○公公私私(공공사사)-공은 공으로, 사는 사로 분별하다.

도술(道術)이 따로 없다 -황제(黃帝)

진(晉)나라 범씨(范氏) 집에 자화(子華)라는 아들이 있었다. 협객 기질이 있어서 부하들의 뒤를 잘 보살펴 주었기 때문에 온 국민들로부터 신망이 두터웠고, 국왕으로부터도 총애를 입어, 비록 벼슬은 하지 않았으나 그 세도는 대신들을 능가할 정도였다. 그러므로 그의 눈에 든 사람이면 나라에서 작위를 내리게도 되고, 그에게 밉게 보인 사람은 관직에서 쫓겨나는 형편이었다. 이리하여 그의 저택을 드나드는 사람의 수는 대궐과 맞먹을 지경이었다.

자화는 그 문하에 있는 협객들에게 지혜를 겨루게도 하고, 힘을 비교해 보기도 했는데 그런 일로 그가 보는 앞에서 죽는 사람이 있어도 예사로 알고 있었다. 날이면 날마다 아침부터 저녁까지 그런 시합 구경으로 낙을 삼고 있었기 때문에, 오래지 않아 온 나라 안이 전부 그런 기분에 물들고 말았다.

그런데 범씨의 상객(上客) 가운데 화생(禾生)과 자백(子伯)이란 사람이 있었는데, 언젠가 두 사람이 교외로 놀러가서 상구개(商丘開)라는 농부의 집에서 하룻밤을 묵게 되었다.

밤이 이슥해서, 두 사람은 자화의 위세가 흥왕한 사람을 망하게도 할 수 있고, 망한 사람을 흥왕하게도 할 수 있으며, 부자를 가난뱅이로,

가난뱅이를 부자로도 만들 수 있을 정도라는 이야기를 주고받았다. 상구개는 일찍부터 가난에 시달려 오던 터였는데 창 밑에 숨어 그 이야기들을 몰래 듣고 있었다. 그렇다면 나도 한번, 하는 생각에서 이웃집에서 양식을 꾸어다가 망태에 담아 가지고 자화의 집으로 찾아갔다.

자화의 집 빈객(賓客)들로 말하면 모두가 좋은 가문의 사람들로, 비단옷에 수레를 타고 다니거나, 유유히 큰길을 활개치며 돌아다니는 그런 사람들뿐이었으므로, 새까맣게 햇볕에 그을리고 주름살투성이인 상구개가 허름한 차림을 하고 나타난 것을 보자, 누구나 다 그를 무시할 수밖에 없었다. 그 결과 놀려주기도 하고 속여주기도 하며, 혹은 툭툭 건드리기도 하고 귀찮게 굴기도 하는 그런 형편이었다.

그러나 상구개는 당연한 듯이 조금도 화를 내지 않았으므로 장난을 치는 것도 흥미롭지가 못해 자연 싫증들이 나기 시작했다. 그래서 마지막에는 상구개를 높은 층계집으로 데리고 올라갔고 모든 사람들이 보는 앞에서,

"여기서 아래로 뛰어내리는 사람에겐 상금으로 백 금을 주기로 하자."

라며 허튼소리를 주고받았다. 나도 나도 하고 찬성하는 사람들이 많은 것을 보자, 상구개는 그것이 참말인 줄 알고 남보다 먼저 뛰어내리고 말았다. 그런데 이상하게도 마치 나는 새가 날아앉듯 몸에 상처 하나 없이 사뿐 뛰어내리는 것이었다. 범씨 집 문객들은 그것을 우연한 요행수로 보고 별로 이상하게는 생각지 않았다. 그래서 이번에는 강으로 데리고 나가 물이 깊은 곳을 가리키며,

"저 물속에는 보물 구슬이 빠져 있다. 잠수해 들어가면 주워 올 수 있을 텐데."

라며 수군거렸다. 그러자 상구개는 또 그 말을 곧이듣고 물속으로 뛰어들었다. 그런데 이윽고 물 위로 나오는 그를 보니, 손에는 틀림없는

구슬이 쥐어져 있지 않겠는가. 그제야 사람들은 그가 보통 인물이 아
니란 걸 알게 되었고, 자화도 비로소 그를 후히 대접하여, 고기 반찬을
먹고 비단옷을 입은 상객들 틈에 낄 수 있게 했다.

　어느 날, 돌연 범씨 집 창고가 큰 불에 휩싸이게 되었다. 자화는 상
구개를 보고,

　"만일 당신이 불속으로 뛰어들어 비단을 꺼내 온다면, 꺼내 온 분량
　에 따라 상을 주겠소"

라고 했다. 상구개는 주저하는 기색도 없이 불속을 드나들며 비단을
꺼내 왔는데, 연기를 마시지도 않고 화상을 입은 곳도 없었다. 그래서
범씨 집 사람들은 그가 도술에 통한 사람이 틀림없다는 생각에서 앞을
다투어 지난 일을 사과했다.

　"나는 당신이 도사인 줄도 모르고 당신을 속이려 했습니다."

　"나는 당신이 신인(神人)인 줄도 모르고 당신을 욕보이려 했습니다."

　"당신은 틀림없이 나를 바보 같은 놈이라고 생각하셨을 겁니다."

　"당신은 나를 눈뜬 장님이라고 욕하셨겠지요"

　"어떻게 당신의 그 도술을 가르쳐 주실 수 없겠습니까."

그러자 상구개는 이렇게 대답했다.

　"내게 도술 같은 건 없습니다. 나 자신도 어떻게 그럴 수 있었는지
알 수 없습니다. 그러나 한 가지 짐작되는 것이 있으니 그것을 말해
보기로 하지요. 앞서 당신들 두 분이 우리 집에 묵고 계실 때, 범씨
의 위세는 흥왕한 사람을 망하게도 할 수 있고 망한 사람을 흥왕하
게도 만들며, 부자를 가난뱅이로 또 가난뱅이를 부자로도 만들 수
있다고 칭찬하는 것을 듣고 나는 그것을 참인 줄로만 믿고 있었습
니다. 그래서 먼 길을 찾아 여기까지 왔던 것입니다. 이리로 와서도,
여러분이 말하는 것은 모두가 참인 줄로 생각하고, 다만 그것을 참
인 줄로 믿는 마음이 부족하지나 않을까, 그것을 실천하는 데 부족

함이 없지나 않은가 하는 것이 걱정이 되어, 내 몸이 어떤 취급을 당하고, 어떤 이득과 손해가 있는가 하는 것은 생각할 겨를도 없었으며, 그저 일심전력이 그 한 가지에 쏠려 있었습니다.

그런데 이제 와서 당신들이 나를 속였다는 것을 알게 되자, 내 마음속에 남을 의심하는 생각이 싹터올라서, 사람을 대하면 눈과 귀를 움직여 주의를 하게끔 되었습니다. 지금까지 한 일을 돌이켜 볼 때, 용케도 그때 화상을 입지 않았고, 물속에 빠져 죽지도 않았다는 생각이 들며, 새삼스럽게 가슴이 두근거리고 몸이 후들후들 떨려옵니다. 이젠 두 번 다시 물이나 불 옆에 가지 못할 것 같습니다."

이런 일이 있은 뒤로, 범씨 집 문객들은 길에서 거지라든가 말[馬]의 병을 고치는 사람을 보더라도 절대로 무시하는 일이 없었고, 말을 하려면 반드시 수레에서 내려 인사부터 먼저 하게끔 되었다.

공자의 제자인 재아(宰我)가 이 말을 듣고 공자에게 전하자 공자는 이렇게 말했다.

"너는 그런 걸 모른단 말이냐. 원래 완전히 믿어 조금도 의심을 품지 않는 사람은 사물을 감동케 할 수 있는 법이다. 하늘과 땅도 움직일 수 있고, 귀신도 감동케 하며, 우주 끝까지 가더라도 그것을 방해하는 것은 없다. 그 정도의 위험한 장소에 발을 들여놓고, 물이나 불속으로 뛰어드는 것쯤이야 문제삼을 것도 없지 않으냐. 상구개란 사람은 거짓을 참으로 믿고 있었는데도 그를 방해하는 것이 없었다. 하물며 참을 참으로 믿는 경우에야 말할 나위가 있겠느냐. 너도 이 점을 깊이 마음에 새겨 두어라."

原文 范氏有子曰, 子華. 善養私名 擧國服之. 有寵於晋君 不仕而居三卿之右. 目所偏視 晋國爵之 口所偏肥 晋國黜之. 遊其庭

者 倖於朝. 子華使其俠客 以智鄙相攻 彊弱相淩. 雖傷破於前 不用介意. 終日夜 以此爲戲樂 國殆成俗. 禾生子伯 范氏之上客. 出行經坰外 宿於田更商丘開之舍. 中夜 禾生子伯二人 相與言子華之名勢. 能使存者亡 亡者存 富者貧 貧者富.

商丘開先窘於飢寒. 潛於牖北聽之 因假糧荷畚之子華之門. 子華之門徒 皆世族也 縞衣乘軒 緩步闊視. 顧見商丘開 年老力弱 面目黎黑 衣冠不檢 莫不眲之. 既而狎侮欺詒 攩㧊挨扰 亡所不爲. 商丘開常無慍容 而諸客之技單 憊於戲笑. 遂與商丘開俱乘高臺 於衆中漫言曰, 有能自投下者 賞百金. 衆皆競應 商丘開以爲信然. 遂先投下 形若飛鳥 揚於地 骪骨無碼. 范氏之黨以爲偶然 未詎怪也. 因復指河曲之淫隈曰, 彼中有寶珠 泳可得也. 商丘開復從而泳之 既出 果得珠焉. 衆昉同疑 子華昉令豫肉食衣帛之次.

俄而范氏之藏大火. 子華曰, 若能入火取錦者 從所得多少賞若. 商丘開往 無難色 入火往還 埃不漫 身不焦. 范氏之黨以爲有道 乃共謝之曰, 吾不知子之有道而誕子 吾不知子之神人而辱子. 子其愚我也 子其聾我也 子其盲我也. 敢問其道. 商丘開曰, 吾亡道. 雖吾之心亦不知所以. 雖然 有一於此 試與子言之. 曩子二客之宿吾舍也 聞譽范氏之勢 能使存者亡 亡者存 富者貧 貧者富. 吾誠之無二心 故不遠而來. 及來 以子黨之言皆實也. 唯恐誠之之不至 行之之不及 不知形體之所措 利害之所存也 心一而已. 物亡迕者如斯而已. 今昉知子黨之誕我 我內藏猜慮 外矜觀聽 追幸昔日之不焦溺也. 怛然內熱 惕然震悸矣 水火豈復可近哉. 自此之後 范氏門徒 路遇乞兒馬醫 弗敢辱也 必下車而揖之.

宰我聞之 以告仲尼. 仲尼曰, 汝弗知乎. 夫至信之人 可以感物也 動天地 感鬼神 橫六合而無逆者. 豈但履危險 入水火而已哉. 商丘開信 僞物猶不逆 況彼我皆誠哉. 小子識之.

110

註解 ○私名(사명)-유협(游俠)의 무리. 개인의 재주있는 부하들. ○三卿(삼경)-주(周)나라 제도에서는 사도(司徒)·사마(司馬)·사공(司空)을 말하며, 재상급의 벼슬. ○偏肥(편비)-특별히 훼방하다. 비(肥)는 비(圯)와 통한다. ○侔(모)-같다. 비등하다. ○智鄙(지비)-지혜가 있는 것과 지혜가 모자라는 것. ○坰外(형외)-교외(郊外). ○田更(전경)-농사를 짓는 노인. 경(更)은 수(叟)가 맞는다. ○窘(군)-궁지에 빠지다. 궁(窘)은 궁(窮)과 통한다. ○假糧(가량)-양식을 남에게서 꾸다. ○闊視(활시)-거만한 태도로 주위를 둘러보다. ○驪(리)-검은 것. ○檢(검)-챙기다. ○睨(익)-얕잡아보다. 멸시하다. ○狎侮(압모)-장난치며 놀리다. ○攩挑(당필)-밀치고 쥐어박다. ○挨扰(애침)-떠밀고 쥐어박다. ○慍容(온용)-성난 얼굴. ○漫言(만언)-함부로 책임 못질 말을 하다. ○信然(신연)-정말로 그러하다. ○河曲(하곡)-강물이 굽이치는 곳. ○昉(방)-비로소. ○俄而(아이)-갑자기. 조금 있다가. ○埃(애)-먼지. 여기서는 연기라든가 재를 가리킨다. ○誕(탄)-속이다. ○曩(낭)-전에. 옛날에. ○二心(이심)-두 가지 마음. 의심하다. ○迕(오)-거스르다. ○怛然(달연)-놀라는 모양. 갑자기. ○震悸(진계)-몸과 마음이 떨리다. ○宰我(재아)-공자의 제자 중 한 사람. 재여(宰予)라고도 한다. ○小子(소자)-제자들을 가리킨다.

갈매기의 교훈 - 황제(黃帝)

어느 바닷가에 갈매기를 좋아하는 사람이 살고 있었다. 매일 아침 바닷가로 나가 갈매기와 함께 놀았는데, 모여드는 갈매기가 백 마리를 넘을 정도였다. 어느 날 그의 아버지로부터,

"사람들 말이, 너는 갈매기와 함께 놀아도 갈매기가 달아나지 않는다니 오늘은 그 중 한놈을 잡아 가지고 오너라. 나도 한번 가지고 놀고 싶다."

라는 부탁을 받았다. 그리고 이튿날 바닷가로 나가 보았더니, 갈매기는

공중을 빙빙 돌 뿐 한 놈도 가까이 오지를 않았다.

그러므로 '참된 말은 그 말을 떠나서 있고, 참된 행실은 그 행실에 나타나지 않는다'고 했다. 보통 사람들의 지혜란 것은 참으로 천박한 것이다.

原文 海上之人 有好漚鳥者. 每旦之海上 從漚鳥游 漚鳥之至者 百位而不止. 其父曰, 吾聞漚鳥皆從汝游. 汝取來 吾玩之. 明日之海上 漚鳥舞而不下也.

故曰, 至言去言 至爲無爲. 齊智之所知 則淺矣.

註解 ○海上(해상)—바닷가. ○漚(구)—갈매기. 구(漚)는 구(鷗)와 통한다. ○位(위)—수(數)와 통하는 글자로서 숫자를 의미한다. ○齊智(제지)—보통사회에서 지혜가 있다는 사람.

속세의 쓴약 — 주목왕(周穆王)

주(周)나라의 윤씨(尹氏)는 살림을 어찌나 알뜰하게 살고 있었던지, 그의 밑에서 일하는 사람들은 아침 일찍부터 저녁 늦게까지 쉴새없이 일에 시달리는 형편이었다. 그 가운데 늙은 종 하나가 있었는데 이젠 고생에 찌들어서 몸이 몹시 쇠약해 있는데도 윤씨는 그런 것은 아랑곳하지 않고 여전히 힘든 일만 시키고 있었다.

늙은 종은 온종일 일에 시달린 나머지 밤만 되면 정신없이 잠에 빠지곤 했다. 너무 지친 탓인지 몸과 마음이 각각이 되어, 밤마다 밤마다 꿈속에서는 한 나라의 임금으로 앉아 백성들을 거느리고 정치를 하며, 대궐 안에서 편안히 하고 싶은 것이면 무엇이고 할 수 있는, 세상에 다시없는 행복한 생활을 누리고 있었다. 그러고는 눈만 뜨면 다시 힘든 일에 시달려야 했다. 그래서 누군가가 그의 고통을 위로해 주자 그는 이렇게 말했다.

"사람의 수명을 백 년으로 잡더라도, 밤과 낮이 반반씩을 차지하고 있지 않은가. 물론 나 같은 사람은 종의 신분으로 혹사를 당하고 있기 때문에 고통스러운 것만은 틀림없는 사실이지만, 밤만 되면 임금이 되어 다시없는 쾌락을 즐길 수 있으니 별로 원망스러울 것도 없어."

한편 주인인 윤씨도 공연한 일에 신경을 쓰고 살림살이에만 골몰해 있기 때문에, 몸과 마음이 다같이 지쳐서 밤만 되면 정신없이 잠이 들곤 했다. 그런데 밤마다 꿈속에서는 남의 집 하인이 되어, 해야 할 일이 너무도 많아 잠시도 쉴 사이가 없었고, 게다가 툭하면 꾸중이고 걸핏하면 매질이기 때문에 꿈결에도 헛소리를 중얼거리며 매에 못견디어 신음하다가는 날이 밝아야만 겨우 그치는 형편이었다.

윤씨는 너무도 고통스러운지라 친구에게 그런 사정을 이야기했다. 그 친구는 이렇게 대답했다.

"자네는 신분도 훌륭하고 재산도 많아서 다른 누구보다도 훨씬 나은 형편인데, 밤이면 꿈속에서 남의 집 하인이 된다고 하지 않는가. 결국 낙이 있으면 고통이 있는 것이 세상 이치라네. 자네가 낮이고 밤이고 자네 원하는 대로 되기를 바란다는 것은 원래가 무리일세."

윤씨는 친구의 이 말을 듣고부터는 하인들의 일을 알맞게 시키고, 자신도 너무 간섭을 하지 않았기 때문에 윤씨 자신도, 늙은 종도 그다지 고통을 겪는 일이 없었다.

原文 周之尹氏大治産 其下趣役者 侵晨昏而弗息. 有老役夫 筋力竭矣 而使之彌勤 晝則呻呼而卽事 夜則昏憊而熟寐. 精神荒散

昔昔夢爲國君 居人民之上 總一國之事. 遊燕宮觀 恣意所欲 其樂
無比. 覺則復役. 人有慰喩其勤者 役夫曰, 人生百年 晝夜各分.
吾晝爲僕虜 苦則苦矣 夜爲人君 其樂無比 何所怨哉. 尹氏心營世
事 慮鍾家業 心形俱疲 夜亦昏憊而寐 昔昔夢爲人僕 趨走作役
無不爲也. 數罵杖撻 無不至也. 眠中唵囈呻呼 徹旦息焉.

尹氏病之 以訪其友 友曰, 若位足榮身 資財有餘 勝人遠矣. 夜
夢爲僕 苦逸之復 數之常也. 若欲覺夢兼之 豈可得邪. 尹氏聞其
友言 寬其役夫之程 減其思慮之事 疾竝少閒.

註解 ○趣役(취역)-뛰어다니면서 일하는 것. ○侵晨昏(침신혼)-아
침 저녁 없이란 뜻이다. ○彌(미)-더욱. ○呻呼(신호)-신음. ○昔昔(석
석)-밤마다. ○遊燕(유연)-놀며 잔치를 하는 것. ○慮鍾(여종)-생각이
보이다. ○唵囈(암예)-잠꼬대를 하다. 잠자며 헛소리를 하다. ○數之常
(수지상)-법도로서는 정상적인 것. ○閒(한)-병(病)이 낫는 것. 고통이
멎는 것.

꿈과 현실 -주목왕(周穆王)

정(鄭)나라의 어떤 사람이 들판으로 나가 땔나무를 하고 있는데, 무
엇에 놀라 정신없이 달아나는 사슴과 마주치게 되었다. 그는 길목을
지키고 있다가 단번에 사슴을 쳐서 잡았다. 혹시 누가 보기라도 하면
어쩌나 싶어 물이 마른 웅덩이 속에 감추고 나뭇가지를 덮어 두고야
마음을 놓았다. 그런데 어떻게 하다가 그만 그 감춰 둔 장소를 못찾고
말았다. 그가 혹시 꿈을 꾼 것이나 아닌가 하고 길을 걸어가며 중얼거
리는 것을 지나가던 사람이 듣고는, 그 사슴이 있는 곳을 찾아 제 것으
로 만들고 말았다.

사슴을 주워 집으로 돌아온 사람은 아내를 보고 이렇게 말했다.

"아까 나무꾼 하나가, 사슴을 잡은 꿈을 꾸고도 그 장소를 알 수 없다기에, 내가 가서 그걸 찾아냈으니 그 친구는 현실과 부합되는 정몽(正夢)을 꾼 셈이거든."

그러자 아내가 말했다.

"당신이야말로 나무꾼이 사슴을 잡은 꿈을 꾼 것이 아닐까요. 나무꾼 남자란 건 실지로 있었던 것이 아닐 거예요. 그런데 당신이 지금 정말로 사슴을 얻어가지고 온 것을 보면 당신 쪽이 정몽을 꾼 거예요."

남자는 또 이렇게 말했다.

"이렇게 내가 사슴을 손에 넣게 된 이상 새삼스럽게 내 꿈이니 남의 꿈이니 하고 따질 필요는 없지."

한편 나무꾼은 집에 돌아와서도 사슴을 잃어버린 것을 안타까워했는데, 그날 밤 제대로 사슴을 감춰 둔 장소와 그 사슴을 횡령한 남자까지를 꿈속에서 볼 수 있었다.

그래서 이튿날 아침 일찍 꿈에 본 기억을 더듬어 가며 마침내 횡령한 사람의 집을 찾아낸 그는 이를 관(官)에 고발해서 사슴을 되찾으려 했다. 사건은 재판으로 옮겨갔다.

재판관은 나무꾼을 보고 말했다.

"너는 맨 처음 실지로 사슴을 잡고도 공연히 꿈이 아닌가 의심을 했고, 나중에는 실은 꿈속에서 사슴을 찾은 것뿐인데 그것을 진실인 것처럼 생각하기에 이르렀다. 또 상대방은 실지로 사슴을 가지고 있으면서 너와 사슴을 놓고 맞거니 틀리거니 하고 다투고 있으며, 또 그의 아내는 꿈속에서 다른 사람이 잡은 사슴이란 것을 인정하면서, 남이 잡은 것이 아니라고 우기고 있다. 어쨌든 사슴이 현재 있으니까 이것을 둘로 나눠 가지도록 하렷다."

이 사건이 정나라 임금에까지 올라가자, 임금은,

"허허, 재판관 역시 꿈속에서 남의 사슴을 나눠 주려는 건가."
하고, 대신에게 물었다. 대신은 이렇게 말했다.
"꿈인지 아닌지는 저희들로서는 분간하기 어려운 일이옵니다. 꿈이
냐 현실이냐 하는 것은 황제(黃帝)나 공자만이 알 수 있는 일이온
데, 두 분은 이미 죽고 없으므로, 아무도 그것을 구별할 수는 없을
것이니이다. 이번 일만은 재판관이 말한 것을 옳은 것으로 해두는
것이 좋을 줄로 아옵니다."

原文　鄭人有薪於野者 遇駭鹿 御而擊之 斃之. 恐人見之也 遽
而藏諸隍中 覆之以蕉. 不勝其喜 俄而遺其所藏之處 遂以爲夢焉
順塗以詠其事. 傍人其聞者 用其言而取之. 旣歸 告其室人曰, 向
薪者夢得鹿而不知其處 吾今得之. 彼直眞夢者矣. 室人曰, 若將是
夢見薪者之得鹿邪. 詎有薪者邪. 今眞得鹿 是若之夢眞邪. 夫曰,
吾據得鹿 何用知彼夢我夢邪. 薪者之歸 不厭失鹿 其夜眞夢藏之
之處 又夢之之主. 爽旦案所夢而尋得之 遂訟而爭之 歸之士師.
　士師曰, 若初眞得鹿 妄謂之夢. 眞夢得鹿 妄謂之實. 彼眞取若
鹿. 而與若爭鹿. 室人又謂夢認人鹿 無人得鹿. 今據有此鹿 請二
分之.
　以聞鄭君 鄭君曰, 嘻. 士師將復夢分人鹿乎. 訪之國相 國相曰,
夢與不夢 臣所不能辨也. 欲辨覺夢 唯黃帝孔丘. 今亡黃帝孔丘
熟辨之哉. 且恂士師之言可也.

註解　○駭鹿(해록)-놀란 사슴. ○遽(거)-허겁지겁. ○隍(황)-흙구덩
이. ○蕉(초)-나무섶. 풀섶. ○詎(거)-어찌. ○不厭(불염)-싫증을 내지
않다. ○爽旦(상단)-날이 새다. ○士師(사사)-법을 관장하는 관리. ○恂
(순)-따르다. 좇다.

건망증의 고마움 - 주목왕(周穆王)

송나라 양리(陽里)에 사는 화자(華子)란 사람은 중년에 이르러 건망증에 걸리고 말았다. 아침에 남에게서 빌어 온 물건은 저녁이면 까맣게 잊어버리고, 저녁에 남에게 물건을 빌려 주고는 이튿날 아침이면 까맣게 잊어버리며, 길에서는 걸어가는 것을 잊고, 집에 있을 때는 앉는 것을 잊고, 지금은 앞서의 일을 까맣게 모르고, 뒤에는 지금 일을 전연 잊고 만다. 집안 사람들이 걱정이 되어 점쟁이에게 점을 쳐 보아도 점괘가 나오지 않고, 무당에게 부탁해서 굿을 해보아도 효과가 없었으며, 의원에게 치료를 받아 보았건만 도무지 낫지를 않았다.

그런데 노(魯)나라의 어느 선비가 고쳐 보겠다며 자청하고 나섰다. 화자의 집에서는 재산의 반을 나눠 주겠다는 약속을 했다. 그러자 그 선비는 이렇게 말했다.

"이건 원래가 점을 칠 성질의 것도 아니고, 굿으로 나을 수도 없는 것이며, 약으로도 낫지 않는 것입니다. 나는 시험삼아 주인 어른의 마음을 바꾸고 생각을 고쳐 볼까 합니다. 그러면 혹 나을 수도 있을 테니까요."

그래서 시험삼아 화자의 옷을 벗겨 보았더니 역시 옷을 입으려 했고, 배를 고프게 해 두었더니 또한 밥을 먹고 싶어했으며, 어두운 곳에 있게 해 두었더니 밝은 곳으로 나가려 했다. 선비는 그것을 보자 반가운 얼굴로 화자의 아들에게 말했다.

"이 병은 고칠 수 있습니다. 그러나 내가 고치는 방법은 대대로 비밀리에 전해 온 것이라 남에게 알릴 수는 없으니 다른 분들은 다 물러가시도록 하고, 나 혼자서 이레 동안 환자와 함께 방에 있도록 해주시오."

그래서 시키는 대로 했다. 따라서 그가 무엇을 어떻게 했는지는 알 수 없었다. 그러나 어찌됐든 오래된 병이 하루 아침에 씻은 듯이 낫게 되었다.

그런데 화자는 병이 낫게 되자, 노발대발하며 아내를 내쫓고, 자식들에게 호통을 치는가 하면, 창을 들고 선비를 뒤쫓았다. 사람들이 화자를 붙들고 그 까닭을 묻자 그는 이렇게 대답했다.

"지금까지 내가 건망증에 걸려 있었을 때는 마음이 태평스러워서 세상이 있는지 없는지 그것마저 모르고 지냈었다. 그런데 이제 갑자기 생각이 되살아나매 지금까지 수십 년 동안에 일어났던 생사(生死)와 득실(得失)과 희비(喜悲) 등 가지가지 일들이 한꺼번에 밀어닥치고 있다. 앞으로도 계속 그것들이 내 마음을 괴롭힐 것을 생각하니 걱정이 되어 견딜 수 없다. 비록 잠시 동안이나마 모든 것을 잊어버리고 사는 일은 두 번 다시 없을 것이 아닌가."

자공(子貢)이 이 말을 듣고 잘 이해가 가지 않아 공자에게 물었더니, 공자는,

"이것은 너로서는 아직 알 수 없는 일이다."

하고, 수제자(首弟子)인 안회(顔回)를 바라보며 이 이야기를 기록에 남기도록 시켰다.

原文　宋陽里華子 中年病忘 朝取而夕忘 夕與而朝忘. 在塗則忘行 在室則忘坐. 今不識先 後不識今. 闔室毒之 謁史而卜丸 弗占. 謁巫而禱之 弗禁. 謁醫而攻之 弗已. 魯有儒生 自媒能治之. 華子之妻子 以居産之半請其方. 儒生曰, 此固非卦兆之所占 非祈請之所禱 非藥石之所攻. 吾試化其心 變其慮 庶幾其瘳乎. 於是試露之而求衣 飢之而求食 幽之而求明. 儒子欣然告. 其子曰, 疾可已也. 然吾之方 密傳世 不以告人. 試屏左右 獨與居室七日. 從之莫知其所施爲也 而積年之疾 一朝都除. 華子旣悟 迺大怒 黜妻罰

子 操戈逐儒生. 宋人執以問其以 華子曰, 曩吾忘也 蕩蕩然不覺
天地之有無. 今頓識 旣往數十年來存亡得失 哀樂好惡 擾擾萬緒
起矣. 吾恐將來之存亡得失 哀樂好惡之亂吾心如此也. 須臾之忘
可得得乎.

  子貢聞而怪之 以告孔子. 孔子曰, 此非汝所及乎 顧謂顔回紀之.

註解　○陽里(양리)-송나라에 있는 땅 이름. ○病忘(병망)-잊어버리
는 병에 걸리다. 건망증이 생기다. ○闔室(함실)-온 집안 사람. ○毒之
(독지)-그것을 걱정하다. ○史(사)-점쟁이. ○弗占(불점)-점괘가 나오
지 않다. ○攻(공)-치료하다. ○露(노)-옷을 벗다. 몸을 노출시키다. ○
方(방)-처방. ○蕩蕩然(탕탕연)-광대한 모양. 아득한 것. ○萬緒(만서)
-만 가지 생각의 실마리.

틀리지 않는 사람은 없다-주목왕(周穆王)

진(秦)나라 봉씨(逢氏)란 사람에게 아들이 하나 있었다. 어릴 때부
터 퍽 영리한 아이였는데, 어른이 되고 나서 이상한 병에 걸려 모든 판
단을 보통 사람들과는 정반대로 하는 것이었다. 노래를 들으면 우는
것으로 알고, 흰 것을 보면 검다고 생각하고, 향내를 맡으면 구리다고
하고, 단 것을 먹으면 쓰다고 하며, 좋은 것을 보면 나쁘다고 하는 식
으로, 천지 사방이라든가, 물과 불이라든가, 춥고 더운 것이라든가, 모
두를 정반대로 생각하게끔 되었다. 양씨(楊氏)라는 이웃 사람이 환자
의 아버지에게,

　"노(魯)나라에는 재주가 뛰어난 분들이 많다고 하니 혹 그런 병을
　고칠지도 알 수 없지 않은가. 한번 가서 알아보지 그래."
하고, 권고하자 봉씨는 노나라로 길을 떠났다. 그런 도중 진(陳)나라를
지나다가 노자(老子)를 만나게 되었다. 봉씨가 아들의 병상을 말하자

노자는 이렇게 말했다.

"그대는 어떻게 그대 아들의 생각이 틀린 것을 아시오? 지금 온 세상 사람들이 다 옳고 그른 것의 구별을 하지 못하고, 이해 득실을 분간하지 못하는 등 그대 아들과 똑같은 병에 걸린 사람이 대부분이오. 물론 도리를 제대로 깨친 사람은 한 사람도 없소. 그리고 자기 한 사람의 생각이 틀렸다 해서 집안 사람 전부를 틀렸다고는 볼 수 없으며, 한 집안 사람이 다 틀렸다고 해서 온 고을 사람이 다 틀렸다고는 볼 수 없소. 또 한 고을 사람의 생각이 틀렸다고 해서 온 나라 사람이 다 틀렸다고는 볼 수 없으며, 한 나라 사람의 생각이 틀렸다고 해서 온 천하가 다 틀렸다고 단언할 수도 없는 것이오. 그러나 온 천하가 다 틀린 생각을 가졌다면 누가 그것을 바로잡을 수가 있겠소. 가령 온 세상 사람이 다 그대 아들처럼 되어 버렸다고 한다면, 거꾸로 그대의 생각이 틀린 것이 되고 말 것이오. 슬픔이나 즐거움이라든가, 소리나 빛이라든가, 냄새나 맛이라든가, 옳고 그른 것이라든가, 누가 그것을 올바르게 알아맞출 수가 있겠소. 그리고 이렇게 말하는 내 말 그 자체가 반드시 틀린 것이 아니라고도 말할 수 없는 것이오. 더구나 노나라 사람들이란 틀려도 이만저만 틀린 것이 아닌데 어떻게 남의 틀린 것을 바로잡을 수 있겠소. 그대는 가지고 있는 양식을 짊어지고 빨리 집으로 돌아가는 편이 좋을 것이오."

原文 秦人逢氏有子 少而惠 及壯而有迷罔之疾. 聞歌以爲哭 視白以爲黑 饗香以爲朽 嘗甘以爲苦 行非以爲是. 意之所之 天地四方 水火寒暑 無不倒錯者焉. 楊氏告其父曰, 魯之君子多術藝 將能已乎. 汝奚不訪焉. 其父之魯 過陳 過老聃. 因告其子之證 老聃曰, 汝庸知汝子之迷乎. 今天下之人 皆惑於是非 昏於利害 同疾者多 固莫有覺者 且一身之迷 不足傾一家. 一家之迷 不足傾一

120

鄉. 一鄉之迷 不足傾一國 一國之迷 不足傾天下. 天下盡迷 孰傾
之哉. 向使天下之人 其心盡如汝子 汝則反迷矣. 哀樂聲色臭味是
非 孰能正之. 且吾之言 未必非迷 而況魯之君子. 迷之郵者 焉能
解人之迷哉. 榮汝之糧 不若遄歸也.

註解　○迷罔之疾(미망지질)－마구 미혹당하고 마는 병. 정신착란증. ○
魯之君子(노지군자)－노(魯)나라의 군자. 여기서는 공자(孔子)를 위시한
유가(儒家)들을 가리킨다. ○郵者(우자)－심한 사람. 우(郵)는 우(尤)와
통한다. ○遄(천)－즉시. 빨리.

슬픔은 뿌리 없는 풀 —주목왕(周穆王)

연(燕)나라 사람으로, 태어난 곳은 연나라지만 초(楚)나라에서 자란
사람이 있었다. 늙어서 고향으로 돌아오게 되었는데, 도중 진(晋)나라
까지 오게 되었다. 그때 같이 오던 사람이 그를 놀려 줄 생각으로, 어
느 도시를 가리키며,

"이것이 연나라 도시일세."
하자, 그는 깜짝 놀라며 얼굴 표정을 바꾸었다. 다시 사당(祠堂)을 가
리키며,

"저것이 자네 마을의 사당일세."
하자, 그는 길게 한숨을 내쉬었다.

　다시 어느 집을 가리키며,
"이것이 자네 조상들이 살던 집일세."
하자, 그는 소리없이 눈물을 주루룩 흘렸다. 이번에는 또 어느 무덤을
가리키며,

"이것이 자네 조상의 무덤일세."

하자, 그는 그만 견디다 못해 엉엉 울어 버리고 말았다. 그제서야 동행
하던 사람은 껄껄 너털웃음을 웃으며,

"이 사람아, 내가 한 말은 모두가 거짓말이었네. 여기는 아직 진나
라일세."

하고 놀려주었다. 울던 그는 몹시 부끄럽기만 했다.

마침내 연나라로 들어와, 정말 연나라 도시를 보고, 자기가 태어난
마을의 사당을 보았다. 그리고 자기가 태어났던 집과 조상의 무덤들을
보았으나 전과 달리 슬픈 생각이 별로 들지 않았다.

　原文　燕人生於燕 長於楚. 及老而還本國 過晋國 同行者誑之
指城曰, 此燕國之城. 其人愀然變容. 指社曰, 此若里之社. 乃喟然
而歎. 指舍曰, 此若先人之廬. 乃涓然而泣. 指壟曰, 此若先人之
冢. 其人哭不自禁. 同行者啞然大笑曰, 矛昔給若. 此晋國耳. 其人
大慚. 及至燕 眞見燕國之域社 眞見先人之廬家 悲心更微.

　註解　○誑(광)-속이다. ○愀然(초연)-슬퍼서 얼굴빛이 변하는 모양.
○社(사)-마을의 토신(土神)을 제사지내는 사당. ○涓然(연연)-눈물을
줄줄 흘리는 모양. ○壟(롱)-무덤의 봉분. ○給(급)-속이다. ○慚(참)-
부끄러워하다.

우공이산(愚公移山) - 탕문(湯問)

태행산(太行山)과 왕옥산(王屋山)은 사방이 7백 리, 높이가 1만 길
이나 되며, 원래는 기주(冀州) 남쪽 하양(河陽) 북쪽에 있었다.

북산(北山)에 사는 우공(愚公)이란 사람은 나이가 아흔이 가깝도록
이 두 산을 마주보며 살아왔다. 그런데 산이 북쪽을 딱 가로막고 있어

서 내왕이 몹시 불편한 것을 못마땅하게 생각해 오던 우공은, 어느 날 가족들을 모아놓고 이런 상의를 했다.

"나는 너희들과 있는 힘을 다해 험한 산을 편편하게 만들고, 예주(豫州) 남쪽까지 똑바로 길을 열어 한수(漢水) 북쪽에까지 갈 수 있게끔 하고 싶은데 어떠냐?"

가족들 전부가 찬성했다. 그러나 우공의 부인만은 의아한 표정을 지으며,

"당신 힘으로는 조그만 언덕 하나도 제대로 파낼 수가 없을 텐데 저런 큰 산을 어떻게 하겠다는 거예요. 그리고 파낸 흙과 돌을 어디다 어떻게 옮겨 놓겠다는 겁니까."

라고 말했다. 그러나 다른 사람들은,

"그 흙과 돌은 발해(渤海) 끝, 은토(隱土) 북쪽에 갖다 버리기로 하면 되겠지요"

라며 찬성했다. 합의를 본 우공은 세 아들과 손자들을 데리고 나와, 돌을 깨고 흙을 파내어 소쿠리와 삼태기에 담아 발해 끝에까지 옮겨 놓기 시작했다. 우공의 이웃에 사는 경성씨(京城氏)라는 과부에게는 겨우 일여덟 살밖에 되지 않은 사내아이가 하나 있었는데, 그 애도 좋아라고 일을 거들었다. 그런데 1년이 지나서야 겨우 발해까지 한 번 왕복을 마치는 형편이었다.

황하 근처에 사는 지수(智叟)라는 사람은 그것을 보고 웃으면서 우공에게 충고했다.

"여보게, 보아하니 이건 지나치게 바보스러운 짓일세. 여생이 얼마 남지 않은 그 가냘픈 힘으로는, 산 한쪽 귀퉁이도 떼어 내기 어려울 터인데, 이런 큰 산의 흙과 돌을 어떻게 하겠다는 건가?"

그러자 북산의 우공은 딱하다는 듯이 한숨을 쉬며 이렇게 말했다.

"자네같이 천박한 마음을 가진 사람으로서는 도저히 알 수 없을 걸

세. 자네의 그 지혜는 저 과부집 어린아이만도 못하네, 알겠나. 설령 여생이 얼마 남지 않은 내가 죽는다 해도 자식들은 살아 있을 것이 아닌가. 자식은 또 손자를 얻고, 그 손자는 또 자식을 낳고 해서 자자손손 영원히 끊어질 리가 없지 않은가. 그런데 산이란 불어나지 않으니, 어느 땐가는 틀림없이 다 파낼 때가 올 것임이야."

지수도 그 말을 듣자 다시 할 말이 없었다. 한편 두 산을 지키는 조사신(操蛇神)은, 이대로 계속되었다가는 필경 산이 없어질 것이 두려워 딱한 사정을 옥황상제에게 호소했다. 옥황상제는 우공의 그 참된 마음에 감탄한 나머지 힘이 세기로 유명한 천신(天神)인 과아씨(夸娥氏)의 두 아들에게 명령해서, 태행과 왕옥 두 산을 업어다가, 하나는 삭동(朔東) 땅에, 또 하나는 옹남(雍南) 땅에 옮겨놓도록 하였다. 그 뒤로 기주 남쪽, 한수 북쪽에는 나즈막한 언덕 하나 남아 있지 않게 되었다.

原文 太形王屋二山 方七百里 高萬仞 本在冀州之南 河陽之北. 北山愚公者 年且九十 面山而居 懲山北之塞 出入之迂也. 聚室而謀曰, 吾與汝畢力平險 指通豫南 達于漢陰 可乎. 雜然相許.

其妻獻疑曰, 以君之力 曾不能損魁父之丘 如太行王屋何. 且焉置土石. 雜曰, 投諸渤海之尾 隱土之北. 遂率子孫荷擔者三夫 叩石墾壤 箕畚運於渤海之尾. 隣人京城氏之孀妻 有遺男 始齓 跳往助之. 寒暑易節 始一反焉.

河曲智叟 笑而止之曰, 甚矣汝之不惠. 以殘年餘力 曾不能毁山之一毛 其如土石何. 北山愚公長息曰, 汝心之固 固不可徹 曾不若孀妻弱子. 雖我之死 有子存焉. 子又生孫 孫又生子 子又有子 子又有孫 子子孫孫 無窮匱也. 而山不可增 何苦而不平. 河曲智叟亡以應. 操蛇之神聞之 懼其不已也 告之於帝. 帝感其誠 命夸娥氏二子 負二山 一厝朔東 一厝雍南. 自此冀之南 漢之陰 無隴斷焉.

124

| 註解 | ㅇ太形(태형) - 태행산(太行山). 하남성·산서성·하북성의 경계를 이루는 산맥. ㅇ王屋(왕옥) - 산 이름. 산서성 양성현(陽城縣) 서남쪽에서 하남성에 걸쳐 있는 산이다. ㅇ懲(징) - 괴로워하다. ㅇ迂(우) - 돌아가다. ㅇ魁父(괴보) - 조그마한 산 이름. ㅇ荷擔(하담) - 짐을 짊어지는 것. ㅇ叩石(고석) - 돌을 두드려 깨는 것. ㅇ墾壤(간양) - 흙을 파내다. ㅇ箕畚(기분) - 소쿠리와 삼태기. ㅇ孀妻(상처) - 과부가 된 부인. ㅇ始齔(시츤) - 이를 갈기 시작하는 나이. 7, 8세. ㅇ無窮匱(무궁궤) - 궁해지거나 다하는 일이 없는 것. ㅇ操蛇之神(조사지신) - 산과 바다의 신. 산과 바다의 신들은 모두 뱀을 들고 있어 그렇게 불렀다. ㅇ夸蛾氏(과아씨) - 신통한 큰 힘을 가지고 있던 사람. ㅇ厝(착) - 놓다.

태양 문답 - 탕문(湯問)

공자(孔子)가 동쪽 지방을 여행하고 있을 때의 일이다. 어느 곳에서 두 아이가 서로 말다툼을 하고 있는 것을 보고 그 까닭을 물었다. 한 아이가 말하기를,

"나는 해가 처음 떠오를 때보다 한낮에 더 멀리 있다고 생각한단 말예요."

라고 했다. 그러자 또 한 아이는,

"나는 해가 처음 떠오를 때가 한낮보다 더 멀다고 생각하는데."

라고 했다. 그러자 첫번째 아이가,

"해가 처음 떠올랐을 때는 차의 덮개 [車蓋] 만큼 크게 보이지만, 한낮에는 대접 정도야. 크게 보이는 것은 가까운 때문이고 작게 보이는 것은 멀기 때문이야."

하고 이유를 설명했다. 그러자 나중 아이는 또 이렇게 말했다.

"해가 처음 뜰 때는 서늘하지만, 한낮이 되면 뜨겁잖아. 이건 가까우면 뜨거워지고 멀면 차가워지기 때문이란 말야."

공자가 얼른 결정을 못내리고 서있자 두 아이는,

"할아버지를 훌륭한 분이라고 말한 것이 대관절 누구였지."

하고 웃었다.

原文 孔子東游 見兩小兒辯鬪 問其故. 一兒曰, 我以日始出時
去人近 而日中時遠也. 一兒以日初出遠 而日中時近也. 一兒曰,
日初出 大如車蓋 及日中則如盤盂. 此不爲遠者小而近者大乎. 一
兒曰, 日初出 滄滄涼涼 及其日中如探湯. 此不爲近者熱而遠者凉
乎. 孔子不能決也. 兩小兒笑曰, 孰爲汝多知乎.

註解 ○辯鬪(변투)−말다툼을 하다. 논쟁하다. ○盤盂(반우)−둥근 쟁
반. 넓적한 대접. ○滄滄(창창)−싸늘한 모양. ○探湯(탐탕)−끓는 국에
손을 넣는 것처럼 뜨거운 것.

마음을 바꿔넣은 이야기 − 탕문(湯問)

노(魯)나라의 공호(公扈)란 사람과 조(趙)나라의 제영(齊嬰)이란
사람이 모두 병이 났다. 두 사람은 함께 유명한 편작(扁鵲)에게로 가
서 치료를 받았다.

편작은 병을 고쳐 주고 나서 두 사람에게 이런 말을 했다.

"두 분의 병은 밖에서 내장으로 들어온 병이라 약으로 고칠 수 있
었습니다. 그러나 또 하나 날 때부터 가지고 있는 병이 있는데 몸이
자라나는 대로 점점 악화되어가고 있는 것 같소이다. 두 분을 위해
그 병마저 고쳐 드렸으면 싶은데 의향이 어떠하신지요"

"그럼 먼저 어떤 병인지 들려주실 수 없겠습니까?"

그러자 편작은 공호를 보고 말했다.

126

"댁은 마음은 강한데 기운이 약하오. 그래서 생각하는 점은 뛰어나나 결단력이 부족합니다. 그런데 제영이란 분은 마음은 약하나 기운은 강한 편입니다. 그래서 생각은 모자라면서 독단적인 판단과 행동에 빠지기가 쉽습니다. 만일 두 분의 마음을 서로 바꿔넣는다면 둘 다 균형잡힌 인격자가 될 수 있을 것입니다만."

그리하여 결국 편작은 두 사람에게 독한 술을 먹여 사흘 동안 마취상태에 빠뜨려 놓고, 가슴을 갈라 심장을 꺼내어 서로 바꿔 붙인 다음 정신나는 약을 먹였다. 두 사람은 곧 깨어나 하직 인사를 고하고 집으로 돌아갔다.

그런데 제영의 마음을 자기 가슴에 바꿔넣은 공호는 생각에 따라 제영의 집을 자기 집으로 알고 찾아갔다. 제영의 부인과 아이들이 그를 어떤 사람인지 알 리가 없었다. 제영 역시 공호의 집을 자기 집으로 알고 찾아갔기 때문에 똑같은 사태가 벌어질 수밖에 없었다. 그래서 양쪽 집에서는 관가에 소송을 제기하게 되었다. 피고로 몰린 두 사람은 편작을 증인으로 세웠고, 편작의 해명에 의해 의심이 풀렸으므로 소송은 곧 취하되었다.

原文　魯公扈趙齊嬰二人有疾　同請扁鵲求治．扁鵲治之旣同愈　謂公扈齊嬰曰, 汝曩之所疾　自外而干府藏者　固藥石之所已．今有偕生之疾　與體偕長．今爲汝攻之何如．二人曰, 願先聞其驗．扁鵲謂公扈曰, 汝志彊而氣弱　故足於謀而寡於斷．齊嬰志弱而氣彊　故少於慮而傷於專．若換汝之心　則均於善矣．

扁鵲遂飮二人毒酒　迷死三日　剖胸探心　易而置之．投以神藥　旣悟如初　二人辭歸．於是公扈反齊嬰之室　而有其妻子　妻子弗識．齊嬰亦反公扈之室, 有其妻子　妻子亦弗識．二室因相與訟　求辨於扁鵲．扁鵲辨其所由　訟乃已．

註解 ○扁鵲(편작) - 옛날 명의(名醫)의 이름. ○曩(낭) - 아까. 이전. ○
干(간) - 침범하다. ○府藏(부장) - 오장육부. 내장. ○偕生(해생) - 평생 가
는 것. ○傷於專(상어전) - 자기 마음대로 행동하다가 상하게 된다는 뜻.
결단력이 너무 강한 것을 의미한다. ○迷死(미사) - 가사(假死). 혼수상태.
○弗識(불식) - 알아주지 않다. 처자들이 자기 아버지 또는 남편으로 인정
해 주지 않다.

궁술(弓術)의 극치 - 탕문(湯問)

옛날, 감승(甘蠅)이란 명궁(名弓)이 있었다. 그가 활의 줄만 당겨도
짐승이 땅에 쓰러지고 새가 공중에서 떨어지곤 했다. 그의 제자인 비
위(飛衛)는 감승에게서 궁술을 배워 솜씨가 감승을 능가할 정도였다.
또한 기창(紀昌)이란 사람이 비위에게 궁술을 배우기를 원했는데 그는
비위로부터,

"너는 먼저 눈을 깜빡거리지 않는 연습부터 해야 한다. 눈을 깜빡거
리지 않게 된 뒤라야 활에 대한 이야기를 들을 수 있다."
는 교훈을 받았다. 그래서 그는 집에 돌아오자, 아내가 짜고 있는 베
틀 밑에 반듯하게 위를 보고 누워서 베틀채가 오르내리는 것을 눈여
겨보는 연습을 했다. 두 해 뒤에는 송곳 끝이 눈동자를 향해 떨어져
도 눈을 깜박이지 않게 되었다. 그런 사실을 비위에게 보고하자, 비
위는 또,

"그것만으로는 아직 멀었다. 다음으로 보는 연습을 끝마치면 그런
대로 배울 수 있을 것이다. 작은 것이 큰 것과 같이 보이고, 먼 것
이 똑똑히 보이게끔 되거든 내게로 와서 일러라."
하고 돌려보냈다. 그래서 기창은 남쪽 창문에 말총으로 이[虱]를 매
달아 놓고, 멀리서 그것을 바라보기 시작했다. 열흘쯤 지나자 이는 점
점 크게 보였고, 3년 후에는 수레바퀴만큼 크게 보였다. 그 눈으로 다

128

른 물건을 바라보면 모두 산더미처럼 크게 보였다. 그래서 연나라에서 생산되는 뿔로 만든 활에다가 북쪽에서 생산되는 쑥대 화살을 재어 쏘았더니, 화살은 보기좋게 이란 놈의 염통을 꿰뚫었는데 이를 매어 둔 말총은 끊어지지 않은 채 그대로 남아 있었다. 이 사실을 비위에게 보고하자, 비위는 껑충 뛰어오르며 가슴을 두드리고 나서,

"너도 이젠 성공을 하게 되었구나."

하고 기뻐했다.

기창은 비위의 재주를 다 배우고 난 다음, 이제 자기를 대적할 수 있는 자가 과연 누군가 하는 것을 생각하게 되었다. 단 한 사람 비위밖에 없었다. 그래서 비위를 죽여 없애기로 결심했는데, 어느 날 들 한복판에서 서로 마주치게 되었다. 두 사람은 서로 상대방을 향해 활을 쏘았으나 화살이 중간에서 서로 맞부딪는 순간 그대로 살그머니 땅에 떨어졌고 먼지 하나 일지 않았다. 그렇게 마주 쏘는 동안 비위의 화살이 먼저 떨어지고, 기창에게는 하나가 남아 있었다. 기창이 하나 남은 화살을 쏘자, 비위는 가시나무 가시로 그것을 감쪽같이 받아 넘겼다. 그러자 두 사람은 울면서 활을 집어던지고 땅바닥에 엎드려 마주 절을 하고 부자의 의를 맺었다. 둘은 팔뚝을 베어 피를 내고, 활의 비법을 다시는 세상에 전하지 말자고 맹세했다.

原文 甘蠅古之善射者 彀弓而獸伏鳥下. 弟子名飛衛, 學射於甘蠅, 而巧過其師. 紀昌者 又學射於飛衛. 飛衛曰, 爾先學不瞬 而後可言射矣. 紀昌歸 偃臥其妻之機下 以目承牽挺. 二年之後 雖錐末倒眥而不瞬也. 以告飛衛 飛衛曰, 未也 亞學視而後可. 視小如大 視微如著 而後告我. 昌以氂懸蝨於牖 南面而望之 旬日之間浸大也 三年之後如車輪焉. 以覩餘物 皆丘山也. 乃以燕角之弧

朔蓬之簳 射之 貫虱之心 而懸不絶. 以告飛衛 飛衛高蹈拊膺曰, 汝得之矣.

　紀昌旣盡衛之術 計天下之敵已者 一人而已. 乃謀殺飛衛 相遇 於野 二人交射 中路矢鋒相觸而墜於地 面塵不揚. 飛衛之矢先窮 紀昌遺一矢 旣發 飛衛以棘刺之 端扞之而無差焉. 於是二子泣而 投弓 相拜於塗 爲請父子 剋臂以誓 不得告術於人.

註解　○彀弓(구궁)-활을 당기다. ○獸伏鳥下(수복조하)-새와 짐승들도 미리 그의 활솜씨에 놀라서 도망칠 엄두도 못내고 엎드리거나 내려와서 앉다. ○偃臥(언와)-드러눕다. ○牽挺(견정)-발로 잡아당겼다 놓았다 하면 움직이는 베틀 아래에 달린 활채. ○燕角之弧(연각지호)-연나라에서 생산되는 짐승의 뿔로 장식된 유명한 활. ○朔蓬之簳(삭봉지간)-삭북(朔北) 지방에서 나는 일종의 쑥대로 만든 화살. ○拊膺(부응)-가슴을 치다. 기뻐서 날뛰다. ○矢鋒(시봉)-화살촉의 끝. ○塵不揚(진불양)-먼지도 일지 않다. 그 동작의 사뿐함을 형용하는 말. ○扞(간)-막다. ○剋臂(극비)-팔뚝을 찔러 피를 내는 것.

말 모는 비결 — 탕문(湯問)

조보(造父)의 스승을 태두씨(泰豆氏)라 불렀다. 조보가 그에게서 말 모는 법을 배우기 시작했을 때, 예를 극진히 해서 그를 정성껏 모셨으나, 3년 동안 태두는 아무것도 가르쳐 주는 것이 없었다. 그러나 조보는 조금도 변함없이 그를 극진히 섬겼다. 그러자 비로소 이런 말을 들려주었다.

"옛 시(詩) 가운데에도 '양궁(良弓)의 아들은 반드시 먼저 키를 만들고 양야(良冶)의 아들은 반드시 먼저 갖옷[裘]을 만든다'고 했다. 너도 먼저 내 걸음걸이부터 배워야 한다. 나처럼 걸을 수 있어야만 비로소 여섯 개의 고삐를 잡고, 여섯 마리 말을 몰 수 있게 된다."
"가르치시는 대로 하겠습니다."

그러자 태두는 나무 말뚝을 주욱 박아 길을 만들었다. 그 말뚝은 겨우 발을 올려 놓을 정도였으며 발걸음 너비에 맞추어 세워 두고, 그 위를 밟고 빠른 걸음으로 왔다갔다했으나 발을 헛디디는 일이 없었다. 조보는 그것을 배우기 시작하자 사흘 동안에 완전히 터득해 버렸다. 태두는 감탄해서 말했다.

"너는 참으로 영리하고 이해가 빠르구나. 말을 모는 기술이란 것도 대체로 이에서 다를 것이 없다. 지금 네가 걷고 있을 때, 발의 움직임이 마음에 생각하는 그대로 움직였기 때문이다. 이것을 말 모는 기술에 비교해 볼 때, 고삐를 다루어 차체를 안정시키고, 말머리를 당겼다 늦췄다 하며 조절하는 것은 자기 마음속으로 올바르게 자질을 해가며, 손끝으로 그것을 가늠하게 된다. 자기 마음속에 깨닫는 무엇이 있어야 말의 비위도 맞출 수 있는 것이다. 그렇게 되면 말을 앞으로 몰든 뒤로 물리치든, 먹줄을 칠한 듯이 곧게 되고, 돌아서든 방향을 바꾸든, 보기 좋게 직각으로 되고 둥글게도 되며, 멀리 가더라도 힘에 여유가 생긴다. 이래야만 참으로 말을 몰 줄 안다고 할 수 있다. 말의 마음을 재갈이 있는 곳에서 파악하여 그것이 고삐로 옮겨오고, 고삐에서 손으로 옮겨진 다음 손에서 마음으로 전하게 되면, 눈으로 보지 않아도, 또 채찍으로 말을 몰지 않아도 마음은 조용하고 자세는 바르게 되며, 여섯 마리 말의 고삐가 어지러워지는 일이 없이 스물네 개의 발굽이 제 위치를 잃지 않게 되고 돌고 나아가고 물러나는 것이 절도있게 행해진다. 이렇게 되면 수레바퀴에는 그 폭 이상의 지면은 필요없게 되고, 말발굽에는 그 크기 이상의 지면이 필요없게 된다. 그리하여 산과 골짜기의 험한 곳도, 초원과 습지대의 넓은 곳도, 아무 거리낌없이 똑같이 느껴지게 된다. 이

것이 내 기술의 비결이다. 너도 이 점을 마음에 새겨두지 않으면 안
된다."

原文 造父之師曰泰豆氏 造父之始從習御也 執禮甚卑 泰豆三
年不告. 造父執禮兪謹 乃告之曰, 古詩言 良弓之子 必先爲箕 良
冶之子 必先爲裘. 汝先觀吾趣. 趣如吾 然後六轡可持 六馬可御.
造父曰, 唯命所從. 泰豆乃立木爲塗 僅可容足 計步而置. 履三而
行 趣走往還 無跌失也. 造父學之 三日盡其巧.

泰豆歎曰, 子何其敏也 得之捷乎. 凡所御者. 亦如此也. 曩汝之
行 得之於足 應之於心. 推於御也 齊輯乎轡銜之際 而急緩乎脣吻
之和 正度乎胸臆之中 而執節乎掌握之間 內得於中心 而外合於
馬志. 是故能進退履繩 而旋曲中規矩 取道致遠 而氣力有餘 誠得
其術也. 得之於銜 應之於轡 得之於手 應之於心 則不以目視 不
以策驅. 心閑體正 六轡不亂 而二十四蹄 所投無差 廻旋進退 莫
不中節. 然後輿輪之外 可使無餘轍 馬蹄之外 可使無餘地 未嘗覺
山谷之險 原隰之夷 視之一也. 吾術窮矣 汝其識之.

註解 ○造父(조보)-주(周)나라 목왕(穆王)의 말몰이로 이름을 떨쳤던
사람. ○甚卑(심비)-매우 비굴하게 보일 정도로 예(禮)를 공손히 지키다.
○冶(야)-대장장이. ○趣(취)-걸음걸이. ○六馬(육마)-한 대의 수레를
함께 끄는 여섯 마리의 말. 보통은 네 마리가 끌었다. ○輯(집)-수레. ○
脣吻(순문)-말의 입김. ○掌握(장악)-고삐를 잡고 있는 손아귀. ○履繩
(이승)-목수가 사용하는 먹줄을 밟고 똑바로 가는 것. ○二十四蹄(이십
사제)-스물네 개의 말발굽. 즉 여섯 마리 말의 말발굽. ○無餘轍(무여철)
-나머지 바퀴자국이 없다. 즉 바퀴가 바라는 대로 조금도 어긋남이 없이
한 지점으로 굴러갔음을 뜻한다. ○夷(이)-평탄하다.

인력(人力)과 천명 – 역명(力命)

인력(人力)이 천명(天命)을 보고 말했다.

"당신의 능력과 내 것을 비교하면 어느 쪽이 나을까요?"

"당신은 다른 것들에 대해 어떤 능력을 가지고 있기에 나와 비교를 하는 거지요?"

"인간이 오래 살고 일찍 죽는 것도, 망하고 흥하는 것도, 귀하게 되고 천하게 되는 것도, 가난하게 살고 부자로 사는 것도 모두가 나의 힘에 의하기 때문이오."

그러자 천명은 이렇게 받았다.

"팽조(彭祖)란 사람은 지혜는 요순(堯舜)보다 나을 것이 없었지만 8백 년이나 살 수 있었고, 공자의 제자 안회(顔回)의 재주는 범인보다 못한 편이 아니었는데도 서른두 살로 죽었소. 공자의 덕이 제후들만 못하지는 않았지만 진채(陳蔡) 사이에서 심한 고난을 겪었고, 은(殷)나라 주왕(紂王)은 은나라 삼인(三仁)으로 불리는 미자(微子)·기자(箕子)·비간(比干)보다 위라고는 할 수 없는데도 천자의 자리에 있었소. 또 계찰(季札)이란 오나라의 어진 사람은 오나라의 벼슬을 가지지 못했는데, 어질지도 못한 전항(田恒)은 제나라 정치를 혼자 휘둘렀고, 백이·숙제는 수양산에서 굶어 죽었는데, 노나라 계손씨(季孫氏)는 훌륭하다고 이름난 전금(展禽)보다 풍족한 생활을 했소. 만일 이런 것들이 다 인력으로 이뤄진 것이라면, 어째서 한쪽은 오래 살게 하고, 한쪽은 일찍 죽게 하며, 성인을 망하게 만들고 무도한 사람을 흥하게 만들며, 어진 사람을 천하게 만들고 어리석은 사람을 높은 지위에 올려 놓으며, 착한 사람을 가난하게 하고 악한 사람을 부자로 만들고 하는 것이오?"

"결국 당신 말대로 한다면, 나는 사물에 대해 별로 큰 역할을 하지 못한다는 이야기가 되겠는데, 그렇다면 세상에 있는 것들이 그렇게 되는 것은 당신이 지배하고 있기 때문이란 말이오?"

"아니오. 천명이란 이름이 붙은 이상 어떻게 그런 것을 지배할 수 있겠소. 나는 다만 곧은 것은 곧은 그대로 뻗어가게 놓아두고, 굽은 것은 굽은 그대로 내버려둘 뿐이오. 오래 살든 일찍 죽든, 망하든 흥하든, 귀하게 되든 천하게 되든, 부자가 되든 가난뱅이가 되든 모두가 자연 그대로 되는 것일 뿐, 내가 무엇 때문에 그런 걸 알려고 하겠소. 나와는 아무런 상관도 없는 것이오."

原文　力謂命曰, 若之功奚若我哉. 命曰, 汝奚功於物而欲比朕. 力曰, 壽夭窮達 貴賤貧富 我力之所能也. 命曰, 彭祖之智 不出堯舜之上 而壽八百. 顏淵之才 不出衆人之下 而壽四八. 仲尼之德 不出諸侯之下 而困於陳蔡. 殷紂之行 不出三仁之上 而居君位. 季札無爵於吳 田恒專有齊國. 夷齊餓於首陽 季氏富於展禽. 若是汝力之所能 奈何壽彼而夭此 窮聖而達逆 賤賢而貴愚 貧善而富惡邪. 力曰, 若如若言 我固無功於物 而物若此邪 此則若之所制邪. 命曰, 旣謂之命 奈何有制之者邪. 朕直而推之 曲而任之 自壽自夭 自窮自達 自貴自賤 自富自貧. 朕豈能識之哉. 朕豈能識之哉.

註解　○壽夭(수요)-오래 사는 것과 요절하는 것. ○彭祖(팽조)-고대 요(堯)임금 시대로부터 주(周)나라 시대에 걸쳐 오래 산 사람으로 유명하다. ○顏淵(안연)-공자의 제자 중 덕행과 학문이 가장 뛰어났던 사람. 젊은 나이에 요절했으며 공자도 그의 죽음을 비통했었다. ○四八(사팔)-서른두 살. ○三仁(삼인)-은(殷)나라 말기의 세 어진 사람. 즉 기자(箕子)·비간(比干)·미자(微子)를 가리킴이다. ○季札(계찰)-춘추시대 오(吳)나라 임금 수몽(壽夢)의 작은아들. 젊어서부터 현명하다는 명성이 있어, 수몽은 그를 태자로 삼고자 했으나 사양하고 받지 않았다. ○田恒(전항)-제

(齊)나라는 원래 강씨(姜氏)가 임금이었으나 전국시대에 와서 신하인 전항이 군위(君位)를 빼앗았고 그 이후 전씨의 나라가 되었다. ○季氏(계씨)─춘추시대, 노(魯)나라의 권세가. 그는 노나라의 정치를 좌지우지했다. ○展禽(전금)─보통 유하혜(柳下惠)라고 부르며 춘추시대 노나라의 덕망있는 사람으로서 맹자(孟子)도 그를 '성인(聖人)의 조화(造和)'라고 불렀다.

병(病)도 운명─역명(力命)

양주(楊朱)에게 계량(季梁)이란 친구가 있었다. 언젠가 계량이 병이 들어 이레를 앓는 동안 몹시 중태에 빠졌다. 아들들은 주위에 둘러앉아 슬피 울며 의원을 부르려 했다. 그러자 계량은 양주에게 말했다.
"내 자식들은 모두 못난 놈들뿐이라서 보다시피 저 모양들이 아닌가. 수고스럽지만 나를 위해 노래라도 불러 자식들을 깨우쳐 주지 않겠나."
그래서 양주는 이런 노래를 불렀다.

　　하늘도 모르는 것을
　　사람이 어떻게 알리.
　　행복도 하늘의 덕은 아니며
　　재난도 사람이 한 짓은 아니다.
　　나와 그대는 훤히 알지만
　　의원이나 무당이 알 리가 없지.

그러나 아들들은 무슨 뜻인지를 알지 못하고, 결국 세 사람의 의원을 불러 보이기로 했다. 한 사람은 교씨(矯氏)라 했고, 다른 한 사람은 유씨(兪氏), 또 한 사람은 노씨(盧氏)였다. 진찰을 마치자 교씨는 계량을 보고 말했다.

"당신은 추위와 더위를 적당히 조절하지 못하고, 허실(虛實)이 균형을 잃고 있습니다. 병은 음식이며, 남녀의 관계라든가 마음을 지나치게 쓴 때문에 생긴 것이지 하늘 때문도 귀신 때문도 아닙니다. 병이 상당히 깊기는 했지만 고칠 수는 있습니다."

그러자 계량은,

"돌팔이 의원이다. 당장 쫓아 버려라."

하고 명령했다. 다음 유씨는 이렇게 말했다.

"당신은 태어날 때부터 기운을 잘 타고나지 못했는데, 어머니의 젖이 너무 많았습니다. 병은 하루 이틀에 생긴 것이 아니고 오랫동안 두고두고 커진 것이므로 이젠 고칠 수가 없습니다."

그러자 계량은,

"보통 의원이 아니다. 음식 대접이라도 해서 보내라."

하고 시켰다. 다음 노씨는 또 이렇게 말했다.

"당신의 병은 하늘 때문도 아니요 사람 때문도 아니며 귀신 때문도 아닙니다. 세상에 태어날 때부터 이미 이런 병에 걸리게끔 정해져 있었으므로 아무리 약을 쓰고 침을 놓아 보아야 병을 어떻게 해볼 도리가 없습니다."

그러자 계량은,

"참으로 명의다. 후히 대접해서 보내도록 해라."

하고 시켰다. 그러고 나서 계량의 병은 저절로 낫게 되었다.

原文 楊朱之友曰季梁. 季梁得疾 七日大漸. 其子環而泣之 請醫. 季梁謂楊朱曰, 吾子不肖 如此之甚. 汝奚不爲我歌以曉之. 楊朱歌曰, 天其弗識 人胡能覺. 匪祐自天 弗孽由人. 我乎汝乎 其弗知乎. 醫乎巫乎 其知之乎. 其子弗曉 終謁三醫 一曰矯氏 二曰兪氏 三曰盧氏. 診其所疾 矯氏謂季梁曰, 汝寒溫不節 虛實失度. 病

由飢飽色欲 精慮煩散 非天非鬼 雖漸可攻也. 季梁曰, 衆醫也 亟
屛之. 兪氏曰, 女始則胎氣不足 乳湩有餘. 病非一朝一夕之故 其
所由來漸矣 弗可已也. 季梁曰, 良醫也. 且食之. 盧氏曰, 汝疾不由
天 亦不由人 亦不由鬼. 稟生受形 旣有制之者矣 亦有知之者矣.
藥石其如汝何. 季梁曰, 神醫也 重貺遣之. 俄而季梁之疾 自瘳.

註解 ○楊朱(양주)―전국시대 위(衛)나라 사람. 자는 자거(子居). 노자
(老子)에게서 배웠다는 설도 있고 묵자(墨子)의 제자에게서 배웠다는 설
도 있다. 극단적인 이기주의를 주장했던 사람이다. ○孼(얼)―불행. 좋지
못한 일. ○亟(극)―속히. 빨리. ○屛(병)―보내다. 물리치다. ○乳湩(유종)
―젖. 모유(母乳). ○瘳(추)―병이 낫다.

죽음은 슬프지 않다― 역명(力命)

제경공(齊景公)이 서울 교외에 있는 우산(牛山)에 올라갔을 때, 북
쪽으로 즐비하게 늘어서 있는 서울거리의 풍경을 굽어보다가 눈물을
흘리며 이렇게 말했다.

"정말 아름다운 나라다. 나무까지 시퍼렇게 무성해 있구나. 어떻게
이 나라를 두고 죽을 수 있단 말인가. 만약 이 세상에 처음부터 죽
음이란 것이 없었다면 나도 이곳을 떠나 다른 곳으로 가지 않아도
좋으련만."

행신(幸臣)인 사공(史孔)과 양구거(梁丘據)는 경공의 그런 말을 듣
자 덩달아 울면서 말했다.

"소신들은 전하의 은총으로 살고 있사오며, 만일 마른 나물이나 상
한 고기라도 먹을 수 있고, 짐말이나 낡은 수레라도 타면서 살아갈
수 있다면, 조금도 죽고 싶은 생각은 없나이다. 하물며 전하의 경우
야 더욱 그러하지 않겠사옵니까."

그러나 대신인 안자(晏子)만은 옆에서 그런 말을 들으며 웃고만 있었다. 경공은 눈물을 닦으며 안자 쪽을 돌아보고,

"과인은 오늘 이리로 와서 슬픔을 느꼈소. 사공과 양구거도 함께 울어 주었는데, 경만이 혼자 웃고 있으니 어찌된 일이오?"

하고 물었다. 안자는 이렇게 대답했다.

"만일 어진 임금이 언제까지고 죽지 않고 제나라를 다스릴 수 있었다면, 태공망(太公望)이나 환공(桓公)이 틀림없이 그렇게 되었을 것이옵니다. 만약 용기있는 임금이 언제까지고 죽지 않고 제나라를 다스릴 수 있었다면, 장공(莊公)과 영공(靈公)이 틀림없이 그렇게 했을 것이옵고요. 이런 분들이 제나라를 다스리고 있다면 전하께서는 도롱이와 삿갓을 쓰고 논밭에서 농사일을 하시기에 바쁘시어 죽고 싶지 않다는 그런 생각을 가질 겨를마저 없었을 것이옵니다. 더구나 전하께서 보위에 오르시는 그런 일은 있을 수 없는 일이옵니다. 번갈아 임금이 되고 번갈아 그 자리를 떠나게 되어 있기 때문에 전하께 그 차례가 돌아오게 된 것뿐입지요. 하온데 전하만이 죽고 싶지 않다면서 울고 계신다면 너무 내 욕심만 차리는 것이 아니옵니까. 소신은 그런 임금님과 그리고 임금님의 비위를 맞추려는 신하들을 보게 되었기 때문에 혼자 웃었던 것이옵니다."

경공은 어찌나 무안했던지 손수 잔을 들어 벌주(罰酒)를 마시고, 사공과 양구거에게도 각각 두 잔씩 벌주를 마시게 했다.

原文 齊景公游於牛山 北臨其國城而流涕曰, 美哉國乎. 鬱鬱芊芊 若何滴滴 去此國而死乎. 使古無死者 寡人將去斯而不何. 史孔梁丘據 皆從而泣曰, 臣賴君之賜 疏食惡肉 可得而食 駑馬稜車 可得而乘也. 且猶不欲死 而況吾君乎.

晏子獨笑於旁. 公雪涕而顧晏子曰, 寡人今日之游悲 孔與據皆

138

從寡人而泣 子之獨笑何也. 晏子對曰, 使賢者常守之 則太公桓公
將常守之矣 使有勇者而常守之 則莊公靈公將常守之矣. 數君者將
守之 吾君方將被簑笠而立乎畎畝之中 唯事之恤 行假念死乎. 則
吾君又安得此位而立焉. 以其迭處之 迭去之 至於君也. 而獨爲之
流涕 是不仁也. 見不仁之君 見諂諛之臣 臣見此二者 臣之所爲獨
竊笑也. 景公慙焉 擧觴自罰 罰二臣者各二觴焉.

註解 ○牛山(우산)-제(齊)나라에 있던 산. ○芊芊(천천)-나무가 싱
싱하게 자란 모습. ○滴滴(적적)-떠나가는 모습. ○史孔(사공)·梁丘據
(양구거)-모두 제나라 경공(景公)의 신하. ○晏子(안자)-안영(晏嬰). 자
는 중(仲). 제나라 영공(靈公)·장공(莊公)·경공(景公) 등 3대를 섬기면
서 재상으로 있었다. 제나라를 부강게 만들었고 《안자춘추(晏子春秋)》는
그의 저서라고 한다. ○常守之(상수지)-이 나라를 언제까지라도 지키게
한다면이란 뜻. ○簑笠(쇄립)-도롱이와 삿갓. 즉 농부가 되었음을 뜻한
다. ○行假(행가)-하가(何假)로 씀이 옳으며, 무슨 겨를이 있겠느냐는 뜻
이다. ○諂諛(첨유)-아첨하는 것. ○觴(상)-술잔.

동문오(東門吳)가 슬프지 않은 이유-역명(力命)

위(魏)나라에 동문오(東門吳)란 사람이 있었다. 아들이 죽었는데도
조금도 슬픈 기색이 보이지 않았다. 그의 아내가,

"당신은 끔찍이도 자식을 사랑하더니만 그 자식이 죽었는데 조금도
슬퍼하는 기색이 없으니 어떻게 된 노릇입니까?"
하고 물었다. 그러자 동문오는,

"내게는 그동안 자식이 줄곧 없지 않았는가. 자식이 없을 때는 별로
자식 없는 것이 슬픈 줄을 모르고 살아 왔소. 지금 자식이 죽었다
고는 하지만, 전에 자식이 없었을 때와 다를 것이 없지 않은가. 다

시 원래대로 된 것뿐인데 슬퍼할 것까지야 없지 않은가."
라고 태연하게 대답했다.

原文 魏人有東門吳者 其子死而不憂. 其相室曰, 公之愛子 天下無有. 今子死不憂. 何也. 東門吾曰, 吾常無子 無子時不憂. 今子死 乃與嚮無子同. 至奚憂焉.

註解 ○相室(상실)-집안일을 도맡아서 처리하는 사람.

쾌락주의 - 양주(楊朱)

자산(子産)은 정(鄭)나라의 재상이 되어 3년 동안 일국의 정치를 한손으로 요리하게 되었다. 그리하여 착한 사람은 그의 교화에 감복하고, 악한 사람은 그 형벌을 두려워하여 정나라는 살기 좋은 나라가 되었고, 이웃 나라들도 한층 대우를 하게끔 되었다.

그런데 자산에게는 공손조(公孫朝)라는 형과 공손목(公孫穆)이라는 아우가 있었다. 조는 술을 좋아하기로 유명했고, 목은 여자를 지나치게 좋아했다. 조의 집에는 술이 천 석이나 저장되어 있었고, 누룩도 산더미처럼 쌓여 있었으며, 대문에서 백 보(步) 바깥까지 술과 술지게미 냄새가 사람의 코를 찌르는 형편이었다. 그가 한번 술을 마셨다 하면, 세상이 돌아가는 것도, 무엇이 옳고 그른지도, 집안 형편이 어떻게 돌아가는지도, 친척 동기간의 사이가 어떻게 되어가는지도, 죽고 사는 슬픔과 기쁨 같은 것도 일체가 관심 밖이었고, 홍수나 화재가 눈앞에 닥쳐와도 정신을 못차릴 정도였다.

한편 목의 쪽은, 저택 깊숙한 곳에 수십 개의 방이 줄을 지어 있었고, 방마다 가려서 뽑은 젊고 아름다운 여인들이 살고 있었다. 그가 한

번 음욕이 일었다 하면, 가까운 시종들도 다 멀리해 버리고, 친구와의
교제도 끊은 채 깊숙한 방에 틀어박혀 밤인지 낮인지 분간도 못하고,
석 달에 한번 정도 겨우 얼굴을 내밀 정도인데, 그러고도 만족하지 못
한 듯한 태도였다. 근처에 어여쁜 처녀가 있다는 소문만 들으면 돈을
주어 내 것으로 만들든가, 사람을 넣어 중매를 붙이든가 하여, 도저히
어찌해 볼 수 없다는 것을 알기 전에는 단념을 못하는 형편이었다.

자산은 평소부터 이들 두 형제 때문에 골치를 앓고 있었는데, 하루
는 가만히 등석(鄧析)을 찾아가 상의했다.

"사람들이 말하기를, 몸을 닦은 뒤에 집을 다스리고, 집을 다스린
뒤에 나라를 다스린다 했는데, 이 말은 곧 가까운 곳에서부터 먼 곳
으로 미치게 한다는 뜻이 아니겠는가. 그런데 내 경우는, 나라의 정
치는 잘 되어가고 있지만 집안은 저런 형편일세. 순서가 바뀐 것 같
지만, 어떻게 저들 두 사람을 건지는 방법이 없을까?"

그러자 등석은 이렇게 대답했다.

"나도 전부터 이상하다고는 생각하고 있었으나 자진해서 말을 못
했던 것뿐일세. 왜 그들이 맑은 정신으로 있을 때를 틈타서 충고를
해 주지 않는가."

그래서 자산은 등석의 의견에 따라, 기회를 틈타 두 형제들을 만나
이렇게 충고했다.

"사람이 새나 짐승보다 귀한 까닭은 생각과 판단력이 있기 때문이
며, 그런 생각과 판단에 있어서 가장 중요한 것은 예의를 지키는 일
이오. 예의를 지키면 명성과 지위는 절로 찾아오게 되지. 그러나 만
일 정욕에 따라 행동을 하며 향락에 빠지게 되면 생명마저 위태롭
게 되오. 만일 내가 하는 말을 들어준다면 회개함과 동시에 녹을 먹
는 귀한 신분이 될 수 있을 터인데요."

그러자 두 형제는 이렇게 대답했다.

"우린들 왜 그 정도야 모르겠는가. 그걸 알고 있으면서도 이런 길을 택한 것이며, 그것도 이미 오랜 옛날 일이야. 그런 충고는 들으나마 나지. 대체로 사람이 살아간다는 것은 어려운 일이지만 죽는다는 것은 쉬운 일이고, 어려운 삶에서 쉬운 죽음을 기다리는 것이 인생이라면 깊이 생각해 볼 문제가 아니겠는가. 예의를 소중한 것이라 하여 자연의 정욕을 억제하며 명성을 얻는 그런 짓을 할 바엔 차라리 죽는 편이 낫지. 일생의 환락을 마음껏 즐기고, 눈앞의 즐거움을 맛보려고 하면, 마음에 걸리는 것은 다만 배불리 먹고 싫도록 마시지 못할까, 정력이 모자라 욕망대로 하지 못하지나 않을까 하는 것뿐이야. 세상의 평판이 나쁘다든가, 생명이 위태롭다든가, 그런 것을 걱정하고 있을 겨를은 없어. 더구나 그대는 나라를 다스리는 재주를 남에게 자랑하며, 달콤한 소리로 우리의 마음을 흔들어 놓고, 명예나 지위로 우리의 마음을 사려 하고 있으니, 그 얼마나 얄팍하고 속없는 짓인가. 우리도 그만 그대와는 손을 끊고 싶은 심정이야.

그리고 대체로 겉모양을 다듬는 사람은 사물을 잘 다스리기 어렵고 나 자신까지를 괴롭히게 되지만, 이와 반대로 마음속을 제대로 다스리는 사람은 사물이 어지러워지는 법도 없으며 타고난 성정(性情)도 편하게 되지. 그대와 같이 겉치레만 한다면 그것이 일시적으로는 성과를 거둘지 알 수 없으나 인간의 심리를 정확히 파악하는 경지까지는 이르지 못해. 우리처럼 마음속을 훌륭하게 다스리는 그런 방법으로 나간다면 그것을 온 천하에까지 미치게 하여, 군신(君臣)과 상하(上下)의 도리 같은 것을 없애 버리게 돼. 우리는 일찍부터 이러한 방법을 그대에게 충고해 줄 생각이었는데 거꾸로 우리를 설득하려는 것인가?"

자산은 멍하니 대답도 못하고 앉아 있었다. 뒷날 등석을 만나 그런 이야기를 했더니, 등석은 이렇게 평했다.

"자네는 도를 깨달은 사람과 같이 있으면서도 그걸 모르고 있었군. 누가 자네를 지혜 있는 사람이라 불렀는지 모르겠네. 정나라가 잘 다스려진 것도 우연한 일이었을 뿐, 자네 때문은 아니었던 것 같네."

原文 子産相鄭 專國之政三年 善者服其化 惡者畏其禁 鄭國以治 諸侯憚之. 而有兄曰公孫朝 有弟曰公孫穆. 朝好酒 穆好色. 朝之室也 聚酒千鐘 積麴成封. 望門百步 糟漿之氣 逆於人鼻. 方其荒於酒也 不知世道之安危 人理之悔吝 室內之有亡 九族之親疏 存亡之哀樂也. 雖水火兵刃交於前 弗知也. 穆之後延 比房數十 皆擇稚齒娞媠者 以盈之. 方其聃於色也 屏親昵 絶交游 逃於後延 以晝足夜 三月一出 意猶未惬. 鄉有處子之娥姣者 必賄而招之 媒而挑之 弗獲而後已.

子産日夜以後戚 密造鄧析而謀之曰, 僑聞治身以及家 治家以及國. 此言自於近 至於遠也. 僑爲國則治矣 而家則亂矣. 其道逆邪. 尉奚方以救二子 子其詔之. 鄧析曰, 吾怪之久矣 未敗先言. 子奚不時其治也 喩以性命之重 誘以禮義之尊乎. 子産用鄧析之言 因閒以謁其兄弟而告之曰, 人之所以貴於禽獸者 智慮. 智慮之所將者 禮義. 禮義成則名位至矣. 若觸情而動 聃於嗜慾 則性命危矣. 子納僑之言 則朝自悔而夕食祿矣.

朝穆曰, 吾知之久矣. 擇之亦久矣 豈待若言而後識之哉. 凡生之難遇 而死之易及. 以難遇之生 俟易及之死 可孰念哉. 而欲尊禮義以夸人 矯情性以招名. 吾以此爲弗若死矣. 爲欲盡一生之歡 窮當年之樂. 唯患腹溢而不得恣口之飮 力憊而不得肆情於色. 不遑憂名聲之醜 性命之危也. 且若以治國之能夸物 欲以說辭亂我之心 榮祿喜我之意 不亦鄙而可憐哉. 我又欲與若別之. 夫善治外者 物未必治 而身交苦. 善治內者 物未必亂 而性交逸. 以若之治外 其

法可暫行於一國. 未合於人心. 以我之治內 可推之於天下 君臣之
道息矣. 吾常欲以此術而喩之 若反以彼術而敎我哉. 子産忙然 無
以應之. 他日以告鄧析 鄧析曰, 子與眞人居而不知也. 孰謂子智者
乎. 鄭國之治偶耳 非子之功也.

[註解] ○子産(자산)-춘추시대 정(鄭)나라 대부(大夫)인 공손교(公孫
僑). 자가 자산이다. 장기간 정나라 재상을 지내면서 훌륭한 정치를 펴나
갔다. ○憚(탄)-두려워하다. ○封(봉)-조그만 산더미. ○比房(비방)-방이
나란히 있는 것. ○稚齒(치치)-나이가 젊다. ○婑媠(유타)-예쁜 여자. 미
인. ○聃(담)-탐(耽)과 같으며 지나치게 즐긴다는 뜻. ○親昵(친닐)-친하게
가까이 지내던 사람. ○愜(협)-뜻에 맞다. 만족하다. ○戚(척)-근심하다.
걱정하다. ○僑(교)-자산의 이름. 여기서는 자신을 낮추어 이름을 부른 것
임. ○時其治(시기치)-그들이 다스려지고 있는 때를 택하다. 즉, 그들이 즐
기기에 빠져 있지 않은 때를 이용하다. ○觸情而動(촉정이동)-감정이 닿는
대로 움직이다. ○夸(과)-뽐내다. ○交苦(교고)-더욱 더 괴롭히다.

생사(生死)는 그대로 - 양주(楊朱)

제자인 맹손양(孟孫陽)이 양자(楊子)에게 물었다.
"지금 어느 한 사람이 삶을 귀중히 알고 자기 몸을 소중히 여기며,
죽지 않기를 바란다면 그것이 가능해질까요?"
"죽지 않는 도리는 있을 수 없다."
"그럼 오래 살기를 바란다면 그것은 가능하겠습니까?"
"길이 사는 도리도 있을 수 없다. 삶이란 귀중히 여긴다고 해서 언
어지는 것이 아니며, 몸은 소중히 한다고 해서 튼튼해지는 것도 아
니다. 그리고 오래 살아서 어찌하겠다는 건가? 사람의 오정(五情)
은 예나 지금이나 변함이 없다. 몸의 안위(安危)도, 세상의 고락도,

변화와 치란(治亂)도, 다 예나 지금이나 다를 것이 없어. 그런 것들은 우리가 벌써 보고 듣고 경험해 온 것들이다. 그렇다면 백 년의 수명도 너무 긴 것이 아닌가. 하물며 언제까지나 살아 남아 고통을 더하려 하다니 될 법이나 한 일인가."

"그렇다면 일찍 죽는 편이 오래 사는 것보다 낫다는 말씀이 되겠는데, 칼날 앞에 몸을 드러내고 끓는 물이나 불속으로 뛰어들면 원대로 되겠군요."

그러나 양자는 이렇게 대답했다.

"그런 건 아니다. 사람으로 태어난 이상은 그냥 되어가는 대로 내맡겨 두고, 하고 싶은 일을 멋대로 하면서 죽기를 기다려야 한다. 그리고 죽게 되었을 때는 역시 되어가는 대로 내맡겨두고 마지막까지 가서 죽으면 그만인 것이다. 어느 것이고 되어가는 그대로 내맡기기로 한다면, 새삼스레 오래 살려 한다든가 일찍 죽으려고 생각할 필요는 조금도 없게 된다."

原文 孟孫陽問楊子曰, 有人於此 貴生愛身 以蘄不死. 可乎. 曰, 理無不死. 以蘄久生 可乎. 曰, 理無久生. 生非貴之所能存 身非愛之所能厚. 且久生奚爲. 五情好惡 古猶今也 四體安危 古猶今也 世事苦樂 古猶今也 變易治亂 古猶今也. 旣聞之矣 旣見之矣 旣更之矣 百年猶厭其多 況久生之苦也乎. 孟孫陽曰, 若然 速亡 愈於久生 則踐鋒刃 入湯火 得所志矣. 楊子曰, 不然. 旣生其廢而任之 究其所欲以俟於死. 將死則廢而任之. 究其所之以放於盡. 無不廢 無不任. 何遽遲速於其閒乎.

註解 ○孟孫陽(맹손양)-양주(楊朱)의 제자 이름. ○蘄(기)-구하다. 바라다. ○鋒刃(봉인)-창끝과 칼날. ○遽(거)-갑자기.

둔인(遁人)과 순민(順民) － 양주(楊朱)

양주(楊朱)는 다음과 같이 말하고 있다.

사람이 아등바등하며 조금도 편할 날이 없는 것은, 다음 네 가지 때문이다. 그 첫째는 오래 살려는 욕심, 둘째는 명예욕, 셋째는 지위를 차지하려는 마음, 넷째는 재물을 탐하는 마음이다. 이 네 가지 욕망을 가진 사람은, 죽은 사람을 무서워하고, 남을 무서워하고, 권력을 무서워하고, 형벌을 무서워한다. 이런 사람을 가리켜 '둔인(遁人)', 즉 도망 다니는 사람이라 한다. 이같은 사람은 죽이든 살리든 그의 운명은 남의 손에 쥐어져 있는 셈이다. 그러나 자연의 운명에 거스를 생각이 없어 굳이 오래 살기를 바라지도 않고, 지체가 높은 것을 자랑할 생각이 없어 명예를 부러워하지도 않으며, 권력을 휘두를 생각이 없어 지위를 탐내는 일도 없고, 부자가 부럽지 않기 때문에 재물을 욕심내는 일도 없는 사람을 가리켜 '순민(順民)', 즉 순한 백성이라 부른다. 이런 사람은 세상에 거스르는 일이 없고, 운명은 자기 손아귀에 쥐어져 있다. 그러기에 옛말에도 '사람이 만일 결혼이나 벼슬을 하지 않으면 정욕도 반으로 줄어든다. 사람이 만일 입고 먹지 않는다면 군신(君臣)의 도리 따위는 필요치도 않게 된다'고 했다.

주(周)나라 속담에도 '늙은 농부는 앉혀 놓으면 죽는다'는 말이 있다. 농부들은 아침 일찍 들판으로 나가 밤늦게 집으로 돌아오며, 그것이 자기의 분수인 줄 생각하고, 콩죽 같은 험한 음식을 먹으면서도 그것을 천하 별미로 알고 있으며, 살결은 거칠어 두꺼워지고, 근육은 불끈 불거져 있다. 그러므로 일단 이 가난한 농부를 털 담요와 비단 방석에 앉혀 놓고, 맛있는 쌀밥과 고기 반찬과 과일들을 먹게 하면, 마음은 나른해지고 몸은 지쳐 빠지는데 마지막에는 열이 북받쳐 병들어 죽게 될 것이다. 또 이와는 반대로, 송(宋)나라나 노(魯)나라의 귀족들에게 가난한 농부와 똑같은 논밭을 주어 일을 하도록 만든다면 이들 역시 석 달이 못가서 병들어 죽고 말 것이다.

즉 농부들은 자기가 편하다고 생각되는 곳과 맛있다고 생각되는 물건을 천하 제일인 것으로 알고 있는 것이다.

옛날 송나라에 한 농부가 있었다. 그는 언제나 누더기를 두르고 겨우겨우 겨울을 지낸 다음, 봄이 되면 들로 나가 농사일을 시작하며 따뜻한 햇볕에 몸을 내맡겼다. 이 농부는 이 세상에 큰 저택이나 따뜻한 방이 있는 것도, 솜옷이며 여우나 담비의 털옷이 있다는 것도 모르고 있었기 때문에 그의 아내를 돌아보며,

"햇볕을 쬐는 따뜻한 맛은 아무도 모를 거야. 이것을 임금님께 말씀드리면 틀림없이 상을 주실 거라구."

라고 했다. 이 말을 들은 마을의 부자 한 사람이 그 농부를 이렇게 깨우쳐 주었다.

"옛날, 들콩[戎菽]과 수삼대[甘枲莖]와 미나리[芹萍子]를 맛있는 것으로 믿고 있는 한 사람이 그 고을의 양반에게 그것들이 기가 막히게 맛이 있는 물건이라고 일러주었던바, 양반도 그것을 가져오라 하여 먹어 보았겠다. 그랬더니 입안이 따끔따끔해 오며 뱃속이 울렁울렁해 오지 않겠는가. 남의 웃음거리가 된 양반은 그 농부를 불러 호통을 쳤고 농부는 공연한 욕을 먹게 되었는데, 임자가 바로 그 짝이로군 그래."

原文 楊朱曰, 生民之不得休息 爲四事故. 一爲壽 二爲名 三爲位 四爲貨. 有此四者 畏鬼畏人 畏威畏刑. 此謂之遁人也. 可殺可活 制命在外. 不逆命 何羨壽 不矜貴 何羨名 不要勢 何羨位 不

貪富 何羨貨. 此之謂順民也. 天下無對 制命在內. 故語有之曰,
人不婚宦 情欲失半 人不衣食 君臣道息.

周諺曰, 田父可坐殺 晨出夜入 自以性之恆 啜菽茹藿 自以味之
極. 肌肉麤厚 筋節峹急. 一朝處以柔毛綈幕 薦以梁肉蘭橘 心痟
體煩 內熱生病矣. 商魯之君 與田父侔地 則亦不盈一時憊矣. 故
野人之所安 野人之所美 謂天下無過者.

昔者宋國有田夫 常衣緼黂 僅以過冬. 暨春東作 自曝於日 不知
天下之有廣廈隩室 緜纊狐狢. 顧謂其妻曰, 負日之暄 人莫知者.
以獻吾君 將有重賞. 里之富室告之曰, 昔人有美戎菽. 甘枲莖芹萍
子者 對鄕豪稱之. 鄕豪取而嘗之 蜇於口 慘於腹 衆哂而怨之 其
人大慙. 子此類也.

註解 ○遁人(둔인)−자연의 이치를 어기고 그것으로부터 도피하려는
사람. ○順民(순민)−자연의 이치대로 따르는 사람. ○宦(환)−벼슬을 하
는 것. ○周諺(주언)−주나라 속담. ○啜菽(철숙)−콩을 먹는 것. ○茹藿
(여곽)−콩잎을 먹는 것. ○麤厚(추후)−거칠고 두툼한 것. ○峹急(권급)−
굵고 팽팽한 것. ○綈幕(제막)−비단으로 만든 장막. ○侔地(모지)−처지
가 같아지다. ○無過者(무과자)−그보다 더 나은 것이 없다. ○緼黂(온비)
−다 해진 무명옷과 베옷. ○東作(동작)−봄 농사일. ○曝(포)−햇볕을 쬐
는 것. ○緜纊(면광)−솜옷. ○狐狢(호락)−여우·담비 등의 털가죽으로
만든 고급 갖옷. ○戎菽(융숙)−콩의 일종인데 맛이 없다. ○鄕豪(향호)−
고을의 귀한 신분인 사람. ○蜇(철)−쏘다. ○哂(신)−빙그레 웃다.

남의 뒤가 되어라 − 설부(說符)

열자(列子)가 호구자림(壺丘子林)에게서 배우고 있을 때의 일이다.
호구자림은 이렇게 말했다.

148

"너도 남의 뒤가 되는 법을 알면 내 몸을 보존할 수 있다."

"남의 뒤가 되려면 어떻게 해야만 합니까?"

"네 그림자를 보면 알 수 있을 것이다."

그래서 열자가 머리를 돌려 자기 그림자를 보았더니, 몸이 굽으면 그림자도 굽고, 몸이 반듯하면 그림자도 반듯했다.

결국 그림자는 굽히는 것도 곧게 하는 것도 몸이 하는 그대로 따라 할 뿐이었다. 마찬가지로 구부리든 펴든 사물의 형편에 따라 그대로 하면 된다. 이것이 남의 뒤가 되면서도 실상은 남의 앞이 되는 것이다.

原文 子列子學於壺丘子林. 壺丘子林曰, 子知持後 則可言持身矣. 列子曰, 願聞持後. 曰, 顧苦影則知之. 列子願而觀影 形枉則影曲 形直則影正. 然則枉直隨形 而不在影 屈伸任物 而不在我 此之謂持後而處先.

註解 ○持後(지후)-남보다 뒤늦게 행동하는 것. ○屈伸(굴신)-몸을 굽혔다 폈다 하는 것. 즉, 행동하는 것을 뜻한다.

앞을 내다본다 - 설부(說符)

열자가 하도 가난해서 얼굴에까지 굶주린 모습이 나타나 보였다. 그것을 보고 누군가가 정(鄭)나라 재상인 자양(子陽)에게 말했다.

"열어구(列禦寇)는 훌륭한 선비라 하지 않습니까. 그가 정나라에 살고 있으면서 몹시 가난에 시달리고 있는 모양인데, 결국은 당신이 선비를 좋아하지 않기 때문이라는 평을 듣지 않겠소."

그래서 자양은 즉시 사람을 시켜 열자에게 쌀을 보내주도록 했다. 열자는 문밖에까지 나와 사자(使者)를 정중히 맞아들였지만 쌀만은 거절했다. 사자를 보내고 열자가 안으로 들어오자 부인은 가슴을 치며 안타까워했다.

"나는 훌륭한 선비의 처자가 되면 누구나 편안히 살게 되는 줄로 알고 있었는데, 끼니마저 잇지를 못하며, 게다가 재상이 동정해서 보내주는 쌀마저 사양하니 너무하지 않습니까."

그러자 열자는 웃으면서 이렇게 대답했다.

"재상이 자기 스스로 나를 생각해서 보내온 것이 아니고, 남의 말만 듣고 보낸 것이라오. 그렇다면 내게 죄를 씌울 때도 역시 남의 말에 따라 할 것이 아닌가. 그래서 받지 않았을 뿐이오."

그뒤 과연 정나라 사람들은 난을 일으켜 자양을 죽이고 말았으나, 열자는 같은 일당으로 몰리지 않게 되었다.

原文 子列子窮 容貌有飢色 客有言之鄭子陽者曰, 列禦寇 蓋有道之士也 居君之國而窮. 君無乃爲不好士乎. 鄭子陽卽令官遺之粟. 子列子出見使者 再拜而辭. 使者去 子列子入 其妻望之而拊心曰, 妾聞爲有道者之妻子 皆得佚樂. 今有飢色 君遇而遺先生食 先生不受 豈不命也哉. 子列子笑謂之曰, 君非自知我也. 以人之言而遺我粟 至其罪我也 又且以人之言 此吾所以不受也. 其卒 民果作難而殺子陽.

註解 ○粟(속)-조. 곡식. ○拊心(부심)-손으로 가슴을 두드리다. ○遇(우)-대우하다.

때가 결정한다 - 설부(說符)

노(魯)나라 시씨(施氏) 집에 두 아들이 있었다. 하나는 학문을 좋아했고 하나는 병법을 즐겼다. 학문을 좋아하던 아들은 제(齊)나라 임금

을 찾아가 공자(公子)의 스승이 되었고, 병법을 즐기던 아들은 초(楚)
나라로 가서 대장이 되었다. 이리하여 두 아들은 나라에서 받는 녹으
로 집을 부하게 만들었고, 그들의 출세는 가문의 자랑이 되었다.

시씨의 이웃에 사는 맹씨(孟氏) 집에도 역시 아들이 있어서 하나는
학문을 좋아했고, 하나는 병법을 공부하고 있었다.

몹시 가난하기만 했던 그들은 시씨가 잘사는 것을 보자 부러운 생각
이 들어 그 집으로 찾아가 출세하는 방법을 물었다. 시씨 집 두 형제는
그들이 해온 그대로를 일러주었다. 그리하여 맹씨 집 아들 중 한 사람
은 진(秦)나라로 가서 그가 배운 학문을 가지고 진나라 왕에게 유세했
다. 진왕은,

　"지금은 제후들이 실력으로 서로 겨루고 있는 시대이므로, 힘을 기
　울여야 할 일은, 군사를 튼튼히 하는 것과 식량을 풍부히 하는 것뿐
　이다. 인의(仁義)로써 나라를 다스린다면 멸망을 불러올 따름이다."

하고, 결국은 궁형(宮刑)에 처한 다음 내쫓고 말았다. 또 한 사람의 아
들은 위(衛)나라로 가서 병법으로 위나라 임금을 달랬다. 임금은,

　"우리 나라는 약한 나라로, 큰 나라들 틈에 끼어 있으므로 큰 나라
　를 잘 섬기고 작은 나라들과 가깝게 지내는 것이 나라를 편안히 하
　는 길이다. 만일 무력이나 권모술수를 함부로 쓰다가는 당장 망하
　고 말 것이야. 그러나 이 사람을 이대로 돌려보내게 되면, 다른 나
　라로 가서 우리 나라를 해롭게 할 염려가 많다."

하고, 필경은 다리를 자르는 월형(刖刑)에 처해 노나라로 돌려보냈다.

이렇게 돌아오게 되자, 맹씨 집 세 부자는 가슴을 두드리며 원수라도
되는 듯이 시씨를 찾아가 원망했다. 그러자 시씨는 이렇게 대답했다.

　"무릇 시기를 탄 사람은 일어나고, 시기를 잃은 사람은 망하는 법이
　오. 당신들이 한 일은 우리와 똑같은데, 그 결과가 다른 것은 시기
　를 타지 못한 까닭이오. 그리고 세상 이치란 반드시 옳고 그른 것이

결정되어 있는 것은 아니오. 앞에 쓰이던 것이 지금은 버려지기도 하고, 지금 버려졌던 것이 뒤에 쓰이게도 되는 거요. 결국 사물이 쓰이고 쓰이지 않는 것은 일정한, 옳고 그른 것이 있어서가 아니오. 기회를 타고 시기를 보아, 그때그때 일에 따라 변통하는 것은 지혜에 관한 문제가 아니겠소. 당신들의 학문이 공자(孔子)처럼 넓고, 병법이 여상(呂尙)과 같이 훌륭하더라도, 그런 지혜가 부족하면 가는 곳마다 불행한 일을 당하게 마련이오."

맹씨 집 부자는 그 말에 비로소 깨닫는 바가 있었던지 찌푸린 얼굴을 누그리며,

"잘 알았습니다. 더 말씀 않으셔도 좋습니다."

하고 물러갔다.

原文 魯施氏有二子. 其一好學 其一好兵. 好學者以術干齊侯 齊侯納之 爲諸公子之傅. 好兵者之楚 以法干楚王 王悅之 以爲軍正. 祿富其家 爵榮其親. 施氏之隣人孟氏 同有二子 所業亦同 而窘於貧 羨施氏之有. 因從請進趣之方 二子以實告孟氏. 孟氏之一子之秦 以術干秦王 秦王曰, 當今諸侯力爭 所務兵食而已. 若用仁義治吾國 是滅亡之道. 遂宮而放之. 其一子之衛 以法干衛侯 衛侯曰, 吾弱國也 而攝乎大國之間. 大國吾事之 小國吾撫之 是求安之道. 若賴兵權 滅亡可待矣. 若全而歸之 適於他國 爲吾之患不輕矣. 遂刖之而還諸魯. 旣反 孟氏之父子 叩胸而讓施氏. 施氏曰, 凡得時者昌 失時者亡. 子道與吾同. 而功與吾異 失時者也 非行之謬也. 且天下理無常是 事無常非. 先日所用 今或棄之 今之所棄 後或用之. 此用與不用 無定是非也. 投隙抵時 應事無方 屬乎智. 智苟不足 使君博如孔丘 術如呂尙 焉往而不窮哉. 孟氏父子舍然無慍容 曰, 吾知之矣 子勿重言.

註解 ㅇ干(간)-벼슬을 구하다. 설득하다. ㅇ傅(부)-사부(師傅). 스승.
ㅇ軍正(군정)-군대의 총사령관. ㅇ進趨之方(진추지방)-나아가 벼슬하는
방법. ㅇ宮(궁)-옛날 오형(五刑) 중 하나로 남자의 생식기를 자르는 형
벌. ㅇ攝(섭)-끼어 있다. ㅇ刖(월)-옛날 오형(五刑) 중 하나로 다리를
자르는 형벌. ㅇ讓(양)-책망하다. ㅇ投隙(투극)-틈을 이용하다. 기회를
엿보다. ㅇ抵時(저시)-적당한 시기를 포착하다. ㅇ無方(무방)-모가 없
다. 적절하게 잘하다. ㅇ呂尙(여상)-태공망(太公望). 주(周)나라 문왕(文
王)의 재상으로 있으면서 천하통일의 기초를 이룩했다. ㅇ慍容(온용)-성
난 얼굴.

앞보다 뒤를 보라 – 설부(說符)

진문공(晋文公)이 출정하여 위(衛)나라를 치려 했다. 옆에 있던 공
자(公子) 서(鋤)가 하늘을 바라보며 껄껄 웃었다. 문공이 무슨 웃음을
그렇게 웃느냐고 꾸짖자, 공자 서는 이런 대답을 했다.

"신은 이웃집 사람의 이야기가 생각나서 웃었사옵니다. 그는 친정
으로 근친(謹親)을 가는 아내를 데리고 길을 가는 도중, 길가에서
뽕 따는 여인을 보게 되었는데 갑자기 엉큼한 욕심이 일어 수작을
붙이고 있었다 하옵니다. 그러다가 무심코 뒤를 돌아다보았더니 자
기 아내를 손짓해 부르는 남자가 있더라는 것이니이다. 신은 문득
그 생각이 나서 웃었사옵니다."

문공은 그의 말뜻을 깨닫고, 곧 위나라를 치려던 계획을 중지하여
군사를 이끌고 본국을 향해 떠났는데, 미처 국경에 이르기도 전에 북
쪽을 침범해 온 적이 있다는 보고를 받게 되었다.

原文 晋文公出 會欲伐衛 公子鋤仰大而笑. 公問何笑. 曰, 臣笑
鄰不人 有送其妻適私家者 道見桑婦 悅而與言 然顧視其妻 亦有

招之者矣 臣竊笑此也. 公寤其言乃止 引師而還 未至而有伐其北
鄙者矣.

註解 ○晉文公(진문공)－진(晉)나라 문공. 이름은 중이(重耳). 제환공
(齊桓公) 등과 함께 춘추오패(春秋五霸) 중 한 사람이다. ○私家(사가)－
부인의 친정. ○寤(오)－깨닫다. ○北鄙(북비)－북쪽 변경.

도둑을 없애는 법 － 설부(說符)

진(晉)나라는 도둑이 많아 곤란을 겪고 있었다. 그런데 극옹(郤雍)
이란 사람이 있어, 얼굴만 척 보고 눈치만 한번 살피고도 금방 도둑을
알아내곤 했다. 그래서 임금은 그에게 도둑을 잡게 해보았던바 천 명
에 단 한 사람도 틀리는 일이 없었다. 임금은 크게 기뻐하며 조문자(趙
文子)에게 자랑했다.

"과인은 단 한 사람을 얻음으로써 나라 안 도둑을 근절시킬 수 있
게 되었소. 이제 많은 사람이 필요없게 되었소이다."

그러나 조문자는 이렇게 대답했다.

"전하께서 한 사람의 도둑잡이만을 믿고 도둑을 잡으려 하신다면
도둑이 근절되는 일은 없을 것이옵니다. 그리고 그 극옹이란 사람
도 틀림없이 제 명에 죽지는 못할 것이니이다."

그러는 동안 도둑들은 서로 상의한 끝에,

"우리가 고통을 받게 되는 것은 모두가 극옹이란 놈 때문이다."

라는 결론을 내리고, 필경은 극옹을 유인해서 죽여 버리고 말았다. 임
금은 소문을 듣자 깜짝 놀라 즉시 조문자를 불러오게 했다.

"과연 경이 말한 대로 극옹은 죽고 말았소. 그렇다면 도둑을 잡는
데 어떤 수가 좋겠소?"

조문자는 이렇게 대답했다.

"주(周)나라 속담에 '못에 숨어 있는 고기까지 들여다보는 것은 좋지 못한 일이요, 사람의 비밀까지 알아내는 영리함은 재난을 받게 된다'고 했나이다. 만일 전하께서 도둑을 없애시려거든, 어진 사람을 등용해서 정치를 맡게끔 하시고, 교화(敎化)가 위로부터 아래로 미치도록 하시는 것이 가장 빠른 길입니다. 백성들이 염치를 알게 되면 도둑질은 자연히 하지 않게 되옵니다."

그래서 진나라 임금이 수회(隨會)를 등용하여 정치를 맡기자 과연 도둑들은 모두 이웃 진(秦)나라로 달아나 버렸다.

原文 晋國苦盜. 有郤雍者 能視盜之貌 察其眉睫之間 而得其情. 晋侯使視盜 千百無遺一焉. 晋侯大喜 告趙文子曰, 吾得一人而一國盜盡矣. 奚用多焉. 文子曰, 吾君恃伺察而得盜 盜不盡矣. 且郤雍必不得其死焉.

俄而羣盜謀曰, 吾所窮者雍也. 遂共盜而殘之. 晋侯聞而大駭 立召文子而告之曰, 果如子言 郤雍死矣. 然取盜何方. 文子曰, 周諺有言 察見淵魚者不祥 智料隱匿者有殃. 且君欲無盜 莫若學賢而任之. 使敎明於上 化行於下 民有恥心 則何盜之爲. 於是用隨會知政 而群盜奔秦焉.

註解 ○眉睫之間(미첩지간)-윗눈썹과 속눈썹 사이. 즉 눈짓과 표정. ○趙文子(조문자)-조(趙)나라의 문자(文子). 노자(老子)의 제자라는 설이 있다. ○伺察(사찰)-엿보고 살피다. ○俄而(아이)-조금 뒤에. ○殘(잔)-해치다. 죽이다. ○隨會(수회)-춘추시대 진(晋)나라의 대부(大夫). 본명은 사회(士會), 자는 계(季)이다. 후에 수(隨) 땅을 채읍(采邑)으로 받아 수계(隨季)라고도 했다. 진나라의 정사를 맡아보면서 도둑을 없앤 일로 유명하다.

흰 송아지 - 설부(說符)

송(宋)나라에, 인의(仁義)를 행하기를 좋아해서 3대(代)를 내려오며 그러기를 게을리하지 않는 집이 있었다. 그 집에서 한 번은 별로 그럴 만한 이유도 없는데 검은 소가 흰 송아지를 낳았다. 공자(孔子)에게 물었더니 공자는 이렇게 대답했다.

"그건 좋은 징조다. 옥황상제에게 바치는 것이 좋을 것이다."

그러고 나서 1년쯤 지나자, 아버지되는 사람이 아무 이유도 없이 눈이 멀어 버렸다. 그러고는 앞서 그 검은 소가 또 흰 송아지를 낳았다. 아버지는 이번에도 또 아들을 보고 공자에게 가 물어 오라고 했다.

아들은,

"앞서 물으러 갔을 때도, 좋은 징조라고 했는데 아버님께서 앞을 못 보시게 되지 않았습니까. 더이상 물어 볼 필요는 없을 줄 압니다."

라며 가기를 꺼려했다. 그러나 아버지가,

"아니다. 성인의 말씀이란, 처음엔 틀리는 것 같아도 나중엔 맞는 법이다. 앞으로 어떤 일이 있을지는 아직 모를 일이니 좌우간 여쭈어 보고 오너라."

하는지라, 아들은 다시 공자에게로 갔다. 공자는,

"좋은 징조다."

하고, 또 그 송아지로 옥황상제께 제사를 드리라고 시켰다. 아들이 돌아와 그대로 보고하자, 아버지는,

"공자가 시키신 대로 해라."

고 명했다. 그리고 1년쯤 지나서 그 아들 역시 원인 모르게 눈이 멀어 버렸다.

그뒤, 초(楚)나라가 송나라로 쳐들어와 부자(父子)가 살고 있는 성을 포위했다. 성안 사람들은 식량이 떨어져 어린아이들을 서로 바꾸어

156

잡아먹는가 하면 죽은 사람의 뼈를 쪼개어 불을 때는 지경에 이르렀다. 젊은 사람과 장년들은 모두 성 위로 올라가 적과 싸워 반 이상이나 전사했다. 그러나 두 부자만은 다같이 앞을 못보는 병신이라서 싸움에 끌려 나가는 일도 없이 온 집안이 무사했으며, 게다가 전쟁이 끝나 평화로워지자 부자가 다같이 앞을 보게 되었다.

原文 宋人有好行仁義者 三世不懈. 家無故黑牛生白犢 以問孔子. 孔子曰, 此吉祥也. 以薦上帝. 居一年 其父無故而盲. 其牛又復生白犢. 其父又復令其子問孔子 其子曰, 前問之而失明 又何問乎. 父曰, 聖人之言 先迕後合 其事未究 姑復問之. 其子又復問孔子. 孔子曰, 吉祥也. 復敎以祭. 其子歸致命 其父曰, 行孔子之言也. 居一年 其子又無故而盲.

其後楚攻宋 圍其城 民易子而食之 析骸而炊之. 丁壯者皆乘城而戰 死者大牛. 此人以父子有疾 皆免. 及圍解以疾俱復.

註解 ○懈(해)-게을리 하다. ○犢(독)-송아지. ○薦(천)-제물로 바치는 것. ○迕(오)-어긋나다. 거슬리다. ○析骸(석해)-죽은 사람의 뼈를 쪼개는 것.

두 광대 - 설부(說符)

송(宋)나라에 한 광대[蘭子]가 살고 있었는데 송원군(宋元君)에게 재주를 팔러 갔다. 원군은 그를 불러들여 재주를 부려 보라고 시켰다. 광대는 자기 키의 배나 되는 몽둥이 두 개를 정강이에 올려놓고, 걸어가기도 하고 뛰어 돌아다니기도 했으며, 혹은 일곱 자루의 칼을 두 손에 쥐고 구슬 던지듯 공중으로 번갈아 던져 올리는데, 다섯 자루는 언제나 공중에 떠 있었다. 원군은 매우 감탄한 나머지, 즉시 상금을 주도 록 했다.

그러자 재주가 뛰어난 다른 한 명의 광대가 그 이야기를 듣고, 자기도 재주를 보여주겠다고 원군을 찾아왔다. 그랬더니 원군은 크게 화를 내며, "앞서는 이상한 재주를 가진 사람이 왔다기에 구경한 일이 있었다. 아무 쓸데없는 짓이긴 했지만 다소 신기한 점도 없지 않았기 때문 에 상금을 주었던 게야. 그런데 이 녀석은 그 소문을 듣고 또다시 그런 상금을 탈 생각으로 찾아온 것이리라." 하고 그를 잡아 가둔 다음 죽일 작정이었으나, 몇 달이 지나자 그냥 놓 아주었다.

原文　宋有蘭子者　以技干宋元. 宋元召而使見其技　以雙技長倍 身　屬其踁　竝趨竝馳　弄七劒　迭而躍之　五劒常在空中. 元君大驚 立賜金帛. 又有蘭子　又能燕戲者. 聞之　復以干元君. 元君大怒曰, 昔有異技干寡人者. 技無庸　適値寡人有歡心　故賜金帛. 彼必聞此 而進　復望吾賞. 拘而擬戮之　經月乃放.

註解　○干(간)—임금에게 자신의 경륜이나 재주를 내보이고 벼슬이라 든가 재물을 구하는 것. ○屬(속)—잇다. 붙들어매다. ○迭(질)—번갈아가 면서. ○燕戲(연희)—제비와 같은 재주를 부리는 것. 즉 재주도 넘고 높은 데서 뛰어내리기도 하는 것. ○庸(용)—용(用)과 통하며 쓰인다는 뜻이다.

대유(大儒)와 범인(凡人)과 강도 — 설부(說符)

우결(牛缺)은 상지(上地)라는 지방에 사는 유명한 선비였다. 그가 조(趙)나라 서울 한단(邯鄲)으로 가던 도중 우사(耦沙)의 벌판에서 강 도를 만났다. 강도는 그의 의복은 물론 수레와 소까지 몽땅 빼앗고 말

158

앉다. 그런데 우결은 조금도 난처해하는 표정이 없이 그대로 태평스럽게 걸어가고 있었다. 강도는 그런 광경을 보자 뒤쫓아가서 그 이유를 물었다. 그는,

"군자는, 내 몸을 보양(保養)하는 재물로 인해 내 마음을 상하게 하는 그런 짓은 하지 않는다."

고 대답했다. 강도들도,

"과연 어진 사람이다."

라며 감탄은 했으나, 이윽고 생각이 달라져 이런 상의를 했다.

"저토록 훌륭한 사람이 한단으로 가서 크게 출세라도 한 다음 우리를 문제로 삼는다면 재미없을 것이 아닌가. 아예 죽여 없애 버려야 후환이 없을 것이다."

그래서 그들은 다시 뒤쫓아가서 죽이고 말았다.

연(燕)나라의 어느 사람이 이 이야기를 듣자, 가족들을 모아놓고,

"강도를 만났을 때는 상지의 우결과 같이 해서는 안된다."

라고 타일렀다. 모두 그 말을 옳은 것으로 받아들였다.

얼마 후 그의 아우가 진(秦)나라로 가게 되었는데, 함곡관(函谷關) 아래에 이르자 역시 강도떼를 만나게 되었다. 그는 형의 교훈이 머리에 떠올랐으므로 있는 힘을 다해 싸웠으나 결국은 지고, 남은 것 하나 없이 몽땅 빼앗기고 말았다. 그래서 이번에는 그들의 뒤를 따라가며 물건을 돌려 달라고 사정했다. 강도들은 성을 내며,

"살려준 것만도 고마울 텐데 끝까지 성가시게 구는군. 우리의 근거지라도 눈치채게 되면 큰일이다. 이왕 강도질을 한 이상 용서고 사정이고 다 필요없다."

하고 그를 죽인 다음, 내킨 김에 따라온 사람들마저 해치고 말았다.

原文 牛缺者 上地之大儒也. 下之邯鄲 遇盜於耦沙之中 盡取其

衣裝車牛 步而去. 視之 歡然無憂吝之色. 盜追而問其故 曰, 君子
不以所養害其所養. 盜曰, 嘻 賢大夫. 旣而相謂曰, 以彼之賢 往
見趙君 使以我爲 必困我 不如殺之. 乃相與追而殺之. 燕人聞之
聚族相戒曰, 遇盜莫如上地之牛缺也.

　　皆受敎 俄而其弟適秦 至關下果遇盜. 憶其兄之戒 因與盜力爭.
旣而不如 又追而以卑辭請物. 盜怒曰, 吾活汝弘矣. 而追吾不已
迹將著焉. 旣爲盜矣 仁將焉在. 遂殺之 又傍害其黨四吾人焉.

註解　○上地(상지)—땅 이름. ○邯鄲(한단)—땅 이름. 오늘날의 하남성
북쪽, 하북성 서남쪽에 있다. ○耦沙(우사)—땅 이름. ○憂吝(우린)—인
(吝)은 인(吝)과 통하며 난처해하는 표정. ○所養(소양)—사람을 보양하는
데 쓰이는 물건들. ○傍(방)—아울러서. 곁에 붙어서.

도둑의 밥—설부(說符)

　동쪽의 어느 나라에 사는 원정목(爰旌目)이란 사람이 여행길에 배
가 고파 죽을 지경에 이르렀다. 호보(狐父)라는 곳의 구(丘)라는 도둑
이 그것을 보고, 마침 가지고 있던 병 속의 물에 만 밥을 꺼내 먹이자
서너 번 받아먹고는 겨우 정신을 차리게 되었다. 그는 구를 보고,
　"당신은 누구시길래 나를……."
하고 물었다.
　"나는 호보의 구란 사람이오."
하고 대답하자, 원정목은 그 소리에,
　"그럼 넌 도둑이 아니냐. 어떻게 내게 밥을 먹여 주었단 말이냐. 나
　는 정의(正義)를 위해 도둑놈의 밥 같은 걸 먹을 수는 없다."
라며, 두 손으로 땅을 짚고는 먹은 것을 토해 내려 했다. 그러나 잘 나

오지 않는지라 억지로 토해 내려고 캑캑거리다가 그대로 죽고 말았다. 물론 호보의 구는 도둑임에는 틀림없다.

그러나 음식 자체가 도둑은 아니다. 사람이 도둑이라고 해서 먹는 것까지를 도둑놈 취급하는 것은, 명분과 실지를 제대로 분간하지 못하는 행동이다.

原文 東方有人焉 曰爰旌目. 將有適也 而餓於道. 狐父之盜曰丘 見而下壺餐以餔之. 爰旌目三餔而後能視 曰, 子何爲者也. 曰, 我狐父之人丘也. 爰旌目曰, 譆. 汝非盜邪. 胡爲而食我. 吾義不食子之食也. 兩手據地而歐之. 不出 咯咯然伏而死. 狐父之人則盜矣而食非盜也. 以人之盜 因謂食爲盜 而不敢食是失名實者也.

註解 ○爰旌目(원정목)—사람 이름. ○有適(유적)—어느 곳을 가다가. ○狐父(호보)—도적의 소굴이 있는 땅 이름. ○壺餐(호찬)—병에 담겨져 있는 물에 만 밥 또는 미음. ○三餔(삼포)—세 모금 마시다. 세 입 먹다. ○咯咯然(객객연)—억지로 토하려고 캑캑거리다.

원한의 자살행위 —설부(說符)

주여숙(柱厲叔)은 거(莒)나라 오공(敖公) 밑에서 벼슬을 하고 있었으나 자기를 알아주지 않는다 해서 벼슬을 그만두고 바닷가로 와서 숨어 살며, 여름에는 마름이나 연밥으로, 겨울에는 도토리와 밤으로 연명을 하고 있었다.

그러다가 오공이 난을 만나 위험한 처지에 놓이게 되자, 친구에게 하직 인사를 하고 함께 죽을 각오로 길을 떠나려 했다. 친구가,

"자네는 오공이 몰라준다 해서 벼슬을 버리고 오지 않았나. 그런데 이제 죽으러 가다니 무슨 소린가."

하고 묻자 주여숙은 이렇게 대답했다.

"그런 것이 아닐세. 오공이 나를 몰라주었기 때문에 물러난 것은 이미 말한 대로지만, 지금 내가 오공을 위해 죽게 되면, 오공이 사람을 보는 눈이 없었다는 것을 분명히 깨닫게 되거든. 말하자면 내가 죽어 보임으로써 뒷날 임금으로서 그 신하를 알아보지 못하는 사람을 부끄럽게 만들어 주려는 걸세."

대개 임금에게 인정을 받으면 그를 위해 죽고, 그렇지 못할 경우 죽지 않는 것이 올바른 도리인 것이다.

주여숙의 경우는 임금을 원망한 나머지 자기 몸마저 생각하지 않았으니 어리석은 행동이라 할 수밖에 없다.

原文 柱厲叔事莒敖公. 自爲不知己者 居海上 夏日則食菱芰 冬日則食橡栗. 莒敖公有難 柱厲叔辭其友而往死之. 其友曰, 子自以爲不知己 故去. 今往死之 是知與不知無辨也. 柱厲叔曰, 不然. 自以爲不知 故去. 今死 是果不知我也. 吾將死之 以醜後世之人主不知其臣者也.

凡知則死之 不知則弗死 此直道而行者也. 柱厲叔可謂懟以忘其身者也.

註解 ○柱厲叔(주여숙)-사람 이름. ○海上(해상)-여기서는 바닷가를 뜻한다. ○菱芰(능지)-마름풀과 연밥. ○橡栗(상률)-도토리와 밤. ○醜(추)-부끄럽게 만들다. ○懟(대)-원망하다.

갈림길과 양(羊) - 설부(說符)

양주(楊朱)의 이웃 사람이 양을 한 마리 놓쳐 버렸다. 그래서 집 사람들을 거느리고 양주의 하인들까지 도움을 청해 양의 뒤를 쫓는 소동을 벌였다. 양주가 그 사람에게 물었다.

"아니, 양은 한 마리가 달아났을 뿐인데, 무엇하러 그토록 많은 사람들을 데리고 가는 거지?"

"도망간 쪽에는 갈림길[岐]이 많아서요."

얼마를 지나 그들이 돌아왔으므로 양은 찾았느냐고 다시 물었다.

"놓치고 말았습니다."

"왜 놓쳤단 말인가?"

"갈림길에도 또 갈림길이 있어서, 어디로 갔는지 도무지 알 수가 없더군요. 그래서 그만 돌아오고 말았습니다."

양자는 그 말을 듣고 난 후 슬픔에 잠긴 표정으로 한동안 아무 말도 하지 않았고, 그날 하룻동안 웃는 얼굴을 보이지 않았다. 제자들이 이상하게 생각하고,

"양이란 그리 귀중한 짐승도 아니고 더구나 선생님 댁의 것도 아니잖습니까. 그런데 그것이 달아났다 해서 그토록 괴로워하시며 말씀도 안하시고 웃지도 않으시니 어찌된 까닭이옵니까?"

하고 물었으나, 양주는 대답마저 하지 않았다.

맹손양(孟孫陽)이란 제자가 심도자(心都子)에게 그 이야기를 했다. 그뒤 심도자는 맹손양과 함께 양주를 찾아와서 이런 질문을 했다.

"옛날 세 사람의 형제가 있어서 함께 제(齊)나라·노(魯)나라 지방으로 유학을 떠나, 같은 선생 밑에서 인의(仁義)의 도를 배워 가지고 돌아왔습니다. 그런데 아버지로부터 '인의란 어떤 것이냐?'라는 질문을 받자, 맏아들은 '인의란 내 몸을 소중히 하고 이름을 뒤로 하는 것입니다'라고 대답하고, 둘째는 '인의란 내 몸을 죽여 이름을 빛내는 것입니다'라고 대답하고, 셋째는 '인의란 그 몸과 이름을 함께 완전하게 하는 것입니다'라고 대답했다고 합니다. 이 세 가지는

각각 서로 반대되는 것으로, 다같이 유가(儒家)의 말에서 나온 것
인바, 어느 것이 좋고 어느 것이 나쁜 것입니까?"

"황하 근처에 살고 있는 뱃사공이 말이다, 물에 익숙하고 헤엄을 잘
쳤으므로 그 수입이 백 사람의 권솔을 거느릴 수 있을 정도였다. 그
래서 양식을 가지고 그의 헤엄치는 재주를 배우러 오는 사람이 수
없이 많았지만, 반 수 가량은 재주를 익히는 도중 물에 빠져 죽고
말았다는 거야. 물론 그들은 헤엄치는 것을 배우러 왔고, 빠지는 것
을 배우러 온 것은 아니었지만……. 많은 수입을 얻는 것과 물에 빠
져 죽는 것과는 너무도 큰 이해(利害)의 차이가 있다. 너희들은 이
중 어느 쪽이 좋고 어느 쪽이 나쁘냐?"

심도자는 그 말을 듣자, 잠자코 머리를 끄덕이며 물러갔다. 그래서
맹손양은 심도자에게 물었다.

"어떻게 된 거요? 당신의 질문도 너무 거리가 멀고, 선생님의 대답
도 비꼬는 것만 같아, 나는 더욱 뭐가 뭔지 알 수가 없구려."

"말하자면, 큰 길에도 갈림길이 많으면 양을 놓치게 되고, 일을 배
우는 데도 욕심이 지나치면 생명까지 잃게 된다는 거지. 학문이란
것도 그 근본은 똑같은 하나이지만, 그 끝이 갈라져 서로 틀리게 되
면 역시 이 꼴이 되는 거야. 다만 뿌리가 같은 하나로 돌아옴으로써
이해득실에서 벗어날 수가 있는 거야. 그대는 오랫동안 선생님 밑
에서 배우며 자라났고, 선생님의 도를 익히고 있을 텐데, 아직도 선
생님이 비유해 하신 말씀의 뜻을 모른단 말인가."

原文 楊子之鄰人亡羊 旣率其黨 又請楊子之竪追之. 楊子曰,
嘻. 亡一羊 何追者之衆. 鄰人曰, 多歧路. 旣反 問獲羊乎. 曰, 忘
之矣. 曰, 奚亡之. 曰, 歧焉之中 又有歧焉. 吾不知所之 所以反也.
楊子戚然變容 不言者移時 不笑者竟日. 門人怪之 請曰, 羊賤畜

164

又非夫之子有 而損言笑者 何哉. 楊子不答 門人不獲所命.

弟子孟孫陽出 以告心都子. 心都子他日 與孟孫陽偕入而問曰, 昔有昆弟三人 游齊魯之間 同師而學 進仁義之道而歸. 其父曰, 仁義之道若何. 伯曰, 仁義使我愛身而後名. 仲曰, 仁義使我殺身以成名. 叔曰, 仁義使我身名並全. 彼三術相反 而同出於儒. 孰是孰非邪.

楊子曰, 人有濱河而居者. 習於水 勇於泅 操舟鬻渡 利供百口, 裹糧就學者成徒 而溺死者幾半. 本學泅 不學溺 而利害如此. 若以爲孰是孰非. 心都子嘿然而出. 孟孫陽讓之曰, 何吾子問之迂 夫子答之僻 吾惑愈甚. 心都子曰, 大道以多歧亡羊 學者以多方喪生. 學非本不同 非本不一 而末異若是. 唯歸同反一 爲亡得喪. 子長先生之門 習先生之道 而不達先生之況世 哀哉.

註解 ○豎(수)-하인들. ○戚然(척연)-근심하는 모양. 깊게 감동하는 모양. ○移時(이시)-한참동안. ○竟日(경일)-하루 종일. ○齊魯之間(제노지간)-제나라와 노나라 지방. 유가(儒家)의 세력이 가장 강성하던 지방이다. ○濱河(빈하)-황하(黃河) 물가. ○泅(수)-헤엄치다. ○鬻渡(육도)-도선업(渡船業)을 하다. ○嘿然(묵연)-묵묵히 말이 없다. ○讓(양)-책하다. 꾸짖다. ○況(황)-가르침. 깨우침.

옷이 달라지면 - 설부(說符)

양주의 동생을 양포(楊布)라고 했다. 양포는 어느 날 흰 옷을 입고 밖에 나갔다가 비를 맞았기 때문에 흰 옷을 벗고 검은 옷으로 바꿔 입고 돌아왔다. 그러자 집에 있던 개가 뛰어나와 마구 짖어댔다. 양포가 화가 나서 개를 두들겨 주려 하자, 양주는 동생을 말리며 이렇게 말했다.

"때리지 마라. 너도 마찬가지가 아니겠니. 만일 이 개가 흰 개였는데, 밖에 나갔다가 검은 개가 되어 돌아온다면 역시 이상하게 생각할 것이 아니냐."

原文 楊朱之弟曰布 衣素衣而出 天雨 解素衣 衣緇衣而反. 其狗不知 迎而吠之. 楊布怒 將扑之. 楊朱曰, 子無扑矣 子亦猶是也. 嚮者使汝狗白. 而往黑來 豈能無怪哉.

註解 ○緇衣(치의)—검은 옷. ○吠(폐)—개가 짖다. ○扑(복)—때리다. 종아리를 치다. ○嚮者(향자)—조금 전에.

불사(不死) 장생술 — 설부(說符)

옛날에 죽지 않고 오래 사는 재주를 알고 있는 사람이 있었다. 연(燕)나라 임금이 사람을 보내 그 재주를 배워 오도록 시켰다. 그러나 꾸물대고 있는 동안 그 재주를 알고 있는 사람이 죽고 말았다. 임금은 화가 치밀어 배우러 보냈던 사람을 죽이려 했다. 그러나 임금이 총애하는 신하 한 사람이 이를 간하여,

"사람의 근심 가운데 가장 절실한 것이 죽는 것이요, 소중한 것 가운데 가장 큰 것이 사는 것이니이다. 그 죽지 않는 재주를 알고 있다는 사람은, 그 소중한 자기 생명마저 잃고 말았는데 어떻게 남을 죽지 않게 할 수가 있겠나이까."

라고 말해 줌으로써 사자로 갔던 사람은 죽지 않고 무사했다.

제자(齊子)라는 사람도 그 재주를 배우려고 했는데, 그가 죽었다는 말을 듣자 가슴을 치며 안타까워했다.

부자(富子)란 사람은 그 이야기를 듣고 웃으며 이렇게 말했다.

"배우려던 것은 죽지 않는 재주가 아니겠는가. 그러나 그 재주를 알

166

고 있는 사람까지 죽고 말았는데, 그런 걸 배우지 못했다고 해서 안타까워한다는 것은 배우려는 목적이 무엇인지조차 모르고 있는 것이 아닌가."

호자(胡子)란 사람은 또한 그 이야기를 듣고 말했다.
"부자의 말은 잘못이다. 대개 사람 가운데는 어떤 재주를 가지고 있으면서도 그것을 실행하지 못하는 사람이 있고, 또 그것을 실행하고 있으면서 그 재주를 알지 못하는 사람도 있다. 위(衛)나라에 수학(數學)에 뛰어난 사람이 있었는데, 임종이 가까워 오자 그가 가진 비결을 자기 아들에게 가르쳐 주었다. 아들은 아버지가 한 말을 알고만 있을 뿐 실지로 그것을 쓰지는 못했다. 그러나 다른 사람이 묻기에 그의 아버지가 말한 것을 그 사람에게 그대로 일러주었고, 그 사람은 또 배운 그대로 그 재주를 익혀서 죽은 아버지와 똑같이 되었다고 한다. 그러고 보면, 그 사람이 죽었다고 해서 죽지 않는 재주를 몰랐었다고 말할 수는 없지 않겠는가."

原文 昔人言有知不死之道者. 燕君使人受之 不捷 而言者死. 燕君甚怒其使者 將加誅焉. 幸臣諫曰, 人所憂者 莫急乎死 己所重者 莫過乎生. 彼自喪其生 安能令君不死也. 乃不誅.
有齊子 亦欲學其道 聞言者之死 乃撫膺而恨. 富子聞而笑之曰, 夫所欲學不死 其人已死 而猶恨之 是不知所以爲學.
胡子曰, 富子之言非也. 凡人有術不能行者有矣. 能行而無其術者亦有矣. 衛人有善數者 臨死以訣喩其子. 其子志其言 而不能行也. 他人問之 以其父所言告之. 問者用其言而行其術 與其父無差焉. 若然 死者奚爲不能言生術哉.

註解 ㅇ捷(첩)-빠르다. 빨리 오다. ㅇ加誅(가주)-처벌을 가하다. ㅇ幸

臣(행신)-임금의 총애를 받는 신하. ○撫膺(무응)-가슴을 쓰다듬다. 가슴이 답답하여 쓰다듬는 동작. ○善數(선수)-산수(算數)를 잘하다. ○訣(결)-비결. ○志(지)-기록해 두다.

동심(童心) 천심(天心) - 설부(說符)

제(齊)나라 전씨(田氏)가 저택 뜰에서 어느 사람의 송별 잔치를 열었다. 전씨네 식객(食客)이 천 명이나 모여 있었는데 그 중 두 사람이 잔치 도중에 물고기와 기러기를 바쳤다.

전씨는 그것을 보자 감탄하며 말했다.

"하늘은 인간에게 후한 은택을 내리셨다. 오곡을 번성하게 하고, 고기와 새를 만들어 인간에게 쓰도록 해 주셨으니까."

모여 있던 사람들은 입을 모아 그의 말이 지당하다고 추켜세웠다. 그러나 마침 그 자리에 함께 앉아 있던 포씨(鮑氏)의 열두 살 먹은 아이가 앞으로 나와 이렇게 말했다.

"그렇지 않습니다. 하늘과 땅 사이에 생겨난 모든 물건들은 어느 것이나 사람과 똑같은 생물들로서, 그 사이에 귀하고 천한 구별이 있을 리가 없습니다. 다만 몸뚱이가 크고 작고, 지혜와 힘이 다르기 때문에 서로가 제압을 하고, 서로가 잡아먹고 하는 것뿐입니다. 어느 것이든 다른 것을 위해서 생겨난 것은 아닙니다. 사람은 먹을 수 있는 것이면 그것을 잡아먹곤 하지만, 결코 하늘이 처음부터 사람을 위해 그것들을 생겨나게 한 것은 아닐 겁니다. 모기와 등에가 사람의 살을 물고, 범과 늑대가 다른 짐승들의 고기를 먹는 것도, 하늘이 처음부터 모기나 등에를 위해 사람을 만들고, 범이나 늑대를 위해 다른 짐승들을 만들지 않았다는 증거가 아니겠습니까?"

原文 齊田氏祖於庭. 食客千人 中坐有獻魚鴈者. 田氏視之 乃
歎曰, 天之於民厚矣. 殖五穀 生魚鳥 以爲之用. 衆客和之如響.

鮑氏之子 年十二 預於次 進曰, 不如君言 天地萬物 與我竝生
類也. 類無貴賤 徒以小大智力而相制 迭相食. 非相爲而生之 人
取可食者而食之 豈天本爲人生之. 且蚊蚋嘬膚 虎狼食肉 豈天本
爲蚊蚋生人 虎狼生肉者哉.

註解 ○齊田氏(제전씨)-제나라의 세도가(勢道家). 뒤에 전항(田恒)에
이르러 강씨(姜氏)네 임금자리를 빼앗아 전씨네 자신이 제나라 임금이 되
었다. ○祖(조)-길 떠나기 전에 여행의 안전을 비는 제사. ○魚鴈(어안)
-물고기와 기러기. ○預於次(예어차)-자리의 차서(次序)에 참여하다.
○迭(질)-번갈아. 서로. ○蚊蚋(문예)-모기. ○嘬(참)-씹다. 먹다.

노자 편(老子篇)

　전문(全文) 약 5천4백 자로 이루어져 있
다. 보통 이것을 81장(章)으로 나누고 1~37
장을 상편(上篇), 38~81장을 하편으로 친
다. 저자 노담(老聃)은 춘추시대 말기의 현
인(賢人)으로서 공자(孔子)에게 교훈을 주
었다고도 하며, 일설에 의하면 성명은 이이
(李耳), 자(字)를 담(聃)이라 했다고 전해온
다. 초(楚)나라 출신으로 주(周)나라를 섬겼
는데 주왕실의 덕(德)이 쇠퇴해지자 함곡관
(函谷關)을 나와서 그대로 행방을 감추었다
고 한다. 그러나 노담의 실재(實在)를 뒷받
침할 만한 기록은 없다.

유(柔)는 강(剛)에게 이긴다

이 세상에서 부드럽고 약하기로는 물보다 더한 것이 없다. 하지만
굳고 강한 것을 공격함에 있어서는 물보다 더한 것이 없다. 그 어떤 것
으로도 물을 대신할 만한 것이 없다. 약한 것이 강한 것을 이기고, 부
드러운 것이 억센 것을 이긴다는 것은 이 세상 사람 모두가 알고 있지
만 그 도리대로 행동할 수 있는 사람은 없다.(제78장)

原文 天下莫柔弱於水 而攻堅强者 莫之能勝 其無以易之. 弱之
勝强 柔之勝剛 天下莫不知 莫能行.

註解 ○易之(역지)─바꾸다. 여기서는 물과 바꾸다, 즉 물을 대신하다
란 의미이다.

이 세상에서 가장 유약(柔弱)한 것이 제일 견고한 것을 지배하고 있
다. 형체가 없는 것은, 틈이 없는 곳에까지 들어갈 수 있기 때문이다.
(제43장)

原文 天下之至柔 馳騁天下之至堅. 無有入無間.

註解 ○至柔(지유)─지극히 유연하다. 가장 유연하다. 여기서는 물을
가리킨다. ○馳騁(치빙)─달리도록 하다. 지배하다.

훌륭한 용사(勇士)는 강한 체하지 않는다. 전쟁을 잘하는 사람은 함

172

부로 성내지 않는다. 승전(勝戰)을 잘하는 사람은 함부로 다투지 아니
한다. 사람을 잘 쓸 줄 아는 사람은 남보다 아랫자리에 처신한다. 이것
을 부쟁(不爭)의 덕(德)이라고 한다. 부쟁의 덕은 상대방의 힘을 최대한
으로 이용한다. 이것이 천도(天道)의 극의(極意)라는 것이다.(제68장)

原文 善爲士者 不武. 善戰者 不怒. 善勝敵者 不爭. 善用人者
爲下. 是謂不爭之德 是謂用人之力 是謂配天 古之極.

註解 ○極(극)-극치. 극의(極意). 법도.

　전쟁을 하는 데 교훈이 있다. 자기측에서 감히 주도권을 잡지 아니
하고, 손님처럼 행동하며, 자기측에서 감히 한 치[寸]라도 전진하지
않고 한 자[尺] 정도 물러서는 태도를 취해야 한다. 이를 두고 나아가
도 나아감이 없는 듯하고 떨쳐 버려도 휘두르는 팔이 없는 듯하며 쳐
부숴도 적대(敵對)하지 않는 듯하고 무기를 잡고 싸워도 무기가 없는
듯하다고 하는 것이다.(제69장)

原文 用兵有言 吾不敢爲主而爲客 不敢進寸而退尺. 是謂行無
行 攘無臂 扔無敵 執無兵.

註解 ○爲客(위객)-손님처럼 수동적(受動的)으로 행동하는 것. ○扔
(인)-쳐부수다.

　만물(萬物)을 오그라들게 하려거든 우선 그것을 불어나게 해주라.

그것을 약하게 하려거든 우선 그것을 강하게 해주라. 그것을 패멸(敗
滅)시키고자 하거든 우선 그것을 흥성케 해주라. 그것을 뺏고 싶거든
우선 그것을 내주라.(제36장)

原文 將欲歙之 必固張之. 將欲弱之 必固强之. 將欲廢之 必固
興之. 將欲奪之 必固與之.

註解 ○歙(흡)-오무라들게 하는 것. ○固(고)-미리. 우선.

큰 나라의 욕망이란 만민(萬民)을 아우르며 보양(保養)해 주고 싶
어하는 것이며, 작은 나라의 욕망이란 큰 나라에 굴복하고 들어가 그
를 섬기려는 데 불과한 것이다. 이런 쌍방에서 각기 자기네 욕망을 충
족시키려면 큰 나라가 마땅히 겸하(謙下)해야만 한다.(제61장)

原文 大國不過欲兼畜人 小國不過欲入事人. 夫兩者各得其所欲
大者宜爲下.

註解 ○畜人(축인)-사람들을 아우르고 보양하다.

무위지치(無爲之治)

훌륭한 사람이 임금의 자리에 앉으면 백성들은 그가 존재함을 알 따
름이다. 그보다 못한 임금이면 백성들은 그를 친근하게 여기고 그를
따른다. 그보다 못한 임금이면 백성들이 그를 두려워한다. 그보다 못한
임금이면 백성들은 그를 업신여긴다. 성신(誠信)이 부족하여 신용하지

않기 때문이다.

임금은 백성들의 말에 유연히 귀를 기울이고 귀중하게 여겨야 한다.
그러면 공(功)은 이룩되고, 일이 잘 이루어질 때 백성들은 모두 우리
자신이 그렇게 만든 것이라는 생각을 하게 되는 것이다.(제17장)

> 原文　太上 下知有之. 其次 親之譽之. 其次 畏之. 其次 侮之.
> 信不足焉 有不信焉. 悠兮其貴言. 功成事遂 百姓皆謂我自然.

> 註解　○太上(태상)-가장 훌륭한 사람이 임금의 자리에 있다는 뜻. ○
> 悠兮(유혜)-유연하다. 무위(無爲)로 세상을 다스리는 모습.

옛날, 도(道)를 잘 닦았던 사람은, 백성들을 총명하게 만들지 않고,
그들을 어리석게 만들면서 다스렸다. 백성 다스리기가 어려운 것은 그
들에게 지혜가 많기 때문이다. 따라서 지혜로 나라를 다스린다는 것은
나라를 해치는 결과가 되고, 지혜로 나라를 다스리지 않는 것은 나라
의 행복이 되는 것이다. 이 두 가지를 안다는 것은 또한 위정자의 법도
이다.(제65장)

> 原文　古之善爲道者 非以明民 將以愚之. 民之難治 以其智多.
> 故以智治國 國之賊 不以智治國 國之福. 知此兩者 亦楷式.

> 註解　○楷式(해식)-법식(法式). 법도

현명함을 높이 여기지 아니하면 백성들은 다투지 않게 된다. 얻기

어려운 재물을 귀하게 여기지 않으면 백성들은 도둑질을 하지 않는다. 욕심낼 만한 것을 보이지 아니하면 백성들의 마음이 어지러워지지 않는다. 그러므로 성인(聖人)이 정치를 함에 있어서는 백성들의 마음을 비우게 하되 그들의 배는 채워 주며, 백성들의 뜻은 약하게 만들되 그들의 뼈는 강하게 해준다.(제3장)

原文   不尙賢 使民不爭. 不貴難得之貨 使民不爲盜. 不見可欲 使民心不亂. 是以聖人之治 虛其心 實其腹 弱其志 强其骨.

註解   ○虛其心(허기심)-백성들의 마음을 비우게 하다. ○實其腹(실기복)-백성들의 배를 채워 주다.

백성들이 굶주리는 것은 그들을 다스리는 자들이 거둬들이는 세금이 많기 때문에 그들이 굶주리게 되는 것이다. 백성들 다스리기가 어려워지는 것은 그들을 다스리는 자들이 인위적인 정치를 하기 때문에 그들을 다스리기가 어려워지는 것이다. 백성들이 죽음을 가볍게 여기는 것은 그들을 다스리는 자들이 풍요한 생활을 하는 고로 그들이 죽음을 가볍게 여기는 것이다.(제75장)

原文   民之饑 以其上食稅之多 是以饑. 民之難治 以其上之有爲 是以難治. 民之輕死 以其上生生之厚 是以輕死.

註解   ○其上生生之厚(기상생생지후)-다스리는 자가 풍요롭게 살고자 하는 것.

올바른 도리로 나라를 다스려야 하고 기책(奇策)으로 용병(用兵)을

176

해야 하며 무위(無爲)로 천하를 차지해야 한다. 나는 그런 사실을 어떻게 아는 것일까? 다음과 같은 사실로 안다. 천하에 금령(禁令)이 많아지면 백성들은 더욱 빈궁해진다. 백성들에게 편리한 기구가 많아지면 국가는 더욱 혼란해진다. 사람들에게 기교(技巧)가 많아지면 기이한 물건이 더욱 생겨난다. 법령이 많아질수록 도둑이 많아진다.(제57장)

原文 以正治國 以奇用兵 以無事取天下. 吾何以知其然哉. 以此. 天下多忌諱 而民彌貧. 民多利器 國家滋昏. 人多伎巧 奇物滋起. 法令滋彰 盜賊多有.

註解 ㅇ以此(이차)─이것으로써이다. 즉 다음과 같은 이유에서이다란 의미. ㅇ忌諱(기휘)─싫어하고 꺼리는 것. 여기서는 금령(禁令)을 뜻한다. ㅇ彌(미)─더욱. 점점 더. ㅇ滋(자)─불어나다. 더해지다. ㅇ昏(혼)─어두워지다. 혼미해지다.

화광동진(和光同塵)

사람들은 의욕이 넘치지만 나 홀로 의욕을 잃은 것과 같다. 나는 어리석은 사람의 마음을 지니고 있어서 멍청하기만 하다. 속인(俗人)들은 사리(事理)에 밝지만 나 홀로 사리에 어두운 것 같다. 속인들은 분명한데 나 홀로 흐릿하다. 담담하기가 바다와 같고 바람이 살랑거리듯 멈추는 곳이 없는 것 같다. 여러 사람들은 모두 일하는 목적이 있지만 나 홀로 어리석고 천한 것 같다. 나만 홀로 사람들과는 달리, 먹고 살아가는 모체(母體)인 자연을 귀중히 여기고 있다.(제20장)

原文 衆人皆有餘 而我獨若遺. 我愚人之心也哉 沌沌兮. 俗人

昭昭 我獨若昏. 俗人察察 我獨悶悶. 澹兮其若海 飂兮若無所止.
衆人皆有以 而我獨頑似鄙. 我獨異於人 而貴食母.

註解 ○沌沌兮(돈돈혜)-멍청한 모양. 혼돈한 상태. ○昭昭(소소)-밝
다. 사리에 밝다. ○察察(찰찰)-깨끗하다. 분명하다. ○悶悶(민민)-문문
(汶汶)과 통한다. 흐릿한 모양. 더럽혀진 모양. ○澹兮(담혜)-담담한 모
양. ○飂(요)-바람이 살랑살랑 부는 것. ○有以(유이)-목적을 가지고 행
동하는 것. 행동하는 이유가 있는 것. ○食母(식모)-사람이 먹고 사는 모
체(母體), 즉 자연을 의미한다.

하늘은 영원하고 땅도 영존(永存)한다. 하늘과 땅이 영원하고 영존
할 수 있는 것은 그들 스스로가 생존하려고 하지 않기 때문이다. 그 때
문에 영원히 생존하게 되는 것이다. 그러므로 성인(聖人)도 그 자신을
뒤로 미루지만 자신이 앞서게 되며 그 자신을 도외시하지만 자신이 생
존하게 되는 것이다. 그것은 사아(私我)가 없기 때문이 아닌가. 그런
까닭에 오히려 그의 사아(私我)도 완성될 수 있는 것이다.(제7장)

原文 天長地久. 天地所以能長且久者 以其不自生. 故能長久.
是以聖人後其身 而身先 外其身 而身存. 非以其無私邪 故能成
其私.

註解 ○自生(자생)-스스로 잘 살고자 노력하는 것. ○後其身(후기
신)-그 자신을 뒤로 미루다. 자신을 내세우지 않는다.

정말로 아는 사람은 말을 안한다. 말을 하는 사람은 알지를 못하는

것이다. 자기 욕망의 근원을 막고 욕망의 문을 닫고 그 예기(銳氣)를 꺾어놓음으로써 분쟁의 근원을 해결해야 한다. 그의 명철한 빛을 부드럽게 하여, 그것을 흐리게 하는 먼지와 화동(和同)되어야 한다. 이것을 현묘하게 화동한다는 뜻에서 '현동(玄同)'이라고 한다.

그러므로 무엇이건 친근하다고 가까이해서도 안되며, 소원하다고 멀리해서도 아니된다. 이익이 된다고 추구해서도 안되며, 손해가 된다고 내버려 두어서도 안된다. 어떤 것을 귀중히 여겨서도 안되며, 어떤 것을 천하게 여겨서도 안된다. 그렇게 함으로써 천하의 귀중한 존재가 되는 것이다.(제56장)

原文 智者不信 言者不知. 塞其兌 閉其門 挫其銳 解其紛. 和其光 同其塵. 是謂玄同. 故不可得而親 不可得而疏. 不可得而利 不可得而害. 不可得而貴 不可得而賤. 故爲天下貴.

註解 ○兌(태)-욕망의 근원. ○紛(분)-분쟁. ○光(광)-명철한 빛. ○玄同(현동)-현묘하게 화동(和同)한다. 또는 현묘해지고 화동한다.

유무상생(有無相生)

되돌아간다는 것은 도(道)의 움직임이며 유약(柔弱)하다는 것은 도의 작용인 것이다. 천하 만물은 유(有)에서 생성(生成)되고 있지만 유는 무(無)에서 생겨난 것이다.

原文 ˙反者道之動 弱者道之用. 天下萬物生於有 有生於無.

註解 ○反者(반자)-되돌아가는 것. ○弱者(약자)-유약한 것.

포박자 편(抱朴子篇)

　　70권(내편 20권, 외편 50권)으로 이루어
진다. 내편은 선도(仙道)을 설파한 도가(道
家)의 책이고 외편은 유가(儒家)의 입장에
서 세상 풍속의 득실(得失)을 논한 책이다.
단, 《포박자》라고 하면 통상 내편만을 가리
킨다. 내편의 본문은 〈창현(暢玄)〉〈논선(論
仙)〉〈금단(金丹)〉 등 합계 20편이다.

　　저자는 갈홍(葛洪 : 283∼343? 字는 稚川)
인데 《포박자》란 책 이름은 《노자(老子)》의
'견소포박(見素抱撲)'에서 따온 것이며 갈홍은
자신의 아호로도 이 '포박자'를 사용했다. 갈홍
은 남경(南京)에서 가까운 단양(丹陽) 사람으
로 고학을 하여 도가양생술(道家養生術)을 배
웠고 20여세 때 뜻을 세워 저술에 힘을 쏟았으
며 317년에 《포박자》를 완성했다.

신선(神仙)은 과연 있는 것인가? - 논선(論仙)

1. 어떤 사람이 물었다.

"신선은 죽지 않는다고 하는데 참으로 그럴 수가 있는 것인가?"

포박자가 대답했다.

"아무리 눈이 밝은 사람이라 하더라도 형태가 있는 물건을 다 볼 수는 없다. 귀가 제아무리 밝은 사람이라 하더라도 모든 소리를 다 들을 수는 없다. 대장(大章) 또는 수해(豎亥)처럼 빠른 다리를 가지고 있다 할지라도, 걸어 본 땅보다 한 번도 걸어 보지 않은 땅이 훨씬 많을 것이다. 우(禹)·순(舜)·제해(齊諧)처럼 지혜를 가지고 있는 사람이라 할지라도 알고 있는 것보다 모르고 있는 것이 훨씬 더 많을 것이다. 만물은 무한대로 많다. 어찌 자기가 보지 않았다고 하여, 간단히 없다고 단언할 수 있을 것인가? 하물며 선인(先人)에 대한 기록은 과거의 문헌에 얼마든지 있지 않은가? 어찌 불사(不死)의 도가 없다고 할 것인가?"

原文　或問曰, 神仙不死 信可得乎. 抱朴子答曰, 雖有至明 而有形者不可畢見焉. 雖稟極聰 而有聲者不可盡聞焉. 雖有大章豎亥之足 而所常履者 未若所不履之多. 雖有禹舜齊諧之智 而所嘗識者 未若所不識之衆也. 萬物云云 何所不見 況列仙之人 盈乎竹素矣. 不死之道 曷爲無之.

註解　○大章(대장) - 우왕(禹王)의 신하. 이 세상 동쪽 끝에서 서쪽 끝까지 걸었다고 한다. ○豎亥(수해) - 우왕의 신하. 이 세상 북쪽 끝에서 남쪽 끝까지 걸었다고 한다. ○齊諧(제해) - 옛날의 소설가. 괴담을 기록한 책 이름에도 이 제해를 쓰는 수가 있다. ○云云(운운) - 번성한 상태. ○竹

素(죽소) – 책. 옛날에는 죽간(竹簡)에 기록을 해서 남겼었다.

2. 이어 물었던 사람이 크게 웃으면서 말했다.

"대저 시작이 있는 것은 반드시 종말이 있다. 살아 있는 것에는 반드시 죽음이 있다. 그러므로 삼황(三皇) · 오제(五帝) · 공자(孔子) · 주공(周公)과 같은 성인이라 할지라도, 후직(后稷) · 저리질(樗里疾) · 장량(張良) · 진평(陳平)과 같은 지혜 있는 인물, 또는 자공(子貢) · 안영(晏嬰) · 수하(隨何) · 역이기(酈食其)와 같은 웅변가, 맹분(孟賁) · 하육(夏育) · 오정(五丁)과 같은 용자(勇者)라도 모두 죽는다고 하는 것은 당연한 세상의 이치로서 그 누구도 피할 수 없는 중대사이다.

서리도 내리기 전에 잎이 마르고 한여름에 시들며, 이삭을 머금은 채 오그라지고, 열매가 맺기도 전에 흩어진 실례는 얼마든지 들었지만, 1만 년의 수명을 누리고 언제까지나 죽지 않고 있다는 사람의 실례는 들어본 적이 없다. 그러므로 옛날 사람들은 학문상으로 신선이 되는 방법에 대해서는 연구하지 않았다. 또한 사물을 말하는 경우에도 괴기한 것에 대해서는 말하지 않았다. 즉 이단(異端)의 도를 막고 자연의 도를 지켰다. 거북과 학을 종류가 다른 것으로 처리하고 생과 사를 아침과 저녁의 관계로밖에 보지 않았다.

마음을 괴롭히고 몸을 긴장하여 무익한 일을 해 보았자 그것은 얼음이나 썩은 나무에다 조각하는 것과 같아서 결코 좋은 성과는 이루어 낼 수 없는 것이다. 그것보다는 차라리 세상을 바르게 할, 훌륭한 방책을 세워서, 현실적으로 큰 행복을 오게 하는 것이 낫다. 그렇게 한다면 자색(紫色)이나 청색의 인끈을 허리에 띠고 걸을 필요가 없고, 네 마리의 검은 말을 앞세운 화려한 수레를 타고, 괭이를 잡지 않아도 세 발 달린 솥으로 맛있는 요리를 만들어 먹게 된다. 얼마나 멋있는 일인가.

　나는 언제나 《시경(詩經)》〈포전(甫田)〉의 작자는 백성이 밭을 갈지 않게 된 것을 풍자한 것을 상기하고, 공자 같은 성인도 모두 죽었다는 실례를 심각하게 생각했다. 형태가 없는 바람을 잡고, 포착할 수 없는 그림자를 포착하고자 하고, 얻을 수 없는 물건을 찾고, 반드시 도달할 수 없게 된 길을 걸어가고, 영화의 길을 버리고 빈곤의 길을 가고, 아주 쉬운 일을 놓아두고 가장 어려운 일을 연구하는 따위는 그만두라. 뽕을 따던 사람이 바람난 아가씨에게 반하여 쫓아간 결과처럼 반드시 둘 다 잃고 후회하게 될 것이다. 또 선표(單豹)·장의(張毅)가 비뚤어진 사고방식을 믿다가 혹은 정신의, 혹은 육체의 재앙을 초래한 것과 같은 경지에 빠질 것이다.

　인간의 도리란, 노반(魯班)·묵적(墨翟)과 같은 사람도 기와나 돌을 갈아서 바늘을 만들지는 못한다. 구야(歐冶)도 납이나 주석을 녹여 가지고 간장(干將)을 만들 수는 없다. 즉 되지 않을 일은 귀신도 해낼 수 없는 것이다. 만들 수 없는 것은 하늘과 땅도 만들어 내지 못한다. 그런데 어찌하여 세상에 노인을 젊게 만들고 죽게 되는 병자를 살리는 묘술이 있단 말인가? 그대는 지금 쓰르라미의 목숨을 연장시켜 12년의 수명을 지탱하게 하고, 조균(朝菌)이라는 버섯의 꽃을 길러 며칠을 살게 하려 하고 있다. 잘못된 생각이 아닌가? 어떻든지 깊이 생각해서 아직 멀리 가기 전에 미로(迷路)에서 돌아서기 바란다.”

原文　於是問者大笑曰, 夫有始者必有卒 有存者必有亡. 故三五丘旦之聖 棄疾良平之智 端嬰隨酈之辯 賁育五丁之勇 而咸死者. 人理之常然 必至之大端也. 徒聞有光霜而枯瘁 當夏而凋青 含穗

184

而不秀 未實而萎零 未聞有亨於萬年之壽 久視不已之期者矣. 故
古人學不求仙 言不語怪 杜彼異端 守此自然 推龜鶴於別類 以死
生爲朝暮也. 夫苦心約己以行無益之事 鏤冰雕朽 終無必成之功
未若攄匡世之高策 招當年之隆祉 使紫靑重紆 玄壯龍跱. 華轂易
步 趂鼎餗 代耒耕 不亦美哉.

　　每思詩人甫田之刺 深惟仲尼皆死之證 無爲握無形之風 捕難執
之影 索不可得之物 行必不到之路. 棄榮華而涉苦困 釋甚易而攻
至難 有似喪者之逐游女 必有兩失之悔 單張之信偏見 將速內外
之禍也. 夫班狄 不能削瓦石爲芒鍼 歐冶不能鑄鉛錫爲干將 故不
可爲者 雖鬼神不能也. 不可成者 雖天地不能成也.

　　世間亦安得奇方 能當老者復少 而應死者反生哉. 而吾子乃欲延
蟪蛄之命 令有歷紀之壽 養朝菌之榮 使累晦朔之積 不亦謬乎. 願
加九思 不遠迷復焉.

註解　○三五(삼오)-삼황오제(三皇五帝). ○丘(구)-공자의 이름. ○旦
(단)-주공(周公)의 이름. ○棄(기)-주(周)나라 왕조의 전설상 시조로 일
컬어지는 후직(后稷)의 이름. ○疾(질)-전국시대 진(秦)나라 혜왕(惠王)
의 이복동생. 즉 저리질(樗里疾). 진나라 승상도 지냈으며 지혜있는 자로
이름높았다. ○良平(양평)-장량(張良)과 진평(陳平). 한고조(漢高祖) 유
방(劉邦)을 섬기면서 한나라 창건에 힘썼던 모신(謀臣)들이다. ○端(단)-
공자의 제자인 자공(子貢). 변설에 뛰어났다. ○嬰(영)-안영(晏嬰). 춘추
시대 제(齊)나라의 명신. 달변가였다. ○隨酈(수역)-수하(隨何)와 역이기
(酈食其). 모두 한(漢)나라 초기의 변설가이다. ○賁育(분육)-맹분(孟賁)
과 하육(夏育). 두 사람 모두 전국시대의 용장(勇將)들이다. ○五丁(오정)
-촉왕(蜀王)이 거느린 5명의 역사(力士). ○鼎餗(정속)-세 발 달린 옛
날 솥에 담겨져 있는 요리. ○甫田(포전)-《시경(詩經)》에 있는 편명(篇
名). ○仲尼(중니)-공자의 자(字). ○喪者(상자)-상(喪)은 상(桑)의 잘

못임. 즉 뽕따는 사람. 이 이야기는 《설원(說苑)》에 실려 있는데 어떤 사람이 아내를 전송하고 돌아오던 길에 뽕따는 아가씨에게 반하여 그녀의 일손을 도와 주었다. 그런데 문득 보니, 자기 아내도 어느 모르는 남자의 전송을 받고 있었다 한다. ○單張(선장)-선표(單豹)와 장의(張毅). 선표는 정신 수양에만 힘쓰다가 범에게 잡혀먹히었고, 장의는 출세에만 열중하다가 정신이 소모되었다. ○班(반)-주(周)나라 시대 노나라의 명장(名匠) 노반(魯班). ○狄(적)-묵적(墨翟). 적(狄)과 적(翟)은 동일함. ○歐冶(구야)-구야자(歐冶子). 춘추시대의 유명한 도공(刀工). ○干將(간장)-오(吳)나라의 유명한 검(劍). ○蟪蛄(혜고)-쓰르라미. ○朝菌(조균)-아침에 생겨났다가 저녁에 스러지는 버섯.

3. 포박자가 대답했다.

"귀가 청력을 잃으면, 우레가 울려도 들리지 않고, 눈이 시력을 잃으면 삼광(三光)이 빛나도 보이지 않는다. 천둥이 울리는 소리는 결코 작지 않고, 하늘에 걸려 있는 해·달·별의 빛은 결코 희미하지 않다. 그런데 귀머거리는 이것을 소리가 없다 하고, 장님은 이것을 물체가 없다고 한다. 하물며 이런 사람들에게 관현(管絃)의 화음을 들려주고, 산이나 용의 아름다운 무늬(왕의 옷에 꾸며져 있다)를 보여준들 어찌 그들이 조화된 아름다운 소리와 눈이 부시도록 찬란한 무늬를 찬양할 수 있을 것인가? 즉 육체에 청력 상실이나 시력 상실의 고장이 있으면 뇌신(雷神)이나 천체의 존재조차 믿어지지 않는다. 하물며 만물 가운데 그보다 작은 것은 어찌될 것인가? 정신에 어둠이 끼면, 옛날 주공(周公)·공자와 같은 성인이 있었다는 것도 믿지 않는다. 하물며 그에게 신선의 도를 알린들 믿을 것인가?

생(生)이 있으면 사(死)가 있고, 시작이 있으면 종말이 있다는 것

186

은 하나의 대체적인 말이다. 그 이동(異同)은 각양각색이어서, 그러
한 것도 있고 그렇지 않은 것도 있다. 변화는 천차만별이어서, 기괴
한 현상은 무한히 있다. 그 물체의 본질은 이런 것인데 그와 다른
현상이 나타난다든지, 근원은 같은데 말단에 가서 서로 달라진다든
지 하여 결코 일률적인 것만은 아니다.

　시작이 있으면 종말이 있다는 것은 누구나 다 하는 말이다. 그러
나 이것 저것 모두를 평등하게 섞어 버린다는 것은 이치에 통하지
않는 일이다. 여름에는 반드시 식물이 성장한다고 하지만, 냉이와
보리는 여름이면 시들어진다. 겨울에는 모든 식물이 시든다고 하지
만, 대와 측백나무는 무성하다. 시작이 있으면 반드시 종말이 있다
고 하지만 천지에는 다함이 없다. 사는 것은 반드시 죽는다고 하지
만, 거북과 학은 언제까지나 살아 있다. 양기(陽氣)가 성한 때는 더
운 것이 당연하지만, 여름철에도 서늘한 날이 없는 것은 아니다. 음
기(陰氣)가 찰 때에는 추운 것이 당연하지만, 한겨울에도 약간은
따뜻한 날이 계속되는 때가 있다. 모든 강은 동쪽으로 흐르지만 개
중에는 북쪽으로 흐르는 큰 강도 있다. 대지(大地)의 본성은 가장
고요한 것이지만, 때로는 진동하여 무너지고 흔들린다. 물의 본질은
오로지 찬 것이지만, 그 가운데는 온곡(溫谷)과 같이 뜨거운 물이
솟는 일도 있다. 불의 본체는 더운 것이 당연하지만, 소구(蕭丘)처
럼 차가운 불꽃이 타고 있는 곳도 있다. 무거운 물체는 잠겨야 할
것이지만 남쪽 바다에는 물에 뜨는 돌만으로 이루어진 섬이 있다.
가벼운 물체는 떠야 할 것인데 장가군(牂柯郡)에는 깃털이 잠기는
내가 있다. 물질이 천차만별이어서 일률적으로 단정할 수 없는 것
은 마치 이와 같은 것이다."

原文　抱朴子答曰, 夫聰之所去 則震雷不能使之聞 明之所棄 則

三光不能使之見　豈輶磕之音細　而麗天之景微哉. 而聾夫謂之無
聲焉　瞽者謂之無物焉. 又況管絃之和音　山龍之綺粲　安能賞克諧
之雅韻　暐曄之鱗藻哉. 故聾瞽在乎形器　則不信豊隆之與玄象矣.
而況物有微於此者乎　暗昧滯乎心神　則不信有周孔於在昔矣. 況
告之以神仙之道乎. 夫存亡終始　誠是大體　其異同參差　或然或否
變化萬品　奇怪無方　物是事非　本鈞末乖　未可一也. 夫言始者必
有終者多矣　混而齊之　非通理矣. 謂夏必長而薺麥枯焉　謂冬必凋
而竹柏茂焉. 謂始必終而天地無窮焉. 謂生必死而龜鶴長存焉. 盛
陽宜暑　而夏天未必無涼日也. 極陰宜寒　而嚴冬未必無暫溫也. 百
川東注　而有北流之浩浩. 坤道至靜　而或震動而崩弛. 水性純冷
而有溫谷之溫泉. 火體宜熾　而有蕭丘之寒焰. 重類應沈　而南海有
浮石之山. 輕物當浮　而牂柯有沈羽之流. 萬殊之類　不可以一槪斷
之　正如此也.

註解　○三光(삼광) - 해와 달과 별. ○輶磕(횡개) - 천둥소리를 비유한
말. ○麗天之景(여천지경) - 아름다운 하늘의 빛. 즉 해와 달과 별의 빛.
○克諧(극해) - 조화가 잘되는 것. ○暐曄(위엽) - 빛이 찬란한 모습. ○鱗
藻(인조) - 비늘처럼 겹친 무늬. ○形器(형기) - 육체. ○豊隆(풍륭) - 천둥.
또는 구름의 신(神). ○玄象(현상) - 하늘의 물상(物象). ○蕭丘(소구) - 전
설상의 섬. ○南海有浮石之山(남해유부석지산) - 남해에는 물에 뜨는 돌
만 있는 산이 있다. 《오도부(吳都賦)》에 나오는 산. ○牂柯有沈羽之流
(장가유침우지류) - 장가(牂柯)에 있는 깃털이 물에 잠기는 내.

속인(俗人)은 깨달으라 - 대속(對俗)

1. 어느 사람이 꾸짖어 말했다.
"거북이나 학이 오래 산다는 것도 세간(世間)의 근거 없는 설이 아

188

니겠는가? 이 세상에 어느 누가 거북이나 학과 함께 줄곧 살면서 그것을 보았단 말인가?"

포박자가 대답했다.

"요점만 붙잡으면 우주(宇宙) 밖이라도, 손가락으로 손바닥을 가리키는 것처럼 아주 쉬운 법이다. 백 대(代)의 옛날도 지금과 같은 것이다. 반드시 뜰 앞 같은 데 있지 않으면 알 수 없고, 시선이 미치는 곳이 아니면 알아 낼 수 없다는 법은 없다. 《옥책기(玉策記)》에는 다음과 같이 쓰여 있다. '천 년의 거북에게는 오색이 갖추어져 있다. 그 이마 위에는 두 개의 뼈가 뿔처럼 쑥 나와 있는데, 이것으로 사람의 말을 이해한다. 연잎 위에 뜨기도 하고, 시초(蓍草) 수풀 밑에 숨기도 한다. 그 머리 위에는 때로 흰 구름이 서리어 있다. 천 년의 학은 계절에 응하여 울고, 나무에 오를 수 있다. 천 년이 되지 않은 학은 결코 나무 위에 앉지 않는다. 학의 날개는 하얗고, 정수리는 새빨갛다.'라고 ── .

이러한 것을 보면 알 수 있다. 그러나 나이 먹은 놈은 지혜가 많고 대개는 사람의 눈에 띄지 않는 곳에 깊이 숨어 있다. 그러므로 본 사람은 극히 드물다. 《옥책기》·《창우경(昌宇經)》 등을 보면, 오래 사는 것은 학과 거북만이 아니다. '천년의 소나무·잣나무는 사방으로 가지가 퍼지고, 위의 끝은 자라지 않는다. 먼 곳에서 보면 우산을 펼친 것과 같다. 그 속에는 요정(妖精)이 있다. 혹은 푸른 소 같고, 혹은 푸른 염소 같고, 혹은 푸른 개 같고, 혹은 푸른 사람 같다. 모두 천 년의 수명이다.'라고 ── .

또 이렇게도 말하고 있다. '뱀의 수명은 끝이 없다. 미후(獼猴)라는 원숭이의 수명은 8백 년이고, 변하면 원(猨)이라는 원숭이가 된다. 원의 수명은 5백 년, 그것이 변하면 확(玃)이라는 원숭이가 된다. 확의 수명은 천 년이다. 두꺼비의 수명은 3천 년, 기린의 수명은

2천 년, 등황(騰黃)과 길광(吉光)은 모두 3천 년. 천세(千歲) 또 만세(萬歲)라고 이름이 붙은 새는 모두 몸뚱이는 새이지만 얼굴은 사람이다. 수명도 그 이름대로다. 범·사슴·토끼는 모두 천 년의 수명. 만 5백 세가 된 놈은 털의 빛깔이 희다. 5백 년 산 곰은 둔갑할 수가 있다. 여우·삵괭이·승냥이·이리는 모두 8백 년의 수명. 만 5백 년이 되면 인간으로 둔갑할 수 있다. 쥐는 3백 년까지 산다. 만 1백 년이 되면 빛이 희어지고, 사람에게 붙어서 미래를 고할 수가 있다. 그 이름은 중(仲)이라고 한다. 1년 중의 길흉이라든지 천리 밖의 일을 알아낸다.'라고 — .

이러한 예는 일일이 열거할 수가 없다. 박식한 사람이라면 만물에 부딪쳐서 그 이름을 말할 수가 있을 것이고, 견문이 넓은 사람이라면 무엇을 듣든지 무리라고는 생각하지 않을 것이다. 꼭 거북이나 학을 들추어야만 비로소 장수(長壽)가 무엇이란 것을 알게 되지는 않을 것이다.

이치를 모르는 사람으로 말하면, 뜰에 서있는 풀과 나무, 밭에 있는 짐승, 못에 있는 새에 대해서조차 모르는 것이 많다. 하물며 극히 이상스러운 것에 대해서는 말할 나위도 없지 않겠는가.《사기(史記)》〈귀협전(龜筴傳)〉에 다음과 같은 이야기가 있다. '양자강과 회하(淮河) 사이에 살고 있는 어느 사람이 어렸을 때, 거북으로 침대의 발을 괴었다. 그 뒤에 그 사람은 늙어서 죽고, 가족이 침대를 옮기다가 그때까지 거북이 살아 있는 것을 보았다.'라고 — .

그 사이가 5, 60년 이하는 아니었을 터이다. 이처럼 장기간 먹지도 않고 마시지도 않았는데 죽지 않고 살아 있었다면, 확실히 거북은 보통의 짐승들과는 판이하게 다르다. 천 년의 수명이 있다고 하여도 이상할 일이 아니다. 선도의 경전에 거북의 호흡법을 흉내낸 도인(導引)의 술을 설명해 놓은 것도 당연한 것이라고 보지 않을 수 없다."

原文 或難曰, 龜鶴長壽 蓋世間之空言耳 誰與二物終始相隨而
得之也. 抱朴子曰, 苟得其要 則八極之外 如在指掌 百代之遠 有
若同時. 不必在乎庭宇之左右 俟乎瞻視之所及 然後知之也. 玉策
記曰, 千歲之龜 五色具焉. 其額上兩骨起似角 解人之言 浮於蓮葉
之上 或在叢蓍之下 其上時有白雲蟠蛇. 千歲之鶴 隨時而鳴 能登
於木 其未千載者 終不集於樹上也. 色純白而腦盡成丹 如此則見
便可知也. 然物之老者多智 率皆深藏邃處 故人少有見之耳. 按玉
策記及昌宇經 不但此二物之壽也. 云千歲松柏 四邊枝起 上杪不
長 望而視之. 有如偃蓋 其中有物 或如靑牛 或如靑羊 或如靑犬
或與靑人 皆壽千歲. 又云 蛇有無窮之壽 獼猴壽八百歲 變爲猨
猨壽五百歲變爲玃 玃千歲. 蟾蜍壽三千歲 麒麟壽二千歲 騰黃之
馬 吉光之獸. 皆壽三千歲 千歲之鳥 萬歲之禽 皆人面而 鳥身.

壽亦如其名 虎及鹿兎 皆壽千歲 壽滿五百歲者 其毛色白. 能壽
五百歲者 則能變化. 狐狸豺狼 皆壽八百歲 滿五百歲 則善變爲人
形 鼠壽三百歲 滿百歲則色白. 善憑人而卜 名曰仲 能知一年中吉
凶 及千里外事. 如此比例 不可具載 但博識者. 觸物能名 洽聞者
理無所惑耳 何必常與龜鶴周旋 乃可知乎. 苟不識者 則園中草木
田池禽獸 猶多不知 況乎巨異者哉. 史記龜筴傳云, 江淮間居人爲
兒時 以龜枝牀. 至後老死 家人移牀而龜故生 此亦不減五六十歲
也. 不飮不食 如此之久而不死 其與凡物不同亦遠矣. 亦復何疑於
千歲哉 仙經象龜之息 豈不有以乎.

註解 ○八極(팔극)-팔황(八荒)과 같은 뜻. 즉 팔방의 가장 먼 곳이란
의미이다. ○指掌(지장)-손가락으로 손바닥을 가리키는 것처럼 아주 알

기 쉽다는 뜻. ㅇ著(시)-점(占)칠 때 사용하는 신령한 풀. 시초(蓍草). ㅇ
蟠蛇(반사)-뱀이 몸을 서리는 것. ㅇ獼猴(미후)-침팬지. ㅇ猨(원)-앞발
이 긴 원숭이. ㅇ玃(확)-큰 원숭이. ㅇ騰黃(등황)-준마(駿馬)의 일종.
ㅇ吉光(길광)-신수(神獸)의 일종. ㅇ江淮(강회)-양자강과 회하(淮河).

장수(長壽)하는 약-금단(金丹)

포박자가 말했다.

나는 장수법의 서적을 연구하여 불사(不死)의 처방을 모아 보았다.
지금까지 읽은 것만 해도 수천 편, 수천 권에 달한다. 그렇지만 모두
환단(還丹)과 금액(金液) 등 두 가지가 골자를 이루고 있다.

그러고 보면 이상의 두 가지 것은 선도의 핵심이다. 이것을 마시고
선인이 되지 못한다고 하면 예로부터 선인이란 것은 없었을 것이다.

중년에 중원(中原)이 전쟁의 소용돌이에 들어갔을 때, 많은 사람들
은 사방으로 유랑했다. 나도 서주(徐州)·예주(豫州)·형주(荊州)·
양양(襄陽)·강주(江州)·광주(廣州) 등 몇 고을 사이를 전전하는 동
안에 뜨내기의 속인도 많이 만나고 도사도 몇백 명 만났다. 그 가운데
는 전부터 그 이름을 듣던 사람도 있었고 특히 출중하다는 인물도 있
었다. 그러나 대개는 거기서 거기 가는 사람들로서, 그 지식의 심천(深
淺), 견식의 유무에 있어 그리 현철한 사람은 없었다.

그들은 각기 수십 권의 책을 가지고 있었으나, 전부 이해하고 있는
것은 아니었다. 그저 베껴서 저장하고 있을 뿐이었다. 개중에는 호흡
법, 단식법(斷食法), 각종 초근목피의 약을 복용하는 법을 알고 있는
사람도 있었지만 가지고 있는 처방전은 거의 같은 문장이었다. 누구나
다 《도기경(道機經)》의 처방은 예외없이 가지고 있었다. 즉 이것을 비
전(秘傳)으로 알고 있었다. 그리고 이 서적을 윤희(尹喜)의 작으로 말

하는 사람조차 있었다. 나는,

"이것은 위(魏)나라 시대의 군관, 왕도(王圖)가 만든 것으로서, 옛
날 사람이 만든 것이 아니다."

라고 가르쳐 주었다. 그런데 왕도는 선약에 대하여 전연 모르는 사람이
다. 다만 호흡법만으로 선도의 핵심에 들어가려고 하여, 이《도기경》을
만들었다. '도기'라고 하는 것은 도의 지극(至極)이라는 뜻인 것 같은
데, 이것 역시 심히 사람을 그르치게 하는 것이다.

나는 도사들에게 단약(丹藥)과 금액(金液)에 대해서, 또 삼황문(三
皇文)으로 천지의 신(神)들을 부르는 법에 대해서 물어 보았으나, 한
사람도 아는 사람이 없었다. 그러면서도 허풍을 떨고 자만하든지, '나
는 아주 장수한다'라고 사칭(詐稱)하든지, '선인과 함께 논 일이 있다'
라고 말하는 자가 태반이었다. 함께 신비의 도를 연구할 수 있는 사람
은 아주 드물었다. 개중에는 금단(金丹)의 일에 대해서 많이 들어 아
는 사람도 있었으나, 오늘날 다시 그것을 얻을 수 있다는 것은 믿지 않
고, '상고(上古)에 이미 선인이 된 사람만이 아는 일이다'라고 말했다.
혹자는 정통을 벗어난 설만을 이해하고 진짜 경전에 대해서는 모르고
있었다. 혹자는 아주 저열한 단약의 처방만을 이해하고, 곧 '연단의 법
은 이것으로 전부다'라고 생각하고 있었다.

옛날 좌원방(左元放)은 천주산(天柱山)에서 깊이 사색하고, 신인
(神人)으로부터 금단에 대한 전문적 경전을 받았다. 때마침 후한말(後
漢末)의 전란을 만나서 실험할 겨를도 없이 강동(江東)으로부터 피난
해 왔다. 그리하여 항상 명산에 들어박혀서 이 도를 수행하려고 생각하
고 있었다. 나의 종조(從祖)가 되는 갈선공(葛仙公)은 다시 좌원방으
로부터 전하여 받았다. 전체 합하여《태청단경(太淸丹經)》3권,《구
정단경(九鼎丹經)》1권,《금액단경(金液丹經)》1권을 받았다.

나의 스승 정선생(鄭先生)은 나의 종조 선공(仙公)의 제자다. 정선

생은 종조로부터 이어받았다. 그러나 나는 집이 가난해서, 약을 살 수도 없었다. 나는 상당히 긴 시간 선생에게 친히 봉사하여 청소부 노릇까지 한 끝에, 마적산(馬迹山) 속에서 단을 쌓아놓고 맹세를 한 다음에 이상의 서적과 여러 가지 구결(口訣)을 전해 받았다. 구결이란 것은 서적이 되어 있지 않은 비결이다. 강동(江東)에는 원래 이러한 서적은 없었다. 말할 것도 없이 이 서적은 좌원방에게서 나온 것이다. 원방은 그것을 나의 종조에게 주고, 종조는 그것을 정선생에게 주고, 정선생은 그것을 나에게 주었다. 그러므로 나 이외에 다른 도사로서 아는 사람은 전연 없다.

그러나 나는 그것을 받은 지 이미 20수 년이 되었다. 다소간의 재산도 없고 실험할 수가 없어서 탄식만 하고 있을 뿐이다. 궤 속에 가득하게 황금을 쌓아놓고, 돈을 산더미처럼 저축한 사람은 반대로 이런 불사의 법이 있는 줄도 모른다. 가령 들려 준다 하더라도 믿을 가능성은 만 분의 1도 없으니 어찌할 수 없는 일이다.

옥으로 만든 엿을 마셔 보면 야채의 국물이 얼마나 맛없는 것인가를 알 것이다. 곤륜산(崑崙山)을 보면, 개미의 탑이 얼마나 낮은가를 알 것이다. 금단의 도를 보기만 한다면 소소한 처방전 같은 것은 보고 싶은 생각이 나지 않을 것이다. 그러나 선약은 갑자기 만들어지는 것은 아니다. 어쨌든 자질구레한 약이라도 복용하여 신체를 보존하는 수밖에 없다. 그러나 다른 약을 1만 석(石)이나 마신다 해도, 그것은 조금 이익이 있을 뿐이지 결국 사람을 늙지 않고 죽지 않게 할 수는 없다. 그리하여 노자(老子)의 구결(口訣)에도 '그대가 환단(還丹)·금액(金液)을 얻지 못하면 헛되이 자기를 괴롭힐 뿐'이라고 하였다. 오곡에도 사람을 살리는 힘이 있다. 즉 사람은 오곡을 먹으면 살고 오곡을 끊으면 죽는다. 하물며 최상의 신약(神藥)이 되면, 그 이익은 오곡의 1만 배나 되지 않겠는가?

단약(丹藥)이라고 하는 것은 오래 구우면 구울수록 그 변화가 더욱 신묘하다. 황금은 몇 차례고 불속에 녹여도 줄어들지 않으며, 땅속에 묻어 두어도 영원히 녹이 슬지 않는다. 이 두 가지 것을 복용하여 사람의 몸을 단련하므로 늙지도 않고 죽지도 않게 된다.

이것은 대체로 밖의 물질을 빌어다 자기를 견고하게 하는 이치로서 이를테면 기름으로 불을 사르면 언제까지든지 불이 꺼지지 않는 것과 같은 것이다. 또 다른 예를 가지고 말하면 동록(銅錄)을 다리에 바르면 오랫동안 물속에 넣어도 썩지 않는다. 이것은 동(銅)의 견고함을 빌어서 살을 보호하기 때문이다. 금단이 몸속에 들어가면 온몸에 스며들어 피가 되고 기온이 된다. 그 작용은 동록이 밖의 피부를 보호하는 정도가 아니다.

세간에는 선도를 믿지 않는 사람이 많다. 넓은 천지가 온통 그 모양이다. 만약 요행히 호사가(好事家)가 있다 하더라도, 이 법을 모르고 있다. 또 훌륭한 스승을 만나지 못하면 천하에 이러한 불가사의의 현상이 있다는 것조차도 알 까닭이 없다.

原文 抱朴子曰, 余考覽養性之書 鳩集久視之方 曾所披涉 篇卷以千計矣. 莫不皆以還丹金液爲大要者焉 然則此二事 蓋仙道之極也. 服此而不仙 則古來無仙矣. 往者上國喪亂 莫不奔播四出 余周旋徐豫荊襄江廣數州之間 閱見流移俗道士數百人矣. 或有素聞其名 乃在雲日之表者 然率相似如一 其所知見深淺有無 不足以相傾也.

雖各有數十卷書 亦未能悉解之也. 爲寫蓄之耳 時時有知行氣及斷穀服諸草木藥法 所有方書 略爲同文 無一人不有 道機經事以此爲至秘 乃云是尹喜所撰. 余告之曰, 此是魏世軍督王圖所撰耳 非古人也. 圖了不知大藥正欲以行氣 入室求仙 作此道機 謂道畢於此 此復是誤人之甚者也. 余問諸道士以神丹金液之事 及三皇

文 召天神地祇之法 了無一人知之者 其誇誕自譽及欺人 云己久
壽 及言曾與仙人共遊者 將太半矣. 足以與盡微者甚尠矣. 或有頗
聞金丹 而不謂今世復得之者 皆言唯上古已度仙人 乃當曉之. 或
有得方外說 不得其眞經 或得雜碎丹方 便謂丹法 盡於此也.

　昔左元放於天柱山中精思 而神人授之金丹仙經 會漢末亂 不遑
合作 而避地來渡江東 志欲投名山以修斯道 余從祖仙公 又從元
放受之. 凡受太淸丹經三卷 及九鼎丹經一卷 金液丹經一卷. 余師
鄭君者 則余從祖仙公之弟子也. 又從祖受之. 而家貧無用買藥 余
親事之灑掃 積久乃於馬迹山中 立壇盟受之. 幷諸口訣 訣之不書
者. 江東先無此書 書出於左元放 元放以授余從祖 從祖以授鄭吾
鄭君以授余 故他道士 了無知者也. 然余受之已二十餘年矣. 資無
擔石無以爲之 但有長歎耳 有積金盈櫃 聚錢如山者 復不知有此
不死之法 就令聞之亦萬無一信 如何.

　夫飮玉粕則如漿荇之薄味 睹崐崙則覺丘垤之至卑. 旣覽金丹之
道 則使人不欲復視小小方書 然大藥難卒得辦 當須且將御小者
以自支持耳. 然服他藥萬斛 爲能有小益 而終不能使人遂長生也.
故老子之訣言云 子不得還丹金液 虛自苦耳 夫五穀猶能活人 人
得之則生 人絶之則死 又況於上品之神藥 其益人豈不萬倍於五穀
耶. 夫金丹之爲物 燒之愈久 變化愈妙. 黃金入火 百鍊不消 埋之
畢天不朽. 服此二物 鍊人身體 故能令人不老不死. 此蓋假求於外
物以自堅固 有如脂之養火而不可滅. 銅靑塗脚入水不腐. 此是借
銅之勁 以扞其肉也. 金丹入身中 沾洽榮衛 非但銅靑之外傅矣.
世間多不信至道者 則悠悠者皆是耳. 然萬一時 偶有好事者 而復
不見此法. 不値明師 無由聞天下之有斯妙事也.

註解　○養性(양성)－양생(養生)과 같다. 즉 생명을 기르다. ○鳩集(구

집)-모으다. ○上國(상국)-중원(中原). 변두리 지방의 대칭. ○雲日之表 (운일지표)-높은 곳을 비유한 말. ○方書(방서)-약을 처방한 문서. ○尹 喜(윤희)-노자(老子)의 《도덕경(道德經)》을 전한 사람. ○三皇文(삼황 문)-악귀를 쫓아 버리는 문장. 갈홍(葛弘)은 이것과 《오악진형도(五嶽眞 形圖)》를 최고의 도서(道書)라고 했다. ○方外說(방외설)-정통을 이탈한 설(說). 여기서 방(方)은 도(道)이다. ○左元放(좌원방)-좌자(左慈). 그 의 자(字)가 원방이다. ○天柱山(천주산)-산동성 태산(泰山)의 주봉(主 峰). ○仙公(선공)-갈현(葛玄). ○鄭君(정군)-정은(鄭隱). ○馬迹山(마 적산)-강서성 평향현(萍鄕縣). ○擔石(담석)-한 짐의 무게(1백 근)와 한 섬. 즉 하찮은 재산을 뜻한다. ○銅靑(동청)-동록(銅錄). ○沾洽(첨 흡)-널리 미치는 것. 널리 스미는 것. ○榮衛(영위)-혈기(血氣). ○外傳 (외부)-밖에 있는 수호자.

선도(仙道)를 안믿는 세상 사람들-지리(至理)

포박자가 말했다.

둑이 튼튼하면 물이 헛되이 샐 리가 없다. 기름이 충분히 있으면 불 이 꺼질 염려가 없다. 용천(龍泉)은 실제로 사용하는 일이 없으므로 언제나 날카롭고, 도끼는 날마다 사용하므로 곧 날이 빠지고 무디어진 다. 산음(山陰)의 눈은 따뜻한 기운을 피하고 있으므로 여름에도 녹지 않고, 빙고(氷庫)의 얼음은 깊은 곳에 있으므로 더울 때도 녹지 않고 지낸다. 엷은 비단도 거울을 싸서 경갑(鏡匣)에 넣어 두면 언제까지든 지 바래지 않는다. 하찮은 풀일지라도 잘만 덮어 주면 겨울을 넘길 수 가 있다. 진흙은 풀어지기 쉬운 것이지만 구워서 기와를 만들면 천지 와 함께 영구히 갈 수 있다. 떡갈나무와 상수리나무는 썩기 쉬운 나무 지만 구워서 숯을 만들면 1억 년이 걸려도 썩지 않는다. 짐수레를 끄 는 말은 혹사를 당하지 않고 따뜻한 보호를 받으므로 오래 살며, 천리

마는 급한 산비탈을 달려 오르게 하므로 일찍 죽는다. 겨울잠 자는 벌레는 편히 자고 지내므로 여름벌레보다 두 배의 수명을 누리고, 남방의 수풀은 따뜻한 곳에 있으므로 잘 우거진다.

가을의 기운을 맞이하면 차가운 서리에 부딪혀 조락하고 따뜻한 봄을 만나면 울창하게 무성한다. 이것은 모든 식물에 공통되는 점이다. 다만, 어느 것은 꽃을 피우고 어느 것은 시든다는 그 수명은 형형색색이다. 가을이 왔다고 해서 모든 것이 수확의 대상이 되는 것은 아니다. 겨울이 된다고 해서 모든 것이 곳집에 들어갈 대상이 되는 것은 아니다. 그런데, 사람이 하늘로부터 받은 수명이란 것은 추운 계절을 사는 초목의 수명보다 훨씬 미덥지 못한 것이다.

그러나 사람의 생명을 연장하는 이론, 또는 사람의 생명을 구하는 방법에 있어서는 봄의 따뜻한 기운이 초목의 생명에 대하는 것보다 훨씬 깊은 이익이 있다. 불로장생법의 효과는 빈말이 아니다. 그런데 세상 사람들은 얕고 좁은 관념에 사로잡혀 '선도는 허망하다', '황제(黃帝)나 노자(老子)는 거짓말을 했다'라고 말한다. 이 어찌 안타까운 일이 아닌가?

대관절 어리석은 사람은 탕약(湯藥)이나 침구(鍼灸)도 믿지 않는다. 그런즉 이보다 더 깊은 술(術)에 대해서는 말할 필요도 없지 않은가? 그들은 말한다.

"유부(兪跗)·편작(扁鵲)·의화(醫和)·의완(醫緩)·창공(倉公) 등이 어떠한 병도 다스린다고 하면 어찌 죽는 사람이 없어지지 않는가?"

또,

"부귀하게 잘사는 사람들에게는 의약이 부족할 리가 없다. 그런데, 더욱 장수한 일이 없다. 이것은 수명에 타고난 한도가 있기 때문이다."

198

라고 ―.

이러한 사람을 나무라서 신선을 믿으라고 하는 것은 마치 소를 나무라서 나무에 기어오르게 하고, 말을 나무라서 새를 쫓게 하는 것과 같다.

原文 抱朴子曰, 防堅則水無漉棄之費. 脂多則火無寢曜之患. 龍泉以不割常利 斤斧以日用速弊. 隱雪以違暖經夏 藏冰以居深過暑. 單帛以幔鏡不灼 凡卉以偏覆越冬 泥壤易消者也. 而陶之爲瓦 則與二儀齊久焉. 柞櫟速朽者也 而燔之爲炭 則可億載而不敗焉. 轅豚以優畜晚卒 良馬以陟峻早斃 寒虫以適己倍壽. 南林以處溫長茂 接煞氣則彫瘁於凝霜 値陽和則鬱藹而條秀 物類一也. 而榮枯異功 豈有秋收之常限 冬藏之定例哉. 而人之受命 死生之期 未若草木之於寒天也. 而延養之理 補救之方 非徒溫煖之爲淺益. 久視之効 何爲不然 而世人守近習隘 以仙道爲虛誕 謂黃老爲妄言不亦惜哉. 夫愚夫乃不肯信湯藥鍼艾 況深於此者乎. 皆曰兪跗扁鵲和緩倉公之流 必能治病 何不勿死. 又曰, 富貴之家 豈乏醫術而更不壽 是命有自然也. 乃責如此之人 令信神仙 是使牛緣木 馬逐鳥也.

註解 ○防(방)-제방. 둑. ○漉棄(녹기)-새어나와 없어지다. ○寢曜(침요)-등불이 꺼지는 것. ○龍泉(용천)-유명한 칼의 명칭. ○斤斧(근부)-도끼. ○單帛(단백)-엷은 비단. ○幔鏡(만경)-거울을 싸다. ○不灼(부작)-햇볕에도 바래지 아니하다. ○二儀(이의)-천지. ○柞櫟(작유)-떡갈나무와 상수리나무. ○轅豚(원돈)-짐수레를 끄는 말. 돼지가 아니다. ○優畜(우축)-우대하여 기르다. 혹사하지 아니하다. ○彫瘁(조췌)-조췌(凋瘁)와 같음. 기울어지다. 조락하다. ○値陽和(치양화)-봄을 맞다. ○鬱藹(울애)-무성한 상태. ○延養(연양)-생명을 연장하는 기름. ○久視

(구시)-오래 사는 것. ○守近習隘(수근습애)-가까운 것을 지키고 좁은 것을 익히다. 즉 천박한 관념이나 의견에 사로잡히다. ○鍼艾(침애)-침구(鍼灸). 애(艾)는 뜸뜰 때 사용하는 쑥. ○俞跗(유부)-황제(黃帝) 때의 명의(名醫). ○扁鵲(편작)-전국시대의 명의(名醫). 성은 진(秦), 이름은 월인(越人). ○和緩(화완)-의화(醫和)와 의원(醫緩). 모두 춘추시대의 명의. ○倉公(창공)-한(漢)나라 초기의 명의. 본명은 순우의(淳于意).

수명(壽命)의 장단(長短)은 운에 달려 있다 - 색난(塞難)

어떤 사람이 말하였다.

"하늘은 지극히 영묘하므로, 인간에게 수명을 나누어 주는 것도 평등하여야 마땅하다. 무엇 때문에 왕교(王喬)나 적송자(赤松子) 같은 범인(凡人)에게는 불사의 수명을 주면서, 주공(周公)이나 공자(孔子)와 같은 대성인에게는 장생의 복을 주지 않았는가?"

포박자는 대답했다.

"수명의 장단이란 것은 실은 만나는 운에 달린 것이다. 음양의 기를 받아서 수태할 때 각기 그 별에 좌우된다. 천도는 그 자체로서는 아무것도 행동하지 않는다. 만물의 자연에 맡길 뿐이다. 더 생각하는 친절도 없고 덜 생각하는 소원도 없고, 저편도 없고 이편도 없다.

　어느 사람의 운명이 생성(生星)에 속하여 있으면 그 사람은 반드시 선도(仙道)를 좋아할 것이다. 선도를 좋아하는 사람의 경우, 선인이 되려고만 생각하면 반드시 성공할 수 있다. 어느 사람의 운명이 사성(死星)에 속하여 있으면, 그 사람은 선도를 믿지 않는다. 선도를 믿지 않으면, 스스로 그 일을 수행(修行)하려고 하지 않는다. 좋아함의 여부는 그 사람의 타고난 천품에 의하여 결정된다. 그러므로 그를 변경한다든지 준다든지 뺏는 것은 하늘도 못하는 일이다.

그것은 마치 금속이 용광로에서 녹고, 도자기가 가마에서 구워질 때, 형태는 용광로와 가마에 의하여 만들어지지만 만들어진 칼이 날카로우냐 둔하냐, 독의 형태가 고우냐 비뚤어졌느냐는 오로지 그 운명이지, 용광로나 가마의 아는 바가 아닌 것과 같다."

原文 或曰, 皇穹至神 賦命宜均. 何爲使喬松凡人 受不死之壽 而周孔大聖 無久視之祚哉. 抱朴子曰, 命之修短 實由所値 受氣 結胎 各有星宿 天道無爲. 任物自然 無親無疎 無彼無此也. 命屬 生星 則其人必好仙道. 好仙道者 求之亦必得也. 命屬死星 則其 人亦不信仙道. 不信仙道 則亦不自修其事也. 所樂善否 判於所稟 移易予奪 非天所能. 譬猶金石之消於爐冶 瓦器之甄於陶竈 雖由 之以成形 而銅鐵之利鈍 甕罌之邪正 適遇所遭 非復爐竈之事也.

註解 ㅇ皇穹(황궁)-하늘. 하늘을 높이는 말이다. ㅇ賦命(부명)-생명 을 주다. ㅇ喬松(교송)-왕교(王喬)와 적송자(赤松子). ㅇ周孔(주공)-주 공(周公)과 공자(孔子). ㅇ久視(구시)-장수하는 것. ㅇ祚(조)-복(福). 행복. ㅇ修短(수단)-길고 짧은 것. 장단(長短)과 같다. ㅇ値(치)-운을 만나는 것. 운명. ㅇ生星(생성)-생명의 별. ㅇ所稟(소품)-타고난 천품. ㅇ移易(이역)-변경하는 것. ㅇ予奪(여탈)-주는 것과 뺏는 것. 여탈(與 奪)과 같다. ㅇ陶竈(도조)-도자기를 굽는 가마. ㅇ甕罌(옹앵)-독.

전국책 편(戰國策篇)

　　책 이름은 '전국책모(戰國策謀)의 서(書)'라고나 할 정도의 뜻이 되는지 모르겠다. 전국시대의 12개국에서 활약한 유세객(遊說客)들의 행동과 언설(言說)이 흥미진진하게 활자화되어 있다. 전한말(前漢末) 유향(劉向)이 당시에 전해진 《국책(國策)》 《국사(國事)》 《단장(短長)》 《사어(事語)》 《장서(長書)》 《수서(修書)》 등의 여러 책을 비교 교정(校定)하여 편정(編定)한 것인데 소재적(素材的)으로는 물론 전국시대의 이야기로 보아 무방하다. 유향본(劉向本 : 33권) 외 10권본(十卷本 : 宋나라 鮑彪의 編定)이 통행본(通行本)으로서 유포되고 있다. 본서(本書)에서는 편의상 10권본을 사용했다.

명궁(名弓)과 그 상수(上手) ― 서주(西周)·난왕(赧王)

초(楚)나라에 양유기(養由基)라는 사람이 있었다. 활의 명수로, 백보 밖에서 버드나무잎을 쏘아도 백발백중이었다. 보고 있는 사람들은 다같이 잘 쏜다고 감탄들을 하고 있었는데, 마침 그곳을 지나가던 어떤 사람이,

"잘 쏘는군. 쏘는 법을 가르쳐 줄 만하겠어."

라고 말했다. 그래서 양유기가,

"다른 사람들은 모두 나를 칭찬하고 있는데, 당신만이 쏘는 법을 가르쳐 줄 만하다고 하니, 그럼 어디 한번 내게 쏘는 법을 보여주시겠습니까?"

라고 말하자, 지나가던 그 사람은 이렇게 대답했다.

"나는 뭐 당신에게 활을 쏠 때 왼쪽 손을 어떻게 버티고, 오른쪽 손을 어떻게 굽히고 하는 것을 가르쳐 줄 수 있다는 얘기가 아니오. 버들잎을 쏘아 백발백중으로 맞춘다 하더라도, 잘 맞출 수 있을 때 그만두지 않으면 이윽고는 힘이 빠지고 지쳐, 화살이 굽어서 나가게 되는 법이오. 한 발이라도 맞지 않는다면 지금까지 얻어 온 이름이 헛것이 되고 만다는 거요."

原文 楚有養由基者 善射 去柳葉者百步而射之 百發百中. 左右皆曰, 善. 有一人過曰, 善射 可敎射也矣: 養由基曰, 人皆曰善 子乃曰可敎射 子何不代射之也. 客曰, 我不能敎子支左屈右. 夫射柳葉者 百發百中 而不以善息 少焉氣力倦 弓撥矢鉤 一發不中 前功盡矣.

註解 ○養由基(양유기)―춘추시대 초(楚)나라의 대부(大夫). 양유기

(養游基)라고도 한다. 활쏘기의 명수였다. ○支左屈右(지좌굴우)－활 당기는 법. 왼손을 곧게 지탱하고 오른손을 굽힘. ○弓撥矢鉤(궁발시구)－활이 휘고 화살이 낚시바늘처럼 꺾이다. 궁절전진(弓折箭盡)과 같다.

새 그물 치는 법－동주(東周)·혜왕(惠王)

초(楚)나라 신하인 두혁(杜赫)은 초나라 장군 경취(景翠)가 주(周)나라에서 크게 대우를 받고 있다는 말을 듣고 주나라 임금에게 이렇게 말했다.

"주나라는 나라가 작기 때문에, 가지고 있는 보물을 다 써가며 제후들의 비위를 맞추려 하고는 있지만 깊이 생각을 하지 않으면 안됩니다. 비유를 든다면, 새 그물을 칠 경우, 새가 없는 곳에 쳐두면 종일 한 마리도 걸리지 않을 것이며, 새가 많이 있는 곳에 치면 도리어 새를 놀라게 만들고 마옵니다. 새가 있는지 없는지 애매한 곳에 쳐두어야만 많은 새를 잡을 수 있을 것이니이다. 지금 전하께서 너무 거물인 인물에게 호의를 보이게 되면 상대는 전하를 얕잡아보게 되고, 작은 인물에게 호의를 보이시면 기대한 효과가 나타나지 않으며, 경비만 자꾸 늘어나게 될 것이옵니다. 그러므로 전하께선 지금은 궁하게 지내지만 장차 크게 될 인물에게 호의를 보여야만 하옵니다. 그래야만 소망을 성취시킬 수 있나이다."

原文 杜赫欲重景翠於周 謂周君曰, 君之國小 盡君之重寶珠玉以事諸侯 不可不察也. 譬之如張羅者 張於無鳥之所 則終日無所得矣. 張於多鳥處 則又駭鳥矣. 必張於有鳥無鳥之際 然後能多得鳥矣. 今君將施於大人 大人輕君 施於小人 小人無可以求 又費財焉. 君必施於今之窮士 不必且爲大人者 故能得欲矣.

註解 ○杜赫(두혁)-초(楚)나라 사람. ○景翠(경취)-초나라 공족(公族)이며 대부(大夫)로 장군이기도 했다. ○張羅(장라)-강한 새그물. 질긴 새그물. 나(羅)는 그물을 가리킨다.

아내를 고르는 법 - 진(秦) · 혜문군(惠文君)

초(楚)나라 사람으로 아내를 둘 거느리고 있는 사람이 있었다. 어떤 사람이 그 중 나이 많은 여자를 꾀려 했더니, 그녀는 욕을 마구 퍼부었다. 그래서 이번엔 젊은 여자에게 말을 걸었는데 금세 솔깃해 했다.

얼마 후, 여자들은 영감이 죽었기 때문에 떳떳하게 시집을 갈 수 있게 되었다. 그래서 어느 사람이 지난번 욕심을 부리던 사람에게,

"이젠 마음대로 골라잡을 수 있게 되었네. 나이 많은 편을 취하려는가, 적은 편을 취하려는가?"

하고 물어 보았다. 그랬더니 그는,

"나이 많은 편을 얻고 싶네."

하는 것이었다.

"나이 많은 여자는 자네를 욕했고, 젊은 쪽은 자네를 좋아하지 않았나. 그런데 어째서 나이 많은 편을 얻으려 하는 건가?"

"남의 손에 있는 동안은 내게 끌리는 여자를 얻을 수밖에 없지만, 이제 내 아내가 될 바엔 나를 위해 남을 꾸짖어 주는 쪽이 바람직해서 하는 이야기일세."

原文 楚人有兩妻者 人誂其長者 長者詈之 誂其少者 少者許之. 居無幾何 有兩妻者死. 客謂誂者曰, 汝取長者乎 少者乎. 曰, 取長者. 客曰, 長者詈汝 少者和汝 汝何爲取長者. 曰, 居彼人之所 則欲其許我也, 今爲我妻 則欲爲我詈人也.

| 註解 | ○誂(조) - 꾀다. 유혹하다. ○長者(장자) - 나이 많은 사람. ○詈(리) - 꾸짖다. 욕을 하다.

병은 의원에게 - 진(秦)·무왕(武王)

유명한 편작(扁鵲)이 진무왕(秦武王)의 병을 진찰한 다음, 병난 곳을 수술하고자 했다. 그러나 시종 한 사람이,

"전하의 병은 귀 앞쪽, 눈 밑인만큼, 수술을 한다고 해서 꼭 낫는다고도 볼 수 없으며, 잘못하면 귀가 멀어지고 눈이 흐려질 염려마저 없지 않사옵니다."

라며 말렸으므로, 무왕은 그 말을 편작에게 전했다. 그러자 편작은 화가 나서 석침(石鍼)을 내던지며 말했다.

"전하께선 일을 아는 사람과 의논을 해두고는 일을 전연 모르는 사람과 그것을 깨뜨려 버리고 계시옵니다. 그런 무리들에게 진나라 정치를 맡기시게 되면 단 한 번으로 나라를 망치고 말 것이니이다."

| 原文 | 醫扁鵲見秦武王 武王示之病 扁鵲請除. 左右曰, 君之病在耳之前 目之下 除之未必已也 將使耳不聽 目不明. 君以告扁鵲 扁鵲怒而投其石曰, 君與知之者謀之 而與不知者敗之. 使此知秦國之政也 則君一擧而亡國矣.

| 註解 | ○扁鵲(편작) - 춘추시대 조(趙)나라의 정읍(鄭邑) 사람. 성은 진(秦), 이름은 월인(越人)이다. 장락군(長樂君)에게서 비방술(祕方術)을 배우고 진맥(診脈)을 잘하고 병을 잘 고치어 유명했었다. 원래 편작이란 고대 황제(黃帝) 때의 명의 이름인데 진월인이 그를 닮았다 하여 사람들이 편작이라 불렀다고 한다. ○秦武王(진무왕) - 혜문왕(惠文王)의 아들. 이름은 탕(蕩). 일찍이 역사(力士)인 오획(烏獲), 맹설(孟說) 등을 데리고

주(周)나라 도읍 낙양(洛陽)에 가서 정(鼎)을 들고 희롱하다가 그 정의 다리를 부러뜨린 일이 있다.

증삼(曾參)의 살인 — 진(秦) · 무왕(武王)

옛날 공자의 제자로, 효자로서 이름이 높은 증삼(曾參)이 비(費)란 곳에 살고 있었을 때다. 마침 같은 지방에 성과 이름이 똑같은 사람이 살고 있었는데, 그 사람이 살인을 저질렀다. 누군가가 증삼의 어머니에게로 달려와서,

"증삼이 사람을 죽였답니다."

하고 전했으나, 증삼의 어머니는,

"내 아들은 사람을 죽이거나 하지는 않아요"

라며, 태연히 베틀에서 베를 짜고 있었다. 얼마 후 또 한 사람이 달려와서,

"증삼이 사람을 죽였습니다."

하고 전했다. 그러나 어머니는 여전히 베틀에서 베만 짜고 있었다. 그런데, 얼마 후 또 다른 사람이 달려와서,

"사람을 죽인 것은 증삼이 틀림없다고 합니다."

하고 전하자, 어머니도 그만 놀라 북을 내던지고, 담을 넘어 어디론가 숨어 버렸다.

결국 증삼 같은 어진 사람으로 그 어머니의 신뢰를 받고 있으면서도, 세 사람이 의심을 하면 사랑하는 어머니로서도 더 이상 믿을 수가 없게 되는 것이다.

原文 昔者曾子處費 費人有與曾子同名族者而殺人 人告曾子母曰, 曾參殺人. 曾子之母曰, 吾子不殺人. 織自若. 有頃焉 人又曰,

208

曾參殺人. 其母尙織自若也. 頃之 一人又告之曰, 曾參殺人. 其母
懼 投杼踰牆而走. 夫以曾參之賢 與母之信也 而三人疑之 則慈母
不能信也.

[註解] ○處費(처비)-비(費)라는 땅에 살다. ○織(직)-베를 짜다. 길쌈
을 하다. ○杼(저)-베틀의 북.

가난한 집 처녀 - 진(秦) · 소양왕(昭襄王)

냇가에 사는 처녀들이 한집에 모여 길쌈을 하는데, 그 중 한 처녀가
집이 가난해서 등불을 가지고 오지 못했다. 그래서 다른 처녀들이 그
처녀를 한 패에서 따돌리려 했다. 그러자 처녀는 그 자리를 뜨면서 그
녀들에게 이렇게 말했다.

"나는 등불을 가지고 오지 못하기 때문에 언제나 남보다 먼저 와서
방을 쓸고 자리를 깔곤 했는데, 쓰고 남은 등불 빛이 사방 벽에 비
치는 것까지 그렇게 아까워할 것이 뭐람. 벽에 비치는 불빛쯤 내게
주어도 손해될 것은 없을 거야. 내가 여러 사람을 위해서 도움이 되
는 줄로 나는 알고 있는데, 어째서 나를 따돌리려는 거지?"

처녀들도 말을 듣고 보니 과연 그럴싸한지라, 그 처녀를 다시 붙들
어 두기로 했다.

[原文] 夫江上之處女 有家貧而無燭者 處女相與語 欲去之. 家貧
無燭者將去矣 謂處女曰, 妾以無燭故 常先至掃室布席 何愛餘明
之照四壁者. 幸以賜妾 何妨於處女. 妾自以有益於處女 何爲去我.
處女相語以爲然而留之.

[註解] ○江上(강상)-강가, 냇가. ○布席(포석)-자리를 펴다. ○四壁

(사벽)-사방의 벽.

바람은 이 세상에서나- 진(秦)·소양왕(昭襄王)

진나라 선태후(宣太后)는 위추부(魏醜夫)라는 사내를 사랑하고 있었다. 임종이 가까워 오자,

"내가 죽거든 위자(魏子)를 내 무덤에 순장(殉葬)하도록 해라."
하고 명령했다.

위추부가 걱정하고 있는 것을 본 용예(庸芮)가 그를 위해 태후를 설득했다.

"죽은 사람에게 아는 것이 있다고 생각하시옵니까?"

"없겠지."

"만일 태후마마께오서 총명을 가지시고, 죽은 사람에게는 아는 것이 없다고 믿고 계신다면, 살아 계실 때 아껴 사랑하던 사람을, 아는 것이 없는 죽은 사람과 함께 장사지내는 일은 없을 줄 아옵니다. 또 만일 죽은 사람에게 아는 것이 있다고 한다면, 선제(先帝)께서는 태후마마께오서 바람을 피신 것을 언제까지나 노여워하고 계실 것이므로, 태후마마께서는 저 세상에서 자기의 허물을 고치기에 여념이 없을 터인데, 어느 여가에 위추부와 정답게 지내실 수 있겠나이까?"

그래서 태후도,

"과연 그렇겠군."
하고 순장의 명령을 거두었다.

[原文] 秦宣太后愛魏醜夫. 太后病將死 出令曰, 爲我葬 必以魏子爲殉. 魏子患之. 庸芮爲魏子說太后曰, 以死者爲有知乎. 太后

210

曰, 無知也. 曰, 若太后之神靈 明知死者之無知矣 何爲空以生所
愛 葬於無知之死人哉. 若死者有知 先王積怒之日久矣 太后救過
不贍 何暇乃私魏醜夫乎. 太后曰, 善. 乃止.

註解 ○宣太后(선태후)-진(秦)나라 혜문왕(惠文王)의 첩비(妾妃)이
며, 소양왕(昭襄王)의 어머니. 초(楚)나라 출신인데 소양왕이 즉위했을 때
나이가 어리므로 섭정을 했다. ○魏醜夫(위추부)-사람 이름. 위나라 출신
으로서 추남이란 설도 있다. ○庸芮(용예)-진(秦)나라 신하. 혹은 우기
(虞其)라고도 한다.

뼈다귀 하나가 싸움의 원인 - 진(秦)·소양왕(昭襄王)

천하의 책사(策士)들이 진나라에 대항하기 위한 합종론(合從論)을
위해 조나라로 모여들어, 진나라를 공격하려 했다.

진나라 재상인 응후(應侯)는 소양왕(昭襄王)에게 이렇게 말했다.

"전하께선 괘념하지 마시옵소서. 그들의 모의를 중지시켜 보이겠나
이다. 진나라가 천하의 책사들로부터 미움받을 이유는 없사옵니다.
그런데 그들이 모여 진나라를 치려 하는 것은, 자기들의 출세가 목
적일 뿐입지요. 전하께선 저 궁전을 지키는 개들을 보시오소서. 자
고 싶은 놈은 누워 있고, 일어서고 싶은 놈은 일어서 있고, 걷고 싶
은 놈은 걷고, 가만히 있고 싶은 놈은 가만히 있을 뿐, 싸우는 놈은
하나도 없나이다. 그러나 거기에 뼈다귀를 하나 던져 주면, 갑자기
뛰어들어 서로 물어뜯으며 싸우게 되옵니다. 까닭인즉 그것을 앗으
려는 투쟁심 때문입지요."

응후는 그 길로 당수(唐睢)에게 명해서, 악대(樂隊)를 수레에 싣고
5천 금(金)을 가지고 조나라의 무안(武安)이란 도시로 가게 했다. 거
기서 크게 잔치를 벌이고 책사들을 무마하기 위해서였다.

응후는 당수에게 이렇게 당부했다.

"조나라 서울 한단(邯鄲)에 있는 책사들 가운데, 어느 녀석이 돈을 얻으러 찾아올는지는 모르지만, 그럴 경우 진나라를 치자고 주장하는 놈에게는 물론 돈을 주어서는 안되네. 돈을 주어서 좋을 사람과는 형제처럼 대우를 해야만 하네. 자네가 진나라를 위해 도움이 되게끔 해 주기만 한다면 돈의 용도는 묻지 않겠네. 돈을 다 쓰게 되면 그만큼 효과도 클 것이 아닌가. 그리고 다시 5천 금쯤 다른 사람을 시켜 보내주도록 하겠네."

당수가 무안으로 들어가서, 아직 3천 금도 채 뿌리기 전에, 책사들은 돈을 얻어 가지려고 서로 시샘을 하며 덤벼들기 시작했다.

原文 天下之士合從 相聚於趙 而欲攻秦. 秦相應侯曰, 王勿憂也. 請令廢之. 秦於天下之士 非有怨也. 相聚而攻秦者 以己欲富貴耳. 王見大王之狗 臥者臥 起者起 行者行 止者止 毋上與鬪者. 投之一骨 輕起相牙者. 何則. 有爭意也. 於是唐睢載音樂 予之五千金 居武安 高會相與飮 謂邯鄲人 誰來取者. 於是其謀者 固未可得予也 其可得予者 與之昆弟矣. 公與秦計功者 不問金之所之 金盡者功多矣. 今令人復載五千金隨公. 唐睢行 行至武安 散不能三千金 天下之士 大相與鬪矣.

註解 ○天下之士(천하지사) - 여기서 사(士)는 책사(策士). 모사(謀士). 세객(說客) 등의 의미이다. ○唐睢(당수) - 전국시대 위(魏)나라 사람. ○武安(무안) - 조(趙)나라 읍(邑).

큰 투자 - 진(秦)·효문왕(孝文王)

위(衛)나라 서울 복양(濮陽) 사람인 여불위(呂不韋)는, 조나라 서울

212

한단(邯鄲)으로 장사를 가서, 진나라에서 조나라로 인질이 되어 온 이인(異人)을 만난 일이 있었는데, 집에 돌아오자 아버지를 보고 이렇게 말했다.

"밭을 갈면 벌이는 몇 배나 되겠습니까?"

"열 배쯤 되지."

"구슬을 팔면 몇 배나 벌이가 됩니까?"

"백 배는 되겠지."

"나라의 전하를 받들어 세우면 몇 배나 벌이가 되겠습니까?"

"그야 계산할 수도 없지."

"아무리 농사일을 열심히 해보았자 호화로운 생활을 하기는 어렵지만, 만일 나라를 세우고 임금을 받들어 모신다면, 은택이 자손에게까지 미치게 될 것입니다. 한번 가서 그를 돌보아 주었으면 싶습니다. 지금 진나라 왕자 이인이란 사람이 조나라에 인질로 와 있습니다."

原文 濮陽人呂不韋 賈於邯鄲 見秦質子異人 歸而謂父曰, 耕田之利幾倍. 曰, 十倍. 珠玉之贏幾倍. 曰, 百倍. 立國家之主贏幾倍. 曰, 無數. 曰, 今力田疾作 不得煖衣餘食 今建國立君 澤可以遺世 願往事之. 秦子異人質於趙.

註解 ○濮陽(복양)－땅 이름. 한편《사기(史記)》에는 여불위가 양적(陽翟) 사람으로 되어 있다. ○呂不韋(여불위)－거상(巨商). 진(秦)나라 시황제(始皇帝)의 친부(親父). 한단(邯鄲)에 갔을 때, 자금을 털어 공작을 해서 그곳에 인질로 왔던 왕자(王子 : 子楚)를 진나라 왕이 되게 하는 한편, 자기 첩(이미 여불위의 자식을 잉태하고 있었다)을 자초에게 내준다. 그 아이가 후일 진나라 시황제가 된다.

직간자(直諫者)에게는 상상(上賞)을 주라 - 제(齊) · 위왕(威王)

추기(鄒忌)라는 제나라 재상은 키가 8척에 인물도 잘났었다. 조회에 나가기 위해 거울을 들여다보며 차비를 차리던 그는 아내에게,

"나와 성북(城北)에 사는 서공(徐公)과는 누가 더 미남일까?"

하고 물었다. 아내는,

"당신이 훨씬 잘났지요. 서공이 어떻게 당신을 당하겠어요."

라고 대답했다.

성북에 사는 서공은 제나라 제일의 미남이라는 정평이 있는 사람이었으므로, 추기는 자신이 생기지 않았다. 그래서 다시 첩에게 물어 보았다.

"나와 서공과는 누가 더 미남일까?"

"서공이 어떻게 당신을 당하겠어요."

이튿날, 한 손님이 찾아와 같이 이야기를 하던 도중,

"나와 서공과를 비교하면 누가 더 잘났을까?"

하고 물었다. 손님은,

"서공이 상공의 용모를 어떻게 당할 수 있겠습니까?"

하고 대답했다. 이튿날 서공이 찾아왔다. 자세히 뜯어볼수록 자기보다 잘난 것처럼 보였다. 그래서 다시 거울 속에 자기 얼굴을 비춰 보았으나 역시 그만은 못했다. 추기가 밤에 잠자리에 들어 생각해 보니,

'내 아내가 나를 미남이라고 한 것은 내 편을 들어서 한 이야기였고, 첩이 나를 미남이라고 한 것은 내가 무서워서 한 이야기일 게고, 손님이 나를 미남이라고 한 것은 내게서 무언가 바라고 있는 마음에서 나온 말이다.'

라는 결론을 얻게 되었다. 그래서 조회에 나가 위왕(威王)을 뵙고 이런 말을 했다.

"신은 자신이 서공만큼 잘나지 못했다는 것을 잘 알고 있나이다. 그런데 신의 처는 신의 편을 들 생각에서, 첩은 두려운 생각에서, 또 빈객(賓客)은 아첨하는 마음에서, 모두 신이 서공보다 잘났다고 말했사옵니다. 하온데 제나라는 사방이 천 리로서 백스물이나 되는 성이 있으며, 궁녀와 시신들은 모두 전하의 편을 들고 조정의 신하들은 모두 전하를 두려워하며, 국내에 있는 모든 사람들은 전하께 바라는 마음을 가지고 있습지요. 그러고 보면 전하께선 완전히 눈이 가려져 있는 것이 되옵니다."

위왕은 과연 그렇겠다는 생각이 들어 즉시 명령을 내렸다.

"뭇신하들과 관리나 백성들로 능히 과인의 잘못을 직간(直諫)하는 사람에게는 상상(上賞)을 주고, 글로써 과인에게 간하는 사람에겐 중상(中賞)을 주고, 사람들이 듣는 앞에서 과인을 비난하여 그 말이 과인의 귀로 들어오게끔 한 사람에겐 하상(下賞)을 주리라."

原文　鄒忌修八尺有餘 身體昳麗. 朝服衣冠 窺鏡 謂其妻曰, 我孰與城北徐公美. 其妻曰, 君美甚 徐公何能及君也. 城北徐公 齊國之美麗者也 忌不自信 而復問其妾曰, 吾孰與徐公美. 妾曰, 徐公何能及君也. 旦日 客從外來 與坐談 問之客曰, 吾與徐公孰美. 客曰, 徐公不若君之美也. 明日, 徐公來 孰視之 自以爲不如 窺鏡而自視 又弗如遠甚. 暮寢而思之 曰, 吾妻之美我者 私我也. 妾之美我者 畏我也. 客之美我者 欲有求於我也.

於是入朝見威王曰, 臣誠知不如徐公美. 臣之妻私臣 臣之妾畏臣 臣之客欲有求於臣 皆以美於徐公. 今齊地方千里 百二十城 宮婦左右 莫不私王 朝廷之臣 莫不畏王 四境之內 莫不有求於王. 由此觀之 王之蔽甚矣. 王曰, 善. 乃下令 羣臣吏民 能面刺寡人之過者 受上賞, 上書諫寡人者 受中賞 能謗議於市朝 聞寡人之耳者受下賞.

[註解] ○城北徐公(성북서공)-성북은 제(齊)나라의 도읍, 임치(臨淄)의 북쪽. 서공은 당시 미남으로 이름높았던 사람이다.

농부의 횡재 - 제(齊) · 선왕(宣王)

제나라가 위(魏)나라를 치려고 했을 때, 순우곤(淳于髡)은 제나라 왕에게 이렇게 간했다.

"한자로(韓子盧)는 천하에 유명한, 걸음 빠른 개였고, 동곽준(東郭逡)은 세상에서 둘도 없이 날랜 토끼였나이다. 그 한자로가 동곽준을 뒤쫓아, 산을 세 바퀴 돌고 다섯 번 산을 뛰어오른 끝에, 토끼는 앞에서 힘이 빠지고, 개는 뒤에서 지쳐 둘이 똑같이 넘어져 죽고 말았사옵니다. 그래서 마침 지나가던 농부가 개와 토끼를 다 함께 잡는 횡재를 하게 되었다고 하나이다. 그런데 제나라와 위나라는 오래도록 힘을 겨루어 다같이 군사를 약하게 만들고 백성을 지치게 하고 있는데, 신이 염려하는 것은 강한 진나라와 큰 초나라가 뒤에서 틈을 엿보며 농부와 같은 횡재를 꿈꾸고 있지나 않을까 하는 점이옵니다."

제왕은 두려운 생각에서 곧 장군을 돌아오게 하고, 군사들을 쉬도록 시켰다.

[原文] 齊欲伐魏 淳于髡謂齊王曰, 韓子盧者 天下之疾犬也 東郭逡者 海內之狡兎也. 韓子盧逐東郭逡 環山子三 騰山者五 兎極於前 犬廢於後 犬 兎俱罷 各死其處. 田父見之 無勞勸之苦而擅其功. 今齊 魏久相持 以頓其兵 弊其衆 臣恐强秦 大楚承其後 有田父之功. 齊王懼 謝將休士也.

216

註解 ○淳于髡(순우곤)－제(齊)나라의 골계가(滑稽家). ○韓子盧(한자로)－한(韓)나라 산(産)의 검은색 명견(名犬). 한로(韓盧)라고도 한다. ○東郭逡(동곽준)－교활한 토끼.

자업자득(自業自得)－제(齊)·선왕(宣王)

관연(管燕)이 제나라 임금으로부터 책망을 받았다. 그래서 가까이 있는 부하들에게,

"그대들 중에 누가 나와 함께 제나라를 도망쳐 다른 나라로 갈 사람은 없는가?"

하고 물었으나, 모두 잠자코 대답이 없었다. 관연은 눈물을 뚝뚝 떨어뜨리며,

"참으로 슬픈 일이다. 선비란 손에 넣기는 쉬워도, 좀체로 소용이 닿지 않는 것이로구나."

하고 한탄했다. 그러자 전수(田需)라는 사람이 이렇게 대답했다.

"선비들은 하루 세 끼를 제대로 먹기 힘든데, 댁에서 기르고 있는 거위는 싫도록 먹고 남는 것이 있습니다. 안채의 부인과 첩들은 엷은 비단, 흰 비단을 차려입고, 무늬 비단과 속이 비치는 비단을 끌고 다니는데, 선비들은 그런 것으로 옷의 단조차 두를 수 없습니다. 그리고 재물은 주인된 사람이 가볍게 알아야 할 물건이요, 죽음은 선비된 사람이 소중히 여기는 바입니다. 그런데 당신은 가볍게 알아야 할 것을 선비들에게 주지도 않으며, 다만 선비들이 소중히 알고 있는 것으로 당신을 섬겨 주기만을 바라고 있는 것입니다. 선비가 얻기만 쉽고 소용이 닿지 않는 것이라서 그런 건 아닙니다."

原文 管燕得罪齊王 謂其左右曰, 子孰與我赴諸侯乎. 左右嘿然

莫對. 管燕連然流涕曰, 悲夫. 士何其易得而難用也. 田需對曰, 士
三食不得饜 而君鵝鶩有餘食 下宮糅羅紈 曳綺縠 而士不得以爲
緣. 且財者 君之所見 死者 士之所重. 君不肯以所輕與士 而責士
以所重事君. 非士易得而難用也.

註解　○管燕(관연) - 전국시대 제(齊)나라의 신하. ○田需(전수) - 제나
라의 공족(公族). 일찍이 위(魏)나라 재상(宰相)을 역임했었다. ○三食(삼
식) - 세 끼니의 밥. ○饜(염) - 실컷 먹다. 포식하다.

사족(蛇足) - 제(齊) · 민왕(閔王)

초나라 대신인 소양(昭陽)은 초나라를 위해 위(魏)나라를 쳐, 적군
을 무찌르고 장수를 죽여 여덟 개의 성을 함락시킨 다음, 내친 김에 군
사를 돌려 제나라를 치려 했다.

제나라 대신인 진진(陳軫)은 제나라를 위해 사신이 되어 소양을 만
나자, 두 번 절하고 승전을 축하한 다음, 몸을 일으켜 이렇게 물었다.

"초나라 국법에서는 적군을 깨뜨리고 적장을 죽인 사람에 대해 어
떤 벼슬과 작위를 내리게 됩니까?"

"벼슬은 상주국(上柱國), 작위로는 상집규(上執珪)를 내리게 됩니다."

"그보다 더 귀한 자리는 무엇이옵니까?"

"다음은 영윤(令尹)뿐입니다."

"영윤은 높은 자리이므로, 초왕도 영윤을 둘씩 두지는 않을 줄 압니
다. 내 장군을 위해 비유를 들어 참고의 말씀을 드릴까 하는데 들어
주시겠습니까? 초나라에서 어느 사람이 제사를 지내고, 가까운 부
하들에게 제사 술을 한 병 내주었습니다. 부하들은 '여럿이서 나누
어 마시면 얼마 돌아가는 것이 없겠으니, 우리 땅바닥에 뱀 그리기
내기를 해서, 제일 먼저 그리는 사람이 혼자 다 마시기로 하자는 결

218

정을 보게 되었습니다. 한 사람이 뱀을 남보다 먼저 그리고는, 왼손으로 술병을 잡아당기고 오른손으로 뱀의 발을 그리며 '나는 발까지 붙일 수 있다'고 했습니다. 그러나 그가 발을 다 그리기 전에, 다른 한 사람이 뱀을 다 그리더니, 먼저 사람이 잡은 술병을 낚아채며 '뱀에게는 원래 발 같은 것이 없다. 없는 발을 그릴 수는 없는 것이다'하고 술을 마셔 버렸습니다. 뱀의 발까지 그리려던 사람은 결국 술을 못 마시고 말았습니다.

　그런데 지금 장군께선 초나라 대신으로서 위나라를 쳐서, 적군을 깨뜨리고 적장을 죽인 다음, 여덟 개의 성을 앗았습니다. 그런데도 군사들이 지쳐 있는 것을 생각하지 않으시고 다시 제나라를 치려 하시는데, 제나라에서는 장군의 군사가 오는 것을 대단히 무서워하고 있습니다. 이미 세운 공만으로도 이름을 빛나게 하기에는 충분합니다. 벼슬도 지금보다 더 높게 될 수는 없을 것입니다. 싸워서 지는 일이 없다 하여 적당한 시기에 그칠 줄을 모른다면, 결국은 그 몸을 잃게 되고, 작위도 다음 사람의 것이 되고 말 것입니다. 쉽게 말해 뱀의 발을 그리는 것과 같은 것이 아닐는지요?"

소양도 과연 그럴 것만 같은 생각에서 곧 군사를 모아 물러가고 말았다.

原文　昭陽爲楚伐魏 覆軍殺將 得八城 移兵而攻齊. 陳軫爲齊王使 見昭陽 再拜賀戰勝 起而問, 楚之法 覆軍殺將 其官爵何也. 昭陽曰, 官爲上柱國 爵爲上執珪. 陳軫曰, 異貴於此者何也. 曰, 唯令尹耳. 陳軫曰, 令尹貴矣 王非置兩尹也. 臣竊爲公譬可也 楚有祠者 賜其舍人巵酒 舍人相謂曰, 數人飲之不足 一人飲之有餘 請畫地爲蛇 先成者飲酒. 一人蛇先成 引酒且飲之 乃左手持巵 右手畫蛇曰, 吾能爲之足. 未成 一人之蛇成 奪其巵曰, 蛇固無足 子

安能爲之足. 遂飮其酒. 爲蛇足者 終亡其酒. 今君相楚而攻魏 破
軍殺將 得八城 不弱兵 欲攻齊 齊畏公甚 公以是爲名 足矣. 官之
上 非可重也. 戰無不勝 而不知止者 身且死 爵且後歸 猶爲蛇足
也. 昭陽以爲然 解軍而去.

註解 ㅇ昭陽(소양)-초(楚)나라의 공족(公族) 대부(大夫). 전쟁에 공
이 있어 상주국(上柱國)이 되었고 그후 회왕(懷王) 때 재상이 되었다. ㅇ
陳軫(진진)-춘추시대 진(秦)나라를 섬겼던 유세객. 뒤에 초나라 재상이
되고 영천후(潁川侯)에 봉해졌다. ㅇ슈尹(영윤)-초나라의 관직명. 다른
나라의 승상(丞相)에 해당한다.

바다의 큰 고기 - 제(齊)·민왕(閔王)

정곽군(靖郭君)이 자기의 봉읍인 설(薛)에 성을 쌓으려고 했다. 많
은 빈객(賓客)들이 그 일을 말리려고 했으므로, 정곽군은 일체 빈객들
을 들여보내지 못하도록 명령을 내렸다. 그런데 제나라 사람 하나가,
"저는 꼭 세 마디만 말씀을 드리겠습니다. 한 마디라도 더 말을 하
게 되면 그때는 기름 가마에 집어넣어도 좋습니다."
하고 사정을 한다 하므로, 정곽군은 그를 들여보내라는 허락을 내렸다.
그랬더니 그 빈객은 총총히 걸어 들어와,
"바다의 큰 고기[海大魚]!"
라고 외치고는 곧 물러서고 말았다. 정곽군이,
"그것이 무엇을 뜻하는 거요?"
하고 묻자,
"저는 목숨을 놓고 장난을 치고 싶지는 않습니다."
하고 대답하기를 거절하므로,

220

"기름 가마에 집어넣으라고는 하지 않을 테니 설명을 하시오."
했더니, 그 빈객은 이렇게 대답했다.

"나리께서도 큰 고기를 아시지 않습니까. 큰 고기는 그물에도 걸리
지 않고 낚시에도 걸려들지 않습니다. 그러나 물 밖으로 튀어나와
버리면 땅강아지와 개미들도 마음대로 할 수 있습니다. 그런데 제
나라는 나리에게는 물과 같습니다. 나리께서 제나라를 잘 보존하고
계시다면, 설 땅을 감히 누가 어떻게 하지는 못할 것입니다. 그러나
만일 제 나라를 잃게 된다면, 비록 설 땅의 성을 하늘까지 높이 쌓
아 본대도 아무 소용이 닿지 않을 것입니다."

정곽군도 듣고 보니 과연 그럴 것만 같아, 곧 설 땅의 축성(築城)을
중지했다.

原文 靖郭君將城薛 客多以諫. 靖郭君謂謁者無爲客通. 齊人有
請者 曰, 臣請三言而已矣. 益一言 臣請烹. 靖郭君因見之. 客趨
而進曰, 海大魚. 因反走. 君曰, 客有於此. 客曰, 鄙臣不敢以死爲
戲. 君曰, 亡 更言之. 對曰, 君不聞大魚乎. 網不能止 鉤不能牽
蕩而失水 則螻蟻得意焉. 今失齊亦君之水也, 君長有齊陰 奚以薛
爲. 失齊 雖隆薛之城到於天 猶之無益也. 君曰, 善. 乃輟城薛.

註解 ○靖郭君(정곽군) - 제(齊)나라 위왕(威王)의 막내아들. 유명한
맹상군(孟嘗君)의 아버지이며 이름은 전영(田嬰)이다. ○薛(설) - 정곽군
의 봉지(封地). 산동성 등현(滕縣). ○謁者(알자) - 관명(官名). 빈객을 안
내하여 군주에게 접견시키는 일을 맡았었다.

흙 인형과 나무 인형 - 제(齊)·민왕(閔王)

맹상군(孟嘗君)이 진나라로 가려 할 때, 무수한 사람들이 가지 못하

도록 말렸으나 듣지 않았다.

이때 소진(蘇秦)의 동생 소대(蘇代) 역시 맹상군의 생각을 돌리려
하고 있었다.

하지만 맹상군은,

"세상일이라면 나도 알 만큼은 다 알고 있소. 모르는 것은 죽은 뒤
의 일이오."

하며, 미리부터 만나기를 거절했다.

"제가 찾아온 것은, 세상일이 아니라 바로 죽은 뒤의 일을 말씀드리
기 위해서입니다."

소대가 이렇게 나오므로, 맹상군은 그를 만나보기로 했다.

소대는 맹상군을 보고 이렇게 말했다.

"이번에 제가 이리로 오며, 치수(淄水) 근처를 지나고 있노라니 흙
인형〔土偶人〕이 복숭아나무로 만든 나무 인형〔木偶人〕과 서로 이
야기를 주고받고 있었습니다. 나무 인형이 흙 인형에게 '너는 이 강
서쪽 기슭의 흙이다. 물로 반죽을 해서 사람의 모양을 하고는 있지
만, 8월이 되어 장마비가 내려 치수 강물이 넘치게 되면 그때는 흔
적마저 없어지겠지'하고 놀려 주자, 흙 인형은 '무슨 소리를 하는 거
냐. 나는 서쪽 기슭의 흙이므로 다시 흙이 되어 서쪽 기슭으로 돌아
갈 뿐이다. 그러나 너는 동국(東國)의 복숭아나무로 만든 인형이
아니냐. 칼로 새겨 사람의 모양은 하고 있지만, 비가 와서 치수가
넘치게 되면, 너는 물에 둥둥 떠서 어디로 떠내려가게 될지 모르지
않느냐'라며 반박을 했습니다. 그런데 지금 진나라는 사방이 요새
처럼 되어 있는 나라로, 비유해 말하면 호랑이 입이나 다름이 없습
니다. 만일 군께서 그리로 들어가신다면 다시 나오실 수 있을지 의
심스럽습니다."

그래서 맹상군은 진나라로 가는 것을 중지했다.

222

原文   孟嘗君將入秦 止者千數而弗聽. 蘇秦欲止之. 孟嘗曰, 人
事者吾已盡知之矣 吾所未聞者獨鬼事耳. 蘇秦曰, 臣之來也 固不
取言人事也 固且以鬼事見君. 孟嘗君見之 謂孟嘗君曰, 今者臣來
過於淄上 有土偶人與桃梗相與語 桃梗謂土偶人曰, 子西岸之土也
挺子以爲人 至歲八月 降雨下 淄水至 則汝殘矣. 土偶曰, 不然.
吾西岸之土也 土則復西岸耳. 今子東國之桃梗也 刻削子以爲人
降雨下 淄水至 流子而去 則子漂漂者將何如耳. 今秦四塞之國 譬
若虎口 而君入之 則臣不知君所出矣. 孟嘗君乃止.

註解   ○孟嘗君(맹상군)-제(齊)나라 재상. ○蘇秦(소진)-실은 소진의
동생인 소대(蘇代). 소진은 이미 죽은 지 10여 년이 되었을 때 맹상군이
진나라에 가려고 했다는 기록이 《사기(史記)》에도 실려 있다. 소진과 소
대 형제는 모두 유명한 유세가(遊說家)들이었다. ○土偶人與桃梗(토우인
여도경)-흙으로 만든 인형과 나무로 만든 인형. 《사기》에는 '목우인여토
우인(木偶人與土偶人)'이라고 되어 있고, 그 주(注)에 '소대가 흙 인형을
경양군에게 비하고, 나무 인형을 맹상군에게 비했다(蘇代以土偶比涇陽君,
木偶比孟嘗君)'고 되어 있다. 도경(桃梗)은 귀한 나무로 만든 나무 인형
을 가리킴이다.

적재적소(適在適所)-제(齊)·민왕(閔王)

맹상군이 식객들 중에서 마음에 들지 않는 사람들을 내쫓을 생각을
하고 있는데, 노련(魯連)이란 빈객(賓客)이,
"원숭이도 나무에서 내려와 물로 오게 되면 고기나 자라를 따르지 못
하고, 천리마도 험한 곳을 넘는 데는 여우나 너구리를 당하지 못합니
다. 조말(曹沫) 같은 용사가 석 자 칼을 휘두르면 일군(一軍)이 다 덤
벼들어도 대적하기 어렵지만, 그 조말에게 석 자 칼을 버리고, 대신

삽이나 괭이를 들고 농부들과 함께 농사일을 하도록 하면 농부에게
미치지 못합니다. 결국 장점을 버리고 단점을 들기로 말하면, 요(堯)
와 같은 성인도 모자라는 곳이 있는 법입니다. 그런데 사람을 쓰면서
쓸모가 없으면 무능하다고 말하고, 사람을 가르치면서 이해가 빠르지
못하면 둔하다 하여, 둔하기 때문에 그만두게 하고 무능하니까 버리
기로 말하면, 그들이 함께 합세하여 화풀이를 하려 들 수도 있는 일입
니다. 세상에 자랑스럽지 못한 본보기가 되지나 않을는지요."
하므로, 과연 그럴 것만 같은 생각에서 '좋소'하며 내쫓는 것을 보류하
게 되었다.

原文　孟嘗君有舍人而弗悅　欲逐之. 魯連謂孟嘗君曰, 猿獼猴錯
木撤水　則不若魚鱉　歷險乘危　則騏驥不如狐狸. 曹沫之奮三尺之
劍　一軍不能當　使曹沫釋其三尺之劍而操銚鎒　與農夫居壟畝之中
則不若農夫. 故物舍其所長　之其所短　堯亦有所不及矣. 今使人而
不能　則謂之不肖, 敎人而不能　則謂之拙, 拙則罷之　不肖則棄之
使人有棄逐不相與處·而來害相報者. 豈非世之立敎首也哉. 孟嘗
君曰, 善　乃弗逐.

註解　○魯連(노련)－전국시대 제(齊)나라 사람으로서 노중달(魯仲達)
이라고도 한다. 평원군(平原君)이 천 금을 주며 장수(長壽)를 축하했지만
받지 않았고 고고하게 살아갔다. ○曹沫(조말)－춘추시대 노(魯)나라의
장군. 용맹함으로 이름을 떨쳤다.

필연의 이치－제(齊)·민왕(閔王)

맹상군이 재상의 자리에서 쫓겨났다가 다시 돌아오게 되었다.
담습자(譚拾子)가 멀리 마중나와 맹상군에게 물었다.

224

"상공께선 제나라 고관들을 미워하고 계시겠지요?"

"물론이지."

"죽여 분풀이라도 하실 생각이십니까?"

"그럴 생각이오."

"일에는 반드시 오는[必至] 것이 있고, 이치에는 반드시 그런[必然] 것이 있는데 아십니까?"

"모르오."

"반드시 오는 것은 죽음이며, 반드시 그런 것은 부귀하면 사람이 모여들고, 빈천하게 되면 떠나가는 것입니다. 시장을 예로 들겠습니다. 시장은 아침에는 사람들이 꽉 차 있지만 저녁이면 텅 비게 됩니다. 아침이라서 시장이 좋고, 저녁이라서 시장이 미워서 그런 것은 아닙니다. 필요한 것을 얻기 위해 모여들었다가 필요로 하는 것이 없기 때문에 가버리는 것뿐입니다. 바라옵건대 상공께서도 떠나버린 그들을 괘씸하게 생각하지 마십시오."

맹상군도 그 말을 듣자, 미리 준비해 두었던 보복 대상자의 명단 5백을 꺼내 없애 버린 다음, 두 번 다시 입밖에 내지 않았다.

原文 孟嘗君逐於齊而復反 譚拾子迎之於境 謂孟嘗君曰, 君得無有所怨齊士大夫. 孟嘗君曰, 有. 君滿意殺之乎. 孟嘗君曰, 然. 譚拾子曰, 事有必至 理有固然 君知之乎. 孟嘗君曰, 不知. 譚拾子曰, 事之必至者 死也. 理之固然者 富貴則就之 貧賤則去之. 此事之必之 理之固然者. 請以市諭 市朝則滿 夕則虛. 非朝愛市而夕憎之也 求存故往 亡故去. 願君勿怨. 孟嘗君乃取所怨五百牒削去之 不敢以爲言.

註解 ○逐(축)-쫓겨나다. ○復反(복반)-다시 돌아오다. ○譚拾子(담

습자)-제(齊)나라의 신하. ㅇ事有必至(사유필지)-일에는 반드시 오는
것이 있다. ㅇ富貴則就(부귀즉취)-부귀하면 (사람들이) 모여든다. ㅇ貧
賤則去(빈천즉거)-빈천하면 (사람들이) 떠나간다.

여우와 범-초(楚)·선왕(宣王)

초선왕(楚宣王)이 군신들에게,

"북쪽 나라들은 초나라 재상 소해휼(昭奚恤)을 무서워하고 있다는
데, 그 까닭을 아는가?"

하고 물었다. 그러나 대답하는 사람이 아무도 없었다. 그러자 강일(江
一)이 나아가 말했다.

"범은 온갖 짐승들을 찾아다니며 이것들을 잡아먹나이다. 언젠가
여우를 잡았더니 여우는 이렇게 말했습지요. '당신은 나를 잡아먹
으면 안되오. 상제께선 나를 모든 짐승의 왕으로 만드셨소. 만일
당신이 나를 해치게 되면 상제의 뜻을 거역하게 되는 거요. 만일
내 말이 거짓말처럼 생각되거든, 내가 당신의 앞장을 서서 걸어갈
테니 당신은 내 뒤를 따라오며 모든 짐승들이 나를 보고 도망을
치는가 안치는가 확인을 해보시오.' 범은 과연 그렇겠다 싶어, 여
우를 앞세우고 뒤따라 나섰다 하옵니다. 짐승들은 모두 보는 대로
도망쳐 달아났습지요. 범은 짐승들이 저를 무서워해서 달아나는
줄은 모르고, 여우의 말을 그대로 믿게 되었나이다. 그런데 지금
초나라의 영토는 사방 5천 리나 되고, 군사가 백만이나 되는데, 그
것을 오로지 소해휼에게만 맡겨놓고 계시옵니다. 그러므로 북방
나라들이 그를 두려워하고 있는 것은 실상 전하의 백만 대군을 무
서워하고 있는 것으로, 마치 모든 짐승들이 범을 무서워하는 것과
같은 이치이니이다."

226

原文 荊宣王問群臣曰, 吾聞北方之畏昭奚恤也 果誠何如. 群臣莫對. 江一對曰, 虎求百獸而食之 得狐. 狐曰, 子無敢食我也. 天帝使我長百獸 今子食我 是逆天帝命也. 子以我爲不信 吾爲子先行 子隨我後 觀百獸之見我而敢不走乎. 虎以爲然 故遂與之行. 獸見之皆走. 虎不知獸畏己而走也 以爲畏狐也. 今王之地方五千里 帶甲百萬 而專屬之昭奚恤. 故北方之畏奚恤也 其實畏王之甲兵也 猶百獸之畏虎也.

註解 ○荊(형)－초(楚)나라의 본디 이름. 형만(荊蠻)이라고 하였다. ○宣王(선왕)－초나라 선왕. 이름은 양부(良夫). 초나라 회왕(懷王)의 조부이다. ○北方(북방)－초나라의 북쪽. 즉 제(齊)·조(趙)·한(韓)·위(魏)나라 등. ○昭奚恤(소해휼)－초나라의 승상이었던 소헌(昭獻).《사기(史記)》에는 소어(昭魚)로 기록하고 있다. ○江一(강일)－강을(江乙). 원래 위(魏)나라 사람이었는데 초나라에 와서 벼슬을 하고 있었다.

우물에 오줌을 싼 개－초(楚)·선왕(宣王)

강을(江乙)이 소해휼(昭奚恤)을 헐뜯어 초나라 왕에게 이렇게 말했다. "밤에 도둑을 잘 지킨다고 해서 개를 몹시 사랑하는 사람이 있었나이다. 어느 때, 그 개가 우물에 오줌을 싸는 것을 본 이웃 사람이 그것을 주인에게 일러주려고 찾아갔던바, 개가 그를 미워한 나머지 대문간에서 물어 죽이고 말았습지요. 그것을 본 이웃 사람들은 겁이 나서 다시는 주인에게 이를 생각을 못하고 말았다 하옵니다. 그런데 진나라가 조나라 서울 한단(邯鄲)을 쳤을 때, 만일 초나라가 군사를 전진시켰더라면, 위(魏)나라 서울 대량(大梁)을 손에 넣을 수 있었을 텐데, 소해휼은 위나라의 보물을 뇌물로 받고 보류하고 말았나이다. 소신이 위나라에 있을 때 그 내막을 잘 알았으므로, 소해휼은 언제나 소신이 전하를 뵙는 것을 꺼리고 있는 것이옵니다."

原文 江乙惡昭奚恤 謂楚王曰, 人有以其狗爲有執而愛之. 其狗 嘗溺井 其鄰人見狗之溺井也 欲入言之. 狗惡之 當門而噬之 鄰人 憚之 遂不得入言, 邯鄲之難 楚進兵 大梁取矣 昭奚恤取魏之寶器 以臣居魏知之 故昭奚恤常惡臣之見王.

註解 ○江乙(강을)-강일(江一)이라고도 한다. 원래는 위(魏)나라 사 람인데 초나라에 와서 벼슬을 했다. ○溺井(요정)-우물에 오줌을 누다. 요(溺)의 음은 '익'이 아닌 '요'. ○大梁(대량)-위나라의 도읍. 그래서 위 나라를 양(梁)나라라고 부르는 경우가 있다. 《맹자(孟子)》〈양혜왕장구 (梁惠王章句)〉등이 그 예이다.

표정은 못 속인다 - 초(楚) · 선왕(宣王)

영(郢) 사람으로, 3년 동안이나 형사 사건으로 곤란을 받고 있는 사 람이 있었다. 그래서 계책을 써서, 사람을 시켜 자기 집을 불하(拂下) 하게 해 달라는 청을 넣어 봄으로써, 죄가 있나 없나를 알아보려 했다 (죄가 있으면 집이 몰수당하게 되므로 남이 불하를 받을 수 있으니까).

소해휼(昭奚恤)의 빈객 한 사람이 그 부탁을 받고, 소해휼에게,

"아무개의 집을 제게 불하해 주시면 감사하겠습니다."

하고 청을 넣어 보았다. 그랬더니 소해휼은,

"그 사람은 죄를 범한 것으로는 되어 있지 않기 때문에 집을 불하 할 수가 없소."

하고 거절했다. 빈객은 하직 인사를 하고 물러나왔다. 소해휼은 그 빈 객을 못마땅하게 여긴 끝에 뒷날 그를 조용히 꾸짖었다.

228

"나는 당신을 친절히 대하고 있는데, 당신은 어째서 내게 농간을 부리는 거요?"

빈객이,

"제가 어찌 감히 농간을 부릴 리 있겠습니까?"

하고 시치미를 떼자, 소해휼은 이렇게 말했다.

"내게 청을 했다가 거절을 당하고도 만족한 표정을 지었으니, 농간을 부린 것이 아니고 무엇이겠소."

原文 郢人有獄 三年不決者 故令請其宅 以卜其罪. 客因爲之謂昭奚恤曰, 郢人某氏之宅 臣願之. 昭奚恤曰, 郢人某氏 不當服罪 故其宅不得. 客辭而去. 昭奚恤已而悔之, 因謂客曰, 奚恤得事公 公何爲以故與奚恤. 客曰, 非用故也. 曰, 謂而不得有說色 非故如何也.

註解 ○郢(영)-초(楚)나라의 도읍.

뇌물의 효과-초(楚)·회왕(懷王)

장의(張儀)는 초나라로 갔으나 여전히 가난하기만 했다. 따르던 하인이 화가 나서 하직 인사를 하고 떠나려 하자, 장의는 이렇게 말했다.

"너는 아마 떨어진 옷이 싫어서 돌아가려는 것이겠지만, 내가 초나라 전하를 만나뵐 때까지만 기다려다오."

그 무렵, 초나라에서는 남후(南后) 정수(鄭袖)라는 회왕(懷王)의 애첩이 왕의 사랑을 독차지하다시피 하고 있었다. 장의가 회왕을 만났으나 왕은 별로 반가워하는 기색이 없었다. 그래서 장의는 이렇게 말을 걸었다.

"전하께선 제게 대해 별로 시키실 일이 없으신 모양이므로 북쪽에
가서 진(晉)나라 왕을 만나뵀으면 하옵니다."

"그것도 좋겠지요."

"혹시 진나라에 무엇인가 바라고 계신 것은 없으신지요?"

"초나라에는, 황금도 구슬도 코뿔소의 뿔도 상아도 다 나고 있으므
로, 별로 진나라에서 얻었으면 하는 것은 없소."

"그러고 보니 대왕께선 미인도 그리 좋아하시는 편이 아니신 모양
이로군요?"

"그건 무슨 소리요?"

"진나라로 가는 길목의 정나라와 주나라 여자들이 단장을 하고 거
리에 서있을 때면, 모르는 사람들은 선녀가 아닌가 착각을 할 정도
라서 드리는 말씀이옵니다."

"초나라는 변방이라, 아직 그토록 아름다운 중원(中原) 여자를 본 일
은 없소. 그런 미인을 만난다면야 난들 좋아하지 않을 리가 없지요."

그래서 회왕은 장의에게 노자와 보석을 주었다.

남후 정수는 그 소문을 듣자 놀라 어쩔 줄을 몰랐다. 남후는 사람을
장의에게 보내어,

"장군께서 진나라로 가신단 말씀을 듣고, 마침 황금 천 근이 있기에
가시는 동안 노자에 보태 쓰시라고 5백 근을 드립니다."

라고 말하게 하고, 전해 주도록 했다.

그후 장의는 왕에게 하직 인사를 차리러 가서,

"천하에는 관문이 굳게 닫혀 있는지라, 언제쯤 뵙게 될지 알 수 없
나이다. 대왕께서 내리시는 하직 술잔을 받고 싶사옵니다."

하고 청하므로, 왕도,

"그럽시다."

라며 술잔을 들게 했다. 장의는 술을 마시던 도중, 일어나 두 번 절하

230

고 이런 말을 했다.

"여기는 다른 사람이 있는 것도 아니오니, 대왕께서 사랑하시는 왕
후마마를 부르시와 저로 하여금 잔을 올리게 해 주시오소서."

"그것도 좋겠지."

하고, 왕은 남후 정수를 불러 잔을 들게 했다. 그러자 장의는 다시 두
번 절을 하고 나서,

"저는 대왕께 큰 죄를 지었나이다."

하고 말했다. 왕이,

"무슨 말이오?"

하고 묻자, 장의는 이렇게 대답했다.

"저는 천하를 두루 돌아다니고 있습니다만, 지금까지 이토록 아름다
운 분을 뵈온 적은 없나이다. 저는 그런 줄도 모르고 미인을 구해 오
겠다고 말씀을 드렸사옵니다. 이것은 전하를 속인 것이 되옵니다."

그러자 왕은,

"조금도 미안하게 생각할 것 없소. 나도 처음부터 이 세상에 둘도
없는 사람임을 알고 있었으니까."

하고 좋아했다.

原文 張儀之楚 貧 舍人怒而歸. 張儀曰, 子必以衣冠之敝 故欲
歸 子待我爲子見楚王. 當是之時 南后鄭袖貴於楚. 張子見楚王
楚王不說. 張子曰, 王無所用臣 臣請北見晉君. 楚王曰 諾. 張子
曰, 王無求於晉國乎. 王曰, 黃金 珠璣 犀 象出於楚 寡人無求於
晉國. 張儀曰, 王徒不好色耳. 王曰, 何也. 張子曰, 彼鄭 周之女
粉白墨黑 立於衢閭 非知而見之者 以爲神. 楚王曰, 楚僻陋之國
也 未嘗見中國之女如此其美也. 寡人之獨何爲不好色也. 乃資之
以珠玉.

南后鄭袖聞之 大恐 令人謂張子曰, 妾聞將軍之晋國 偶有金千
斤 進之左右 以供芻秣. 鄭袖亦以金五百斤. 張子辭楚王曰, 天下
關閉不通 未知見日也 願王賜之觴. 王曰, 諾. 乃觴之. 張子中飮
再拜而請曰, 非有他人於此也 願王召所便習而觴之. 王曰, 諾. 乃
召南后鄭袖而觴之. 張子再拜而請曰, 儀有死罪於大王. 王曰, 何
也. 曰, 儀行天下徧矣 未嘗見人如此其美也. 而儀言得美人 是欺
王也. 王曰, 子釋之 吾固以爲天下莫若是兩人也.

註解 ○南后(남후) – 초(楚)나라 회왕(懷王)의 애첩인 정수(鄭袖)의 호
(號). ○晋(진) – 전국시대에 접어들면서 진(晋)나라는 한(韓)·위(魏)·초
(楚) 등, 세 나라로 나뉜다. 그래서 흔히 삼진(三晋)이라고도 한다. ○珠
璣(주기) – 주(珠)는 진주(珍珠) 중에 둥근 것. 기(璣)는 모가 난 것. ○犀
(서) – 서각(犀角). ○象(상) – 상아(象牙). ○中國(중국) – 여기서는 황하
(黃河) 유역의 중심부를 가리킨다. 초나라가 남부에 치우쳐 있으므로 정
(鄭)나라·주(周)나라 등을 일컬어 중국이라고 부른 것이다. ○將軍(장군)
– 장의가 일찍이 진(秦)나라 혜왕(惠王) 13년에 군사를 이끌고 한(韓)나
라를 친 일이 있었으므로 이렇게 부른 것이다.

숨은 질투 – 초(楚)·회왕(懷王)

위(魏)나라 왕이 초나라 왕에게 미녀를 선사하자 초나라 왕은 그 미
녀를 귀여워했다. 총희 정수(鄭袖)는 왕이 새 사람을 좋아하는 것을
보자, 짐짓 그녀를 같이 귀여워하며, 옷과 노리개 무엇이든 그녀가 원
하는 것을 골라 주는 등, 왕보다도 더 귀여워했다.

왕은 그것을 보고 이렇게 말했다.

"여자가 남편을 섬기는 수단은 아름다움이므로, 질투는 피치 못할
자연의 감정이다. 그런데 지금 정수는 내가 새 사람을 좋아하는 줄

알자 나보다도 더 귀여워하고 있으니, 이것은 어버이를 섬기는 효
자의 마음이요 임금을 섬기는 충신의 생각이야."

정수는 왕이 자기를 믿고 있는 줄을 알자, 새 사람을 보고 이렇게
일렀다.

"전하께서는 자네의 아름다운 얼굴을 좋아하고 계시네. 하지만 자네
의 그 코만은 싫어하시거든. 그러니 전하를 뵐 때는 코만 살짝 가리도
록 하게."

그래서 새 미인은 왕을 뵐 때마다 자신의 코를 가렸다.

왕은 이상한 생각에서 그 까닭을 정수에게 물어 보았다. 정수는 기
회를 놓치지 않고 왕에게 새 미인을 헐뜯었다. 이것이 정수의 본심이
었다.

"새 사람이 요즘 과인을 대할 때마다 코를 가리곤 하니 그 까닭이
무엇인지 알고 있는가?"

"네, 알고 있습니다만."

"어려워할 것 없이 바른 대로 말해 보구려."

"실은 전하의 냄새가 싫어서 그러는 것 같나이다."

그러자 왕은 성을 내어 말했다.

"요망한 것 같으니라구! 당장 그년의 코를 베어 버려라. 명령에 거
역하면 용서치 않으리라."

原文 魏王遣楚王美人 楚王說之. 夫人鄭袖知王之說新人也 甚
愛新人. 衣服玩好 擇其所喜而爲之 宮室臥具 擇其所善而爲之
愛之甚於王. 王曰, 婦人所以事夫者色也 而妬者其情也. 今鄭袖
知寡人之說新人也 其愛之甚於寡人 此孝子之所以事親 忠臣之
所以事君也. 鄭袖知王以己爲不妬也 因謂新人曰, 王愛子美矣.
雖然 惡子之鼻. 子爲見王 則必揜子鼻. 新人見王 因揜其鼻. 王

謂鄭袖曰, 夫新人見寡人 則揜其鼻 何也. 鄭袖曰, 妾知也. 王曰,
雖惡 必言之. 鄭袖曰, 其似惡聞君王之臭也. 王曰, 悍哉. 令劓之
無使逆命.

註解　○魏王遣楚王(위왕견초왕)-위왕이 초왕에게 보내다. 여기서 위
왕은 양왕(襄王), 또는 애왕(哀王). 초왕은 회왕(懷王)이다. ○揜(암)-손
으로 가리다. ○悍(한)-사납다. 여기서는 쾌씸하다란 뜻. ○劓(의)-코를
베다.

죽지 않는 약 - 초(楚) · 경양왕(頃襄王)

죽지 않는[不死] 약을 초나라 왕에게 바친 사람이 있었다. 심부름
하는 알자(謁者)가 그것을 받아들고 내전으로 들어가는데, 시종관이,
　"먹어도 좋은 건가?"
하고 물었다. 그래서,
　"그렇습니다."
하고 대답했다. 그러자 시종관은 그 약을 빼앗아 입에 넣어 삼키고 말
았다. 왕이 노하여 시종관을 죽이려 하자, 그 시종관은 사람을 통해 이
렇게 진정했다.
　"제가 알자에게 물었더니 그가 먹어도 좋다기에 먹었던 것이옵니다.
죄가 있으면 준 사람에게 있지 받은 사람에게 무슨 죄가 있겠나이
까. 그리고 바친 사람은 죽지 않는 약이라고 해서 바친 것이온데,
제가 그것을 먹고 죽게 된다면, 그것은 곧 죽는 약이 되는 셈이옵니
다. 전하께선 죄없는 저를 죽이게 되는 것이며, 그리고 전하께서 남
에게 속았다는 것을 세상에 알리는 일이 될 것이니이다."
그래서 왕도 죽이는 것을 그만두게 되었다.

234

原文 有獻不死之藥於荊王者 謁者操以入 中射之士問曰, 可食
乎. 曰, 可. 因奪而食之. 王怒 使人殺中射之士. 中射之士使人說
王曰, 臣問謁者 謁者曰可食 臣故食之. 是臣無罪 而罪在謁者也.
且客獻不死之藥 臣食之 而王殺臣 是死藥也. 王殺無罪之臣 而明
人之欺王. 王乃不殺.

註解 ㅇ荊王(형왕)-초(楚)나라 경양왕(頃襄王 : 襄王). 이름은 횡(橫). 회
왕(懷王)의 아들. 재위 36년. ㅇ中射之士(중사지사)-의전관(儀典官)의 일종.

상처 입은 새 - 초(楚)·고열왕(考烈王)

천하의 제후들이 진(秦)나라를 상대로 합종(合從)의 동맹을 맺었을
때, 조나라는 위가(魏加)를 사신으로 하여 초나라의 재상인 춘신군(春
申君) 황헐(黃歇)을 만나게 했다.

위가는 춘신군에게 이렇게 말을 걸었다.

"상공께선 장군을 누구로 임명하실 것인지 마음에 둔 사람이 있습
니까?"

"있다뿐이겠소. 나는 임무군(臨武君)을 장군에 임명할 생각이오."

"저는 일찍부터 활을 좋아하고 있었으므로 활에 대한 이야기를 예
로 들까 하는데, 들어 주시겠습니까?"

"좋소."

"어느 날의 일이었습니다. 경영(更羸)이 위나라 왕과 함께 경대(京
臺) 밑에 서서, 나는 새를 우러러보며 위왕에게 말했습니다. '활을
당겨 줄만 울리는 것으로 새를 떨어뜨려 보이겠습니다.' '아니 정말
새를 떨어뜨릴 수 있단 말인가?' '그렇고 말고요.' 이윽고 기러기가
동쪽에서 날아오자, 경영이 활줄을 울려 새를 떨어뜨렸으므로 위왕

은 '솜씨가 그 정도에까지 이르다니'하고 감탄했습니다. 그러자 경영은 이렇게 대답했습니다. '실은 상처 입은 새였습니다.' '경은 어떻게 그걸 아오?' '날아가는 모양이 느리고, 우는 소리가 슬픕니다. 날아가는 모양이 느린 것은 묵은 상처가 아픈 때문이요, 울음소리가 슬픈 것은 오래도록 동무들과 떨어져 있었기 때문입니다. 묵은 상처가 아물지 못하고, 마음에 놀란 것이 채 가시지 못했으므로, 활줄 소리를 듣고 높이 날아오르려다가 묵은 상처 때문에 떨어지고만 것입니다'하고 설명했습니다. 그런데 임무군은 일찍이 진나라에 의해 상처를 입은 장수이므로, 진나라를 상대하는 대장으로서는 적격자가 되지 못합니다."

原文 天下合從 趙使魏加見楚春申君曰, 君有將乎. 曰, 有矣 僕欲將臨武君. 魏加曰, 臣少之時好射 臣願以射譬之可乎. 春申君曰, 可. 加曰, 異日者 更嬴與魏王處京臺之下 仰見飛鳥. 更嬴 謂魏王曰, 臣爲王引弓虛發而下鳥. 魏王曰, 然則射可至此乎. 更嬴曰, 可. 有間 鴈從東方來 更嬴以虛發而下之. 魏王曰, 然則射 可至此乎. 更嬴曰, 此孽也. 王曰, 先生何以知之. 對曰, 其飛徐 而鳴悲. 飛徐者 故瘡痛也 鳴悲者 久失群也. 故瘡未息而驚心未 去也. 聞弦音 引而高飛 故瘡隕也. 今臨武君嘗爲秦孽 不可爲拒 秦之將也.

註解 ○合從(합종) - 전국시대의 유세가(遊說家)인 소진(蘇秦)에 의해 주장된 외교정책. 즉 강대국 진(秦)나라에 대한, 한(韓) · 위(魏) · 조(趙) · 연(燕) · 제(齊) · 초(楚) 등 6개국이 맺은 일종의 공수동맹. ○魏加(위가) - 조(趙)나라 신하. ○臨武君(임무군) - 임무(臨武 : 호남성 임무현)에 봉해졌던 어느 초나라의 장군. 성명 미상. ○更嬴(경영) - 전국시대 위(魏)나라 신하. 성명 미상. ○京臺(경대) - 위나라 궁안의 고대(高臺).

같은 말도 사람에 따라 — 조(趙) · 효성왕(孝成王)

진(秦)나라는 조나라 군사를 장평(長平)에서 공격하여 크게 승리를 거둔 다음, 군대를 철수시킨 뒤 사신을 보내 조나라에게 여섯 성을 요구했다. 조나라의 방침이 아직 결정되지 않았을 때, 전일 조나라에서 벼슬한 적이 있는 누완(樓緩)이 진나라에서 다시 왔다. 조왕은 누완에게,

"진나라에 성을 주면 어떻게 되고, 주지 않으면 어떻게 될 것인가?"

하고 묻자, 누완은 어색한 듯이,

"그것은 저 같은 사람이 관여할 문제가 아닐 줄 아옵니다."

하고 대답했다. 조왕이 다시,

"하지만, 경의 개인적인 의견을 듣고 싶어서 그러는 거요."

하고 말하자 누완은 이렇게 대답했다.

"전하께서도 저 공보문백(公甫文伯)의 어머니에 대한 이야기를 알고 계시겠지요. 공보문백은 노나라에 벼슬을 하고 있었는데, 그가 병으로 죽자, 그의 뒤를 따라 자살한 부인이 열여섯이나 되었건만, 그의 어머니는 아들이 죽었다는 소식을 듣고도 울기조차 하지 않았나이다. 그래서 늙은 몸종이 '아드님이 돌아가셨는데도 슬퍼하지 않으시니 어찌된 일입니까?'하고 물었더니, '공자(孔子)는 어진 분이었는데, 그분이 노나라에서 쫓겨났을 때 내 자식은 그분을 따르지 않았었다. 그런데 그 자식이 죽자 뒤를 따라 죽은 여자가 열여섯이나 되었다니, 이것은 그 자식이 손윗사람에게는 박정하고 여자들에게만 정이 많았다는 증거이기 때문이다'라고 대답했다는 것이옵니다. 이 경우, 어머니의 입에서 이 말이 나오면 어진 어머니로 들리지만, 만일 아내의 입에서 이런 말이 나오면 질투로밖에 들리지 않았을 것이니이다. 그러고 보면 똑같은 말을 해도 하는 사람에 따라 달리 들리게 되는 것이옵니다. 그런데 저는 이번에 진나라로부터

오게 되었나이다. 제가 만일 진나라에 성을 주도록 의견을 아뢴다
면, 아마 전하께선 제가 진나라 편을 들어 이야기하는 줄로 생각하
실 것이옵니다. 그러므로 대답을 드리기가 곤란합니다만, 만일 조나
라를 위해서 말씀을 드린다면 역시 성을 주고 화해를 하는 편이 좋
을 줄로 아옵니다.”
그제야 왕도,
“좋아, 그러기로 하지.”
하고 쾌히 승낙했다.

原文 秦攻趙於長平 大破之 引兵而歸 因使人索六城於趙而講.
趙計未定. 樓緩新從秦來 趙王與樓緩計之 曰, 與秦城何如. 不與
何如. 樓緩辭讓曰, 此非人臣之所能知也. 王曰, 雖然 試言公之私.
樓緩曰, 王亦聞夫公甫文伯母乎. 公甫文伯官於魯 病死 婦人爲之
自殺於房中者二八 其母聞之 不肯哭也. 相室曰, 焉有子死而不哭
者乎. 其母曰, 孔子 賢人也 逐於魯 是人不隨. 今死而婦人爲死者
十六人 若是者 其於長者薄而於婦人厚. 故從母言之 爲賢母也 從
婦言之 必不免爲妬婦也. 故其言一也 言者異 則人心變矣. 今臣
新從秦來 而言勿與 則非計也 言與之 則恐王以臣之爲秦也. 故不
敢對 使臣得爲王計之 不如予之. 王曰, 諾.

註解 ○樓緩(누완)-유세객(遊說客). 처음에는 조(趙)나라에서 벼슬
을 하다가 나중에는 진(秦)나라에 가서 상국(相國) 벼슬을 했다. ○趙王
(조왕)-조나라 효성왕(孝成王). 이름은 단(丹). 혜문왕(惠文王)의 아들.
○公甫文伯母(공보문백모)-공보(公甫)는 공보(公父)라고도 쓰며 성씨
(姓氏)이다. 《사기(史記)》에 의하면 계강자(季康子)의 종조모(從祖母)
이다.

노첩(老妾)의 심정 — 위(魏)·애왕(哀王)

장의가 진(秦)나라에서 도망쳐 나와 위(魏)나라로 오자, 위나라에선 그를 맞아들이려 했다. 장추(張丑)는 왕에게 그를 맞아들이지 말라고 간했으나, 왕은 들으려 하지 않았다.

하는 수 없이 물러나왔던 장추는 다시 들어가 이렇게 간했다.

"전하께서도 늙은 첩이 큰마누라에 대하는 심정을 알고 계시겠지요. 자식들이 다 자라고, 자신의 능력도 다 시들어 버리고 나면, 다만 집안일을 소중히 알며 큰마누라를 섬기게 되옵지요. 지금 신이 전하를 모시는 심정은, 이 늙은 첩이 큰마누라를 받드는 심정과 같나이다."

위왕은 그 말에 장의를 맞아들이지 않게 되었다.

原文 張儀走之魏 魏將迎之. 張丑諫於王 欲勿內 不得於王. 張丑退 復諫於王曰, 王亦聞老妾事其主婦者乎. 子長色衰 重嫁而已. 今臣之事王 若老妾之事其主婦者. 魏王因不納張儀.

註解 ○張儀走之魏(장의주지위) — 장의가 위나라로 도망쳐 오다. 이때 장의는 초나라 회왕(懷王)에게 연횡(連衡)을 설득한 다음 진(秦)나라로 돌아가던 길에 위나라를 찾은 것이다. ○張丑(장추) — 위나라의 신하. ○王(왕) — 위나라의 양왕(襄王)을 가리킴이다.

뽑아 버리긴 쉽다 — 위(魏)·애왕(哀王)

전수(田需)는 위왕에게 신임을 받고 있었는데, 그것을 본 혜시(惠施)가 이런 말을 했다.

"당신은 기필코 왕의 측근 사람들을 잘 어루만져야 합니다. 예를 들어 버드나무란 것은 아무렇게나 심어도 뿌리를 박으며, 꺾어 심어도 살게 됩니다. 그러나 열 사람에게 버드나무를 심게 하고, 한 사람에게 이를 뽑도록 시킨다면, 뿌리를 내릴 버들은 없을 겁니다. 그렇다면 열 사람이 잘 자라는 나무를 심는데도, 뽑는 한 사람을 당하지 못하는 것은 무엇 때문이겠습니까? 심기는 어렵고 뽑아 버리긴 쉽기 때문입니다. 그런데 당신은 자신을 전하로 하여금 심도록 만들기는 했지만, 만일 당신을 밀어내려는 사람이 많게 되면, 당신의 지위도 필경은 위태롭게 되고 말 것입니다."

原文 田需貴於魏王 惠子曰, 子必善左右. 今夫楊 橫樹之則生 側樹之則生 折而樹之又生. 然使十人樹楊 一人拔之 則無生楊矣. 故以十人之衆 樹易生之物 然而不勝一人者 何也. 樹之難而去之易也. 今子雖自樹於王 而欲去子者衆 子必危矣.

註解 ○田需(전수)-위(魏)나라의 재상. ○魏王(위왕)-위나라 애왕(哀王). ○惠子(혜자)-혜시(惠施). 송(宋)나라 사람으로서 위나라 재상을 지냈었다.

안면(顔面)으로 팔린다-연(燕)·왕쾌(王噲)

소대(蘇代)가 연(燕)나라를 위해 제나라로 유세(遊說)를 갔다. 그는 임금을 만나기에 앞서, 왕의 신임을 받고 있는 변사 순우곤(淳于髡)을 만나 이렇게 말했다.

"어느 사람이 천리마를 팔 생각으로 사흘 동안이나 매일 아침 시장바닥에 서있었으나, 아무도 알아주는 사람이 없었습니다. 그래서 유명한 백락(伯樂)을 찾아가서 '나는 천리마 하나 있는 것을 팔려고 사흘 동안이나 매일 아침 시장에 나가 있었으나 아무도 물어 보는 사람이 없었습니다. 내 말이 있는 곳을 한번 도시면서 말에게 눈길을 보내 주시고, 떠나가실 때 다시 한번 돌아보아 주십시오. 그러면 새로 매겨진 값만큼 사례로 드리겠습니다'하고 부탁했습니다. 그래서 백락이 시장바닥을 한 바퀴 빙 돌면서 그 말을 눈여겨보고 떠날 때에 다시 한번 뒤돌아보았더니, 금방 값이 열 배나 올라 팔리게 되었다는 것입니다. 그런데 저도 이번에 천리마로 팔리고 싶어 제나라로 오기는 했으나 아무도 나를 이끌어 줄 사람이 없습니다. 어떻게 좀 저를 위해 백락이 되어 주시지 않겠습니까. 그리하시면 백벽(白璧) 한 쌍과 황금 천 일(鎰)을 사례로 드리겠습니다."

순우곤은,

"삼가 소개 말씀을 드리기로 하겠습니다."

하고는, 안으로 들어가 왕에게 말씀을 드려 소대를 만나게 해 주었다. 과연 제왕도 완전히 소대가 마음에 들게 되었다.

原文 蘇代爲燕說齊 未見齊王 先說淳于髡曰, 人有賣駿馬者 比三旦立市 人莫之知. 往見伯樂曰, 臣有駿馬欲賣之 比三旦立於市 人莫與言. 願子還而視之 去而顧之 臣請獻一朝之賈. 伯樂乃還而視之 去而顧之 一旦而馬價十倍. 今臣欲以駿馬見於王 莫爲臣先後者 足下有意爲臣伯樂乎. 臣請獻白璧一雙 黃金千鎰 以爲馬食. 淳于髡曰, 謹聞命矣. 入言之王而見之 齊王大說蘇子.

註解 ○齊王(제왕)―제나라 민왕(湣王). ○淳于髡(순우곤)―제나라의 골계가(滑稽家). 위왕(威王)·선왕(宣王) 때에 중용되었다. ○伯樂(백락)―말을 잘 감별하던 고대인(古代人). 백락은 원래 별 이름으로서 천마(天馬)를 관장하는 별인데 전(轉)하여 지기(知己)·지인(知人) 등의 뜻으로

도 쓰인다.

어부지리(漁父之利) ― 연(燕) · 소왕(昭王)

조나라가 연나라를 치려고 했을 때, 소대(蘇代)가 연나라를 위해 조혜왕(趙惠王)을 이렇게 달랬다.

"오늘 제가 이리로 오기 위해 역수(易水)를 건넜을 때의 일이었나이다. 마침 조개가 입을 벌리고 햇볕을 쪼이고 있는데, 황새란 놈이와서 조개 살을 콱 찍으니까, 깜짝 놀란 조개는 얼른 입을 오므려황새 주둥이를 꽉 물고늘어졌사옵니다. 황새가 '오늘과 내일 비가오지 않는다면 너는 말라 죽은 조개가 되고 말 거다'라고 말하자, 조개란 놈은 또 '오늘도 물고 놓지 않고, 내일도 물고 놓지 않으면결국은 죽은 황새로 변하겠지'라며 서로 물고 놓지 않았나이다. 그러자 지나가던 어부가 이것을 보고 양쪽을 몽땅 잡아넣고 말았습지요. 지금 조나라는 연나라를 치려 하고 계시는데, 만일 두 나라가오래도록 서로 버티며 싸우게 되면, 저 강포한 진(秦)나라가 어부의이(利)를 거두게 되지나 않을지 걱정되옵니다. 이 점 깊이 통촉하시오소서."

혜왕도,

"과연 그렇겠군."

하고, 곧 연나라 치는 것을 중지시켰다.

原文 趙且伐燕 蘇代爲然謂惠王曰, 今者臣來過易水 蚌方出曝而鷸啄其肉 蚌合而拑其喙. 鷸曰, 今日不雨 明日不雨 卽有死蚌. 蚌亦謂鷸曰, 今日不出 明日不出 卽有死鷸. 兩者不肯矜相舍 漁者得而幷禽之. 今趙且伐燕 燕 趙久相支 以弊大衆 臣恐强秦之爲

242

漁父也. 故願王之熟計之也. 惠王曰, 善. 乃止.

__註解__ ○惠王(혜왕)－조(趙)나라 혜문왕(惠文王). ○易水(역수)－강 이름. 발원(發源)은 하북성 역현(易縣). ○鷸(휼)－황새. ※ 이 이야기에서 '어부지리(漁父之利)', 또는 '휼방지쟁(鷸蚌之爭) 어부지리'란 말이 생겼다.

음식으로 인한 은원(恩怨)－중산(中山)

중산군(中山君)이 도성 안 일곱 대부를 초대했을 때, 그 자리에 참석했던 사마자기(司馬子期)에게 양고기국이 돌아가지 않았다. 사마자기는 성이 나서 초나라로 달아나, 초왕을 꾀어 중산을 쳤다. 중산군이 난을 피해 도망을 가는데, 창을 들고 뒤를 따르는 사람이 둘 있었다.

"너희들은 누구인고?"

"저희에게는 아버지가 계셨는데, 옛날 굶주려 죽게 되었을 때, 전하께서 병 속에 넣어 두었던 음식을 나눠 주셨기 때문에 살아나게 되었나이다. 아버지는 임종 때 유언하기를 '중산군에게 어떤 일이 생겼을 때는 너희들은 목숨을 바쳐 돕지 않으면 안된다'고 했습지요. 그래서 목숨을 걸고 이렇게 따라나선 것이옵니다."

그 말을 듣자, 중산군은 기가 막힌 듯이 하늘을 우러러보며 탄식해 말했다.

"선심은 많고 적은 것이 문제가 아니라 곤란을 겪고 있을 때 하는 것이 중요하고, 원한은 일이 크고 작은 것이 문제가 아니라 마음을 상케 했느냐 안했느냐가 문제인 것이다. 나는 한 그릇의 양고기국으로 나라를 잃었고, 한 병의 음식으로 두 사람의 선비를 얻었다."

__原文__ 中山君饗都士大夫 司馬子期在焉 羊羹不遍. 司馬子期怒

而走於楚 說楚王伐中山. 中山君亡. 有二人挈戈而隨其後者. 中山
君顧謂二人, 子奚爲者也. 二人對曰, 臣有父 嘗餓且死 君下壺飱
餌之. 臣父且死曰, 中山有事 汝必死之. 故來死君也. 中山君喟然
而仰歎曰, 與不期衆少 其於當厄 怨不期深淺 其於傷心. 吾以一
杯羊羹亡國 以一壺飱得士二人.

| 註解 | ○司馬子期(사마자기)-중산(中山)의 신하. 사마는 성이고 자기
가 이름이다.

한비자 편(韓非子篇)

　　20권, 55편. 전국시대(戰國時代) 법가사상(法家思想)의 집대성자(集大成者)로 알려진 한비(韓非 : ?~기원전 233년) 및 그 학파 사람들의 저작(著作)을 모은 것으로, 법가의 전형적인 고전(古典)으로서, 중요한 가치를 갖는다. 한비의 학설은 전제군주정치(專制君主政治)의 요체(要諦)인 법술(法術 : 법의 확립과 그 운용에 있음을 강조하는 냉엄한 법치주의이며 그 주장을 뒷받침하기 위한 여러 가지 설화)과 우화적(寓話的) 소재(素材)가 종횡으로 구사되고 있어 지극히 효과적으로 활용되고 있다.

알고 난 다음이 문제 – 설난(說難)

옛날 정무공(鄭武公)은 호(胡)를 칠 계획으로, 먼저 자기 딸을 호의 임금에게 주어 그의 환심을 산 다음, 신하들에게,

"장차 전쟁을 일으켰으면 하는데, 어느 곳을 쳤으면 좋을는지?"
하고 물었다.

그러자 관기사(關其思)란 대부(大夫)가 대답했다.

"호를 치는 것이 좋겠나이다."

무공은 크게 화를 내어 관기사를 목베어 죽이며 꾸짖었다.

"호는 형제의 나라다. 그런데 그대가 호를 치라고 하다니, 어디 될 법이나 한 말인가."

호의 임금은 그 소식을 듣자, 정나라가 진심으로 호에 대하여 호의를 가진 줄로 알고, 아무런 대비도 않고 있었다. 기회를 노리던 정나라는 불의에 쳐들어와 호를 통째로 삼키고 말았다.

송(宋)나라에 부자가 한 사람 있었다. 큰 비가 내려 담이 무너졌을 때 아들은,

"고쳐 쌓지 않으면 도둑이 들게 됩니다."
라고 말했고, 이웃집 영감도 똑같은 말을 했다.

그날 밤 과연 도둑이 들어 많은 물건을 도둑맞았다.

부자는 자기 아들은 현명하다고 칭찬하고, 이웃집 영감은 수상하다고 생각했다.

이들 두 사람은 다같이 틀림이 없는 말을 했는데 관기사는 목숨을 잃었고, 이웃집 영감은 도둑의 의심을 받았다. 결국 일을 꿰뚫어보는 것은 어려운 일이 아닌데, 알고 난 다음에 처신을 어떻게 하느냐가 문제인 것이다.

248

原文 昔者 鄭武公欲伐胡 故先以其女妻胡君 以娛其意. 因問於
羣臣曰, 吾欲用兵 誰可伐者. 大夫關其思對曰, 胡可伐. 武公怒而
戮之曰, 胡兄弟之國也. 子言伐之 何也. 胡君聞之 以鄭爲親己 遂
不備鄭. 鄭人襲胡 取之.

宋有富人 天雨牆壞. 其子曰, 不築必將有盜. 其鄰人之父 亦云.
暮而果大亡其財 其家甚智其子 而疑鄰人之父.

此二人 說者皆當矣. 厚者爲戮 薄者見疑. 則非知之難也 處知
則難也.

註解 ○胡(호)-중국 변경에 위치했던 소국(小國). ○關其思(관기사)-
정(鄭)나라 대부. ○戮(육)-사형에 처하는 것. ○牆壞(장괴)-담장이 무
너지다. ○皆當(개당)-모두 합당하다.

애증(愛憎)의 변화- 설난(說難)

옛날 미자하(彌子瑕)라는 아름다운 소년이 위(衛)나라 임금의 총애
를 받았었다.

위나라 국법에는, 승낙 없이 임금의 수레를 쓴 사람은 발을 자르는
월형(刖刑)을 받게 되어 있었다. 그런데 미자하의 어머니가 병이 위독
했을 때, 밤에 사람이 몰래 찾아와서 미자하에게 소식을 전했다. 미자
하는 임금의 허락을 받았다고 거짓말을 하여, 임금의 수레를 타고 어
머니를 보러 갔다. 임금은 그것을 듣자 미자하를 칭찬하여,

"효자로구나. 어머니를 위해, 다리가 잘리는 것조차 잊고 있었으니!"
하고 말했다.

또 하루는, 임금을 모시고 과수원으로 가서 복숭아를 먹게 되었다.
복숭아가 하도 맛이 있는지라 미자하는 먹다 남은 반을 임금에게 올렸

다. 그러자 임금은,

　"나를 끔찍이도 생각하는구나. 제 입에 넣는 것도 잊고 나에게 먹으
　라고 주니!"

하고 말했다.

　그뒤 미자하의 얼굴이 거칠어지고 색향이 사라졌을 때, 임금에게 허
물을 지게 되었다. 그러자 위나라 임금은 미자하를 이렇게 말했다.

　"이놈은 전에도 임금의 명령이라 속이고 내 수레를 탄 일이 있었고,
　또 내게 먹다 남은 복숭아까지 먹인 일이 있었다."

　미자하의 행동이 처음과 나중이 달라진 것이 아니지만, 앞서는 칭찬
을 받았던 일이 뒤에는 죄를 얻게끔 된 것은 사랑과 미움의 변화 때문
인 것이다.

　따라서 임금의 마음에 드는 동안은, 이쪽의 생각이 상대방의 마음에
맞아 더욱 친하게 되지만, 한번 임금에게 밉게 보이게 되면 이쪽의 생
각이 상대방의 마음에 맞지 않게 되어, 더욱 멀어지게 된다. 그러므로
임금에게 간하는 말이나 어떤 상의를 하려는 사람은, 상대방의 사랑과
미움이 어떠한가를 잘 알고 난 다음에 말을 꺼내야 한다. 예를 들어 용
(龍)이란 동물은 정을 붙이게 되면 그 위에 올라탈 수도 있지만 그 목
밑에 있는 한 자쯤 되는 역린(逆鱗)을 건드리게 되면 용은 반드시 그
를 잡아먹게 된다. 임금에게도 마찬가지로 역린이 있다. 임금을 달래려
는 사람이, 용케 그 역린을 건드리지 않을 수 있으면 우선은 성공한 것
으로 볼 수 있다.

　原文　昔者 彌子瑕有寵於衛君. 衛國之法 竊駕君車者 罪刖. 彌
子瑕母病. 人閒往夜告彌子 彌子矯駕君車以出. 君聞而賢之曰, 孝
哉. 爲母之故 忘其刖罪. 異日與君遊於果園 食桃而甘 不盡 以其
半啗君. 君曰, 愛我哉. 忘其口味 以啗寡人. 及彌子色衰愛弛 得

250

罪於君. 君曰, 是固嘗矯駕吾車 又嘗啗我以餘桃. 故彌子之行 未
變於初也 而以前之所以見賢 而後獲罪者 愛憎之變也. 故有愛於
主 則智當而加親 有憎於主 則智不當 見罪而加疏. 故諫說談論之
士 不可不察愛憎之主 而後說焉.

夫龍之爲虫也 可柔狎而騎也. 然其喉下有逆鱗徑尺 若人有嬰之
者 則必殺人. 人主亦有逆鱗 說者能無嬰人主之逆鱗 則幾矣.

註解 ○彌子瑕(미자하)－춘추시대 위(衛)나라 영공(靈公)을 섬겼던 사
람. ○刖(월)－옛날 오형(五刑)의 한 가지로서 다리를 자르는 형벌. ○矯
(교)－임금의 명령이라며 속이는 것. ○啗(담)－먹이다. ○狎(압)－길들이
다. ○喉(후)－목구멍. ○逆鱗(역린)－거꾸로 솟아있는 비늘. 전(轉)하여
군주의 노여움을 가리키는 말이 되었다. ○嬰(영)－건드리다. ○幾(기)－
거의 잘하는 사람이다. 즉 거의 성공한 사람이다란 뜻이다.

여인의 독계(毒計)－간겁시신(姦劫弑臣)

초(楚)나라 장왕(莊王)의 아우 춘신군(春申君)에게 여씨(余氏)라는
사랑하는 첩이 있었다. 춘신군의 정실 부인에게서 난 아들은 갑(甲)이
라 불렀다.

그런데, 여씨는 춘신군으로 하여금 정실 부인을 내쫓도록 할 생각을
품고 있었다. 그래서 제 손으로 제 몸에 상처를 입힌 다음, 그것을 큰
부인에게 당한 것처럼 가장하여 춘신군에게 보여주고 흐느껴 울며 이
렇게 호소했다.

"상공(上公)의 첩이 된 것을 저는 퍽 다행으로 알고 있습니다. 그러
나 마님의 마음을 받들려면 상공을 섬길 수 없고, 상공을 섬기려면
마님의 뜻을 받들 수가 없습니다. 저는 원래가 부족한 인간이라 도
저히 두 분의 뜻을 다 받들 능력이 없사옵니다. 마님의 손에 죽느니

보다는 차라리 상공의 앞에서 죽게 하여 주십시오. 만일 아직도 저를 옆에 두시고 저로 하여금 상공을 모실 수 있게 하시려거든, 제가 드린 말씀을 깊이 살피시와, 저로 하여금 남의 조롱거리가 되지 않게 하여 주십시오."

그래서 춘신군은 여씨의 거짓말을 참말로 알고, 정실 부인을 내치고 말았다.

여씨는 다시 정실 자식인 갑을 죽이고, 제가 낳은 자식으로 뒤를 잇게 할 생각이었다. 그래서 이번에는 자기 손으로 속옷을 잡아 찢어놓고, 그것을 춘신군에게 보인 다음, 울며 이렇게 호소했다.

"첩이 상공을 오래도록 모셔온 것을 젊은 공자(公子)께서 모를 리가 없사옵니다. 하온데 오늘은 강제로 저를 희롱하려 하지 않겠습니까. 제가 반항을 했기 때문에 속옷까지 찢기어 이 꼴이 되었으니, 자식된 도리로 이런 불효스런 일이 또 어디에 있겠습니까?"

춘신군은 성이 나서 갑을 죽이고 말았다.

결국 춘신군의 아내는 첩인 여씨의 거짓말에 의해 쫓겨났고, 아들 역시 그녀로 인해 죽게 된 것이다.

이것으로 미루어 볼 때, 비록 아비의 자식에 대한 사랑이라도 참소에 의해 허물어질 수가 있다. 더구나 임금과 신하의 결합에는 부자(父子)와 같은 친분이 있는 것도 아니며, 또 뭇 신하들의 참소는 단 한 사람의 첩의 입에 비유할 것이 못된다. 저 성인이나 어진 분으로 알려진 사람들이, 죄를 입고 죽게 되는 것은 조금도 이상할 것이 없다. 상군(商君)이 진(秦)나라에서 거열(車裂)의 형벌을 받고, 오기(吳起)가 초나라에서 손발이 끊어지게 된 것도 그 때문이었다.

原文 楚莊王之弟春申君 有愛妾曰余. 春申君之正妻 子曰甲. 余欲君之棄其妻也 因自傷其身 以視君而泣曰, 得爲君之妾 甚幸. 雖

然 適夫人 非所以事君也 適君 非所以事夫人也. 身故不肖 力不足
以適二主 其勢不俱適 與其死夫人所者 不若賜死君前. 妾以賜死
若復幸於左右 願君必察之 無爲人笑. 君因信妾余之詐 爲棄正妻.

　余又欲殺甲而以其子爲後 因自裂其親身衣之裏 以示君而泣曰,
余之得幸君之日久矣 甲非弗知也. 今乃欲强戲余 余與爭之 至裂
余之衣. 而此子之不孝 莫大於此矣. 君怒而殺甲也. 故妻以妾余之
詐棄 而子以之死. 從是觀之 父之愛子也 猶可以而害也.

　君臣之相與也 非有父子之親也 而群臣之毁言 非特一妾之口也
何怪夫賢聖之戮死哉. 此商君之所以車裂於秦 而吳起之所以枝解
於楚者也.

註解　ㅇ春申君(춘신군)－전국시대 초(楚)나라의 귀족. 20년간 초나라
재상을 지내면서 식객(食客) 4천여 명을 거느렸던 호걸로서 전국시대의
사군자(四君子) 중 한 사람이다. ㅇ適(적)－뜻을 따르다. 즉, 상대방의 기
분에 맞추어 행동한다는 뜻이다. ㅇ毁(훼)－훼방하다. 모함하다. ㅇ商君
(상군)－상앙(商鞅).

예(羿)의 과녁잡이 — 설림(說林)·하(下)

혜자(惠子)가 말했다.

"예(羿)와 같은 활의 명수가 활을 쏘게 되면, 먼 월나라 사람, 즉
전연 관계없는 남이라 하더라도 과녁잡이를 자원하고 나선다. 그러
나 아이들이 활을 쏘려 하면, 상냥한 어머니라도 방으로 도망쳐 문
을 닫고 말 것이다. 결국, 틀림이 없는 경우에는, 월나라 사람도 예
를 의심치 않지만, 꼭 그렇지 못할 경우에는 상냥한 어머니라도 자
식을 피하게 되는 것이다."

原文 惠子曰, 羿執決持扞操弓關機 越人爭爲持的. 弱子扞弓
慈母入室閉戶. 故曰, 可必則越人不疑羿 不可必則慈母逃弱子.

註解 ○羿(예)-요(堯)임금 때, 활의 명수. ○決(결)-오른손 엄지손가
락으로 활시위를 당기는 것. ○扞(간)-왼쪽 팔꿈치로 시위를 미는 것. ○
關機(관기)-관(關)은 잡아당기다이고, 기(機)는 당겼던 시위를 놓는 것.
○越人(월인)-월나라 사람. 당시는 먼 나라 사람이란 뜻으로 쓰였다. ○
弱子(약자)-어린아이.

손해를 본 뒤에 이득을 얻는다 — 설림(說林)·하(下)

송(宋)나라 부자 장사꾼에 감지자(監止子)란 사람이 있었다. 백 금
(金)의 가치가 있는 박옥(璞玉)을 다른 사람과 서로 사려다가, 그만
실수해서 옥에 상처를 냈다. 그는 곧 백 금을 물어주고 귀떨어진 구슬
을 차지하게 되었는데, 뒷날 그 흠을 갈아 없앤 다음, 이를 팔아 천 금
을 얻게 되었다.

어떤 일인가를 하다가 실패를 했을 경우라도, 그것이 도리어 안한
것보다 나을 수가 있다. 실패를 보충시키는 방법이 현명했을 경우다.

原文 宋之富賈 有監止子者. 與人爭買百金之璞玉. 因佯失而毁
之 負其百金而理 其毁瑕得千溢焉. 事有擧之而有敗而賢 其毋擧
之者 負之時也.

註解 ○百金(백금)-1금(金)은 오늘날의 256g에 해당한다고 한다. ○
璞玉(박옥)-아직 다듬지 아니한 옥돌. ○失(실)-여기서는 손에서 떨어
뜨리는 것. ○負(부)-부담하다. 변상하다. ○理(리)-여기서는 옥을 가는
것. ○瑕(하)-옥의 흠. 옥의 상처. ○溢(일)-1일은 24냥(兩). ○時(시)-

254

시의(時宜)를 얻다.

먼저 신용을 - 설림(說林)·하(下)

말을 잘 모는 어느 사람이 그 재주를 믿고 초(楚)나라 왕을 찾아갔
다. 그러나 말을 잘 모는 다른 사람들이 시기하고 있다는 것을 알자,
"신(臣)은 사슴을 잡는 데 자신이 있나이다."
하는 말로 왕을 만나게 되었다.

그런데 왕이 수레를 몰아 사슴을 뒤쫓았건만 따르지 못하는 것을 보
자, 그가 대신 말을 몰아 사슴을 잡게 되었다. 왕이 그가 말 모는 것을
보고 칭찬하자, 그제서야 비로소 다른 말 모는 사람들에게 시기를 당
하고 있었다는 사실을 말했다.

> 原文 有欲以御見荊王者. 衆騶妬之. 因曰, 臣能撽鹿 見王. 王爲
> 御 不及鹿. 自御及之. 王善其御也 乃言衆騶妬之.

> 註解 ○騶(추)-수레를 모는 어자(御者), 또는 말을 기르는 사람. ○撽
> (격)-옆에서 치다.

허세 전술 - 설림(說林)·하(下)

위(魏)나라 주조(周趮)가 제(齊)나라 궁타(宮他)에게 말했다.
"제나라 왕에게 부탁을 해 주시오. 만일 제나라 힘으로, 위나라에
있는 나를 도와 준다면, 반드시 위나라로 하여금 왕을 섬기도록 하
겠소."
그러자 궁타는 이렇게 말했다.
"그건 안되오. 그런 방법을 쓰면, 당신이 위나라에서 힘을 쓰지 못

하고 있다는 것을 보여줄 뿐이오. 제왕도 위나라에서 세력을 쓰지 못하는 사람을 도와 주고, 세력 있는 사람들의 원망을 사는 짓은 하지 않으려 할 거요. 차라리 당신은 '왕의 소망이 무엇인지 말씀해 주시면, 틀림없이 위나라로 하여금 저의 말에 따르도록 해드리겠나이다'하고 말하시오. 그러면 제왕은 당신을 위나라의 유력자인 줄 알고 당신을 두둔하려 들 거요. 그렇게 되면 당신은 제나라에서 대우를 받게 될 것이며, 나아가서는 제나라와 위나라에서 똑같이 대우를 받게끔 될 거요."

原文 周趮謂宮他曰, 爲我謂齊王曰, 以齊資我於魏請 以魏事王. 宮他曰, 不可. 是示之無魏也. 齊王必不資於無 魏者而以怨有魏者. 公不如曰, 以王之所欲 臣請以魏聽王. 齊王必以 公爲有魏也 必因公. 是公有齊也 因以齊有魏矣.

註解 ○周趮(주조)-위(魏)나라 사람.《전국책(戰國策)》에도 이 이야기가 있으며 거기에서는 주초(周肖), 또는 주소(周宵)로 되어 있다. ○宮他(궁타)-제(齊)나라 사람.《전국책》에는 주(周)나라 신하로 되어 있다. ○資(자)-여기서는 돕다, 힘을 빌려 주다란 의미이다. ○因公(인공)-인(因)은 여기서는 부탁한다는 뜻이다.

깊은 골짜기 - 내저설(內儲說)·상(上)

동알우(董閼于)가 조(趙)나라 상지(上地)란 지방의 태수가 되어, 지방 순시를 하며 석읍(石邑)이란 산중으로 들어서게 되었다. 골짜기는 깊기가 백 길이나 되었고, 양 언덕은 깎아세운 벽처럼 서있었다. 그는 근처에 사는 사람들에게 물었다.

"누가 이 골짜기로 들어갔던 사람이 있는가?"

256

"없습니다."

"아이들이나 바보나, 귀머거리나 미치광이로서 여기로 들어갔던 사람은 없는가?"

"없습니다."

"소나 말이나, 개나 돼지 같은 것도 들어간 일이 없는가?"

"없습니다."

동알우는 한숨을 푸욱 내쉬며 말했다.

"알았다. 나도 어디 한번 잘 다스려 보이겠다. 골짜기로 들어가면 반드시 죽고 만다는 것을 알듯이, 법령을 엄하게 하고 용서하는 일이 없으면, 아무도 법을 범하려 하지 않을 것이다. 잘 다스려지지 않을 까닭이 없다."

原文　董閼于爲趙上地守 行石邑山中 澗深峭如牆 深百仞 因問其旁鄕左右曰, 人嘗有入此者乎. 對曰, 無有. 曰, 嬰兒癡聾狂悖之人 嘗有入此者乎. 對曰, 無有. 牛馬犬彘 嘗有入此者乎. 對曰, 無有. 董閼于喟然太息曰, 吾能治矣. 使吾法之無赦 猶入澗之必死也 則人莫之敢犯也. 何爲不治.

註解　○上地(상지)-지명(地名). 오늘날의 산서성 상당(上黨). ○澗(간)-계곡. ○峭(초)-깎아세운 듯한 산. ○仞(인)-길이의 단위. 8척(尺). ○狂悖(광패)-미친 사람. ○喟然(위연)-탄식하는 모양.

법의 정신─내저설(內儲說)·상(上)

은(殷)나라 법에는, 재[灰]를 길거리에 버리는 사람은 사형에 처하게 되어 있다. 자공(子貢)은 그것이 너무 지나치다 싶어 공자(孔子)에게 물었다. 공자는 이렇게 말했다.

"그것이 정치하는 방법을 알고 있는 것이다. 길에 재를 버리면 재가 반드시 사람에게로 날아가게 된다. 사람에게로 날아가면 사람들은 반드시 화를 내게 되고, 화를 내면 싸움이 붙고, 싸움이 붙으면 패가 갈라져 서로 죽이게 된다. 결국 서로 죽이는 사태까지 벌어지게 되므로 벌을 주어 마땅한 것이다. 그리고 무거운 벌은 사람이 싫어하는 것이지만, 재를 버리지 않는 일은 쉬운 것이다. 하기 쉬운 것을 시킴으로써 싫은 일에 걸려드는 일이 없게 하는 것이 정치하는 방법이다."

原文 殷之法 刑棄灰於街者. 子貢以爲重 問之仲尼. 仲尼曰, 知治之道也. 夫棄灰於街 必掩人. 掩人 人必怒. 怒則鬪. 鬪必三族相殘也. 此殘三族之道也. 雖刑之可也. 且夫重罰者 人之所惡也. 而無棄灰 人之所易也. 使人行之所易 而無離其所惡 此治之道.

註解 ○子貢(자공)-공자의 제자 중 한 사람으로서 구변과 이재(理財)의 재능이 있었다. 위(衛)나라 출신으로 성은 단목(段木)이고 이름은 사(賜), 자공은 자(字)이다. 노(魯)나라와 위나라의 재상을 지냈다. ○掩(엄)-재가 날리어 사람을 덮어씌우다. ○殘(잔)-해치다. 상하게 하다.

필벌(必罰)이 제일 — 내저설(內儲說) · 상(上)

형남(荊南) 지방의 여수(麗水)란 내에서는 사금(砂金)이 많이 나므로 몰래 그것을 파는 사람이 많았다. 금을 파지 못하게 하는 금령이 있어서, 들키기만 하면 즉시 시장바닥에서 못박혀 죽었건만 죄를 범하는 사람이 끊어지지 않았다. 아무리 여수에 울타리를 두르고 막아 보아야, 사금을 도둑질해 가는 사람은 여전했다.

대관절 시장바닥에 못을 박아 죽이는 형벌처럼 무서운 것이 없건만, 그런데도 도둑질하는 사람이 끊이지 않는 것은 그것이 반드시 들킨다고는 볼 수 없기 때문이다.

그런데, '네게 천하를 주마, 그러나 그 대신 너의 목숨만은 바쳐야 된다'고 하면, 아무리 바보라도 그런 짓을 하지 않을 것이다. 결국 천하를 얻는 것은 대단한 이익이지만, 그것을 얼른 받으려 하지 않는 것은, 반드시 죽게 된다는 것을 알기 때문이다. 반드시 들키는 것이 아니라면, 비록 못박혀 죽는 위험이 있더라도 사금 도둑질을 하는 사람은 그치지 않을 것이며, 반드시 죽게 된다는 것을 알고 있으면 천하를 준다 해도 받을 사람은 없는 법이다.

原文 荊南之地 麗水之中生金 人多竊采金. 采金之禁 得而輒辜磔於市 甚衆. 壅離其水也. 而人竊金不止. 夫罪莫重辜磔於市 猶不止者 不必得也. 故今有於此曰, 予汝天下而殺汝身 庸人不爲也. 夫有天下 大利也 猶不爲者 知必死也. 故不必得 則雖辜磔 竊金不止. 知必死 則天下不爲也.

註解 ○竊采金(절채금) - 금을 몰래 채취하다. ○辜磔於市(고책어시) - 시장바닥에서 나무에 못박아 죽이다. ○壅離其水(옹리기수) - 물이 흐르지 못하도록 울타리처럼 막다. ○予(여) - 여(與)와 통한다. 즉, 주다란 뜻. ○庸人(용인) - 용렬한 사람. 못난 사람.

활쏘기 장려 - 내저설(內儲說) · 상(上)

이회(李悝)는 위문후(魏文侯)에게 벼슬하여 상지(上地)의 태수가 되었다. 그는 백성들에게 활을 보급시킬 생각으로 이런 포고령을 내렸다.

'소송 사건이 애매해서 판결을 내리기 어려울 때는, 쌍방에게 활로 과녁을 쏘게 해서, 맞춘 사람을 이긴 것으로 하고, 맞추지 못한 사람을 진 것으로 한다.'

포고령이 나붙자, 사람들은 너나없이 활을 배우기 시작, 밤낮을 쉬지 않는 형편이었다. 이윽고 진(秦)나라와 전쟁이 일어났을 때, 적을 여지없이 쳐부수고 말았다. 사람마다 활을 잘 쏘았기 때문이다.

原文   李悝爲魏文侯 上地之守. 而欲人之善射也 乃下令曰, 人之有狐疑之訟者 令之射的 中之者勝 不中者負. 令下而人皆疾習射 日夜不休. 及與秦人戰 大敗之以 人之善射也.

註解   ○魏文侯(위문후)－위무후(魏武侯)의 아버지. 현인(賢人)을 많이 등용했었다. ○上地(상지)－지명. 상당(上黨) 땅. ○狐疑之訟(호의지송)－시비곡직이 애매한 일을 소송하는 것. ○的(적)－여기서는 과녁. ○中之者勝 不中者負(중지자승 부중자부)－쏜 화살이 과녁에 맞고 안맞는 것에 따라 소송의 승패를 결정하는 것.

의심의 이용－내저설(內儲說)·상(上)

방경(龐敬)은 현령이 되어, 시장 관리 책임자를 시장 순찰차 내보내며 다른 관리를 시켜 그를 다시 불러들인 다음, 잠시 같이 서있다가, 아무 말 없이 그대로 순찰하러 가도록 했다.

시장 관리 책임자는, 현령이 다른 관리에게 무언가 이야기를 한 것 같다는 생각에서, 혹시나 싶어 감히 나쁜 짓을 할 수가 없었다.

原文   龐敬縣令也. 遣市者行 而召公大夫 而還之. 立以閒 無以召之 卒遣行. 市者以爲 令與公大夫有言 不相信 以至無姦.

註解　○市者(시자)-시장의 관리 책임을 맡은 관원. ○卒遣行(졸견행)-마침내 내보내다.

아내의 기도 — 내저설(內儲說)·하(下)

위(衛)나라 사람 부부가 함께 기도를 드리게 되었는데, 아내가 이렇게 기도했다.

"바라옵건대 백 필의 베를 얻도록 해 주십시오."

남편이 이상한 듯,

"왜 그렇게 적게 바라지?"

하고 묻자, 아내는 이렇게 대답했다.

"그보다 더 많게 되면 당신이 첩을 얻게 될 테니까요."

原文　衛人有夫妻禱者 而祝曰. 使我無故 得百束布. 其夫曰, 何少也. 對曰, 益是 子將以買妾.

註解　○祝曰(축왈)-기도하며 아뢰다. ○百束(백속)-1백 필(匹).

타지 않은 머리털 — 내저설(內儲說)·하(下)

진문공(晉文公) 때의 일이다. 요리사가 고기를 구워 올렸는데, 그 고기에 머리털이 붙어 있었다. 문공이 요리사를 불러,

"너는 과인이 목 메이는 꼴을 보고 싶으냐? 어떻게 머리털을 고기에 붙여 두었느냐?"

하고 꾸짖자, 요리사는 머리를 땅에 조아리며 이렇게 말했다.

"소신은 세 가지 죽을 죄를 범했사옵니다. 숫돌에 칼을 보검처럼 갈아 고기를 썰었는데도, 고기만 썰고 머리털은 자르지 못했나이다.

이것이 소신의 첫번째 죄입니다. 꼬치를 잡고 고기를 꿰었는데도 머리털은 눈에 띄지 않았으니 이것이 두 번째 죄이옵구요. 화로에 숯불을 피워, 숯불이 벌겋게 피어올라 고기는 잘 구워졌는데도, 머리털만 태우지 못했으니 이것이 세 번째 죄이니이다. 그러나 밖에 있는 누군가가 소인을 미워하고 있는지도 알 수 없는 일이옵니다."

문공은,

"음, 알겠다."

하고 방 밖을 순찰하는 자를 불러 캐물었다. 과연 그 자가 한 짓이었으므로 그를 벌해 죽이도록 했다.

原文　文公之時 宰臣相炙. 而髮繞之. 文公召宰人 而譙之曰, 女欲寡人之哽邪. 奚爲以髮繞炙. 宰人頓首再拜 請曰, 有死罪三 援礪砥刀 利猶干將也. 切肉肉斷 而髮不斷. 臣之罪一也. 援木而貫臠 而不見髮. 臣之罪二也. 奉熾爐炭 火盡赤紅. 而炙熟而髮不燒. 臣之罪三也. 堂下得微 有疾臣者乎. 公曰, 善. 乃召其堂下而譙之. 果然. 乃誅之.

註解　○文公(문공)―진문공(晉文公). ○宰臣(재신)―재인(宰人). 요리사. ○譙(초)―책망하다. 꾸짖다. ○哽(경)―여기서는 숨이 막힌다는 의미이다. ○干將(간장)―오(吳)나라의 명도공(名刀工)의 이름이며 그가 만든 칼 이름이기도 하다.

그림 그린 채찍 — 외저설(外儲說) · 좌상(左上)

빈객(賓客) 한 사람이 주군(周君)을 위해, 말 채찍에 그림을 그렸는데, 3년이 걸려서야 일을 끝냈다. 주군이 그것을 받아 보니 보통 채찍에 옻을 칠한 것과 조금도 틀리지 않았으므로 버럭 화를 냈다.

그랬더니 그가 말했다.

"두 길쯤 되는 높은 벽을 만들어, 거기에 여덟 자 정도의 창문을 낸 다음, 아침에 해가 떠오를 무렵 채찍을 그 창에 비추며 자세히 살피시오소서."

주군이 그가 말한 대로 방을 꾸미고 채찍을 바라보았더니, 거기에는 용과 뱀, 새와 짐승, 수레와 말, 그리고 그밖의 여러 가지 모양들이 보기좋게 새겨져 있었다. 주군은 여간 기뻐하지 않았다.

이 채찍에 그림을 그린 재주는 과연 놀라운 것이지만, 그것의 쓸모로 말하면 보통 채찍보다 나을 것이 하나도 없다.

[原文] 客有爲周君 畫筴者 三年而成. 君觀之與髹筴者同狀. 周君大怒. 畫筴者曰, 築十版之牆 鑿八尺之牖而 以日始出時 加之其上而觀. 周君爲之 望見其狀 盡成龍蛇 禽獸車馬 萬物之狀 備具. 周君大悅. 此畫筴之功 非不微難也 然其用與素髹筴同.

[註解] ㅇ周君(주군)−주(周)나라 군주는 원래 왕(王)으로 불렸지만 이 시대에 와서는 권위가 쇠해졌으므로 통칭 주군이라 불렸다. ㅇ畫筴(화협)−말 채찍에 그림을 그리다. 혹은 젓가락에 그림을 그리다로 풀이하는 설도 있다. ㅇ髹(휴)−옻칠을 하다. ㅇ十版之牆(십판지장)−판(版)의 폭은 2장(丈), 길이는 1장(丈). 그러나 10판은 높이 2장으로 친다. 장(牆)은 담장. ㅇ八尺之牖(팔척지유)−직경 8척의 창. ㅇ微難(미난)−미묘해서 어렵다는 뜻.

도깨비는 그리기 쉽다 − 외저설(外儲說) · 좌상(左上)

빈객(賓客)이 제(齊)나라 왕을 위해 그림을 그리고 있었다. 왕이 그에게,

"어떤 것이 가장 그리기 어렵소?"
하고 물었다.
"개와 말이옵니다."
"그럼 가장 그리기 쉬운 것은?"
그러자 그 빈객은 이렇게 대답했다.
"가장 그리기 쉬운 것은 도깨비입지요. 개와 말은 누구나 다 알고
있는 것이며, 아침 저녁으로 대하게 되는 것이므로 그것을 그대로
그리기가 힘드옵니다. 그러나 도깨비의 경우는 형체가 없는 것으로
서 사람의 눈에 잘 뜨이지 않기 때문에 아무렇게나 그려도 상관이
없기 때문에 쉽습지요."

原文 客有爲齊王畫者 齊王問曰, 畫孰最難者. 曰, 犬馬難. 孰最
易者. 曰, 鬼魅最易. 夫犬馬 人所知也 旦暮罄於前 不可類之 故
難. 鬼魅無形者 不罄於前 故易之也.

註解 ○魅(매)-도깨비. ○罄(경)-견(俔)과 통한다. 즉, 보고 듣는다는
뜻. ○類(류)-거의 똑같게 그려 놓는다는 뜻이다.

유행을 고친다 ─ 외저설(外儲說) · 좌상(左上)

제환공(齊桓公)이 자줏빛 옷을 좋아하자, 전국이 다 자줏빛 옷을 입
기 시작해서 자줏빛 비단이 흰 비단보다 다섯 배나 높은 값으로 팔리
게 되었다. 환공이 이를 걱정하여 관중(管仲)에게,
"과인이 자줏빛 옷을 좋아한 탓으로 자줏빛 비단 값이 오르며, 온
국민이 모두 자줏빛 옷만 입으려 한다니 어떻게 하면 좋겠소?"
하고 상의하자, 관중이 대답했다.

"전하께서 자줏빛 옷 입으시는 것을 중지하시고, 옆에 있는 사람들에게 '과인은 그 자주 물감 냄새가 싫어졌어' 하시옵소서. 그리고 가까운 사람들이 혹 자줏빛 옷을 입고 앞에 나타나거든, 반드시 '조금만 물러나오, 과인은 자주 물감 냄새가 싫소'라고 하시오소서."

"알았소."

그러자 그날 중으로 근시들 가운데 자줏빛 옷을 입는 사람은 없어졌고, 다음날은 도성 안에 자줏빛 옷을 입는 사람이 없어졌으며, 사흘째는 전국에서 자줏빛 옷을 입는 사람이 없게 되었다.

原文 齊桓公好服紫 一國盡服紫 當是時也. 五素不得一紫. 桓公患之謂管仲曰, 寡人好服紫 紫貴甚 一國百姓好服紫不已 寡人奈何. 管仲曰, 君欲止之. 何不試勿衣紫也. 謂左右曰, 吾甚惡紫之臭. 公曰, 諾. 於是左右適有衣紫而進者. 公必曰, 小卻. 吾惡紫臭. 於是日郎中莫衣紫 其明日國中莫衣紫 三日境內莫衣紫也.

註解 ○適有(적유) - 여기서 적(適)은 약(若)과 통한다. 즉 '만약 ……있다면……'이란 의미이다. ○郎中(낭중) - 낭문(廊門) 안에서 군주를 가까이 섬기는 벼슬아치.

두 가지 정치술 - 외저설(外儲說) · 좌하(左下)

위(魏)나라 서문표(西門豹)는 업(鄴)의 태수로 있으면서, 청렴과 결백으로 이름이 높아 손톱만한 사리(私利)도 취한 일이 없었으며, 조정의 근신(近臣) 따위는 안중에도 없었다. 그리하여 근신들은 너나없이 서문표를 미워했다. 그뒤 1년이 지나 서문표가 업무 보고차 조정에 들렀을 때, 임금 문후(文侯)는 이렇다 할 설명도 없이, 서문표의 관인(官

印)을 회수하고, 태수직에서 물러나도록 하려 했다. 그러자 서문표는 직접 문후에게 청원했다.

"소신은 지금껏 지방 행정에 어두워 실수가 많았나이다. 그러나 지금은 어떻게 해야 한다는 것을 분명히 알게끔 되었사오니, 1년만 더 눌러 있게 해주시오소서. 만약 여전히 성적을 올리지 못했을 경우에는 죽음으로 죄를 대신하겠나이다."

문후도 딱한 생각이 들어 그의 청을 받아들이어, 거두었던 관인을 다시 내렸다. 서문표는 돌아오자 백성들에게 무거운 세금을 거둬들이며, 근신들에게 많은 선물을 보내주어 그들의 환심을 샀다. 다시 1년이 지나, 업무 보고차 조정에 들르게 되었다. 임금 문후는 그를 반가이 맞아 정중히 그의 노고를 치하했다. 그러자 서문표는,

"지난 해에는 소신이 전하를 위해 정치를 했었는데, 전하께서는 신의 관인을 거두셨나이다. 그래서 이번에는 근신들을 위해 정치를 했더니 전하께서는 신에게 치하까지 하셨사옵니다. 이래가지고는 지방 수령들이 올바른 정치를 할 수 없나이다."

하고 관인을 바치고 벼슬에서 물러나려 했다.

문후는 관인을 되돌리며 말했다.

"과인은 지금껏 경을 알지 못했었소. 그러나 이제는 경을 알았으니 더욱 분발해서 업 땅을 맡아 다스려 주시오."

그러나 서문표는 끝내 거절하고 말았다.

原文 西門豹爲鄴令 淸克潔慤 秋毫之端無私利也. 而甚簡左右. 左右因相與比周而惡之. 居期年 上計 君收其璽. 豹自請曰, 臣昔者不知 所以治鄴 今臣得矣. 願璽復以治鄴. 不當 請伏斧鑕之罪. 文侯不忍而復與之. 豹因重斂 百姓急事左右 上計 文侯迎而拜之. 豹對曰, 往年臣爲君治鄴 而君奪臣璽. 今臣爲左右治鄴 而君拜臣.

臣不能治矣. 遂納璽去. 文侯不受 曰, 寡人曩不知子 今知矣·願子
勉爲 寡人治之. 遂不受.

註解 ○令(령)−현령(縣令). 현의 장관. ○尅(극)−극(剋)의 속자로 자
기 자신을 이기다란 뜻. ○愨(각)−성실하다. ○秋毫之端(추호지단)−아
주 사소한 것. ○簡(간)−업신여기다, 함부로 하다. ○上計(상계)−전국시
대로부터 한(漢)나라 때까지 매년 각 지방 수령들을 상경시키어 회계보고
를 하던 일. ○璽(새)−관원의 도장으로서 옥으로 만드는 예가 많다. ○斧
鑕(부질)−사람을 참형(斬刑)에 처하는 도끼와 그 대(臺)로서 쇠로 만드
는 경우가 많다.

사람을 심는 방법 − 외저설(外儲說) · 좌하(左下)

양호(陽虎)가 제(齊)나라에서 조(趙)나라로 망명했을 때, 조간자(趙
簡子)가,

"들리는 바로는, 그대가 사람을 등용시키는 데 뛰어난 재주를 가지
고 있다는데……."
하고 묻자, 양호는 대답했다.

"제가 노(魯)나라에 있을 때 세 사람을 뽑아 써서 모두 대신이 되
었으나, 제가 노나라에서 죄를 입게 되자 모두 저를 찾아내어 잡으
려 했었습니다. 제나라에 있을 때에도 세 사람을 추천하여 그 중 한
사람은 왕의 근신이 되었고, 한 사람은 현령, 한 사람은 후리(候吏)
가 되었으나, 제가 죄를 얻게 되자 왕의 근신이 된 사람은 저를 만
나주려고도 하지 않았고, 현령이 된 사람은 저를 잡아 묶으려고 했
으며, 후리가 된 사람은 저를 국경까지 뒤쫓아왔으나 잡지 못하고
그대로 돌아가고 말았습니다. 저는 사람을 뽑아 쓰는 것이 서투른
것 같습니다."

조간자는 크게 웃으며 이렇게 말했다.

"유자나 귤을 심으면 단 열매를 먹고 좋은 향기를 맡을 수 있지만, 탱자나무나 가시나무를 심으면 자라서 사람을 찌르게 되지. 그러므로 군자는 무엇을 심을 것인가를 신중히 생각하지 않으면 안되는 법이야."

原文 陽虎去齊走趙 簡主問曰, 吾聞子善樹人. 虎曰, 臣居魯 樹三人 皆爲令尹. 及虎抵罪於魯 皆搜索於虎也. 臣居齊薦三人 一人得近王 一人爲縣令 一人爲候吏. 及臣得罪 近王者不見臣 縣令者迎臣執縛 候吏者追臣至境上 不及而止. 虎不善樹人. 主俛而笑曰, 樹橘柚者 食之則甘 嗅之則香. 樹枳棘者 成而刺人. 故君子愼所樹.

註解 ○陽虎(양호)-춘추시대 노(魯)나라 사람. 자는 화(貨). ○樹人(수인)-사람을 추천하여 나무를 심듯 어떤 벼슬자리에 앉도록 하는 것. ○令尹(영윤)-재상(宰相). 여기서는 고을 수령. ○候吏(후리)-자질구레한 일을 하는 하급 관리. ○俛而(면이)-허리를 잡고 크게 웃는 모양. ○橘(귤)-귤나무. ○柚(유)-유자나무. ○枳(지)-탱자나무. ○棘(극)-가시나무.

공사(公私)의 구별-외저설(外儲說)·좌하(左下)

중모(中牟)의 현령 자리가 비어 있었으므로 진평공(晉平公)은 조무(趙武)에게 물었다.

"중모는 우리 나라의 팔과 다리 같은 요지로서, 서울인 한단(邯鄲)의 어깨와 넓적다리에 해당하는 곳이므로 과인은 여기에 훌륭한 현

268

령을 두고 싶은데, 누가 적당하겠소?"

"형백자(邢伯子)가 좋을 줄로 아옵니다."

"그 사람은 경들 집과는 원수지간이 아니오?"

"사사로운 원한을 어떻게 국사에까지 끌어들이겠나이까?"

평공이 또 물었다.

"궁내부(宮內府) 장관은 누구를 시키면 좋겠소?"

"신의 자식이 적임자일 줄 아옵니다."

결국, 사람을 추천할 때에는 자기의 원수라도 피해서는 안되며, 가까운 사람을 추천할 때에는 내 자식이라고 해서 피할 필요는 없다.

原文 中牟無令. 晋平公問 趙武曰, 中牟吾國之股肱 邯鄲之肩髀. 寡人欲得其良令也. 誰使而可. 武曰, 邢伯子可. 公曰, 非子之讎也. 曰, 私讎不入公門. 公又問曰, 中府之令 誰使而可. 曰, 臣子可. 故曰, 外擧不避讎 內擧不避子.

註解 ㅇ中牟(중모)-지명(地名). 하남성 탕음현(湯陰縣) 서쪽. ㅇ晋平公(진평공)-진나라 군주. 재위(在位) 기원전 557~532년. ㅇ邯鄲(한단)-후일에는 조(趙)나라의 도읍지가 되었다. 하북성 한단현(邯鄲縣). ㅇ肩髀(견비)-비(髀)는 넓적다리뼈. 견비는 몸에서 중요한 부분을 의미한다. ㅇ邢伯子(형백자)-진나라 대부인 형후(邢侯).

원수를 재상으로-외저설(外儲說)·좌하(左下)

해호(解狐)는 자기 원수를 조간주에게 천거해서 재상을 삼았다. 재상이 된 그는 해호가 자기와 화해하려는 것인 줄 알고, 해호의 집으로 인사를 차리러 갔었다. 그러자 해호는 활을 들고 나오더니, 놀라서 달아나는 그의 등 뒤를 겨누며 소리쳤다.

"내가 너를 천거한 것은 나라일에 네가 적임자라 생각되었기 때문이다. 너를 원수로 아는 것은 너와 나의 개인적인 원한 때문이야. 네게 사원(私怨)이 있다고 해서 나라일을 생각하지 않는 그런 짓은 하지 않는다."

즉 '사사로운 원한은 공문(公門)으로 끌고 들어오지 않는다'는 것이다.

原文　解狐薦 其讎於簡主以爲相. 其讎 以爲且幸釋己也. 乃因往拜謝. 狐乃引弓送而射之. 曰, 夫薦汝公也 以汝能當之也. 夫讎 汝 吾私怨也. 不以私怨 汝之故擁 汝於吾君. 故私怨不入公門.

註解　○解狐薦 其讎於簡主以爲相(해호천 기수어간주이위상)－해호가 간주에게 자기 원수를 천거하여 재상이 되도록 하였다. 이 사건은 양공(襄公) 3년에 있었던 일이다.

후계자 선발－외저설(外儲說) · 우상(右上)

설공(薛公)이 제(齊)나라 재상이었을 때, 위왕(威王)의 부인이 일찍 죽었다. 궁중에는 10명의 아름다운 첩이 있어 똑같이 왕의 사랑을 받고 있었다.

설공은, 왕이 그 중에서 누구를 부인의 후계자로 삼으려 하는지를 먼저 알아차린 다음, 그 여자를 부인으로 천거할 생각이었다. 만일 제대로 천거해 왕이 들어 준다면, 그것은 자기의 의견을 따른 것이 되고, 또 새 부인에게 대우를 받게 된다. 만일 잘못해서 왕이 들어주지 않는다면 왕과 의견이 맞지 않은 것이 되고, 뒤를 잇는 부인으로부터도 미

움을 사게 된다. 먼저 왕이 누구를 마음속에 두고 있는가를 알아보고
나서, 왕에게 그녀를 천거하지 않으면 안된다.

　그래서 설공은 구슬로 만든 열 쌍의 귀걸이를 왕에게 바쳤는데, 그
중 하나를 특별히 좋게 만들었다. 왕은 그것을 10명의 첩들에게 나눠
주었는데, 설공은 다음날 그 중에서 가장 좋은 귀걸이를 달고 있는 여
자가 누군가를 확인한 다음, 그녀를 왕에게 천거하여 부인으로 삼게
했다.

　原文　薛公相齊 齊威王夫人死. 中有十孺子 皆貴於王 薛公欲知
王所欲立 而請置一人以爲 夫人王聽之 則是說行於王 而重於置
夫人也 王不聽是說不行 而輕於置夫人也. 欲先知王之所欲置 以
勸王置之 於是爲十玉珥 而美其一 而獻之. 王以賦 十孺子 明日
坐視美珥之所 在 而勸王以爲夫人.

　註解　○薛公(설공)－정곽군 전영(田嬰)은 설(薛) 땅에 봉해졌으므로
설공이라고도 칭한다. ○齊威王(제위왕)－선왕(宣王)의 아버지. 재위(在
位) 기원전 357~320년. 전영은 위왕의 아들이다. ○中(중)－여기서는 궁
중(宮中)이란 뜻이다. ○孺子(유자)－원래는 어린아이, 젊은 여자란 의미
인데 여기서는 첩(妾)이란 뜻이다.

도청(盜聽) － 외저설(外儲說) · 우상(右上)

　서수(犀首)는 천하의 명장으로 이름이 높았는데, 그는 처음에 양왕
(梁王) 밑에서 벼슬하고 있었다. 진왕(秦王)은 그를 데려다가 나라일
을 맡기려 했다. 그러나 서수는,

　"신은 양나라의 신하인만큼, 양나라를 떠날 생각은 없나이다."

하고 거절했다.

그후 1년쯤 지나, 서수는 양왕에게 죄를 짓고 진나라로 망명해 왔다. 진왕은 그를 극진히 대우했다.

진나라 장군인 저리질(樗里疾)은, 서수가 자기를 대신해서 장군이 되지나 않을까 걱정한 나머지 왕이 늘 비밀 이야기를 할 때면 쓰곤 하는 방에다가 구멍을 만들어 두게 했다. 얼마 후, 과연 왕은 서수와 이런 비밀 이야기를 주고받는 것이었다.

"과인은 한(韓)나라를 칠까 하는데 어떻겠소?"

"가을쯤이 좋을 것으로 생각되옵니다."

"과인은 경에게 나라의 큰 일을 맡길까 하고 있으니, 절대로 다른 사람에게 이 말을 해서는 안되오."

서수는 뒤로 물러나 공손히 절하고는,

"알겠나이다."

하고 말했다.

구멍을 통해 이 이야기를 듣게 된 저리질이 가만히 소문을 퍼뜨렸으므로 근신들은,

"가을에는 군사를 일으켜 한나라를 치게 되고, 그때 대장에는 서수가 물망에 오르고 있다."

고 수군거렸다. 그리하여 근신들은 그날로 모두 다 알게 되었고, 한 달 안에는 온 국민이 다 알게 되었다. 그래서 왕은 저리질을 불러 물었다.

"어째서 그런 소문이 돌아 떠들썩하게 야단들인가. 어디서 그런 말이 새어 나왔단 말인고?"

"서수의 입에서 나온 것 같나이다."

"과인은 서수와 아무 말도 하지 않았는데, 서수가 그런 말을 할 리가 있는가?"

272

"서수는 망명해 온 사람이므로 마음이 불안할 것이니이다. 그러므로 그런 말이라도 해서 자기를 내세워 보려는 것이겠습지요."

"그럴는지도 모르겠군."

왕은 사람을 보내어 서수를 불렀다. 서수는 벌써 알고 다른 나라로 달아나고 없었다.

原文 犀首天下之善將也 梁王之臣也. 秦王欲得之與治天下. 犀首曰, 衍其人臣者也 不敢離主之國. 居期年 犀首抵罪於梁王 逃而入秦. 秦王甚善之. 樗里疾秦之將也. 恐犀首之代之將也 鑿穴於王之所 常隱語者. 俄而王果與 犀首計曰, 吾欲攻韓 奚如. 犀首曰, 秋可矣. 王曰, 吾欲以國累子 子必勿泄也. 犀首 反走再拜曰, 受命. 於是樗里疾也 道穴聽之矣. 郞中皆曰, 兵秋起攻韓 犀首爲將. 於是日也 郞中盡知之 於是月也 境內盡知之. 王召樗里疾曰, 是何匈匈也 何道出. 樗里疾曰, 似犀首也. 王曰, 吾無與犀首言也. 其犀首何哉. 樗里疾曰, 犀首也羈旅 新抵罪 其心孤. 是言自嫁於衆. 王曰, 然. 使人召犀首 已逃諸侯矣.

註解 ○梁王(양왕)－위(魏)나라는 혜왕(惠王) 때 대량(大梁)으로 도읍을 옮겼으므로 양(梁)나라라고도 하였다. ○抵罪(저죄)－죄를 범하다. 저(抵)는 '이르다' '해당하다'란 의미이다. ○樗里疾(저리질)－진(秦)나라 혜문왕(惠文王)의 이복 동생. 이름은 질(疾). 위남(渭南) 음향(陰鄕)의 저리(樗里)에 살았으며 호를 저리자(樗里子)라고 했다. 무왕(武王)·소양왕(昭襄王) 등도 섬겼다. ○隱語(은어)－여기서는 비밀리에 상담한다는 뜻이다. ○反走再拜(반주재배)－뒷걸음질하며 물러서서 공손히 재배하는 것. ○匈匈(흉흉)－시끄럽게 떠들어대는 모습. ○羈旅(기려)－기(羈)는 말에게 씌우는 굴레. 기려는 나그네, 이방인이란 의미이다.

맹견(猛犬)과 사서(社鼠) ― 외저설(外儲說)·우상(右上)

송나라에 술장수가 있었다. 되가 정확하고 손님에게도 친절히 대했으며 술맛도 좋고 간판도 높이 달려 있는데 술이 전혀 팔리지 않아 맛이 변하곤 했다. 까닭을 알 수 없었던 주인은 평소에 친한 양천(楊倩)이란 장자(長者)에게 물어 보았다. 양천은,

"자네 집 개가 혹시 사나운 개가 아닌가?"

하고 되물었다.

"개가 사나우면 술이 안 팔립니까?"

"사람들이 무서워하기 때문이야. 예를 들어, 아이들에게 돈과 술병을 들려 술을 사러 보냈을 때, 개가 달려나와 물려고 한다면 누가 자네 집으로 굳이 술을 사러 보내겠는가? 술맛이 변하도록 팔리지 않을 건 뻔한 이치가 아니겠는가?"

마찬가지로 나라에도 역시 개가 있다. 어진 선비가 나라를 다스릴 재능을 가지고, 임금을 만나 의견을 말하려고 하면, 대신이 사나운 개가 되어 달려나와 선비를 물어뜯는다. 이래가지고는 임금의 총명이 가려지고 위협당하게 되어, 어진 선비가 쓰여질 도리가 없다.

일찍이 제환공(齊桓公)이 관중(管仲)에게 물었다.

"나라를 다스리는 데 가장 방해가 되는 것은 무엇이오?"

"사서(社鼠)라는 것이옵니다."

"어째서 그렇단 말이오?"

"전하께서도 사당을 짓는 것을 보신 적이 있으실 줄 아옵니다. 먼저 재목을 다 세우고 나서 벽을 바르게 되는데, 쥐는 빈틈을 이로 쪼아 뚫고 들어가서, 안에 구멍을 파고 집을 짓게 되옵지요. 쥐가 있는 집을 연기로 가득 채우려면 재목을 태울 염려가 있고, 물을 부우려

면 벽이 무너질 염려가 있사옵니다. 그래서 사서(社鼠)는 좀처럼
잡히지가 않나이다."

마찬가지로 임금의 좌우에 있는 사람은 밖으로는 권세를 휘둘러 백
성들로부터 재물을 거둬들이고, 조정에서는 서로 결탁하여 못된 짓을
서로 덮어준다. 안으로는 임금의 마음을 더듬어 밖으로 새어나가게 하
고 혹은 안팎으로 모든 신하와 관리들에게 눈치를 보여주며 사복(私腹)
을 채운다. 법을 쥔 사람들은 이것을 처벌하지 않으면 법이 문란해진다
는 것을 알고는 있으면서도, 이를 처벌하면 당장 임금의 마음을 건드리
게 되므로 어쩔까 어쩔까하며 못본 체하고 만다. 말하자면 이것이 바로
사서(社鼠)인 것이다. 또 신하가 권세를 쥐고 멋대로 법과 제도를 어
겨 가면서 자기에게 유리한 사람에게는 이익을 주고, 자기에게 불리한
사람에겐 해를 주는 짓을 서슴지 않는다. 이것 역시 사나운 개나 같은
유이다.

그런데, 대신이 사나운 개가 되어 어진 선비를 물어뜯고, 좌우에 있
는 근신들이 사서가 되어 임금의 마음을 파고들고 있다. 그러면 정치
를 제대로 안되게 마련이다.

原文 宋人有酤酒者. 升槪甚平 遇客甚謹 爲酒甚美 縣幟甚高
著. 然不售酒酸. 怪其 故問其所知閭長者楊倩. 倩曰, 汝狗猛耶.
曰, 狗猛 則酒何故而不售. 曰, 人畏焉. 或令孺子 懷錢挈壺甕而
往酤 而狗迓而齕之. 此酒所以酸而不售也. 夫國亦有狗. 有道之士
懷 其術而欲以明萬乘之主 大臣爲猛狗迎而齕之. 此人主之 所以
蔽脅而有道之士 所以不用也.

一曰, 桓公問管仲曰, 治國何患. 對曰, 最苦社鼠. 夫社木而塗之
鼠因自託也. 燻之則木焚 灌之則塗阤. 此所以苦於社鼠也. 今人君
左右 出則爲勢重 以收利於民 入則比周謾侮 蔽惡以欺於君 誅則

亂法 誅之則人主危 據而有之. 此亦社鼠也. 故人臣執柄擅禁 明
爲己者必利 不爲己者必害 亦猛狗也. 故左右爲社鼠 用事者爲猛
狗 則術不行矣.

註解　○升槪(승개)-승(升)은 되, 개(槪)는 되질을 할 때, 되 위를 밀어
내는 나무. 즉 '승개'는 되질하는 방법을 뜻한다.　○孺子(유자)-어린아이.
○壺甕(호옹)-술 따위를 담는 항아리, 그릇.　○蔽脅(창협)-신하에 의해
군주의 눈이 가리워지고 위협당하는 것을 뜻한다.　○一曰(일왈)-단락(段
落)을 나누기 위한 말. '일설(一說)에 의하면'이란 뜻이다.　○謾侮(만모)-
경시(輕視)하다. 깔보다.　○用事者(용사자)-정치를 집행하는 사람.

나라의 무당 - 외저설(外儲說)·우상(右上)

[위(衛)나라 임금이 진(晋)나라로 갔다 돌아올 때 그곳의 박의(薄
疑)를 보고 부탁했다.]
　"과인은 그대를 과인의 나라로 데려가고 싶다."
　"집에 어머니가 있으므로, 돌아가 어머니와 상의를 해보겠나이다."
　임금은 몸소 박의의 집으로 찾아가 그의 어머니에게 직접 부탁을 했
다. 어머니는 이렇게 대답했다.
　"그 애는 전하의 신하가 아닙니까. 그 애를 전하께오서 데려가시겠
다니 그저 감격할 뿐이옵니다."
　그래서 임금은 박의에게 말했다.
　"과인은 이미 그대의 어머니에게 부탁해서 승낙을 얻어가지고 있다."
　박의는 집으로 돌아오자 어머니를 보고 말했다.
　"위나라 임금은 저를 사랑하기는 합니다만, 어머님과 비교하면 어
떨까요?"

"나와는 비교가 되지 않을 거다."

"위나라 임금은 저의 재능을 인정하고는 있으나, 어머님과 비교하면 어떨는지요?"

"나와 비교할 수는 없겠지."

"어머님은 저와 집안일을 상의하고 나서 완전히 결정을 본 뒤에도, 또 무당인 채씨 할미[蔡嫗]에게로 가서 결정을 짓곤 합니다. 지금 임금은 저를 데리고 갈 생각으로 이미 결정은 했지만, 뒷날 틀림없이 채씨 할미와 같은 근신들과 상의를 함으로써 결정을 바꾸게 될 것입니다. 그런 정도인즉 도저히 위나라 임금을 오래 모실 수는 없다고 생각됩니다."

原文　吾欲與子皆行. 薄疑曰, 嫗也在中 請歸與嫗計之. 衛君自請薄嫗. 薄嫗曰, 疑 君之臣也. 君有意 從之甚善. 衛君曰, 吾以請之嫗許我矣. 薄疑歸言之嫗也. 曰, 衛君之愛疑奚與嫗. 嫗曰, 不如吾愛子也. 衛君之賢疑奚與嫗也. 曰, 不如吾賢子也. 嫗與疑計家事已決矣 乃更請決之於卜者蔡嫗. 今衛君從疑而行 雖與疑決計 必與他蔡敗之. 如是則疑不得長爲臣矣.

註解　○皆行(개행)-해행(偕行)의 뜻으로 '함께 위나라로 돌아가는 것'을 말한다. ○薄疑(박의)-진(晋)나라의 현인(賢人). ○嫗(온)-여기서는 노모(老母)란 의미이다. ○在中(재중)-집안에 있다.

좋아하기 때문에 받지 않는다 — 외저설(外儲說)·우하(右下)

공손의(公孫儀)는 노(魯)나라 재상으로 물고기를 좋아했다. 그래서 전국에서 생선을 바치는 사람들이 많았으나 일체 받으려 하지 않았다. 그의 동생이,

"형님께선 생선을 좋아하시는데 어째서 받지 않으십니까?"
하고 묻자, 공손의는 이렇게 대답했다.

"물고기를 좋아하기 때문에 받지 않았을 뿐이다. 만일 그것을 받게
되면 반드시 보내준 사람을 염두에 두어야 할 것이며, 그렇게 되면
법을 굽히지 않으면 안될 경우도 있을 것이고, 법을 굽히게 되면 재
상 자리를 그만두게도 될 것이다. 그때는 물고기를 좋아해도 갖다
줄 사람이 있을지 의문이며, 내가 사서 먹을 수도 없을 것이다. 그러
나 물고기를 받지 않음으로써 벼슬에서 쫓겨나는 일이 없으면, 물고
기가 먹고 싶을 때는 언제나 내가 사서 먹을 수 있지 않겠느냐."

결국 남을 의지하지 말고 자신을 의지하라는 뜻이며, 남이 나를 위
해 주기를 바라지 말고, 자기 스스로 자신을 위하라는 이야기다.

原文 公儀休相魯而嗜魚 一國盡爭買魚而獻之. 公儀子不受. 其
弟諫曰, 夫子嗜魚而不受者 何也. 對曰, 夫唯嗜魚 故不受也. 夫
卽受魚 必有下人之色 有下人之色 將枉於法. 枉於法則免於相 雖
嗜魚 此不必能致我魚 我又不能自給魚. 卽無受魚而不免於相 雖
嗜魚 我能長自給魚. 此明夫恃人不如自恃也. 明於人之爲己者 不
如己之自爲也.

註解 ○公儀休(공의휴)-공손의(公孫儀). 또는 공의자(公儀子). ○嗜
(기)-기호. 특별히 좋아하다. ○下人(하인)-아랫사람. 여기서는 생선을
갖다바친 사람을 가리킨다. ○恃(시)-믿다. 의지하다.

모순(矛盾)-난일(難一)

초나라 사람으로 방패[盾]와 창[矛]을 파는 사람이, 방패를 자랑
하여,

278

"이 방패의 튼튼한 것으로 말하면, 이 세상 어느 것으로도 뚫을 수
가 없소이다."
고 말하고, 또 창을 자랑하여,
"이 창의 날카로운 것으로 말하면, 어느 것이고 뚫지 못할 것이
없소이다."
고 말했다. 그러자 어떤 사람이,
"그럼 그 창으로 그 방패를 뚫으면 결과가 어떻게 되겠는가?"
하고 묻자, 그는 대답을 못하고 말았다.
　말하자면, 어느 곳이나 꿰뚫을 수 있는 창과, 어느 것으로도 꿰뚫을
수 없는 방패는 동시에 성립될 수 없는 것이다.

　原文　楚人有鬻楯與矛者 譽之曰, 吾楯之堅 莫能陷也. 又譽其
矛曰. 吾矛之利 於物無不陷也. 或曰, 以子之矛 陷子之楯 何如.
其人弗能應也. 夫不可陷之楯 與無不陷之矛 不可同世而立.

　註解　ㅇ鬻(육)—팔다. 매도하다. ㅇ楯(순)—방패. 흔히 순(盾)으로 쓴다.
ㅇ矛(모)—창(槍). ㅇ陷(함)—구멍을 뚫는 것.

벽을 바르지 마라 —난일(難一)

　진평공(晉平公)이 근신들과 함께 술을 마시다가 문득 한숨을 지으
며 말했다.
　"임금이 되었다고 해서, 이렇다 할 즐거움이 있는 것도 아닌데 다만
무슨 소리를 하든 거역하는 사람이 없는 것이 즐겁도다."
　그러자 옆에 앉아 있던 장님 악사인 사광(師曠)이 거문고를 번쩍 들
어 평공에게 던지려고 했다. 평공이 급히 피하는 바람에 거문고는 벽

을 허물어뜨렸다. 평공은 말했다.

"너는 누구를 치려고 했더냐?"

"방금 옆에서 못된 소리를 하는 사람이 있었으므로, 그를 치려 했었나이다."

"그게 바로 과인이야."

"아아, 그런 말씀은 임금으로서 하실 말씀이 아니옵니다."

뒤에 무너진 벽을 다시 고치려 하자 평공은,

"그대로 두어라. 나의 교훈으로 삼겠다."

라고 했다.

原文 晋平公 與羣臣飮 飮酣乃喟然歎曰, 莫樂爲人君 惟其言而莫之違. 師曠侍坐於前 援琴撞之. 公披袵而避 琴壞於壁. 公曰, 太師誰撞. 師曠曰, 今者有小人言於側者 故撞之. 公曰, 寡人也. 師曠曰, 啞是非君人者之言也. 左右請除之. 公曰, 釋之以爲寡人戒.

註解 ㅇ晋平公(진평공) - 재위(在位) 기원전 557~532년. 음악을 무척 좋아했다. ㅇ師曠(사광) - 사(師)는 악사(樂師), 광(曠)은 이름이다. 진평공 때 부(傅)가 되어 군주에게 자문했다. ㅇ援琴(원금) - 원(援)은 타다·들다란 의미. 즉 금(琴)을 들다란 뜻이다. ㅇ太師(태사) - 여기서는 악관(樂官)의 장(長)이란 의미이다. ㅇ啞(아) - 경탄을 나타내는 말.

범에 날개 - 난세(難勢)

《주서(周書)》에 이런 말이 있다.

'범에 날개를 붙이지 마라. 마을로 날아와서 사람을 잡아먹게 된다.'

못된 인간에게 권세를 주는 것은, 범에 날개를 붙여 주는 것과 같다.

걸(桀)과 주(紂)는 높은 집과 넓은 못을 만들어 백성의 재물을 소비시키고 포락(炮烙)의 형을 만들어 백성의 목숨을 해쳤다. 걸과 주가 멋대로 행동하게 된 것은 천자의 위세가 그의 날개가 되었기 때문이다. 만일 걸과 주가 미천한 백성에 지나지 않았다면, 그런 짓을 하기 전에 벌부터 먼저 받게 되었을 것이다. 권세는 호랑이의 마음을 길러주어 난폭한 짓을 마구 하게 된다. 이것은 천하를 위해 큰일이다.

　　原文　周書曰, 冊爲虎傅翼 將飛入邑 擇人而食之. 夫乘不肖人於勢 是爲虎傅翼也. 桀紂爲高臺深池. 以盡民力 爲炮烙 以傷民性. 桀紂得成肆行者 南面之威爲之翼也. 使桀紂爲匹夫 未始行一而身在刑戮矣. 勢者 養虎狼之心 而成暴亂之事者也. 此天下之大患也.

　　註解　○周書(주서)─여기에 인용한 글은 진(晉)나라 시대에 와서 발견된《급총주서(汲冢周書)》〈오경편(寤儆篇)〉에 있는 내용이다. ○炮烙(포락)─죄인을 기름칠한 쇠몽둥이 위에 오르도록 하고, 그 아래에는 숯불을 피워 놓음으로써 미끄러져 타죽도록 하는 형벌. ○成肆行(성사행)─세(勢)를 타고 자기 멋대로 행동하다. 승사행(乘四行)으로 되어 있는 책도 있다.

좋은 약은 입에 쓰다 ─ 육반(六反)

옛날 속담에 이런 말이 있다.

'정치는 머리를 감는 것과 같은 것, 머리털이 빠지더라도 머리는 감지 않으면 안된다.'

머리털 빠지는 것이 아까워, 머리를 감아 깨끗이 하는 이로운 점을 잊고 있다면, 이는 사물을 제대로 계산할 줄 모르는 사람이다.

대체로 종기를 수술하는 것은 아픈 일이며, 약을 마시는 일은 쓴 것이다. 그렇다고 쓰고 아픈 것이 싫어 종기를 내버려두고 약을 마시지 않는다면, 목숨을 살려내지 못하고 병은 고쳐지지 못한다.

原文 古者有諺曰, 爲政猶沐也. 雖有棄髮必爲之. 愛棄髮之費而忘長髮之利 不知權者也. 夫彈痤者痛 飮藥者苦. 爲苦憊之故不彈痤飮藥 則身不活 病不已矣.

註解 ㅇ權(권) – 원래는 저울에 사용하는 분동(分銅)을 가리키는 뜻인데 발전하여 권세란 의미가 되었다. 여기서는 ‘계산하다’란 뜻으로 쓰이고 있다. ㅇ彈(탄) – 여기서는 석침(石針)으로 찔러 수술하는 것을 뜻한다. ㅇ痤(좌) – 종기. 작은 부스럼. ㅇ憊(비) – 지치다, 괴롭다 등의 뜻인데 여기서는 아프다란 의미로 사용되고 있다. ㅇ已(이) – 여기서는 병이 낫는다는 뜻으로 쓰이고 있다.

공(公)과 사(私) – 오두(五蠹)

초(楚)나라에 직궁(直躬)이란 고지식한 사람이 있었는데, 그의 아버지가 양을 훔치자 관에 고발했다. 그러자 영윤(令尹)은,
“그놈을 죽여라.”
하고 명령했다.

임금에게는 충성을 했지만 아비에게는 불효라고 생각했기 때문이다. 그래서 죄를 준 것이다. 이로 미루어 볼 때, 임금에 대해 정직한 신하는, 아버지에 대해 불효한 자식이 되는 것이다.

노(魯)나라의 어느 사람은 임금을 따라 전쟁에 나갔으나, 세 번 싸

282

움에 세 번 다 달아났다. 공자가 그 까닭을 물었더니,

"제게는 늙은 아비가 있는데, 제가 죽으면 아무도 모실 사람이 없기 때문이었습니다."

라고 대답했다.

그래서 공자는 그를 효자라 하여 표창했다. 이것으로 미루어 볼 때, 아비에게 효도하는 자식은 임금에 대해서는 불충한 신하가 된다.

그래서 영윤이 직궁을 처벌한 뒤로, 초나라에서는 나쁜 일을 고발하는 사람이 없어졌고, 공자가 노나라의 도망간 군사에게 상을 주자, 노나라 사람은 항복을 수치로 알지 않았다. 위와 아래의 이익은 이렇게 서로 상반된다.

그런데 임금된 사람이 공적인 공로와 사적인 선행(善行)을 동시에 장려하며 나라를 복되게 하려고 생각한다면, 이것은 도저히 이룩될 수 없는 일이다.

原文 楚之有直躬 其父竊羊而謁之吏. 令尹曰, 殺之. 以爲直於君 而曲於父 報而罪之. 以是觀之 夫君之直臣 父之暴子也.

魯人從君戰 三戰三北 仲尼問其故. 對曰, 吾有老父 身死莫之養也. 仲尼以爲孝 擧而上之. 以是觀之 夫父之孝子 君之背臣也. 故令尹誅 而楚姦不上聞 仲尼賞 而魯民易降北. 上下之利 若是其異也. 而人主兼擧匹夫之行 而求致社稷之福 必不幾矣.

註解 ○直躬(직궁)-실존인물인지 여부는 알 길이 없다. 우화(寓話) 속에 '행실이 지나치게 곧은 사람'이라 해서 붙여진 이름일 것 같다. ○謁(알)-밀고(密告)하다. ○令尹(영윤)-재상. 초나라에서는 재상을 영윤이라고 불렀다. ○不幾(불기)-안된다. 성공은 바랄 수 없다란 의미이다.

여씨춘추 편(呂氏春秋篇)

　　혹은 《여람(呂覽)》이라고도　한다.　12권,
160편으로 이루어졌으며, 그것이 십이기(十
二紀)·팔람(八覽)·육론(六論)으로　나뉘어
편차(編次)되어　있다.　진(秦)나라 승상(丞
相) 여불위(呂不韋 : ?~기원전 235년)가 식
객(食客) 가운데 학자들을 동원하여 천지만
물(天地萬物), 고금의 인사(人事)에 관한 의
론을 집록(集錄)케 한 것으로, 말하자면 춘
추전국시대에 전개된 제자백가(諸者百家)의
사상과 학술의 성과를 망라한 백과사전적(百
科事典的) 성격을 가졌으며 이른바 '잡가(雜
家)의 서(書)'의 전형이다. 실린 우화적 자료
(寓話的資料)에는 《장자(莊子)》 이하 이미 나
온 여러 책과 중복되는 것도 많다.

잃어버린 활 — 맹춘기(孟春紀) · 귀공(貴公)

초나라 사람이 활을 잃어버렸는데도 찾을 생각은 않고,
"초나라 사람이 잃어버린 것을 초나라 사람이 주울 테니까, 굳이 찾
으려 할 것까지는 없지 않은가."
라고 말했다.
　공자(孔子)는 그 말을 듣고는,
"초나라란 말을 떼어 버렸으면 좋았을 걸(사람이 잃은 것을 사람이
줍는다)."
라고 말했다.
　노자(老子)는 또 그것을 듣고는 이렇게 말했다.
"사람이란 말을 떼어 버리면 더욱 좋지."

原文　荊人有遺弓者而不肯索. 曰, 荊人遺之 荊人得之 又何索
焉. 孔子聞之曰, 去其荊而可矣. 老聃聞之曰, 去其人而可矣.

註解　○荊(형)—초(楚)나라. ○不肯索(불긍색)—찾으려 하지 않다. ○
老聃(노담)—노자(老子). 춘추시대의 철학자 · 사상가.

낳기보다 기르기 — 맹하기(孟夏紀) · 용중(用衆)

　서융(西戎) 사람은 서융에서 나서 서융에서 자라 서융의 말을 하
며 누구에게서 배웠는지를 모른다. 초나라 사람은 초나라에서 나서
초나라에서 자라 초나라 말을 하며 누구에게서 배웠는지를 모른다.
만일 초나라 사람이 서융에서 자라고, 서융 사람이 초나라에서 자라
게 되면, 초나라 사람은 서융의 말을, 서융 사람은 초나라 말을 하게

286

끔 되리라.

原文 戎人生乎戎 長乎戎 而戎言 不知其所受之. 楚人生乎楚
長乎楚 而楚言 不知其所受之. 今使楚人長乎戎 戎人長乎楚 則楚
人戎言 戎人楚言矣.

註解 ○戎人(융인)-중국을 중심으로 한 서쪽 지방의 미개민족. ○楚人
(초인)-초나라 사람. 여기서는 남쪽의 미개인이란 뜻으로 사용되고 있다.

맹호(猛虎)는 아직 살아 있다-계추기(季秋紀) · 순민(順民)

제나라 장자(莊子)가 월(越)나라를 치고 싶다면서 화자(和子)에게
의견을 물었다. 화자는,

"선군(先君)께서 유언하시기를, '월나라는 치지 말라. 월나라는 사
나운 범이다' 하셨소"

라고 대답했다. 장자가,

"맹호임에는 틀림이 없으나, 지금은 월나라 임금도 늙어서 죽은 거
나 마찬가지입니다."

라고 하자, 화자는,

"그럼 재상인 효자(鴞子)와 상의해 보시오"

라고 말했다. 효자는 이렇게 말했다.

"죽은 거나 마찬가지라고 하지만, 월나라 사람은 아직 살아 있는 것
으로 아는데."

原文 齊莊子請攻越 問於和子. 和子曰, 先君有遺令曰, 無攻越
越猛虎也. 莊子曰, 雖猛虎也而今已死矣. 和子曰, 以告鴞子. 鴞子

曰, 已死矣以爲生.

註解 ○莊子(장자)-제(齊)나라 사람으로서 사상가인 장자(莊子)와 동명이인(同名異人). 제나라에서 벼슬을 하고 있던 신하. ○和子(화자)-제나라 전상(田常)의 손자로서 뒤에 제나라 제후가 되었다. ○鴞子(효자)-제나라의 재상(宰相). ○爲生(위생)-삶을 이루다.

바보 임금의 넋두리 – 계추기(季秋紀)·심기(審己)

제민왕(齊湣王)이 쫓기어 위(衛)나라로 달아났다. 온종일 걸어 지친 끝에 공옥단(公玉丹)을 보고,

"과인은 지금 쫓기어 달아나고는 있지만 그 까닭을 모르고 있어. 내가 달아나는 것은 대관절 무엇 때문인고. 과인은 되는 대로 했을 뿐인데."

라고 물었다. 공옥단은 이렇게 대답했다.

"소신은 대왕께서 이미 알고 계신 줄 아옵는데 아직도 모르고 계시옵니까. 대왕께서 망명중에 계신 것은 너무 착하시기 때문이옵니다. 천하의 모든 임금들은 다 어리석은지라, 대왕의 착하신 것을 시기한 나머지, 군대를 합세하여 대왕을 공격했나이다."

그러자 민왕은 크게 한숨을 내쉬며 말했다.

"착한 것이 이다지도 고통스러운 것이란 말인가."

原文 齊湣王亡居於衛. 晝日步足 謂公玉丹曰, 我已亡矣 而不知其故 吾所以亡者果何故哉. 我當已. 公玉丹答曰, 臣以王爲已知之矣. 王故尙未之知邪 王之所以亡也者以賢也. 天下之王皆不肖而惡王之賢也. 因相與合兵而攻王 此王之所以亡也. 湣王慨焉太息曰, 賢固若是其苦邪.

註解 ○齊湣王(제민왕)－전국시대 제나라 선왕(宣王)의 아들. 포학무
도했으므로 연(燕)·진(秦)·초(楚)나라의 연합군에게 대패하여 위(衛)나
라로 망명했다. ○步足(보족)－산책(散策), 걷다. ○慨焉(개언)－근심하고
슬퍼하다.

당하고도 모르는 바보 － 계추기(季秋紀)·심기(審己)

월왕(越王) 수(授)에게는 네 명의 왕자가 있었다. 왕의 동생인 예
(豫)는 왕자들을 모조리 죽인 다음 자기가 뒤를 이을 생각으로, 왕자
들을 참소하여 그 중 세 사람까지 죽였다. 예는 마지막 왕자까지 참소
해서 죽이려 했으나 월나라 사람들이 왕의 처사에 불복하여 많은 비난
을 했으므로, 왕 역시 이를 허락치 않았다.

그런데 그 왕자는 자기도 필경은 죽게 될 것이 두려워, 예를 내쫓고
자 하는 사람들과 합세하여 왕궁을 포위하고 쳐들어갔다. 그러자 왕은
탄식하며 이렇게 말했다.

"내가 예의 말을 들어주지 않았기 때문에 이 지경에 이르게 되었
구나."

原文 越王授有子四人. 越王之弟曰豫 欲盡殺之而爲之後 惡其
三人而殺之矣. 國人不說 大非上 又惡其一人而欲殺之 越王未之
聽. 其子恐必死 因國人之欲逐豫 圍王宮. 越王太息曰, 余不聽豫
之言 以罹此難也.

註解 ○越王授(월왕수)－월왕 구천(勾踐)의 5세손. ○豫(예)－왕예(王
翳). ○爲之後(위지후)－월나라 왕의 뒤를 잇다. ○惡(악)－무고. 참언. ○
非上(비상)－왕을 비방하다.

탕왕(湯王)의 그물 — 맹동기(孟冬紀)·이용(異用)

은나라 탕임금은, 사방에 그물을 쳐놓고 기도하는 사람을 만났다. 그가 기도하기를,

"하늘에서 내려오는 것, 땅에서 올라오는 것, 사방으로부터 오는 모든 것이 다 내 그물에 걸려라."

라고 했다. 탕임금은 그것을 듣자,

"아니, 몽땅 다 잡아버리려는 건가. 걸(桀)이 아니고도 그런 짓을 하는 사람이 또 있단 말이냐."

하고, 삼면의 그물을 걷고, 한쪽만을 남기게 한 다음, 이렇게 기도를 고쳐 하도록 시켰다.

"옛날엔 거미가 그물을 쳤었다. 오늘날 사람들은 그것을 모방할 뿐이다. 왼쪽으로 가고 싶은 것은 왼쪽으로 가고, 오른쪽으로 가고 싶은 것은 오른쪽으로 가고, 위로 오르고 싶은 것은 위로 오르고, 밑으로 내려가고 싶은 것은 밑으로 내려가라. 명령에 위반하는 것만을 나는 잡는다."

한수(漢水) 이남의 나라들은 이 이야기를 듣자, '탕임금의 덕은 짐승에게까지 미치고 있다'면서 마흔 나라나 귀순해 왔다. 사람들은 사방에 그물을 쳐놓아도 새가 잡힐까 말까 한데, 탕임금은 삼면을 걷고 한쪽만을 남긴 것으로써 마흔 나라를 그물에 걸었다. 새만을 그물로 잡는 것은 아니다.

原文 湯見祝網者置四面. 其祝曰, 從天墜者 從地出者 從四方來者 皆離吾網. 湯曰嘻 盡之矣. 非桀其孰爲此也 湯收其三面 置其一面. 更敎祝曰, 昔蛛蝥作網罟 今之人學紓 欲左者左 欲右者右 欲高者高 欲下者下 吾取其犯命者. 漢南之國聞之曰, 湯之德

290

及禽獸矣 四十國歸之. 人置四面 未必得鳥 湯去其三面 置其一面
以網其四十國 非徒網鳥也.

○祝(축)-주문(呪文)을 외다. 어떤 일이 이루어지기를 기원하다.
○紓(서)-일. 행위. 소행.

자신의 살을 먹는 용기 - 중동기(仲冬紀)·당무(當務)

제나라에 용기를 뽐내고 다니는 두 사람이 있었는데 하나는 성 동
쪽에 살고, 하나는 성 서쪽에 살고 있었다. 그 둘이 우연히 길에서 만
났다.

"어디 술이라도 한잔 할까."
하고, 술집에 들어가 잔을 주고받고 하는 가운데, 한 사람이,
"고기를 좀 사다 먹을까."
하자, 다른 한 사람이,
"너도 고깃덩이, 나도 고깃덩이다. 새삼스럽게 사올 것까지야 뭐 있
겠나. 간장만 있으면 그만 아니냐."
하고 받았다. 그래서 칼을 꺼내 살을 베어 내어 함께 먹기 시합을 하다
가 필경은 죽고 말았다.

이런 용기라면 차라리 없는 편이 낫다.

齊之好勇者 其一人居東郭 其一人居西郭. 卒然相遇於塗
曰, 姑相飮乎. 觴數行曰, 姑求肉乎. 一人曰, 子肉也 我肉也. 尙
胡革求肉而爲. 於是具染而已 因抽刀而相啖 至死而止. 勇若此不
若無勇.

○卒然(졸연)-우연히. ○姑(고)-잠시 후에. ○染(염)-찍어서

먹을 간장.

엉터리 법률 — 중동기(仲冬紀) · 당무(當務)

주(紂)의 형제는 셋이었는데 맏이는 미자계(微子啓), 둘째는 중연 (中衍), 셋째가 수덕(受德)이었다. 수덕이 바로 주로서 나이도 훨씬 아래였다. 주의 어머니는, 미자계와 중연을 낳았을 당시에는 첩으로 있다 가 정실이 된 다음에 주를 낳게 되었던 것이다.

주의 부모는 미자계를 태자로 세우려 했다.

그러나 사관(史官)이 법률을 방패로 들고 나와 이를 반대했다.

"정실의 자식이 있는데, 첩의 자식을 태자로 삼을 수는 없나이다."

그래서 결국은 주가 뒤를 잇게 되었다.

이 따위로 법률을 지키기로 말하면 차라리 없는 편이 낫다.

原文   紂之同母三人 其長曰微子啓 其次曰中衍 其次曰受德. 受德紂也. 甚少矣. 紂母之生微子啓與中衍也 尙爲妾 已而爲妻而 生紂. 紂之父 紂之母欲置. 微子啓以爲太子. 太史據法而爭之曰, 有妻之子而不可置妾之子 紂故爲後. 用法若此 不若無法.

註解   ○微子啓(미자계) — 은(殷)나라 폭군인 주왕(紂王)의 형으로서, 아우인 주왕의 포학한 행동에 대하여 충고하다가 듣지 않으므로 몸을 숨 기고 말았다. ○尙(상) — 아직. ○置(치) — 입(立)과 통한다. 즉, 세우다는 뜻이다.

그리워하는 마음 — 유시람(有始覽) · 청언(聽言)

배를 타는 사람은 바다에 떠서 열흘이 지나고 한 달이 지나면 사람

과 비슷한 것만 보아도 반가워 한다. 1년쯤 지나면, 고국에서 본 적이
있는 것만 보아도 기쁘다.

결국 사람과 멀어진 것이 오래면 오랠수록 사람이 그리워지는 것이
리라.

어지러운 세상의 백성들은, 성왕(聖王)으로부터 멀어진 지 오래기
때문에 그가 나타나기를 그리워하며 밤낮없이 기다리게 되는 것이다.

原文 夫流於海者 行之旬月 見似人者而喜矣. 及其朞年也 見其
所嘗見物於中國者而喜矣. 夫去人滋久 而思人滋深歟. 亂世之民
其去聖王 亦久矣 其願見之 日夜無間.

註解 ○旬月(순월)-10여 일. 또는 한 달. ○滋久(자구)-더욱 오래다.
자(滋)는 유(愈)와 같다. ○聖王(성왕)-여기서는 성왕이 다스리는 나라
를 가리킨다.

적국의 기근(飢饉) - 효행람(孝行覽)·장공(長攻)

월나라가 크게 흉년이 들었을 때, 월왕이 범여(范蠡)를 불러 상의
했다.

범여는 이렇게 대답했다.

"전하께선 걱정하시지 마시오소서. 이번 흉년은 월나라의 다행이
되고 오나라의 불행이 되옵니다. 오나라는 물자가 풍부해서 모든
것이 남아돌고 있는 데다가, 임금은 나이가 어리고 생각과 재능이
부족하며 눈앞의 명성만을 좋아하고 장차 올 염려 같은 것을 하지
못하나이다. 전하께서 만일 후한 예물과 겸손한 말씀으로 오나라에
구원을 청하시게 되면 양식을 얻게 될 것이니이다. 양식을 얻게만

되면 나중에는 월나라가 오나라를 얻게 될 것이옵고요."

"과연 그렇겠군."

그래서 월왕은 사람을 보내 오나라에 양식을 부탁했다. 오왕이 청을 들어주려 하자, 오자서(伍子胥)가 이를 말렸다.

"주면 아니되옵니다. 오나라와 월나라는 가까운 이웃 나라로, 사람의 왕래도 수월하나이다. 서로가 원수이므로 오나라가 월나라를 없애지 않는 한, 월나라가 오나라를 망하게 만들 것이옵니다. 연(燕)·진(秦)·제(齊)·진(晉) 등의 나라는 산과 벌판이 많은 나라이므로, 굳이 다섯 개의 호수와 아홉 개의 강을 건너고, 열일곱 개의 험한 곳을 넘어서까지 오나라를 치려 할 리는 없나이다. 그러므로 오나라가 월나라를 없애지 않으면, 월나라가 오나라를 없애게 된다는 것이옵니다. 지금 그 월나라에 식량을 보내주시는 것은 자기 원수를 길러주는 것이 되나이다. 언젠가 오나라가 식량이 딸리고 백성들이 불안해졌을 때는 후회를 해도 늦게 되옵니다. 식량을 주는 대신 공격을 해야만 하옵니다. 옛날 선군께서 패자(覇者)가 되신 것도 그런 방법에 의해서였나이다. 그리고 흉년이란 번갈아 오는 것으로, 말하자면 못[池]과 언덕과 같은 것이어서 어느 나라고 없이 지낼 수는 없는 것이옵니다."

그러나 오왕은,

"그렇지 않소. '의병(義兵)은 항복한 군사를 공격하지 않고, 어진 사람은 굶주린 사람에게 밥을 준다'는 말도 있소이다. 지금 복종해 온 사람을 친다면 의로운 군사라 할 수 없고, 배고픈 사람에게 먹여주지 않는다면 어진 사람이라 말할 수 없지 않소. 어질지도 못하고 의롭지도 못한 일이라면, 월나라가 열이라도 나는 그럴 수가 없소."

하고, 마침내 식량을 주었다.

그로부터 3년이 채 안되어, 이번에는 오나라가 흉년이 들었다. 그래

서 사람을 월나라에 보내어 식량을 요구해 보았으나, 월왕은 식량을
주기는커녕 군사를 일으켜 오나라로 쳐들어가 오왕 부차(夫差)를 포
로로 했다.

原文 越國大饑 王恐召范蠡而謀. 范蠡曰, 王何患焉. 今之饑 此
越之福而吳之禍也. 夫吳國甚富而財有餘 其王年少智寡才輕 好須
臾之名 不思後患. 王若重幣卑辭 以請糴於吳則食可得也 食得其
卒越必有吳 而王何患焉. 越王曰, 善. 乃使人請食於吳. 吳王 將
與之 伍子胥進諫曰, 不可與也. 夫吳之與越 接土隣境 道易人通
仇讐敵戰之國也 非吳喪越 越必喪吳. 若燕秦齊晉 山處陸居 豈能
踰五湖九江 越十七阸以有吳哉. 故曰非吳喪越 越必喪吳. 今將輸
之粟 與之食 是長吾讐而養吾仇也. 財匱而民恐 悔無及也. 不若
勿與而攻之. 固其數也 此昔吾先王之所以霸 且夫饑代事也. 猶淵
之與阪 誰國無有. 吳王曰, 不然 吾聞之 義兵不攻服 仁者食饑餓.
今服而攻之 非義兵也 饑而不食 非仁體也. 不仁不義 雖得十越
吾不爲也. 遂與之食. 不出三年而吳亦饑. 使人請食於越 越王弗與
乃攻之 夫差爲禽.

註解 ○王(왕)-월(越)나라 왕, 구천(勾踐). ○其王(기왕)-오(吳)나라
왕, 부차(夫差). ○須臾之名(수유지명)-일시적인 명예. ○重幣(중폐)-예
물을 듬뿍 보내다. ○接土隣境(접토인경)-땅이 맞닿아 있고 국경이 이웃
해 있다. 즉 국경을 접하고 있는 이웃 나라라는 뜻이다. ○道易人通(도이
인통)-교통이 매우 편리하다. 길을 다니기 쉬워서 사람이 상통한다. ○喪
(상)-쳐부수다. 상(喪)은 멸(滅)과 통한다. ○匱(궤)-궤 속에 있는 곡식
을 퍼내어 곡식을 축낸다는 의미. ○先王(선왕)-선군(先君). 오나라 합려
(闔閭), 즉 부차의 아버지를 가리킨다. ○代事(대사)-사태가 돌아가면서
일어난다. 즉, 누구에게나 있을 수 있는 일. ○仁體(인체)-인정(仁政).

모르면 강해진다 — 효행람(孝行覽)·필기(必己)

용사(勇士)로 유명한 맹분(孟賁)이 강을 건너가려고, 다른 사람들보
다 먼저 나룻배로 뛰어올랐다. 사공이 화를 내며 노로 그의 머리를 치
며 욕을 했다. 실은 그가 맹분이라는 것을 몰랐기 때문이다. 강 중간에
왔을 때 맹분이 눈을 부릅뜨고 사공을 흘겨보는 순간, 머리털이 곤두
서고 눈꼬리가 찢어지며 수염이 쭉 뻗으므로 배 안의 사람들은 놀라
허둥대며 물로 뛰어들었다.

만일 사공이 맹분이란 것을 알고 있었다면, 그를 제대로 바라보지도
못했을 것이며 그보다 먼저 배에 오르려는 사람도 없었을 것이다. 더
구나 그에게 모욕을 가하지는 못했을 것이다. 결국은 그런 일은 알지
못했기 때문에 일어난 일이다.

原文 孟賁過於河 先其五. 船人怒而以楫虎其頭 顧不知其孟賁
也. 中河 孟賁瞋目而視船人 髮植目裂鬢指 舟中之人 盡揚播入於
河. 使船人知其孟賁 弗敢直視 涉無先者. 又況於辱之乎 此以不
知故也.

註解 ○孟賁(맹분) — 진(秦)나라의 용사(勇士). ○五(오) — 오(伍)와 통
한다. 즉, 대오(隊伍). ○髮植(발식) — 머리카락이 곤두서다. ○揚播(양파) —
갈팡질팡 허둥대며 부산하게 움직이다.

설득 수법(手法) — 효행람(孝行覽)·필기(必己)

공자가 여행을 하는 도중, 잠시 쉬고 있는데, 말이 도망을 쳐서 어느
농부집 곡식을 뜯어먹었으므로 농부는 말을 붙들어매고 놓아 주지 않
았다. 제자인 자공(子貢)이 농부를 설득하기 위해 자진해 나서서 온갖

수단의 말로 달래보았으나, 농부는 들을 생각조차 하지 않았다. 그러자 공자를 따라다니는 하인이,

"소인이 한번 가서 달래보겠습니다."

하고 나섰다. 그는 농부를 보고,

"당신은 동해 끝에서, 우리들은 서해 끝에서 농사를 짓고 있다면 모르겠지만, 서로가 가까운 곳에서 농사를 짓고 있다면, 이쪽 말이 당신네 벼를 뜯어먹었더라도 하는 수 없는 일이 아니겠소"

라고 하자, 그 농부도 얼굴을 확 누그리며,

"당신은 정말 설득하는 수법이 보통이 아니구려. 아까 그 녀석과는 전연 딴판이오."

라며 말을 풀어 돌려주었다.

설득이란 결국 이같이 어느 일정한 방법이 없이도 가능한 것이다.

원文 孔子行道而息 馬逸食人之稼 野人取其馬. 子貢請往說之 畢辭 野人不聽. 有鄙人始事孔子者曰, 請往說之. 因謂野人曰, 子不耕於東海 吾不耕於西海也 吾馬何得不食子之禾. 其野人大說 相謂曰, 說亦皆如此其辯也 獨如嚮之人. 解馬而與之. 說如此其無方也而猶行.

註解 ○野人(야인)─농부. ○鄙人(비인)─촌사람. 시골 사람. ○獨如嚮(독여향)─독(獨)은 누구, 향(嚮)은 앞이란 뜻이다.

과분한 욕망─신대람(愼大覽)·하현(下賢)

위문후(魏文侯)가 단간목(段干木)을 만나러 갔을 때는 자리에 선 채 피로해도 쉬려 하지 않는데, 돌아와 적황(翟黃)을 대할 때는 대

청 위에 걸터앉아 말을 주고받았으므로 적황은 덜 좋은 표정을 지었다. 그것을 본 문후는,

"단간목은 벼슬을 주려 해도 받지 않고, 봉록을 주려 해도 받지 않았소. 그런데 경은 벼슬을 주려고 하면 재상의 자리를 탐내고, 봉록을 주려고 하면 상경(上卿)을 원하지 않았소? 내게서 실리를 찾고 있으면서, 또 융숭한 대우를 받으려는 것은 욕심이 좀 지나치지 않소."

라고 했다.

결국 어진 사람은 사람을 대우할 경우, 실리를 원하지 않는 사람에게 높은 대우를 하게 되는 것이다.

原文 魏文侯見段干木 立倦而不敢息 反見翟黃 踞於堂而與之言 翟黃不說. 文侯曰, 段干木官之則不肯 祿之則不受. 今女欲官則相位 欲祿則上卿 旣受吾實 又責吾禮 無乃難乎. 故賢主之畜人也. 不肯受實者其禮之. 禮士莫高乎節欲 欲節則令行矣.

註解 ○翟黃不說(적황불열)─적황은 기분 나쁘게 여겼다. 즉 문후(文侯)가 단간목(段干木)을 공경하자 그것을 불쾌하게 여겼다는 것이다. ○實(실)─여기서는 작록(爵祿)을 가리킨다.

가장 나쁜 옷 ─ 신대람(愼大覽)·순설(順說)

전찬(田贊)이 누더기를 입고 초나라 왕을 만났더니 왕이,

"선생의 옷이 너무도 좋지 못하군요."

라며 딱해 했다. 전찬이,

"옷 가운데는 이보다 더 좋지 못한 것이 있나이다."

하고 대답하자, 왕은,

"그게 대관절 무슨 옷이오?"

라며 되물었다.

"갑옷은 이보다도 나쁜 것이옵니다."

"어째서 그렇소?"

그러자 전찬은 이렇게 대답했다.

"겨울에는 춥고, 여름에는 더운 점에서 갑옷보다 더 나쁜 옷은 없나이다. 저는 가난하기 때문에 나쁜 옷을 입고 있습니다만, 전하께선 이 나라 임금으로 비교할 수 없을 만큼 부귀한 몸이신데도, 즐겨 백성들에게 갑옷을 입히시는 것은 잘 이해가 되지 않나이다. 살피옵건대 그것은 좋은 이름을 얻기 위해서가 아닐는지요. 그러나 갑옷을 입는 것은 싸움을 위해서이옵니다. 사람의 목을 베고, 배를 찌르며, 남의 성을 깨뜨리고, 남의 부자(父子)를 죽인다는 것은, 명분상 자랑할 것은 되지 못하옵니다. 또 그것은 실리(實利)를 얻기 위해서가 아닐는지요. 그러나 이쪽에서 남을 해치려 하면, 저쪽에서도 이쪽을 해치려 할 것이며, 이쪽에서 남을 위태롭게 하려 하면, 저쪽에서도 이쪽을 위태롭게 하려 합니다. 그러고 보면 이익이란 점에서도 참으로 불안정한 것입지요. 이 두 가지 점에서 저는 전하의 처사를 찬성할 수 없나이다."

왕은 그 말을 듣고도 대답할 도리가 없었다.

原文 田贊衣補衣 而見荊王. 荊王曰, 先生之衣何其惡也. 田贊對曰, 衣又有惡於此者也. 荊王曰, 可得而聞乎, 對曰, 甲惡於此. 王曰, 何謂也. 對曰, 冬日則寒 夏日則暑 衣無惡乎甲者 贊也貧故衣惡也. 今大王萬乘之主也. 富貴無敵 而好衣民以甲 臣弗得也. 意者爲其義邪 甲之事 兵之事也. 刈人之頸 刳人之腹 隳人之城郭 刑人之父子也. 其名又甚不榮 意者爲其實邪 苟慮害人 人亦必慮害之. 苟慮危人 人亦必慮危之. 其實人則甚不安之. 二者臣爲大王無取焉. 荊王無以應.

註解 ㅇ田贊(전찬)－성은 전(田), 이름이 찬(贊). 제(齊)나라 사람이다.
ㅇ補衣(보의)－누덕누덕 기운 옷. ㅇ甲(갑)－갑옷. ㅇ無敵(무적)－견줄 데
가 없다. ㅇ臣弗得也(신불득야)－불(弗)은 불(不)과 통한다. 즉 저는 이해
할 수가 없다는 뜻. ㅇ兵之事(병지사)－전쟁. 實(실)－재물. ㅇ二者(이
자)－해(害)로운 것과 위태로운 것.

편법으로 노래하다－신대람(愼大覽) · 순설(順說)

관중(管仲)이 노나라에서 잡히게 되었다. 노나라에선 그를 묶어 우
리가 달린 수레에 실은 다음 인부들을 시켜 제나라로 끌고 가게 했다.
인부들은 노래를 부르며 수레를 끌고 있었는데, 관중은 노나라에서 혹
시 자기를 도중에 죽이지나 않을까 걱정이 되어, 한시라도 일찍 제나
라로 들어갈 생각이었다. 그래서 인부들에게,

"내가 선창으로 노래를 부를 테니 당신들은 내 뒤를 받으시오."
하고 노래를 불렀다. 그가 부르는 노래는 박자가 빠르고 멋이 있어 인
부들의 걸음이 박자를 따라 절로 빨라졌다. 인부들은 노래를 부르는
바람에 피로한 줄도 모르고 급히 달렸으므로 관중은 재난을 면할 수
있었다.

관중은 교묘히 편법을 썼다고 말할 수 있다. 인부들도 만족할 수 있
었고 자신도 만족하게 된 것은 그런 편법을 썼기 때문이다.

原文 管子得於魯 魯束縛而檻之. 使役人載而送之齊 其謳歌而
引 管子恐魯之止而殺己也. 欲速至齊 因謂役人曰, 我爲汝唱 汝
爲我和. 其所唱適宜走 役人不倦 而取道甚速 管子可謂能因矣.
役人得其所欲 己亦得其所欲 以此術也.

註解 ○檻(함)-죄인을 호송할 때 사용하던 수레. 함거(檻車). ○不倦 (불권)-지루한 줄 모르다.

이중 공격 - 신대람(愼大覽) · 불응(不應)

제나라가 조나라의 늠구(廩丘)를 쳤다. 조나라는 공청(孔靑)에게 결사대를 이끌고 가서 이를 구원하게 했다. 공청은 제나라의 군사와 싸워 이를 크게 깨뜨리고, 적의 대장을 죽이는 한편 병거(兵車) 2천 대를 얻고 적의 시체 3만으로 두 개의 경(京)을 만들려 했다. 그러자 영월(甯越)이 공청에게 이렇게 말했다.

"그건 아까운 일이오. 시체를 돌려줌으로써 적의 내부를 치는 편이 좋소. 옛날 싸움을 잘하는 사람은 전진과 후퇴를 신중히 하여, 퇴각하는 적은 쫓지 않는다고 했소이다. 30리쯤 뒤로 물러나, 적의 시체를 그대로 버려두면, 적은 시체를 장사지내는 데 많은 비용이 드오. 병거와 무기들을 싸움터에서 잃게 하고 창고의 돈은 시체를 묻는 데 쓰도록 하는 것이 바로 적의 내부를 치는 것이오."

"만일 적이 시체를 거두지 않는다면 어떻게 할 것인가?"

"싸워서 진 것이 첫째의 죄, 같이 싸움터에 나와서 같이 철수하지 못하는 것이 둘째의 죄, 시체를 내주었는데도 받아 가지 않는 것은 셋째의 죄가 되는 거요. 백성들이 이 세 가지 일로 상부에 대해 불만을 품게 되면, 위에서는 백성들을 부릴 방법을 잃게 되고, 아랫사람은 윗사람을 섬길 마음을 잃게 될 거요. 이것이 바로 중공(重攻), 즉 이중으로 적을 공격하는 방법이란 거요."

原文 齊攻廩丘 趙使孔靑將死士而救之. 與齊人戰 大敗之 齊將死得車二千 得尸三萬 以爲二京. 甯越謂孔靑曰, 惜矣. 不如歸

尸以內攻之. 越聞之 古善戰者莎隨貢服. 却舍延尸 彼得尸而財費
乏. 車甲盡於戰 府庫盡於葬 此之謂內攻之. 孔靑曰, 敵齊不尸則
如何. 寗越曰, 戰而不勝 其罪一 與人出而不與人入 其罪二 與之
尸而弗取 其罪三. 民以此三者怨上 上無以使下 下無以事上 是
之謂重攻之.

註解 ○孔靑(공청)−조(趙)나라 장군. ○死士(사사)−결사대. 죽음을
각오한 병사. ○京(경)−적군의 시체를 높이 쌓아두고 그 위에 흙을 덮
은 것. ○寗越(영월)−조(趙)나라 중모(中牟) 사람. ○歸尸(귀시)−시체
를 돌려보내다. ○內攻(내공)−나라 안에서의 공격. 내부(內部)를 공격
하는 것.

난세(亂世)의 단계 − 신대람(愼大覽) · 귀인(貴因)

주무왕(周武王)이 사람을 보내 은나라를 정탐하게 했다. 서울인 기
주(岐周)로 돌아온 첩자가,
"은나라는 어지러워져 있나이다."
라고 보고했다. 무왕이,
"어느 정도로 어지러워져 있더냐?"
하고 묻자,
"악한 자들이 착한 사람을 누르고 있사옵니다."
하고 대답했다. 무왕은,
"아직 멀었다."
라고 말했다.
얼마 후 다시 나갔던 첩자가 돌아와 보고했다.
"대단히 어지러워졌사옵니다."

302

"어느 정도까지 이르렀더냐?"

"어진 사람들이 밖으로 달아나 버렸나이다."

"아직 멀었다."

나갔던 첩자가 다시 돌아와서 보고했다.

"몹시 어지러워져 있사옵니다."

"어느 정도더냐?"

"백성들이 불평을 입밖에 내지 못하고 있나이다."

그러자 무왕은,

"됐다."

하고, 급히 태공(太公)에 이르자, 태공은 이렇게 말했다.

"악한 자들이 착한 사람을 누르는 것을 폭륙(暴戮)이라 부르옵니다. 어진 사람이 달아나는 것을 붕괴(崩壞)라고 부르고요. 백성들이 불평을 말하지 못하는 것은 형벌로써 누르고 있는 것이니이다. 혼란은 극도에 이르렀사옵니다. 갈 데로 다 간 것입지요"

그래서 병거(兵車) 3백 대와, 용사 3천 명을 고르고 뽑아 갑자(甲子)날 아침을 기해 출진하여, 주(紂)를 사로잡았다.

原文　武王使人候殷. 反報岐周曰, 殷其亂矣. 武王曰, 其亂焉至. 對曰, 讒慝勝良. 武王曰, 尙未也. 又復往 反報曰, 其亂加矣. 武王曰, 焉至. 對曰, 賢者出走矣. 武王曰, 尙未也. 又往 反報曰, 其亂甚矣. 武王曰, 焉至. 對曰, 百姓不敢誹怨矣. 武王曰, 嘻. 遽告太公. 太公對曰, 讒慝勝良命曰戮 賢者出走命曰崩. 百姓不敢誹怨命曰刑勝 其亂至矣. 不可以駕矣 故選車三百 虎賁三千 朝要甲子之期 而紂爲禽.

註解　○候(후)－척후. 몰래 엿보다. ○岐周(기주)－기산(岐山) 아래의,

주(周)나라 도읍. ㅇ讒慝勝良(참특승량)−사악한 자를 가까이하고, 충량(忠良)한 자를 멀리하다. ㅇ焉至(언지)−어디까지 이르렀는가? ㅇ刑勝(형승)−준엄한 형벌. ㅇ駕(가)−가(加)와 같다. 즉 더하다. ㅇ虎賁(호분)−호랑이처럼 강한 용사. ㅇ朝(조)−이른 아침.

말 없는 대답 − 신대람(愼大覽)·귀인(貴因)

무왕이 은나라를 쳐서 이긴 다음, 장로(長老)로 평판이 높은 사람을 찾아가 은나라가 망하게 된 이유를 물었다. 그러자 그 장로는,

"만일 그것을 알고 싶으시다면, 내일 정오에 뵙겠나이다."

하고 대답했다. 그래서 이튿날, 무왕은 주공단(周公旦)과 함께 약속한 시간보다 일찍 찾아갔으나 만날 수가 없었다. 무왕이 까닭을 몰라하자, 주공이 이렇게 말했다.

"저는 짐작이 가옵니다. 그는 훌륭한 인물이므로, 비록 이미 그의 임금과는 뜻이 맞지 않았지만, 그의 나쁜 점을 차마 말해 주기가 싫었던 것이옵니다. 그리고 약속을 지키지 않고, 말에 거짓이 있는 것이 바로 은나라가 망하게 된 이유라는 것을 알려드리고 있는 것이옵고요."

原文 武王入殷 聞殷有長者 武王往見之 而問殷之所以亡. 殷長者對曰, 王欲知之 則請以日中爲期. 武王與周公旦明日早要期 則弗得也. 武王怪之 周公曰, 吾已知之矣 此君子也. 取不能其主有以其惡告王 不忍爲也. 若夫期而不當 言而不信 此殷之所以亡也 已以此告王矣.

註解 ㅇ入殷(입은)−은(殷)나라에 들어가다. ㅇ中爲期(중위기)−점심 때.

304

정세의 변화 — 신대람(愼大覽) · 찰금(察今)

초나라 군사가 송나라를 기습하기 위해, 미리 사람을 보내 옹수(濘水)의 옅은 여울에 표시를 해두었다. 그런데 옹수가 갑자기 물이 불어난 것을 모르는 초나라 군사는, 표시해 둔 것만 보고 밤중에 물을 건너다가 그만 천여 명의 익사자를 내는 바람에, 군사들은 놀라 본진을 허물고 철퇴했다.

앞에 표시를 해 두었을 때는 건널 수 있었지만, 물이 불어났는데도 앞서 한 표시만을 보고 건너려 했기 때문에 실패한 것이다.

오늘날의 임금들이 선왕(先王)의 법을 본따는 것도 이와 같은 점이 있다. 시대가 이제 선왕의 법과는 거리가 생겼는데도 '이것은 선왕의 법이다'하고, 그것을 본따 정치를 하는 것은 딱한 일이다. 결국, 나라의 정치는 법이 없으면 어지러워지고, 법을 지켜 고칠 줄 모르면 막히게 된다. 어지럽고 막히게 되면 나라는 보존할 수 없다. 세상이 변하고 시대가 바뀌면 법도 변해야만 한다. 비유하면 양의(良醫)가 병이 변하는 데 따라 약을 바꾸는 것과 마찬가지로 병세가 달라졌는데도 약을 바꾸지 않으면, 오래 살 사람도 일찍 죽게 될 것이다.

그러므로 일을 행하는 데에는 반드시 법에 따라 행동해야 하고, 법을 바꾸는 것은 그 시기에 따라 해야 한다. 이같이 하면 일의 실패는 없게 된다.

原文 荊人欲襲宋 使人先表濘水. 濘水暴益 荊人弗知 循表而夜涉 溺死者千有餘人 軍驚而壞都舍 嚮其先表之時可導也. 今水已變而益多矣. 荊人尙猶循表而導之 此其所以敗也. 今世之主法先王之法也. 有似於此 其時已與先王之法虧矣 而日此先王之法也. 而法之以爲治 豈不悲哉. 故治國無法則亂 守法而弗變則悖 悖亂

不可以持國　世易時移　變法宜矣. 譬之若良醫　病萬變藥亦萬變　病
變而藥不變　嚮之壽民　今爲殤子矣. 故凡擧事必循法以動　變法者
因時而化. 若此論則無過務矣.

註解　○表(표)-표시하다. 수위(水位)의 높낮이를 표시해 놓은 기록. 수
심이 얕아 건널 수 있는 곳에 표시해 두었었다. ○暴益(폭익)-물이 갑자
기 불어나다. ○嚮(향)-앞서서. 먼저. ○導(도)-건너다. 도(渡)와 통한다.
○壽民(수민)-장수하는 백성. ○殤子(상자)-성년이 되기 전에 죽는 것.

각주구검(刻舟求劍)-신대람(愼大覽)·찰금(察今)

초나라 사람이 배를 타고 강을 건너가다가, 칼을 강물에 떨어뜨렸다.
급히 뱃전을 칼로 그어 표시를 해두고는,

"내 칼이 여기로 떨어졌겠다."

하고, 배가 정지하자, 그 표시해 둔 곳에서 물로 뛰어들어 칼을 찾았다.

배는 이미 움직인 뒤였는데, 떨어진 칼은 그 자리에 그대로 있는데,
이런 식으로 칼을 찾는다는 것은 바보스러운 짓이 아니겠는가?

옛날 법으로 나라를 다스리려 하는 것도 이것과 마찬가지다. 시대는
옮겨가고 있는데 법은 변치 않았다. 그 법으로 정치를 하려는 것은 무
리한 것이다.

原文　楚人有涉江者　其劍自舟中墜於水. 遽契其舟曰, 是吾劍之
所從墜. 舟止　從其所契者入水求之. 舟已行矣　而劍不行　求劍若
此不亦惑乎. 以此故法爲其國　與此同. 時已徙矣　而法不徙. 以此
爲治　豈不難哉.

註解　○從其所契者入水求之(종기소계자입수구지)-표시해둔　곳에서

306

물로 뛰어들어 칼을 찾다. 이 구절에서 '각주구검(刻舟求劍)'이라는 고사 성어가 생겼다. ○爲(위)—다스리다. 여기서의 위(爲)는 치(治)와 통한다.

보는 눈의 원근(遠近)—선식람(先識覽)·지접(知接)

지혜 있는 사람은 멀리까지 보지만, 어리석은 사람은 가까운 것밖에 보지 못한다. 가까운 것밖에 보지 못하는 사람에게 깊고 먼 인과관계를 설명해야 알아들을 리 만무하다. 알아듣지 못한다면 아무리 설명이 조리가 있은들 무슨 소용이 있겠는가.

서융(西戎) 사람이, 베를 바래고 있는 것을 보고,

"무엇으로 이런 긴 것을 만듭니까?"

하고 물으므로, 삼[麻]을 가리켜 보였다.

서융 사람은 화를 내며,

"이런 텁수룩한 것에서 어떻게 저런 기다란 것이 만들어질 수 있겠소?"

하고 공박했다.

原文 智者其所能接遠也 愚者其所能接近也. 所能接近 而告之以遠 化奚由相得. 無由相得 說者雖工 不能喩矣.
   戎人見暴布者而問之曰, 何以爲之莽莽也. 指麻而示之. 怒曰, 孰之壤壤也. 可以爲之莽莽也.

註解 ○能接遠也(능접원야)—능히 먼 곳까지 보다. ○暴布(폭포)—천을 바래다. 폭(暴)은 폭(曝)과 같다. ○莽莽(망망)—크고 긴 것. ○壤壤(양양)—조잡한 모양.

사람을 보는 눈 ─ 선식람(先識覽)·지접(知接)

관중(管仲)이 병으로 누워 있자, 환공(桓公)이 문병을 와서 물었다.

"경의 병이 위독한 것 같은데 과인에게 하고 싶은 말은 없소?"

"제나라 속담에 '눌러 사는 사람은 물건을 수레에 실어 두는 일이 없고, 객지로 떠나는 사람은 물건을 묻어 두지 않는다'고 했나이다. 신은 지금 멀리 죽음의 길로 떠나는 몸이온데 드릴 말씀이 더 무엇이 있겠나이까?"

"중부(仲父)는 과인을 저버리지 말아 주오."

"그러시면 부디 가까이 있는 역아(易牙), 수조(豎刁), 상지무(常之巫), 공자(公子) 계방(啓方)을 멀리해 주소서."

"역아는 제 자식을 삶아 과인의 입을 즐겁게 해 준 사람인데 그를 의심할 수는 없지 않겠소?"

"사람의 정이란, 제 자식을 사랑하지 않는 사람이 없나이다. 그 자식마저 죽일 수 있는 사람이라면, 임금 죽이는 것을 어려워할 리가 있겠나이까?"

"수조는 제 스스로 거세(去勢)까지 하며 과인의 옆에 있고 싶어한 사람인데, 그를 어떻게 의심할 수 있겠소?"

"사람으로 내 몸을 아끼지 않는 사람은 없나이다. 그 몸마저 참고 상처를 입혔다면, 임금을 상케 하는 것쯤 어려워할 리가 없사옵니다."

"상지무는 인간의 죽고 사는 것을 내다보고, 귀신들린 병을 낫게 하는 재주를 가진 사람이오. 그런 사람을 의심할 수는 없지 않소?"

"죽고 사는 것은 명이며, 귀신에게 붙들리는 것은 붙들리는 사람의 실수에서 오는 것이옵니다. 전하께서 명에 따르지 않고 근본되는 도리를 지키지 않으시며 상지무에 의지하려 하신다면, 그는 그것을 요행으로 여기며 무슨 짓이고 하려 할 것이니이다.”

“위(衛)나라 공자 계방은 과인을 섬긴 지 이미 15년, 아비가 죽었을 때도 장사지내러 돌아가려 하지 않았소. 그런 그를 의심할 수는 없지 않소?”

“사람이라면 누가 그 부모를 사랑하지 않는 사람이 있겠나이까. 아비의 죽음을 슬퍼하지 않는 사람이 임금의 죽음을 대단하게 알 리가 없나이다.”

“이제야 알겠소.”

관중이 죽은 다음, 환공은 이들을 모조리 쫓아냈으나, (역아가 없기 때문에) 맛있는 음식을 먹지 못하고, (수조가 없기 때문에) 후궁(後宮)이 문란해지고, (상지무가 없기 때문에) 귀신들리는 병이 들고, (계방이 없기 때문에) 조정 일에 질서가 없었다. 3년쯤 지나서 환공은,

“중부도 잘못을 범할 때가 있다. 중부가 모든 것을 다 안다고 누가 장담할 수 있겠는가.”

하고, 내쫓았던 그들을 모조리 불러들였다.

그 이듬해, 환공이 병에 걸리자 상지무는 궁중에서 나와,

“전하께선 어느 달 어느 날 돌아가시게 될 것이다.”

하고 말을 퍼뜨리며, 역아·수조와 공모하여 난을 일으키기로 하고, 궁궐 문을 닫고 담을 높이 쌓아 사람을 안으로 들어오지 못하게 하며, 이 모든 것이 임금의 명령이라고 속였다.

어느 부인이 담을 넘어 환공이 있는 곳으로 가자, 환공은 말했다.

“먹을 것을 좀 다오.”

“먹을 것을 구할 도리가 없나이다.”

“그럼 물이라도 좀 다오.”

“물도 없사옵니다.”

“어째서 그러냐?”

그래서 부인은 대답했다.

"상지무가 궁중에서 나와 '전하께선 이러이러한 날 돌아가시게 된다'고 말을 퍼뜨리고, 역아·수조와 공모하여 난을 일으킨 다음, 궁문을 닫고 담을 높이 쌓아 사람을 안으로 들이지 않기 때문에 얻을 길이 없사옵니다. 그리고 위나라 공자 계방은 천 호(戶)의 땅을 앗아 위나라에 항복했나이다."

환공은 기가 막혀 한숨을 내쉬고 눈물을 흘리면서,

"슬프다. 중부는 먼 앞일까지 내다보고 있었던 것이다. 만일 죽은 사람에게도 아는 힘이 있다면, 나는 중부를 만나볼 면목이 없다."

라며, 옷소매로 얼굴을 가리고, 수궁(壽宮)이란 궁전에서 숨을 거두었다. 석 달 동안이나 장사를 지내지 않고 두었기 때문에 구더기가 방 밖에까지 기어나왔다.

原文 管仲有疾 桓公往問之曰, 仲父之疾病矣 將何以敎寡人. 管仲曰, 齊鄙人有諺曰, 居者無載行者無埋 今臣將有遠行 胡可以問. 桓公曰, 願仲父之無讓也. 管仲對曰, 願君之遠易牙豎刁常之巫衛公子啓方. 公曰, 易牙烹其子以慊寡人 猶尙可疑邪. 管仲對曰, 人之情非不愛其子也. 其子之忍 又將何有於君. 公又曰, 豎刁自宮以近寡人 猶尙可疑邪. 管仲對曰, 人之情非不愛其身也. 其身之忍 又將何有於君. 公又曰, 常之巫審於死生 能去苛病 猶尙可疑邪. 管仲對曰, 死生命也 苛病失也. 君不任其命 守其本 而恃常之巫彼將以此無不爲也. 公又曰, 衛公子啓方事寡人十五年矣. 其父死而不敢歸哭 猶尙可疑邪. 管仲對曰, 人之情非不愛其父也. 其父之忍 又將何有於君. 公曰, 諾.

管仲死. 盡逐之 食不甘 宮不治 苛病起 朝不肅. 居三年 公曰, 仲父不亦過乎. 孰謂仲父盡之乎. 於是皆復召而反 明年 公有病.

310

常之巫從中出曰, 公將以某日薨 易牙豎刁常之巫相與作亂. 塞宮門 築高牆 不通人矯以公令 有一婦人踰垣入至公所. 公曰, 我欲食. 婦人曰, 吾無所得. 公又曰, 我欲飮. 婦人曰, 吾無所得. 公曰, 何故. 對曰, 常之巫從中出曰, 公將以某日薨 易牙豎刁常之巫相與作亂. 塞宮門 築高牆 不通人 故無所得. 衛公子啓方以書社四十下衛. 公慨焉歎涕出曰, 嗟乎. 聖人之所見 豈不遠哉 若死者有知 我將何面目以見仲父乎. 蒙衣袂而絶乎壽宮 蟲流出於戶上 蓋以楊門之扇 三月不葬.

註解　○居者無載行者無埋(거자무재행자무매)-눌러 사는 사람은 수레에 태우지 않고, 떠나는 사람은 붙잡지 않는다. 여기서는 죽는 사람에게 이 세상의 일을 묻지 말라는 비유로 사용하고 있다. ○易牙豎刁常之巫衛公子啓方(역아수조상지무위공자계방)-모두 제(齊)나라의 역신(逆臣)들. 역아는 자식을 삶아 왕에게 바친 사람이며, 수조는 스스로 거세하고 내시가 된 자이며, 상지무는 궁중에서 귀신을 다루던 무당, 위공자 계방은 제나라에 망명하여 제환공을 섬기던 사람. ○慊(겸)-기분좋게 하다. ○自宮(자궁)-스스로 거세(去勢)하여 내시가 되다. ○苟病(가병)-귀신이 들려서 생기는 병. ○失(실)-잃다. 즉, 제 정신을 차리지 못하여 생기는 병. ○矯(교)-사(詐)와 통한다. 즉, 속이다. ○書社四十(서사사십)-서사(書社)는 영지(領地)의 단위. 사십(四十)이면 약 1천 호(戶)의 영지를 뜻한다. ○楊門之扇(양문지선)-양문(楊門)은 문의 이름이고, 선(扇)은 병풍.

여자들 싸움이 나라 싸움으로—선식람(先識覽)·찰미(察微)

초나라 국경에 비량(卑梁)이란 고을이 있었다. 그 고을 처녀가 오나라 경계 안에 있는 마을 처녀와 함께 국경 근처에서 뽕을 따며 서로 희롱을 하고 놀다가, 비량 처녀가 상처를 입게 되었다. 비량 사람들은 마을 처녀의 상처를 들고 나와 오나라 사람에게로 따지러 갔었는데, 상대방에서 대답이 거칠게 나왔다.

그래서 화가 난 비량 사람들은 그를 죽이고 돌아왔다. 그러자 이번에는 오나라 사람들이 비량 마을로 찾아와서, 상대방 집 사람들을 닥치는 대로 죽이고 말았다. 이 소식을 들은 비량 영주는,

"오나라 놈들이 감히 우리 고을을 침범하다니."

하고 화를 내며, 군사를 끌고 오나라 경계를 넘어 노인이고 아이고 모조리 죽이고 말았다. 이 소문을 들은 오왕 이매(夷昧) 역시 화가 나서 사람을 시켜 군사를 끌고 초나라 국경을 넘어가 초나라 사람들을 닥치는 대로 모조리 죽이고 돌아오게 했다. 이리하여 오나라와 초나라는 마침내 큰 전쟁을 벌이게 되었다.

原文　楚之邊邑曰卑梁. 其處女與吳之邊邑處女桑於境上 戲而傷卑梁之處女. 卑梁人操其傷子以讓吳人 吳人應之不恭. 怒殺而去之吳人往報之. 盡屠其家 卑梁公怒曰, 吳人焉敢攻吾邑. 擧兵反攻之 老弱盡殺之矣. 吳王夷昧聞之怒 使人擧兵侵楚之邊邑 克夷而後去之. 吳楚以此大隆.

註解　○操(조)-데리고 가다. ○卑梁公(비량공)-비량 고을의 우두머리. ○克夷(극이)-이(夷)는 평(平)과 통한다. 즉, 이기어 평정하다란 의미이다. ○大隆(대륭)-크게 싸우다. 큰 싸움이 벌어지다.

차별의 원한 - 선식람(先識覽) · 찰미(察微)

정(鄭)나라에서 공자(公子) 귀생(歸生)을 보내어 송나라를 쳤을 때, 송나라에선 화원(華元)으로 이를 맞아 싸우게 했다. 송나라 땅 대극

312

(大棘)에서 싸움이 붙게 되었는데, 싸움이 시작되기 하루 전 화원은 양을 잡아 크게 잔치를 벌이고 군사들에게 고루 나눠 주게 했다. 이때 양침(羊斟)은 화원의 병거(兵車)에서 말을 모는 어자(御者)였는데, 화원은 깜박 잊고 그를 불러들이지 못했다. 이튿날 싸움이 무르익었을 때, 화가 난 양침은 화원을 보고,

"어제는 장군이 마음대로 했지만, 오늘은 내가 마음대로 할 차례요."

하고, 전차를 몰아 정나라 군중으로 뛰어들었다. 그로 인해 송나라는 싸움에서 패하고, 화원은 적의 포로가 되었다.

대저 뇌[弩]는 튕김대에 쌀알만 넣어 두어도 쏠 수가 없다. 전쟁은 큰 튕김대와 같은 것이다. 그런데 군사들에게 음식을 나눠 주면서 자기 병거의 어자를 잊고 있었으니, 대장이 싸움에 지고 포로가 된 것도 마땅하지 않은가.

原文　鄭公子歸生率師伐宋 宋華元率師應之大棘. 羊斟御 明日將戰 華元殺饗士 羊斟不與焉. 明日戰 怒謂華元曰, 昨日之事 子爲制 今日之事 我爲制. 遂驅入於鄭師. 宋師敗績 華元虜. 夫弩機差以米則不發. 戰大機也. 饗士而忘其御也. 將以此敗而爲虜 豈不宜哉.

註解　○應(응)－맞이하다. 영(迎)과 통한다. ○大棘(대극)－송(宋)나라의 고을. ○羊斟御(양침어)－어자(御者)인 양침. 즉 병거를 모는 사람의 이름이 양침이란 뜻이다. ○昨日之事(작일지사)－어제 있었던 일. 즉 어제 양침에게 양고기를 주지 않았던 일. ○爲制(위제)－처리하다. ○差以米(차이미)－쌀 알갱이 하나의 차이.

의견을 듣는 법－선식람(先識覽)·거유(去宥)

동쪽 지방에 사는 묵자(墨者)학파의 사자(謝子)가 서쪽으로 찾아와

서 진혜왕(秦惠王)에게 만나 뵙기를 청했다. 혜왕은 진나라의 같은 묵
자 학파인 당고과(唐姑果)에게 그의 이야기를 물었다. 당고과는 혜왕
이 사자를 자기보다 더 신임하게 될까 두려워서,
　"사자는 동쪽 나라 출신인데 사람이 몹시 엉큼한 편이옵니다. 틀림
　없이 말재주로써 태자의 환심을 사려 할 것이니이다."
하고 대답했다.
　혜왕은 불쾌한 기색을 감추고 사자를 대했다. 사자가 혜왕에게 그의
의견을 늘어놓았으나 혜왕이 귀를 기울여 들으려고도 하지 않았으므
로 불만을 품고 그만 물러나 진나라를 뜨고 말았다.
　대저 남의 의견을 듣는다는 것은 좋은 것을 얻기 위해서다. 그의 의
견이 좋으면 비록 태자의 환심을 사려 했더라도 별로 손해될 것은 없
을 것이며, 의견이 좋지 못하면 태자를 가까이하려 하지 않았더라도
이로울 것이 없다. 선악을 표준으로 하지 않고, 다만 태자의 환심을 사
려고 하는 것만을 못마땅하게 알고 있었다. 이것은 혜왕의, 남의 의견
을 듣는 방법이 틀린 때문이다.

原文　東方之墨者謝子　將西見秦惠王. 惠王問秦之墨者唐姑果.
唐姑果恐王之親　謝子賢於己也. 對曰, 謝子東方之辯士也. 其爲人
甚險　將奮於說以取少主也. 王因藏怒以待之. 謝子至說王　王弗聽
謝子不說　逐辭而行　凡聽言以求善也. 所言苟善　雖奮於取少主　何
損. 所言不善　雖不奮於取少主　何益　不以善爲之慤　而徒以取少
主. 爲之悖　惠王失所以爲聽矣.

註解　○少主(소주)-젊은 군주. 혜왕(惠王)이 아직 젊었을 때를 가리킨
다. ○慤(각)-여기서는 표준으로 삼는다는 의미이다.

작은 지혜 – 심분람(審分覽) · 임수(任數)

한소리공(韓昭釐公)이 사당에서 제사에 쓸 돼지를 보았더니 너무 작은 것 같은지라, 소임(所任)에게 명해서 그것을 바꿔놓도록 시켰다. 그런데 그 소임이 똑같은 돼지를 도로 갖다놓았으므로,

"이건 아까 그 돼지가 아니냐?"

하고 묻자, 소임은 대답을 못했다. 그래서 그를 처벌하도록 명했다. 시종이 옆에 있다가,

"임금께선 그것을 어떻게 아셨나이까?"

하고 묻자, 소리공은,

"돼지 귀에 표시가 있었기 때문이다."

하고 대답했다.

原文 韓昭釐侯 視所以祠廟之牲 其豕小. 昭釐侯令官更之. 官以是豕來也. 昭釐侯曰, 是非嚮者之豕邪. 官無以對 命吏罪之. 從者曰, 君王何以知之. 君曰, 吾以其耳也.

註解 ○昭釐侯(소리후) – 소후(昭侯)라고도 함. ○令官(영관) – 담당 관원에게 명하다.

사람은 알기 어렵다 – 심분람(審分覽) · 임수(任數)

공자(孔子)가 진(陳) · 채(蔡)나라 사이에서 고통을 겪을 때의 일이다. 명아주 국물조차 마실 수가 없었고, 이레 동안 쌀 한톨 입에 넣지 못하고 있었다. 공자가 누워 있는 동안, 그의 사랑하는 제자 안회(顔回)가 쌀을 구해다가 밥을 지었다. 밥이 다 되어 풀 때쯤에 공자가 우

연히 멀리서 바라보니, 안회가 솥에서 밥을 집어먹고 있었다.

얼마 후 안회가 상을 차려 공자에게 가져와 권하자, 공자는,

"방금 꿈속에 돌아가신 아버님을 뵈었다. 손을 대기 전에 제사를 올리고 싶구나."

하고 떠보았다. 안회는,

"안됩니다. 아까 솥 안에 재티가 떨어지기에 차마 버리기도 아깝고 해서 제가 먼저 그곳을 걷어 먹었습니다."

하고 대답했다. 공자는 그의 말을 듣자, 한숨을 내쉬며 제자들에게 말했다.

"눈은 믿을 수 있는 것이지만 그 눈도 믿을 수가 없고, 마음은 의지할 수 있는 것이지만 그 마음마저 의지할 수가 없다. 너희들은 깊이 명심하여라. 사람을 안다는 것이 쉽지 않은 일임을."

原文 孔子窮乎陳蔡之間. 藜羹不斟 七日不嘗粒 晝寢. 顔回索米得而爨之. 幾熟 孔子望見 顔回攫其甑中而食之. 選間 食熟 謁孔子而進食 孔子佯爲不見之. 孔子起曰, 今者夢見先君. 食潔而後饋. 顔回對曰, 不可. 嚮者煤炱入甑中 棄食不祥 回攫而飮之. 孔子歎曰, 所信者目也 而目猶不可信 所恃者心也 而心猶不足恃. 弟子記之 知人固不易矣.

註解 ○藜羹(여갱)-명아주국. 조식(粗食)을 가리키는 말이다. ○選間(선간)-얼마 동안. 잠시. ○饋(궤)-어른에게 음식을 바치다. ○煤炱(매태)-검댕과 재티.

믿는 방법이 다르다 —심분람(審分覽)·지도(知度)

조양자(趙襄子) 때, 임등(任登)을 중모(中牟)의 수령에 임명하자,

임등은 양자에게 글을 보내며,

'중모에 담서기(膽胥己)란 사람이 있습니다. 그를 불러 만나보십시오.'
하고 사람을 추천해 왔기 때문에, 양자는 그를 만나본 다음 곧 중대부
(中大夫)에 등용시키려 했다. 대신들이,

"나리께선 담서기를 말만 들으시고 아직 그 인물됨을 확인하지는
않으시지 않았습니까. 중대부를 그렇게 손쉽게 임용할 수는 없는
일이옵니다. 일찍이 그런 예는 없었사옵니다."

하고 반대했다. 조양자는,

"내가 임등을 임용했을 때는 소문을 듣고 또 그 인물됨을 내 눈으
로 확인했음이오. 그 임등이 천거한 사람까지 일일이 확인을 하기
로 말하면, 듣고 보는 것이 한이 없지 않겠소?"

하고, 더이상 물어 보는 일도 없이 담서기를 중대부에 임명했다.

原文　趙襄子之時　以任登爲中牟令　上計言於襄子曰, 中牟有士
曰膽胥己. 請見之　襄子見而　以爲中大夫. 相國曰, 意者君耳而未
之目邪　爲中大夫若此其易也. 非晉國之故. 襄子曰, 吾擧登也　已
耳而目之矣. 登所擧　吾又耳　而目之. 是耳目人終無已也　遂不復
問　而以爲中大夫.

註解　○故(고)-여기서는 예(例), 또는 법(法)이란 뜻이다.

자기 위주 — 심응람(審應覽)·심응(審應)

위사군(衛嗣君)이 세(稅)를 올려 양식을 저장해 두려 하자, 민심이
동요하기 시작했다. 사군이 박의(薄疑)에게 말하기를,

"양식을 저장해 두는 것은 백성들을 위해서 하는 일이 아니겠소 백

성들이 제 집에 저장해 두나, 위에서 저장해 두나 마찬가지일텐데."
라고 했다. 박의는 이렇게 대답했다.
"그런 것이 아니옵니다. 전하께서 생각하실 때는 백성들에게 저장
해 두고 내 마음대로 안되는 것보다는 위에서 저장해 두는 것이 좋
을 것이며, 백성들이 생각할 때에는 위에다 맡겨놓고 내 마음대로
못하는 것보다는 내 집에 두는 편이 좋을 것이니이다."

原文 衛嗣君 欲重稅以聚粟 民弗安. 以告薄疑曰, 民甚愚矣. 夫
聚粟也 將以爲民也. 其自藏之與在於上 奚擇. 薄疑曰, 不然. 其在
於民 而君弗知 其不如在上也. 其在於上 而民弗知 其不如在民也.

註解 ○薄疑(박의)—사군(嗣君)의 신하. ○上(상)—관청. 관부(官府).

귀로만 듣는 것이 아니다 — 심응람(審應覽) · 중언(重言)

제환공(齊桓公)이 관중(管仲)과 함께 거(莒) 땅을 칠 것을 상의한
일이 있었다. 아직 그런 계획을 발표도 하지 않았는데, 그런 소문이 먼
저 나돌기 시작했다. 이상하게 생각한 환공은 관중에게 물었다.
"경과 거 땅을 칠 것을 상의는 했지만, 계획을 아직 발표도 하지 않
았는데 이미 온 나라가 다 알고 있으니 어찌된 일이오?"
"틀림없이 누군가 추측을 잘하는 사람이 있어서 그럴 겁니다."
"그러고 보니 일하는 인부 가운데 연장을 손에 쥔 채 나를 바라보
는 사람이 있었는데, 어쩌면 그자일는지 모르겠군."
그래서 그 인부를 계속 일을 하도록 만들고, 다른 인부와의 교대를
허락하지 않았다. 얼마 후 그 동곽아(東郭牙)란 사람을 보자, 관중은,
'분명 이자가 퍼뜨린 것으로 생각된다.'

318

하고, 손님 접대하는 소임을 시켜 그를 궁전 안으로 불러들인 다음, 동쪽 뜰과 서쪽 뜰에 각각 마주보고 서서 물었다.

"거 땅을 친다는 말을 퍼뜨린 것은 그대였는가?"

"그렇습니다."

"나는 거 땅을 치겠단 말을 하지도 않았는데 그대는 어째서 그런 말을 퍼뜨렸는가?"

"옛말에 '윗사람은 계획을 잘하고 아랫사람은 추측을 잘한다'고 했습니다. 저는 제 멋대로 추측을 한 것뿐입니다."

"나는 거 땅을 친다는 말을 한 적이 없는데, 그대는 어떻게 그것을 추측했단 말인가?"

"옛말에 '군자의 모습에 세 가지가 있는데, 명랑한 얼굴로 기뻐 즐기는 것은 음악을 들을 때의 모습, 슬픈 얼굴로 조용히 하고 있는 것은 상중(喪中)의 모습, 화난 얼굴로 힘이 넘쳐흐르며 손발을 떠는 것은 싸울 때의 모습'이라 했습니다. 지난번 소인이 멀리서 대(臺)를 오르내리는 상공의 모습을 바라보았을 때 성난 얼굴로 힘이 넘쳐흐르며 손발이 떨리고 있는 것이 싸울 때의 모습이었습니다. 말을 하는 입 모양은 열린 채 닫혀지지 않았으니 이것은 거 땅을 말한 모습이었고, 상공께서 팔을 들어 가리키신 방향 역시 거 땅이 있는 쪽이었으며, 소인이 제후들 가운데 제나라에 굴복하지 않은 나라가 어딘가 하고 생각해 보았더니 역시 거 땅뿐이었습니다. 그래서 소인은 거 땅을 치려 하고 있는 줄 알았습니다."

대체로 귀로 들라는 것은 소리뿐이지만, 그 소리로 듣지 않고 모양과 팔로 들은 것이다. 말하자면 동곽아는 귀로 듣지 않고 몸짓으로 들은 것이다.

原文　齊桓公與管仲謀伐莒. 謀未發而聞於國. 桓公怪之曰, 與仲

父謀伐莒 謀未發而聞於國 其故何也. 管仲曰, 國必有聖人也. 桓
公曰, 譆. 日之役者 有執蹠癡而上視者 意者其是邪. 乃令復役 無
得相代 少頃 東郭牙至. 管仲曰, 此必是已 乃令賓者延之而上 分
級而立. 管子曰, 子邪言伐莒者. 對曰, 然. 管仲曰, 我不言伐莒 子
何故言伐莒. 對曰, 臣聞君子善謀 小人善意 臣竊意之也. 管仲曰,
我不言伐莒 子何以意之. 對曰, 臣聞君子有三色 顯然喜樂者 鐘
鼓之色也. 湫然淸靜者 衰絰之色也. 艴然充盈手足矜者 兵革之色
也. 日者臣望君之在臺上也. 艴然充盈手足矜者 此兵革之色也. 君
呿而不唫 所言者莒也. 君擧臂而指 所當者莒也. 臣竊以慮諸侯之
不服者 其惟莒乎 臣故言之. 凡耳之聞以聲也 今不聞其聲而以其
容與臂. 是東郭牙不以耳聽而聞也.

註解 ○役者(역자)-공장(工匠). 일꾼. ○蹠癡(척의)-자저(柹杵). 연
장. ○延(연)-인(引)과 통한다. 즉 이끌다. ○湫然(추연)-쓸쓸한 모양.
○艴然(불연)-성난 모양. ○兵革(병혁)-전쟁. ○呿(거)-입을 벌리다.
○唫(음)-입을 다물다.

말이 없는 말 - 심응람(審應覽)·정유(精諭)

승서(勝書)가 주공단(周公旦)에게,

"조정은 좁고 사람은 많습니다. 작은 소리로 말하면 들리지 않고,
큰 소리로 말하면 남이 알게 됩니다. 작은 소리로 하오리까, 큰 소
리로 하오리까."

"작은 소리로 하오."

"문제가 하나 있습니다. 암시(暗示)로 말을 하면 분명치가 못하고,
말을 하지 않으면 처리를 할 수 없습니다. 암시로 말을 하오리까,

말을 하지 않기로 하오리까."

"안하는 것이 좋겠지."

결국, 승서는 말을 하지 않겠다는 뜻을 보여주었고, 주공단은 그것을 받아들인 것이다.

原文　勝書說周公旦曰, 廷小人衆　徐言則不聞　疾言則人知之. 徐言乎　疾言乎. 周公旦曰, 徐言. 勝書曰, 有事於此. 而精言之而不明勿言之而不成. 精言乎　勿言乎. 周公旦曰, 勿言. 故勝書能以不言說　而周公旦能以不言聽.

註解　○勝書(승서)—주(周)나라에 와있던 객(客)의 이름.

태도로 안다 ─ 심응람(審應覽)·정유(精諭)

제환공(齊桓公)이 제후들을 불러 모임을 가졌을 때, 위(衛)나라만이 뒤늦게 모임에 참석했다. 환공은 관중과 위나라를 치기로 결정을 본 다음, 조회를 끝내고 내전으로 들어갔다. 그때 위나라 공녀(公女)로 환공의 부인이 된 위희(衛姬)가 멀리서 바라보더니 뜰 아래에 와서 두 번 절을 하며,

"위나라 군주의 죄를 용서해 주십시오."

하고 애원했다. 환공이,

"과인은 위나라와 아무런 충돌도 없었는데, 어째서 그런 청을 하는고?"

하고 묻자, 위희는 이렇게 대답했다.

"제가 전하께서 들어오시는 모습을 멀리서 바라보았더니, 발이 평상시보다 높이 올라가고 힘이 차 보였으므로 이웃 나라를 치실 생

각이 계신 줄을 알았나이다. 그리고는 첩을 보는 순간 안색이 변하셨으니 이는 위나라를 치려는 생각 때문이 아니겠나이까."

이튿날, 환공은 조회에 나가 관중에게 고개를 숙여 눈짓을 하며 그를 가까이 오도록 했다. 그러자 관중은,

"전하께선 위나라를 용서해 주시려는 생각이시군요."

라고 했다.

"경은 어떻게 내가 그런 생각을 하고 있는 줄을 아오?"

"전하께서는 전에 없이 정답게 신을 대하시고, 말씀 또한 부드러우시며, 신을 보시자 어색한 표정을 지으셨나이다. 그래서 안 것입지요."

그러자 환공이 말했다.

"참으로 기쁜 일이오. 경이 바깥일을 맡아 하고, 위희가 안의 일을 맡고 있는 한, 과인은 결코 제후들의 웃음거리가 되지는 않을 거요."

환공은 자기가 숨기고 있는 것을 입밖에 내지는 않았다. 그런데 관중은 태도와 말하는 모습으로, 부인은 걸음걸이와 기색을 보고 그것을 알았다.

환공은 입밖에 내지 않았지만 두 사람은 어두운 밤에 등불을 비춘 듯이 똑똑히 알았던 것이다.

原文 齊桓公合諸侯 衛人後至. 公朝而與管仲謀伐衛 退朝而入. 衛姬望見君 下堂再拜 請衛君之罪. 公曰, 吾於衛無故 子曷爲請. 對曰, 妾望君之入也. 足高氣彊 有伐國之志也. 見妾而有動色 伐衛也. 明日 君朝揖管仲而進之. 管仲曰, 君舍衛乎. 公曰, 仲父安識之. 管仲曰, 君之揖朝也恭 而言也徐 見臣而有慙色. 臣是以知之. 君曰, 善. 仲父治外 夫人治內 寡人知終不爲諸侯笑矣. 桓公之所以匿者不言也 今管子乃以容貌音聲 夫人乃以行步氣志. 桓公雖不言 若暗夜而燭燎也.

322

註解 ○齊桓公合諸侯(제환공합제후)-제나라 환공이 제후들과 회동하
다. 제나라는 환공 당시 패자(覇者)였으므로 제후들을 소집하여 회합을
했고, 제후들은 이에 응하여야 했다. ○公(공)-환공. ○衛姬(위희)-위나
라 공녀(公女)로서 환공에게 시집온 여인. ○舍(사)-사(捨)와 통한다. 즉
버리다, 포기하다란 의미이다.

피차일반 - 심응람(審應覽)·음사(淫辭)

진(秦)나라와 조나라는 공옹(空雄)이란 곳에서 회담을 갖고,
　‘앞으로 진나라가 하는 일은 조나라가 도와 주고, 조나라가 하는 일
　은 진나라가 도와 주기로 한다.’
는 약속을 했다. 그리고 얼마 안 있어서 진나라가 군사를 보내어 위
(魏)나라를 치려 하자 조나라는 위나라를 도우려 했다. 진나라 왕은
사람을 보내 조나라를 꾸짖어,
　‘약속으로는 진나라가 하는 일은 조나라도 함께 돕고, 조나라가 하
　는 일은 진나라도 함께 도와 주기로 하지 않았던가. 지금 진나라가
　위나라를 치려 하고 있는데 조나라는 상대방을 도우려 하고 있으니
　이는 약속 위반이 아닌가?’
하고 따지게 했다. 조나라 왕은 평원군(平原君)에게 상의하고, 평원군
은 공손룡(公孫龍)에게 상의했다. 그러자 공손룡은 이렇게 말했다.
　“이쪽에서도 사신을 보내어 진나라 왕을 이렇게 꾸짖으십시오 ‘조
　나라가 위나라를 도우려 하고 있는데 진나라는 어째서 조나라에 협
　력하지 않는가. 이것은 약속 위반이 아닌가’하고 말입니다.”

原文 空雄之遇 秦趙相與約 約曰, 自今以來 秦之所欲爲 趙助
之趙之所欲爲. 秦助之. 居無幾何 秦興兵攻魏 趙欲救之. 秦王不

說使人讓趙王曰, 約曰 秦之所欲爲 趙助之 趙之所欲爲. 秦助之 今秦欲攻魏 而趙因欲救之 此非約也. 趙王以告平原君 平原君以告公孫龍. 公孫龍曰, 亦可以發使而讓秦王曰, 趙欲救之 今秦王獨不助趙 此非約也.

註解 ○空雄(공옹)-지명(地名)으로 진(秦)나라와 조(趙)나라가 만나 약정을 맺었던 곳. 옹(雄)은 낙(雒)의 오자로서 공락(空雒)이 바른말이다. ○讓(양)-책망하다. 즉 책(責)과 통한다. ○平原君(평원군)-조나라 공자 (公子). 이름은 승(勝)이다.

엉터리 이유 —심응람(審應覽)·음사(淫辭)

송나라에 증자(澄子)라는 사람이 있었다. 검은 옷을 잃어버리고 거리로 나가 찾다가, 검은 옷 입은 부인을 보자 소매를 잡고 늘어지며 그 옷을 빼앗을 생각으로,

"아까 나는 검은 옷을 잃어버렸소"

고 했다. 부인이,

"당신이 검은 옷을 잃어버렸는지는 알 수 없지만, 이것은 내가 직접 만들어 입은 옷이란 말예요"

하고 쏘아붙이자, 증자는 이렇게 말했다.

"그러지 말고 어서 옷을 벗어 주는 것이 좋을 거요. 아까 내가 잃어버린 것은 안을 붙인 것이었는데 당신이 입고 있는 이 옷은 홑옷이 아니오. 홑옷과 겹옷을 맞바꾼다면 당신이 득을 보지 않소"

原文 宋有澄子者亡緇衣. 求之塗 見婦人衣緇衣 援而弗舍 欲取 其衣. 曰, 今者我亡緇衣. 婦人曰, 公雖亡緇衣 此實吾所自爲也. 澄子曰, 子不如速與我衣 昔吾所亡者紡緇也. 今子之衣禪緇也 以

襌緇當紡緇 子豈不得哉.

註解 ○求之塗(구지도)-거리에서 그것을 찾다. ○紡緇(방치)-곱게
짠 검은 옷. ○襌緇(단치)-검은 홑옷.

제 무덤을 판다-심응람(審應覽)·음사(淫辭)

송강왕(宋康王)이 재상인 당앙(唐鞅)에게,
"과인은 많은 사람을 죽였는데도 신하들이 여전히 무서워하지 않으
니 어찌된 일이오?"
하고 묻자, 당앙은,
"전하께서 죽이신 것은 모두 착하지 못한 사람이었나이다. 착하지
못한 사람을 죽이는데 착한 사람이 겁낼 리가 있사오리까. 착하고
착하지 않은 사람을 구별 없이 마구 닥치는 대로 죄를 주는 것이
좋사옵니다. 그러면 신하들은 무서워할 것이니이다."
하고 대답했다. 그로부터 얼마 안 있어 송왕은 당앙을 죽였다.

原文 宋王謂其相唐鞅曰, 寡人所殺戮者衆矣 而群臣愈不畏 其
故何也. 唐鞅對曰, 王之所罪 盡不善者也. 罪不善 善者故爲不畏
王欲群臣之畏也. 不若無辨 其善與不善 而時罪之. 若此則群臣畏
矣. 居無幾何 宋君殺唐鞅.

註解 ○宋王(송왕)-송나라 강왕(康王). 포학무도한 왕이었다. ○唐鞅
(당앙)-송나라 강왕의 신하.

지나친 비유-심응람(審應覽)·불굴(不屈)

광장(匡章)이 위왕(魏王) 앞에서 혜자(惠子)를 보고 말했다.

"농부는 메뚜기를 잡으면 죽입니다. 곡식을 해치기 때문입니다. 지금 당신은 외출할 때면, 많을 때는 수백 대의 수레와 수백 명의 사람을 거느리고, 적을 때에도 수십 대의 수레와 수십 명의 사람을 거느리고 다닙니다. 이것은 모두 농사를 짓지 않고 먹는 사람뿐으로서, 그 해가 메뚜기보다 조금도 덜하지 않습니다."

그러자 위왕은 혜자에게 물었다.

"혜자의 의견은?"

"저는 말로써는 광장의 상대가 되지 않사옵니다."

"하지만 생각하고 있는 것을 듣고 싶은데."

"여기 성을 쌓을 경우, 어느 사람은 큰 절구공이로 성벽을 위에서 다지고, 어느 사람은 삼태기를 메고 성벽 밑으로 가며, 어느 사람은 측량기를 들고 조준을 하나이다. 우리는 이 측량기와 같은 것입지요 여공(女工)이 실이 되면 실을 감을 수 없고, 목수가 나무가 되면 나무를 다듬을 수 없나이다. 마찬가지로 성인(聖人)이 농부가 되면 농부를 다스릴 수가 없사옵니다. 신은 농부를 다스리려는 사람이니이다. 광장이 신을 어떻게 그 메뚜기에 비유할 수 있겠나이까."

原文 匡章謂惠子於魏王之前曰, 蝗螟 農夫得而殺之. 奚故 爲其害稼也. 今公行 多者數百乘 步者數百人 少者數十乘 步者數十人. 此無耕而食者 其害稼亦甚矣. 惠王曰, 惠子施也. 難以辭與公相應 雖然請言其志. 惠子曰, 今之城者 或者操大築乎城上 或負畚而赴乎城下 或操表掇以善睎望 若施者其操表掇者也. 使工女化而爲絲 不能治絲 使大匠化而爲木 不能治木. 使聖人化而爲農夫 不能治農夫. 施而治農夫者也. 公何事比 施於螣螟乎.

註解 ○匡章(광장)－맹자(孟子)의 제자. ○蝗螟(황명)－메뚜기. 황충이

라고도 한다. ○表揳(표철)−측량을 하는 기기(機器). ○睎望(희망)−이쪽
저쪽을 바라보며 살피다.

분수를 모른다 - 심응람(審應覽) · 불굴(不屈)

위혜왕(魏惠王)이 혜자(惠子)를 보고,
"옛날에는 일국의 왕이 된 사람은 모두 어진 분이었소. 그런데 과인
은 도저히 선생에 미칠 수 없소이다. 그래서 과인은 이 나라를 선생
에게 넘겨줄까 하고 있는데."
하며 그의 의향을 떠보았으나 혜자는 이를 마다했다. 혜왕이 억지로
부탁하며,
"과인은 이 나라를 지켜나갈 위인이 못되오. 만일 어진 사람에게 넘
겨줄 수 있다면, 백성들도 서로 욕심을 부려 다투는 일이 없어질 것
이므로 선생도 이 점을 깊이 생각하여 내 청을 들어주오."
하고 조르자, 혜자가 말하였다.
"전하의 말씀대로라면, 신은 더욱 받을 수가 없나이다. 전하께선 물
론 일국의 왕이시니까 나라를 남에게 줌으로써 백성들의 욕심부려
다투는 마음을 없앨 수도 있을 줄 아옵니다. 하오나 신은 지금 아무
벼슬도 없는 몸이옵니다. 그런 신이 큰 나라를 얻게 되는데도 이를
거절하게 되면, 더욱 백성들로 하여금 욕심부려 싸우는 마음을 없
게 만들지 않겠나이까?"
혜왕은 혜자에게 '옛날의 왕된 사람은 모두 어진 사람이었다'고 말
했다. 그런데 나라를 얻어 받아 어진 사람이 된 것은 순(舜)이다. 그러
고 보면 혜왕은 혜자가 순이 되기를 바란 것이 된다. 나라를 주겠다는
것을 거절하여 어진 사람이 된 것은 허유(許由)다. 그러고 보면 혜자
는 자신이 허유가 되기를 바란 것이 된다. 나라를 주어 어진 사람이 된

것은 요(堯)다. 그러고 보면 혜왕은 자신이 요가 되기를 바란 것이 된다. 요와 순과 허유가 한 일은 결코 요가 순에게 나라를 주고 허유가 그것을 거절한 것만이 아니고, 그밖의 모든 행동이 그것에 알맞을 만큼 훌륭했었다. 그러나 지금 이 두 사람은 다른 뛰어난 행동도 없는 주제에 요와 순이 되기를 바라고 있다.

그러니까 결국 혜왕은 베로 만든 갓을 쓰고 연(鄄)이란 곳에 구금되어 있으면서 근신하는 뜻을 보였으나, 제위왕(齊威王)이 좀처럼 그를 용서하지 않아 변을 당했고, 혜자 역시 변복을 하고 수레에 올라 도망을 쳤으나 미처 위나라 국경을 벗어나지 못하는 신세가 되었던 것이다.

原文   魏惠王謂惠子曰, 上世之有國 必賢者也. 今寡人實不若先生. 願得傳國. 惠子辭. 王又固請曰, 寡人莫有之國 於此者也. 而傳之賢者 民之貪爭之心 止矣. 欲先生之以此聽寡人也. 惠子曰, 若王之言 則施不可而聽矣. 王固萬乘之主也. 以國與人猶尙可 今施布衣也. 可以有萬乘之國而辭之 此其止貪爭之心愈甚也. 惠王謂惠子曰, 古之有國者必賢者也. 夫受而賢者舜也 是欲惠子之爲舜也. 夫辭而賢者許由也 是惠子欲爲許由也. 傳而賢者堯也 是惠王欲爲堯也. 堯舜許有之作 非獨傳舜而由辭也. 他行稱此 今無其他 而欲爲堯舜許由. 故惠王布冠而拘于鄄 齊威王幾弗受 惠子易衣變冠 乘輿而走 幾不出乎魏境.

註解   ○傳國(전국)-나라를 물려주다. 자기가 다스리던 나라의 통치권을 넘겨주다. ○辭(사)-사양하다. ○聽(청)-따르다. 듣다. 종(從)과 통한다. ○施(시)-혜자(惠子)의 이름. ○許由(허유)-고대(古代) 중국, 전설상의 은자(隱者)로서 세속을 벗어나 살던 인물. 요임금이 왕위를 물려주고자 했지만 받지 않았다고 한다. ○鄄(연)-고을 이름. 혜왕이 잡혀 있으

면서 제나라에 항복하려던 곳이다. ○齊威王幾弗受(제위왕기불수)−제나
라 위왕은 위태롭게도 혜왕의 항복을 받아들이지 않았다는 뜻. 기(幾)는
위(危)와 통한다.

주제넘다 −심응람(審應覽)·불굴(不屈)

백규(白圭)가 처음으로 혜자(惠子)를 만났을 때, 혜자는 타이르는
식으로 말했다. 백규는 대답도 않고 있다가 혜자가 돌아간 다음, 사람
들에게 이렇게 말했다.

"어느 사람이 새로 신부를 맞았다. 신부란 얌전하고 수줍어하며 조용
히 걷는 것이 보통인데, 그 신부는 하인이 큰 횃불을 들고 오자 '횃불
이 너무 크구나'라 했고, 문으로 들어와서 마당에 파놓은 흙구덩이를
보자, '이걸 덮어 두어라. 누가 빠질까 두렵다'라고 했다. 물론 옳은 말
이긴 하다. 그러나 신부로서는 주제넘은 일이다. 그런데 혜자는 나와
처음 만났을 뿐인데, 나를 대하는 말투가 너무 주제넘었다."

혜자는 이 이야기를 듣자 또 이렇게 반박했다.

"그건 모르는 소리다. 시(詩)에도 '개제(愷悌)한 군자는, 백성의 부
모니라'고 했다. 개(愷)는 크다는 뜻, 제(悌)는 길다는 뜻, 즉 덕이
크고 긴 군자는 백성들의 부모란 뜻이다. 부모가 자식을 가르치는
데 무슨 시기를 가리겠는가. 어째서 나를 신부에 비유한단 말인가.
시에도 '개제한 신부'라고 말한 데는 없다."

덜돼먹은 사람과 도리에 벗어난 사람을 비난하는 것은, 그 자신이
덜돼먹었거나 도리에 벗어난 사람이기 때문이다. 즉 비난하는 상대와
나쁜 점은 마찬가지인 것이다. 백규는 '혜자는 나와 처음 만났을 뿐인
데, 내게 대한 말투가 너무 주제넘다'고 말하고, 혜자도 그 말을 듣고
같이 반박하며, 그 자신을 부모로 자처하고 있었다. 백규보다 더 심하

다고는 할 수 없어도 역시 지나친 말이라 할 수 있다.

原文 白圭新與 惠子相見也 惠子說之以彊. 白圭無以應 惠子出.
白圭告人曰, 人有新取婦者婦至 宜安矜 煙視媚行 豎子操蕉火而
鉅. 新婦曰, 蕉火大鉅. 入於門 門中有歛陷. 新婦曰, 塞之 將傷人
之足 此非不便之家氏也. 然而有大甚者 今惠子之遇 我尚新 其
說我有大甚者. 惠子聞之曰, 不然. 詩曰, 愷悌君子 民之父母 愷
者大也 悌者長也. 君子之德 長且大者 則爲民父母 父母之敎子
也. 豈待久哉 何事比我 於新婦乎. 詩曰, 豈愷悌新婦哉. 誹汙因
汙 誹辟因辟 是誹者與所非同也. 白圭曰, 惠子之遇 我尚新 其說
我有大甚者 惠子聞而誹之. 因自以爲爲之父母 其非有甚於白圭
亦有大甚者.

註解 ○白圭(백규)－궤변가(詭辯家). 이름은 단(丹). ○安矜(안긍)－안
정됨과 긍지. ○煙視媚行(연시미행)－연시는 눈을 작게 뜨고 본다는 뜻.
미행은 천천히 걸어간다는 뜻이다. ○歛陷(염함)－움푹 패여 있는 구덩이.
○家氏(가씨)－남편의 집. 즉 시집.

언행 불일치 － 심응람(審應覽)·응언(應言)

공손룡(公孫龍)이 연소왕(燕昭王)을 보고 전쟁을 하지 말라는 언병
(偃兵)의 이론을 말했다. 소왕이,
"참으로 훌륭한 말씀이오. 과인도 선생과 같이 그럴 생각으로 있소."
하고 말하자, 공손룡은,
"대왕께선 그렇지 않은 줄로 알고 있나이다."
하고 받았다.
"어째서요?"

"일찍이 대왕께선 제나라를 치실 생각으로, 천하의 선비들 가운데서 제나라를 깨뜨리려 하는 사람은 모조리 불러 쓰셨고, 제나라의 지리와 내부 관계를 알고 있는 사람도 다 불러 쓰셨으나, 그걸 알고 있으면서도 제나라를 깨뜨릴 생각이 없는 사람은 쓰지 않으셨나이다. 그리고 결국엔 제나라를 깨뜨려 공을 세웠습지요. 그런데 지금 대왕께선 '나도 언병을 찬성하고 있다'고 말은 하고 계시나 대왕의 조정에 있는 천하의 선비들은 모두가 전쟁에 능한 사람들뿐이옵니다. 그러므로 저는 대왕께서 언병을 실행하지 않을 것으로 압니다."
소왕은 대답할 말이 생각나지 않았다.

[原文] 公孫龍 說燕昭王以偃兵 昭王曰, 甚善. 寡人願與客計之. 公孫龍曰, 竊意大王之弗爲也. 王曰, 何故. 公孫龍曰, 日者大王欲破齊 諸天下之士 其欲破齊者. 大王盡養之. 知齊之險阻要塞 君臣之際者. 大王盡養之. 雖知而弗欲破者 大王猶若弗養 其卒果破齊以爲功. 今大王曰, 我甚取偃兵 諸侯之士在大王之本朝者 盡善用兵者也. 臣是以知 大王之弗爲也. 王無以應.

[註解] ○昭王(소왕)─연(燕)나라 왕. 제(齊)나라 선왕(宣王)이 연나라를 공격한 것에 대하여 복수심에 차있었다.

반전론(反戰論)─심응람(審應覽)·응언(應言)

사마희(司馬喜)가 중산왕(中山王) 앞에서, 묵가(墨家)에 속해 있는 사(師)의 반전론(反戰論)을 따지고 들었다.
"선생의 주장은 전쟁 반대론이십니까?"
"그렇습니다."

"그럼 지금 전하께서 군사를 일으켜 연나라를 치겠다고 하시면, 선생은 전하를 비난하시겠다는 겁니까?"

"그렇다면 당신은 전쟁을 시인하는 겁니까?"

"그렇습니다."

"그러면 조나라가 군사를 일으켜 중산을 쳐들어와도 당신은 그것을 시인하시겠다는 겁니까?"

사마희는 대답할 말이 없었다.

原文 司馬喜 難墨者師 於中山王前 以非攻曰, 先生之所術 非攻夫. 墨者師曰, 然. 曰, 今王興兵而攻燕 先生將非王乎. 墨者師 對曰, 然則相國是攻之乎. 司馬喜曰, 然. 墨者師曰, 今趙興兵 而攻中山 相國將是之乎. 司馬喜無以應.

註解 ○司馬喜(사마희)-조(趙)나라 재상. ○墨者師(묵자사)-묵가(墨家)의 학설을 신봉하는 사람. ○非攻(비공)-묵가의 정치사상. 즉 비공주의(非攻主義).

몸이 첫째-심응람(審應覽)·응언(應言)

진(秦)나라 왕이 의양(宜陽)에서 황제[帝]의 자리에 오른 다음, 허관(許綰)을 시켜 위(魏)나라 왕을 속여 조회에 들어오도록 하려 했다. 위왕이 진나라로 들어가려 하자, 위경(魏敬)이 왕을 말리며 말했다.

"하내(河內)의 땅과 위나라와는 어느 쪽이 더 소중하다고 생각하시옵니까?"

"위나라가 소중하지."

"위나라와 몸과는 어느 쪽이 더 중요하나이까?"

"그야 몸이지."

"그럼 만일 진나라가 하내의 땅을 요구해 온다면, 전하께선 그것을 주시겠나이까?"

"줄 수 없지."

"하내는 셋 중에서 가장 못한 것, 몸은 가장 중한 것이옵니다. 진나라가 가장 못한 것을 요구해도 들어주지 않으시면서, 가장 소중한 것을 요구하는 데도 이에 응하려 하시니, 얼른 이해가 안가는 일이옵니다."

"과연 그렇겠군."

그래서 위왕은 진나라로 가는 것을 중지했다.

原文 秦王立帝宜陽 許綰誕魏王 魏王將入秦. 魏敬謂王曰, 以河內孰與梁重. 王曰, 梁重. 又曰, 梁孰與身重. 王曰, 身重. 又曰, 若使秦求河內 則王將與之乎. 王曰, 弗與也. 魏敬曰, 河內三論之下也. 身三論之上也. 秦索其下 而王弗聽 索其上而 王聽之. 臣竊不取也. 王曰, 甚然. 乃輟行.

註解 ○立帝(입제)-황제라고 칭한다는 뜻. ○許綰誕魏王(허관탄위왕)-허관은 진(秦)나라 신하. 탄(誕)은 거짓말이란 뜻이다. 즉 허관으로 하여금 위나라 왕에게 거짓말을 하도록 한다는 뜻이다. 이때 진나라는 아직 왕을 황제라고 칭하기 전인데 위나라 왕으로 하여금 입조(入朝)케 하기 위해 거짓말을 했던 것이다. ○三論(삼론)-하내(河內)와 양(梁:魏)과 왕의 몸 등, 세 가지. ○不取(불취)-입조(入朝)하는 것을 찬동하지 않는다.

허물을 가리다 - 심응람(審應覽) · 구비(具備)

공자의 제자 복자천(宓子賤)이 노나라 단보(亶父) 고을을 맡아 다스리게 되었다. 그는 임금이 헐뜯는 사람들의 말을 듣고 공연한 간섭을 하게 되리라는 것을 알고, 임지로 떠날 때 임금 옆에서 일하고 있는 두 서기(書記)를 달라고 해서 함께 단보로 갔다. 단보의 관원들이 일제히 모여 인사를 올리면 복자천은 두 서기에게 기록을 하도록 시키고 나서 이따금씩 옆에서 그들의 팔을 잡아당겨 글자를 비뚤어지게 만들고는 글씨가 서투르다면서 화를 내곤 했다. 두 서기는 고민하던 끝에 마침내 그만두고 돌아갈 뜻을 말했다. 그러자 자천은,

"너희들의 글씨는 형편이 없다. 제발 어서 돌아가 다오."

하는 것이었다. 두 사람이 돌아와 노나라 군주에게 사실을 보고하되,

"복자 밑에서는 글씨도 제대로 쓸 수가 없나이다."

하고 말하자, 군주는,

"무엇 때문이냐?"

하고 물었다.

"복자는 저희들에게 글을 쓰라고 시키고는 자꾸만 옆에서 팔을 잡아당기는 것이었나이다. 그리고는 글씨가 서투르다면서 몹시 화를 내곤 하기 때문에 사람들도 모두 복자의 하는 짓을 우습게 보고 있었습지요. 그래서 저희들은 돌아오게 된 것이옵니다."

그러자 군주는 한숨을 지으며,

"복자는 너희들을 통해 내 부족함을 간한 것이다. 내가 그동안 복자의 하는 일에 간섭하여 그의 실력을 발휘할 수 없게 한 적이 종종 있었을 것이다. 너희들 둘에 대한 일이 없었던들 나는 내 허물을 모르고 있었을 것이다."

하고, 심복 시종을 단보로 보내어 복자에게 이렇게 일렀다.

"앞으로 단보는 임금의 것이 아니고 경의 것인 줄로 생각하라. 단보를 위해 좋은 일이면 경의 재량에 의해 모든 것을 처리하고 5년이 지난 뒤에 그 대강만을 보고하도록 하라."

334

복자천은 삼가 임금의 명령을 받아들인 다음, 단보에서 그의 솜씨를
마음껏 발휘할 수 있었다.

原文   宓子賤治亶父. 恐魯君之聽讒人 而令己不得行其術也. 將
辭而行 請近吏二人於魯君 與之俱至於亶父. 邑吏皆朝 宓子賤令
吏二人書. 吏方將書 宓子賤從旁時掣搖其肘 吏書之不善 則宓子
賤爲之怒 吏甚患之 辭而請歸. 宓子賤曰, 子之書甚不善 子勉歸
矣. 二吏歸報於君曰, 宓子不得爲書. 君曰, 何故. 吏對曰, 宓子使臣
書 而時掣搖臣之肘. 書惡而有甚怒 吏皆笑宓子. 此臣所以辭而去
也. 魯君太息而歎曰, 宓子以此諫寡人之不肖也. 寡人之亂子 而令
宓子不得行其術 必數有之矣. 微二人 寡人幾過 遂發所愛 而令之
亶父. 告宓子曰, 自今以來 亶父非寡人之有也 子之有也. 有便於亶
父者 子決爲之矣 五歲而言其要. 宓子敬諾 乃得行其術於亶父.

註解   ○宓子賤(복자천)－공자(孔子)의 제자로서 성이 복, 이름은 부제
(不齊)이며 자가 자천이다. ○亶父(단보)－지명(地名). 오늘날의 산동성
단현(單縣). 단보(單父)라고도 했다. ○近吏(근리)－군주를 좌우에서 보좌
하는 관리. ○吏(리)－단보(單父)의 관리. ○朝(조)－조회(朝會). ○勉(면)
－속(速)과 통한다. 즉 빠르다. ○微二人(미이인)－두 사람이 없었더라면.
두 사람이 아니었더라면. ○發所愛(발소애)－발(發)은 보내다, 소애(所愛)
는 사랑하는 시종. 즉 사랑하는 시종을 보내다란 뜻이다.

책임감－이속람(離俗覽)·이속(離俗)

제(齊)나라와 진(晋)나라가 싸우고 있을 때, 평아(平阿)라는 제나라
고을에 있는 여자(餘子)는 삼지창[戟]을 앗기고 외가지창[矛]을 대
신 손에 넣었다.

철수해 오면서도 마음이 내키지 않아 지나가는 사람을 보고,

"삼지창을 잃고 외가지창을 얻었는데 이대로 돌아가도 좋을는지?"

하고 물었더니, 상대방은,

"다같은 무기가 아니오. 이것을 잃고 대신 딴 것을 얻었으니 돌아가 서 나쁠 거야 없지 않겠소"

라고 대답했다. 부대에서 벗어난 뒤에도 여전히 기분이 개운치 못한데, 우연히 고당(高唐)에서 온 숙무손(叔無孫)을 만나게 되었다.

그의 말 앞으로 나아가서,

"방금 싸움에서 삼지창을 잃고 외가지창을 가지게 되었는데 이대로 돌아가도 좋겠습니까?"

하고 묻자, 숙무손이,

"외가지창은 삼지창일 수 없고, 삼지창은 외가지창이 될 수 없다. 삼지창을 잃고 외가지창을 얻은 것으로는 책임을 면할 수가 없을 것이다."

하고 대답하는지라, 평아의 여자는,

"그렇다. 돌아가 싸우자. 지금도 빨리 가면 늦지는 않을 것이다."

하고, 마침내는 싸우다가 죽었다.

숙무손 역시,

"군자는 남을 위험과 곤란 속으로 몰아넣었으면, 자신도 반드시 그 곳으로 향해야 한다고 했다."

라며, 급히 그의 뒤를 쫓아가서 그 역시 싸우다가 죽고 말았다.

原文 齊晋相與戰 平阿之餘子亡戟得矛 却而去 不自快 謂路之. 人曰, 亡戟得矛 可以歸乎. 路之人曰, 戟亦兵也. 矛亦兵也. 亡兵 得兵 何爲不可以歸 去行 心猶不自快. 遇高唐之孤叔無孫. 當其 馬前曰, 今者戰 亡戟得矛 可以歸乎. 叔無孫曰, 矛非戟也 戟非矛

336

也. 亡戟得矛 豈亢責也哉. 平阿之餘子曰, 嘻. 還反戰 趨尙及之
逐戰而死. 叔無孫曰, 吾聞之 君子濟人於患 必離其難. 疾驅而從
之 亦死而不反.

註解 ㅇ平阿(평아)-제(齊)나라 고을의 명칭. ㅇ餘子(여자)-관씨(官
氏). ㅇ亡戟得矛(망극득모)-삼지창[戟]을 잃고 외가지창[矛]을 얻다.
ㅇ高唐之孤(고당지고)-고당을 지키는 관리. 고당은 제나라 고을의 이름
이며, 고(孤)는 수리(守吏). ㅇ叔無孫(숙무손)-고당을 지키던 대부(大夫)
의 이름으로서 성은 숙, 이름이 무손이다. ㅇ亢(항)-당(當)과 통한다. 즉
감당하다.

충(忠)과 효(孝)－이속람(離俗覽)·고의(高義)

초소왕(楚昭王) 때, 석저(石渚)라는 선비가 있었다. 사람됨이 공정
하고 사정(私情)이란 것을 몰랐기 때문에 치안관으로 일을 보게 했다.
어느 날 길에서 사람을 죽인 사건이 생기자, 석저는 범인의 뒤를 밟게
되었다. 뜻밖에도 범인이 자기 아버지였으므로, 그대로 말머리를 돌린
석저는 법정에 나타나,

"살인범은 우리 아버지였나이다. 아버지를 내 손으로 잡는다는 것
은 자식된 도리로 차마 할 수 없었지만, 범인에게 사정을 두어 국법
을 어긴다는 것은 용서할 수 없는 일이옵니다. 법을 범한 이상 죄로
다스림을 받는 것이 신하된 자의 도리이니이다."

하고, 스스로 목을 쳐서 죽기를 왕에게 청했다. 왕은,

"뒤를 쫓았으나 범인을 잡지 못한 것뿐이니, 죄가 되지는 않는다.
계속 맡은 일에 충실하도록 하라."

하고 분부를 내렸다. 그러나 석저는 그것을 사양하고,

"아비에게 정을 두지 않는 것은 효자의 도리가 아니고, 임금을 섬기

며 법을 굽히는 것은 충신의 도리가 아니옵니다. 전하께서 그것을
용서하시는 것은 자비로우신 일이지만, 법을 저버리지 않는 것이
신하의 도리이니이다."
하고, 스스로 형틀에 올라 목을 쳐 죽었다.

법을 굽히는 것을 바로잡기 위해 죽음을 각오하고, 또 아버지가 법을
범한 것을 차마 견디지 못해 하며, 왕이 내린 용서도 받지 않은 석저야
말로 신하로서 충성을 다하고 자식으로서 효도를 다했다 할 수 있다.

原文 荊昭王之時 有士焉曰石渚. 其爲人也 公直無私 王使爲政.
道有殺人者 石渚追之 則其父也. 還車而反立於廷曰, 殺人者僕之
父也. 以父行法 不忍 阿有罪 廢國法 不可. 失法伏罪 人臣之義也.
於是乎伏斧鑕請死於王. 王曰, 追而不及 豈必伏罪哉 子復事矣.
石渚辭曰, 不私其親 不可謂孝子. 事君枉法 不可謂忠臣 君令赦之.
上之惠也 不敢廢法 臣之行也. 不去斧鑕 歿頭乎王廷. 正法枉必死
父犯法而不忍 王赦之而不肯 石渚之爲人臣也 可謂忠且孝矣.

註解 ○昭王(소왕)－건계(乾谿)의 난(亂)을 일으킨 초나라 평왕(平王)
의 아들. ○政(정)－정(正)과 통한다. 즉 사법(司法)을 담당하는 관리. ○
僕(복)－아(我)와 통한다. 즉, 나.

신용은 나라의 보배－이속람(離俗覽)·위욕(爲欲)

진문공(晉文公)이 원(原) 땅을 공격했을 때, 장병들과 이레 동안에
함락할 것을 맹세했었다. 그런데 이레가 지나도 원 땅은 함락되지 않
았다. 문공은 군대를 철수하라는 명령을 내렸다.

밀탐을 나갔던 첩자가 돌아와서,

338

"원 땅은 이미 항복하려 하고 있나이다."

하고 보고했으므로, 장교들은 며칠만 더 기다리자고 의견을 말했으나, 문공은,

"신용은 나라의 보배다. 원 땅을 얻고 보배를 잃는 일을 할 수는 없다."

하고 마침내 군사를 철수시켰다. 그 이듬해 다시 원 땅을 치게 되었을 때는 장병들과 기어코 원 땅을 함락시킨 뒤에야 철수하겠다고 맹세했다. 이 소문을 듣자 원 땅의 사람은 싸우기도 전에 항복하고 말았다. 한편 위(衛)나라도 이 소문을 듣고는, 문공이 신의를 지키는 사람이라 하여, 진나라에 복종하게 되었다.

즉 '원을 쳐서 위를 얻었다'는 것은 이 일을 두고 한 말이다. 문공이 원 땅을 얻기를 바라지 않은 것은 아니지만, 불신(不信)으로 원 땅을 얻는 것보다는 얻지 않는 편이 낫다고 생각했기 때문이다. 반드시 성의와 신의로써 얻게 된다면 복종해 오는 것은 비단 위나라만이 아닐 것이다.

原文 晋文公伐原 與士期七日. 七日而原不下 命去之 謀士言曰, 原將下矣. 師吏請待之. 公曰, 信國之寶也. 得原失寶 吾不爲也. 遂去之 明年復伐之. 與士期必得原然後反 原人聞之. 乃下 衛人聞之. 以文公之信爲至矣. 乃歸文公. 故曰, 攻原得衛者 此之謂也. 文公非不欲得原也 以不信得原 不若勿得也. 必誠信以得之 歸之者非獨衛也.

註解 ○原(원) - 진(晋)나라 고을의 이름. 문공이 즉위하기 전, 방랑생활에서 돌아오자 원 땅 사람들은 이에 불복했다. 그래서 문공은 원 땅을 공격했던 것이다. ○下(하) - 투항하다. 항복하다.

국사(國士)의 의기 - 시군람(恃君覽) · 장리(長利)

융이(戎夷)라는 제(齊)나라 선비가 제나라를 버리고 노(魯)나라로 향해 떠났다. 추위가 몹시 심한 때였는데, 성문이 닫힌 뒤라, 제자 한 사람과 성 밖에서 노숙(露宿)을 하게 되었다. 추위가 점점 심해 오자, 제자를 보고,

"네가 내게 옷을 빌려주면 내가 살게 되고, 내가 네게 옷을 주면 네가 살 수 있다. 나는 국사(國士)로서 천하를 위해 할 일이 많으므로 차마 죽을 수가 없구나. 너는 평범한 사람이니 죽은들 무엇이 아깝겠느냐? 네 옷을 벗어 나에게 주려무나."

하자, 제자는,

"저같이 평범한 인간이 어떻게 목숨을 아끼지 않고 국사에게 옷을 드릴 수 있겠습니까?"

하고 응하지 않았다. 융이는 깊이 한숨을 내쉬며,

"아아, 그렇다면 국사로서 어찌 도의(道義)를 저버릴 수 있으랴."

하고, 자기 옷을 벗어 제자에게 주었다. 한밤중쯤 그는 얼어죽고 제자는 끝내 버티며 살아 남게 되었다.

융이가 세상을 바로잡을 만한 재능을 가졌던 사람이었는지는 알 수 없으나, 사람을 건지려는 의기만은 다시없었던 것 같다. 죽고 사는 운명의 진리를 깨닫고, 사람을 사랑하는 마음이 컸기 때문에 죽음을 결심하고 도의를 실행했던 것이다.

原文 戎夷違齊如魯. 天大寒而後門 與弟子一人宿於郭外. 寒愈甚謂其弟子曰, 子與我衣 我活也 我與子衣 子活也. 我國士也 爲天下惜死 子不肖人也. 不足愛也 子與我子之衣. 弟子曰, 夫不肖人也 又惡能與國士之衣哉. 戎夷太息歎曰, 嗟乎. 道其不濟夫 解衣與

340

弟子 夜半而死. 弟子遂活 謂戎夷其能必定一世 則未之識 若夫欲
利人之心 不可以加矣. 達乎分仁愛之心識也. 故能以必死見其義.

註解　○違齊如魯(위제여로)－제나라를 떠나서 노나라로 가다. 여기서
위(違)는 거(去)와 통하고, 여(如)는 왕(往)과 통한다. ○後門(후문)－시
각이 늦어서 성문을 이미 닫은 다음이란 뜻. ○子與我衣(자여아의)－여
(與)는 주다란 뜻. 즉 그대가 나에게 옷을 주다. ○不足愛(부족애)－아까
울 게 못된다. ○道(도)－죽음의 도(道). ○識(식)－진실하다. 성(誠)의 오
자(誤字)로 보아야 한다.

인덕(仁德)의 재상 — 시군람(恃君覽) · 소류(召類)

사윤지(士尹池)가 초(楚)나라 사신으로 송(宋)나라에 갔을 때, 송나
라 재상인 자한(子罕)이 자기 집으로 그를 초대했다. 자한의 집은, 남
쪽으로 이웃집 담이 보기 싫게 불쑥 내밀어 있었고, 서쪽 이웃집 하수
구가 방앞으로 지나가고 있었다. 사윤지가 그 까닭을 물었더니 자한의
대답은 이러했다.

"남쪽 이웃에 사는 사람은 말 가슴걸이[靷]를 만들어 파는 영감인
데, 내가 그 집을 팔고 이사를 가라고 권했더니, 그 영감 말이 '저는
3대째로 말 가슴걸이를 만들어 오고 있는데, 만일 이곳을 떠나게
되면 단골들이 제 집을 찾지 못해 저는 굶어 죽게 될 겁니다' 하기
때문에 그대로 두고 있습니다. 그리고 서쪽 이웃은 집터가 우리 집
보다 높아서, 물이 자연 낮은 집을 거쳐 흐를 수밖에 없는지라 그대
로 둔 것뿐입니다."

사윤지가 초나라에 돌아왔을 때는, 마침 왕이 군사를 일으켜 송나라
를 치려 하고 있었다. 사윤지는 왕에게 이렇게 간했다.

"송나라는 칠 수 없나이다. 송나라 임금은 현덕(賢德)이 있고, 재상

은 인덕(仁德)이 있사옵니다. 착한 임금은 백성의 신뢰를 받게 되고, 어진 사람은 백성을 잘 부릴 수 있다 했나이다. 초나라가 송나라를 치게 되면 공을 세우지 못하고 천하의 웃음거리가 될 줄 아옵니다." 그래서 초나라는 송나라 치는 것을 그만두고 대신 정(鄭)나라를 쳤다.

[原文] 士尹池爲荊使於宋 司城子罕觴之. 南家之牆犨於前而不直 西家之潦徑其宮而不止. 士尹池問其故. 司馬子罕曰, 南家工人也. 爲鞼者也 吾將徙之. 其父曰, 吾恃爲鞼以食三世矣. 今徙之是宋國之求鞼者 不知吾處也. 吾將不食 願相國之憂吾不食也. 爲是故吾弗徙也. 西家高 吾宮庳 潦之經吾宮也利 故弗禁也. 士尹池歸荊 荊王適興兵而攻宋. 士尹池諫於荊王曰, 宋不可攻也. 其主賢 其相仁 賢者能得民 仁者能用人 荊國攻之. 其無功而爲天下笑乎 故釋宋而攻鄭.

[註解] ○司城子罕觴之(사성자한상지)─사성인 자한이 잔치를 베풀다. 사성이란 사공(司空)을 가리키는데 송나라 무공(武公)의 이름이 사공이었으므로 송나라에서는 그 글자를 피하기 위해 사성이라고 했다. ○犨(주)─돌출부. 여기서는 튀어나온 부분을 가리킨다. ○潦(요)─도랑. 하수구. ○司馬(사마)─사성(司城)의 오자(誤字). ○鞼(인)─말 가슴걸이. ○適(적)─마치다. 또는 때맞추어. ○相(상)─재상. 여기서는 자한(子罕)을 가리킨다.

현사(賢士)는 임금의 거울─시군람(恃君覽)·달울(達鬱)

열정자고(列精子高)는 제민왕(齊湣王)의 신임을 받고 있었다. 수수한 예복차림으로 새벽 일찍 빗속을 걸어 바깥 순시를 돌며, 시종을 보고,

342

"내 꼴이 어떻게 보이느냐?"

하고 묻자, 시종은,

"아름답고 훌륭하게 보입니다."

하고 대답했다. 그래서 열정자고는 우물가로 걸어가서 자기 모습을 물에 비추어 보았다. 그야말로 꼴불견이었다. 열정자고는 탄식하며 말했다.

"시종은 내가 제왕의 신임을 받고 있다는 이유로 그런 아첨의 말을 하는 것이다. 그러니 왕에게는 더욱 아첨이 심할 것이 아닌가. 그런데도 왕이 자기 모습을 비춰 볼 거울을 가지고 있지 않다면 오래지 않아 망하게 될 것이다. 그러면 대관절 무엇으로 거울을 삼으면 좋을 것인가. 역시 어진 선비밖에는 없을 것이야. 사람들은 누구나가 거울이 자기 모양을 똑똑히 비춰 주는 것을 좋아하면서도, 어진 선비가 자기의 모습을 분명히 보여주는 것을 싫어한다. 거울이 똑똑히 비춰 주는 성과는 작고, 어진 선비가 똑똑히 비춰 주는 성과는 크다. 그런데도 작은 것을 택하고 큰 것을 버리니 어느 것이 소중한가를 모른다고 할 수 있다."

原文　列精子高聽行乎齊湣王. 善衣東布衣 白縞冠 顙推之履 特會朝雨 袪步堂下. 謂其侍者曰, 我何若. 侍者曰, 公姣且麗. 列精子高因步而窺於井 粲然惡丈夫之狀也. 喟然歎曰, 侍者爲吾聽行於齊王也. 夫何阿哉. 又況於所聽行乎 萬乘之主 人之阿之亦甚矣 而無所鏡其殘 亡無日矣. 孰當可而鏡 其唯士乎. 人皆知說 鏡之明己也 而惡士之明己也. 鏡之明己也功細 士之明己也功大 得其細失其大 不知類耳.

註解　○列精子高(열정자고) - 전국시대의 현인(賢人)으로 덕행이 높아

제나라 왕으로부터 공경을 받았다. ○聽行(청행)─덕행에 대한 공경. ○纇推之履(상추지리)─낡아빠진 신발. ○袪步(거보)─옷을 걷어올리고 걷다. ○姣(교)─영준(英俊).

수치는 덮지 않는다─시군람(恃君覽) · 달울(達鬱)

조간자(趙簡子)가,

"조궐(趙厥)은 나를 사랑하고 있지만, 윤탁(尹鐸)은 나를 사랑하지 않는다. 궐이 나를 간할 때는 반드시 아무도 없는 곳에서 하는데, 탁이 나를 간할 때는 즐겨 사람들 앞에서 나를 몰아세우며 내게 모욕을 주게 된다."

고 하자, 윤탁은 이렇게 대답했다.

"조궐은 전하의 부끄러움은 덮어드리되 전하의 허물을 덮어주지 않지만, 신은 전하의 허물을 덮어드리되 부끄러움은 덮지 않나이다. 신은 일찍이 관상 보는 법을 배운 일이 있는데, 얼굴이 두껍고 흙빛인 사람(조간자를 가리킴)은 부끄러움을 보통으로 안다고 했사옵니다. 전하께서는 남이 보는 앞에서 공격을 하지 않으면 고칠 생각을 하지 않으실 것이옵니다."

이것은 간자가 현명한 것이다. 임금이 현명하면 신하는 마음놓고 말을 할 수 있다. 간자가 현명하지 않았던들, 윤탁은 도저히 조나라에 살수 없었을 것이며, 더구나 간자의 옆에는 있을 수 없었을 것이다.

原文 趙簡子曰, 厥也愛我 鐸也不愛我 厥之諫我也 必於無人之所 鐸之諫我也 喜質我於人中 必使我醜. 尹鐸對曰, 厥也愛君之醜也. 而不愛君之過也 鐸也愛君之過也 而不愛君之醜也 臣嘗聞相人於師 敦顔而土色者忍醜 不質君於人中 恐君之不變也. 此簡

344

子之賢也. 人主賢 則人臣之言刻. 簡子不賢 鐸也卒不居趙地 有
況乎在簡子之側哉.

註解 ○厥(궐)-조궐(趙厥). 조간자(趙簡子)의 신하. ○鐸(탁)-윤탁
(尹鐸). 조간자의 신하. ○質(질)-정(正)과 통한다. 즉, 바로잡다란 뜻. ○
醜(추)-치(恥)와 통한다. 즉, 부끄럽다란 뜻. ○相人(상인)-관상을 보다.
○言刻(언각)-간언(諫言)이 심각하다란 뜻이다.

말 없는 부탁 - 시군람(恃君覽)·관표(觀表)

후성자(郈成子)가 노나라 사신으로 진(晉)나라에 가는 도중, 위(衛)
나라에 들르게 되었다.

우재(右宰) 곡신(穀臣)이 그를 붙들어 술을 권하며 반겨했으나, 음
악을 들으면서도 기쁜 얼굴이 아니더니, 술이 얼큰해 오자 보석을 꺼
내어 후성자에게 선물로 주었다.

그런데 후성자는 진나라의 볼일을 끝내고 돌아오는 길에 다시 위나
라를 거치게 되었지만, 곡신의 집에는 들르지 않았다.

그러자 그의 어자(御者)가,

"앞서 우재 곡신은 상공에게 술을 대접했고, 상공께서도 그분을 대
단히 반가워했었는데, 이번에는 위나라를 지나가면서도 들러서 고
맙다는 인사마저 없으시니 어찌된 일입니까?"

하고 물었다.

그러자 후성자는 이렇게 대답했다.

"나를 붙들어 두고 술을 대접한 것은 나와 다정하게 지내고 싶어서
였고, 음악을 울리게 해놓고도 기쁜 얼굴을 짓지 않은 것은 숨은 걱
정이 있는 것을 내게 보여주기 위해서였던 거야. 그리고 술을 마시

는 도중 내게 구슬을 준 것은 그것을 내게 맡겨 두려는 것이다. 이 모든 점으로 미루어 보아 위나라에 머지않아 난이 일어날지도 모를 일이다."

후성자가 위나라를 떠나 30리쯤 갔을 때, 위나라 대부 영희(甯喜)가 반란을 일으켜, 그 바람에 우재 곡신이 죽고 말았다는 소식이 들렸다.

후성자는 곧 수레를 돌려 조상을 가서, 세 번 울고는 총총히 길을 떠나왔다.

노나라에 돌아오자 사람을 보내 우재 곡신의 처자를 맞아다가, 저택 한쪽 칸을 막아 그곳에 살게 하며 그들의 생활비를 대주었다.

그리고 곡신의 아들이 자라자 받았던 구슬을 돌려주었다.

[原文]　邱成子 爲魯聘於晋 過衛. 右宰穀臣止而觴之 陳樂而不樂 酒酣而送之以璧. 顧反過而弗辭. 其僕曰, 曩者右宰穀臣之觴吾子 吾子也甚歡 今侯渫 過而弗辭. 邱成子曰, 夫止而觴我 與我歡也 陳樂而不樂 告我憂也. 酒酣而送我以璧 寄之我也 若由是觀之衛 其有亂乎. 倍衛三十里 聞甯喜之難作 右宰穀臣死之. 還車而臨 三擧而歸 至使人迎其妻子 隔宅而異之. 分祿而食之 其子長而反 其璧.

[註解]　○邱成子(후성자)―노(魯)나라　대부(大夫).　○右宰穀臣(우재곡신)―위(衛)나라 대부.　○弗辭(불사)―인사를 하지 않다.　○曩者(향자)― 전자(前者). 지난번.　○吾子(오자)―나의 선생님.　○侯渫(후설)―어찌 소홀하게 하겠는가. 후(侯)는 하(何)와 통한다.　○倍(배)―배(背)와 통한다. 즉 등지고 떠난다는 뜻이다.　○甯喜之難作(영희지난작)―영희가 난(亂)을 일으키다. 영희는 위나라 대부.　○三擧(삼거)―무릎을 굽히어 세 번 배례하다.

346

인간의 심리 - 개춘론(開春論) · 개춘(開春)

한(韓)나라가 성을 새로 쌓을 때, 반 달 동안에 끝을 내게끔 했다. 단교(段喬)가 감독관이었는데, 어느 고을의 담당 구역이 예정보다 이틀이 늦어졌으므로 단교는 그 책임자를 잡아 감옥에 가두었다.

감옥에 갇힌 사람의 아들은 경비 사령관인 봉인(封人) 자고(子高)에게로 달려가서,

"장군만이 저의 아비를 살려 주실 수 있습니다. 아비를 살려 주시면 은혜를 잊지 않겠습니다."

하고 애원했다. 자고는,

"알았다."

하고, 단교를 찾아가서 그를 데리고 함께 성 위로 올라가더니, 이곳저곳을 바라보며,

"참으로 훌륭한 성입니다. 대감의 공로가 참으로 크군요. 틀림없이 큰 상을 받게 되실 겁니다. 오늘날까지 이런 큰 공을 세우면서, 한 사람도 벌받아 죽은 사람이 없다는 것은 아마 일찍이 없었던 일인 줄 압니다."

하며 추어올렸다. 봉인 자고가 돌아가자, 단교는 밤중에 사람을 보내어 감옥에 가두었던 사람을 풀어 놓아주게 했다.

原文 韓氏城新城 期十五日而成. 段喬爲司空 有一縣後二日 段喬執其吏而囚之. 囚者之子走 告封人子高曰, 唯先生能活臣父之. 死 願委之先生. 封人子高曰, 諾. 乃見段喬 自扶而上城 封人子高 左右望曰, 美哉城乎 一大功矣 子必有厚賞矣. 自古及今 功若此 其大也. 而能無有罪戮者 未嘗有也. 封人子高出 段喬使人 夜解 其吏之束縛也 而出之.

> **註解** ○韓氏(한씨)-전국시대의 한(韓)나라. ○城新城(성신성)-새로
> 이 성을 쌓다. 앞의 성을 새로 쌓는다는 뜻. ○封人子高(봉인자고)-자고
> (子高)는 현인(賢人), 봉인(封人)은 전대부(田大夫)로 벼슬이 봉강(封疆)
> 에 있었으므로 이렇게 부른 것이다.

여구(黎丘)의 기귀(奇鬼)-신행론(愼行論)·의사(疑似)

양(梁)나라 북쪽 여구(黎丘)라는 곳에, 괴상한 귀신이 있어서 사람
들의 아들과 형제로 변하는 일이 자주 있었다. 마을 노인이 장에 갔다
가 술에 취해 늦게 돌아오자 귀신이 노인의 아들로 변하여 그를 부축
하는 척하며 이리저리 길을 헤매게 만들었다. 노인은 집에 돌아와 술
에서 깨어나자, 아들을 불러놓고,
　"나는 애비로서 별로 심한 짓을 한 일도 없는데, 이 술 취한 애비를
　그렇게도 애를 먹이니 대관절 무슨 이유냐?"
하고 야단을 쳤다. 아들은 머리를 땅에 조아리고 울면서 변명했다.
　"그럴 리가 있습니까. 저는 어젯밤 다른 볼일로 동쪽 마을에 가있었
　습니다. 물어 보시면 아시게 될 것입니다."
아버지도 아들의 말을 믿고 속으로 별렀다.
　"그러고 보니 분명히 그놈의 귀신 장난이었구나. 나도 이야기는 듣
　고 있었다. 내일 다시 장에 가서 술을 마시고 오다가 이놈을 보기만
　하면 당장 칼로 찔러 죽여 버릴 테다."
이튿날 노인이 다시 술이 취해 돌아오는데, 아들은 아버지가 걱정이
되어 마중을 나갔다. 노인은 진짜 아들을 보는 순간 그것이 바로 어젯
밤 그 귀신인 줄 알고 칼로 찔러 죽이고 말았다.
선비를 가장한 사람에게 속은 것으로 인해 참다운 선비를 놓치는 것
은 이 여구 노인과 마찬가지 경우이다.

348

原文 梁北有黎丘部 有奇鬼焉 喜效人之子姪昆弟之狀. 邑丈人
有之市而醉歸者 黎丘之鬼效其子之狀 扶而道苦之. 丈人歸 酒醒
而誚其子曰, 吾爲汝父也. 豈謂不慈哉 我醉 汝道苦我 何故. 其子
泣而觸地曰, 孼矣 無此事也. 昔也往責於東邑人 可問也. 其父信
之曰, 譆. 是必夫奇鬼也 我固嘗聞之矣. 明日端復飮於市 欲遇而
刺殺之. 明旦之市而醉 其眞子恐其父之. 不能反也. 遂逝迎之 丈
人望其眞子 拔劍而刺之. 丈人智惑於似其子者 而殺其眞子. 夫惑
於似士者而失於眞士 此黎丘大人之智也.

註解 ○奇鬼(기귀)-요괴(夭怪)의 이름. ○誚(초)-꾸짖다. 책망하다.
○孼(얼)-잘못되다. 아니다. 억울하다. ○端(단)-일부러. ○反(반)-돌아
오다. ○逝(서)-왕(往)과 통한다. 즉 가다란 뜻.

상 받는 거짓말 - 귀직론(貴直論) · 옹색(壅塞)

제(齊)나라가 송(宋)나라를 쳤을 때, 송나라 왕은 사람을 보내어 제
나라 침입군의 동정을 살펴오게 했다. 첩자가 돌아와서,
  "제나라 침입군은 가까이까지 와있나이다. 백성들은 온통 정신을
  못차리고 있사옵니다."
하고 보고하자, 옆에 있던 간신들은 모두 왕에게,
  "이건 뜬소문에 불과하나이다. 송나라는 강하고 제나라는 약한데
  그럴 리가 있사옵니까."
하고, 첩자의 보고를 거짓으로 돌렸으므로 왕은 성이 나서 그 첩자를
죄도 없이 죽이고 말았다. 그리고는 다시 사람을 보내어 알아오게 했
더니 역시 똑같은 보고를 해 왔다. 왕은 또 죄없는 그를 죽였다. 이런
일이 세 번 있은 다음 네 번째로 사람을 보냈다. 제나라 군사는 더욱

가까이 와있었고 성안 백성들은 떨고만 있었다. 첩자가 돌아오던 길에
그의 형을 만났더니, 형이,

"당장 적군이 쳐들어오게 생겼는데 어디를 갔다 오는 길이냐?"

하고 물으므로 그는,

"전하의 명령으로 적군을 살피러 갔었는데, 이렇게 적이 가까이 와
있는 줄은 몰랐습니다. 그런데 걱정되는 것은 지금까지 정탐을 나
갔던 사람들로서 적이 가까이 쳐들어오고 있다고 말한 사람은 다
죽고 만 일입니다. 이번에도 사실대로 보고하면 죽게 될 것이며, 거
짓말 보고를 하더라도 역시 적군의 손에 죽게 될 것입니다. 대관절
어떻게 해야만 좋겠습니까?"

하고 걱정하자, 형은,

"사실대로 보고하면, 제나라 군사가 들어오기에 앞서 죽게 될 것이
아니냐."

하고 말했다.

그래서 이 첩자는 왕에게,

"제나라 침입군은 어디에 있는지 전연 알 길이 없었나이다. 성안 사
람들도 모두 조용하옵고요."

라고 보고했다. 왕은 몹시 기뻐했고, 옆에 있는 사람들도,

"지금까지 죽은 놈들은 모두 거짓말 보고를 했으니 그럴 수밖에 더
있겠나이까."

라며 좋아했다. 왕은 이 첩자에게 많은 상금을 주어 보냈다. 침입군이
밀어닥치자, 왕은 맨 먼저 도망을 쳤고, 이 첩자 역시 받아 둔 상금 덕
으로 무사히 이웃 나라로 피난가서 부자가 되었다.

原文 齊攻宋 宋王使人候 齊寇之所至. 使者還曰, 齊寇近矣 國
人恐矣. 左右皆謂宋王曰, 此所謂肉自生蟲者也. 以宋之强 齊兵之

350

弱 惡能如此. 宋王因怒 而詘殺之. 又使人往視齊寇 使者報如前
宋王又怒詘殺之. 如此者三 其後又使人往視 齊寇近矣. 國人恐矣
使者遇其兄曰, 國危甚矣 若將安適. 其弟曰, 爲王視齊寇 不意其
近 而國人恐如此也. 今又私患 鄉之先視齊寇者 皆以寇之近也.
報而死 今也報其情 死 不報其情 又恐死 將若何. 其兄曰, 如報
其情 有且先夫死者死 先夫亡者亡. 於是報於王曰, 殊不知齊寇之
所在 國人甚安. 王大喜. 左右皆曰, 鄉之死者宜矣. 王多賜之金
寇至 王自投車上馳而走 此人得以富於他國.

註解 ○齊攻宋(제공송)−제나라가 송나라를 공격하다. ○候(후)−엿보
다. 척후병. ○如此(여차)−가까이 이르다. ○詘殺(굴살)−죄없는 사람을
죽이다. ○安適(안적)−어디로 갈 것인가? 여기서 안(安)은 하(何)와 통
하고, 적(適)은 행(行)과 통한다. ○鄉(향)−지난번. 향(嚮)과 통한다. ○
死(사)−사실대로 보고하면 왕의 노여움을 사서 죽게 된다는 뜻. ○又恐
死(우공사)−공(恐)은 '아마도'란 뜻. 즉 '또 아마도 죽게 될 것이다'란 의
미이다. ○先夫亡者亡(선부망자망)−제나라 군대가 쳐들어오는 경우 왕이
멸망할 것인데, 사실대로 보고했다가는 왕이 죽일 것인즉, 멸망당할 왕보
다 먼저 죽는다는 뜻이다. ○金(금)−여기서는 금품(金品)이란 의미이다.

바보가 따로 없다 − 귀직론(貴直論) · 옹색(壅塞)

제선왕(齊宣王)은 활을 좋아해서 사람들이 자기더러 억센 활을 쏘
는 분이라고 추켜 주면 기뻐했다. 그가 보통 쓰고 있는 것은 고작 석
섬 무게의 활이었는데, 그것을 근신들에게 보이면, 근신들은 모두 시험
삼아 당겨 보다가 반쯤 정도에서 그치고 나서,
"이건 아홉 섬은 충분히 되겠나이다. 대왕이시니까 이런 활을 쓰실
수 있사옵니다."

하고 말했다.

　선왕은 사실 고작 석 섬 무게의 활을 쓰고 있었는데, 자신은 죽을 때까지 아홉 섬 활을 쓰고 있는 줄로 알고 있었다. 얼마나 딱한 노릇인가.

　原文　齊宣王好射　說人之.　謂己能用彊弓也　其嘗所用不過三石　以示左右　左右皆試引之中關而止　皆曰,　此不下九石　非王其孰能用是.　宣王之情　所用不過三石　而終身自以爲用九石.　豈不悲哉.

　註解　○能用彊弓(능용강궁)－강궁(彊弓), 즉 강궁(强弓)을 능히 잘 다루다. 다시 말해서 힘이 세다는 뜻이다. ○中關而止(중관이지)－활시위를 중간쯤 당기다가 말다. ○宣王之情(선왕지정)－선왕이 활을 다룰 수 있는 실제의 능력.

논공(論功)의 비결－불구론(不苟論)·불구(不苟)

　진문공(晋文公)이 위(衛)나라 업(鄴) 땅을 치려 했을 때, 조쇠(趙衰)가 계책을 말하고, 문공은 그 계책을 써서 승리를 거두었다. 돌아와 논공행상을 하려 하자 조쇠가 말했다.

　"전하께선 상을 주시는 데 있어 근본을 위주로 하시나이까, 말단을 위주로 하시나이까. 말단을 위주로 하신다면 실전에 참가한 장병들이 있고, 근본에 대해 하신다면 신이 드린 계책은 실상 극자호(郤子虎)에게서 들은 것이옵니다."

　그래서 문공은 극자호를 불러내어,

　"조쇠가 업 땅을 쳐서 이기게 하는 계책을 말해 주었으므로 그에게 상을 내리려 했더니, 그가 말하기를 실은 극자호로부터 들은 것이라고 하지 않겠는가."

352

하고 말을 건넸다. 극자호는,

　"말하기는 쉽고, 그것을 실행하기는 어려운 것이옵니다. 소신은 다만 말을 했을 뿐이옵니다."

하고 대답했다.

　그러나 문공은,

　"사양할 일은 아니야."

하고 그에게 상을 주었다. 그도 더는 사양않고 상을 받았다.

　原文　晋文公將伐鄴 趙衰言所以勝鄴之術 文公用之. 果勝 還將行賞. 衰曰, 君將賞其本乎. 賞其末乎. 賞其末則 騎乘者存 賞其本則 臣聞之郤子虎. 文公召郤子虎曰, 衰言所以勝鄴 鄴旣勝 將賞之. 曰蓋聞之於子虎 請賞子虎. 子虎曰, 言之易 行之難 臣言之者也. 公曰, 子無辭. 郤子虎不敢固辭 乃受矣.

　註解　○鄴(업)－지명(地名). 오늘날의 하남성 임장현(臨漳縣) 서쪽에 위치했다. 춘추시대 제(齊)나라 고을로서, 환공(桓公)이 축성(築城)한 것인데 문공(文公)이 이 고을을 차지했고, 전국시대에는 조(趙)나라의 고을이 되었다. ○郤子虎(극자호)－진(晋)나라 대부.

종 도둑－불구론(不苟論)·자지(自知)

　진(晋)나라 범씨(范氏)가 망했을 때 그의 종을 훔친 자가 있었다. 등에 지고 가려고 했으나 너무 커서 질 수가 없었다. 망치로 부숴서 가지고 갈 생각으로 망치로 종을 두들기자, 꽝 하고 소리가 울렸다. 소리를 듣고 누가 와서 빼앗아 갈까 겁이 난 그는 얼른 손으로 자기 귀를 막았다.

남이 듣는 것을 싫어하는 것은 좋지만 제 자신이 듣는 것마저 싫어
한다는 것은 이치에 맞지 않는다. 임금된 사람이 자기의 잘못을 듣기
를 싫어하는 것도 이것과 같은 것이 아닐는지.

原文 范氏之亡也 百姓有得鍾者. 欲負而走 則鍾大不可負. 以
椎毀之 鍾況然有音. 恐人聞之而奪己也 遽揜其耳. 惡人聞之可也
惡己自聞之 悖矣. 爲人主而惡聞其過 非猶此也. 惡人聞其過 尙
猶可.

註解 ○范氏(범씨)－진(晋)나라에서 경(卿)의 벼슬을 지낸 범무자(范
武子)의 후예. 조간자(趙簡子)가 군대를 거느리고 가서 범길사(范吉射)를
추방했던 사실을 이르는 구절이다. 일설에는 지백(智伯)이 범씨를 토벌하
여 멸망시켰다고도 한다. ○揜其耳(엄기이)－귀를 막다. 즉 자기 스스로
자기 귀를 막았다는 뜻이다.

직언(直言)의 신하 － 불구론(不苟論)·자지(自知)

위문후(魏文侯)가 대신들과 술을 나누는 자리에서, 신하들로 하여
금 자신에 대한 평을 하도록 시켰다. 대개가 문후의 지혜로움을 칭
찬하고 있었는데 임좌(任座)의 차례가 되자, 그는 이렇게 바른말을
했다.

"전하께선 아직도 부족한 데가 있으시옵니다. 중산(中山)을 얻었을
때, 동생을 태수로 보내지 않으시고 태자를 보내셨나이다. 이것으로
전하의 부족하심을 알게 되었사옵니다."

문후는 불쾌한 생각을 감추지 못하고 그것이 완연히 얼굴에 나타나
보였으므로, 임좌는 급히 자리에서 일어나 나가 버렸다. 다음은 적황

(翟黃)의 차례였는데, 적황은,

  "전하께선 어진 임금이시옵니다. '임금이 어질면 그 신하는 곧은말
  을 할 수 있다'고 했나이다. 방금 임좌가 한 말은 곧은말이었사옵니
  다. 그래서 임금의 어지심을 알 수 있었나이다."

하고 말했다. 그러자 문후도 기뻐하며,

  "임좌를 도로 불러오도록 할까?"

하고 물었다. 적황은,

  "불러오셔야지요. '충신은 그 충성을 다하고 죽음을 피하지 않는다'
  했나이다. 임좌는 아마 아직도 문간에서 기다리고 있을 것이옵니다."

하고 밖으로 나갔다. 임좌는 과연 문간에 서있었다. 임금의 명령이라
하여 그를 데리고 들어오자, 문후는 계단 아래까지 나와 맞으며 그를
윗자리에 앉혔다.

原文 魏文侯燕飮 皆令諸大夫論己. 或言君之智也 至於任座 任
座曰, 君不肖君也. 得中山不以封君之弟 而以封君之子. 是以知君
之不肖也. 文侯不說 知於顔色. 任座趨而出. 次及翟黃 翟黃曰,
君賢君也. 臣聞其主賢者 其臣之言直. 今者任座之言直 是以知君
之賢也. 文侯喜曰, 可反歟. 翟黃對曰, 奚爲不可 臣聞忠臣畢其忠
而不敢遠其死. 座殆尙在於門. 翟黃往視之 任座在於門 以君令召
之. 任座入 文侯下階而迎之 終座以爲上客.

註解 ○燕飮(연음) - 연회를 베풀고 술을 마시다. 연(燕)은 연(宴)과 통
한다. ○論(논) - 논평(論評)하다. ○知(지) - 여기서는 현(見)과 통한다.
즉, 나타나다. ○可反歟(가반여) - 돌아올 것인가? 즉 임좌(任座)가 좌석
으로 돌아올 것인지를 묻는 말이다. ○畢(필) - 진(盡)과 통한다. 즉 다하
다. ○殆(태) - 필(必)과 통한다. 즉 반드시. 꼭.

죽은 사람을 살리는 약 — 사순론(似順論)·별류(別類)

노(魯)나라에 공손작(公孫綽)이란 사람이 있었는데, 그가 사람들을 보고,

"나는 죽은 사람을 살릴 수 있다."

고 하는지라, 사람들이 그 까닭을 물었더니 그의 대답이,

"나는 반신불수가 된 사람을 고친 일이 있다. 그러므로 그 반신불수를 낫게 한 약을 배로 쓰게 되면 죽은 사람이 살아날 것이 아닌가."

하는 것이었다.

일에는 작은 것은 바로잡아도 큰 것은 바로잡지 못하고, 반은 바로잡아도 전부는 바로잡지 못하는 것이 있는 법이다.

原文 魯人有公孫綽者 告人曰, 我能起死人 人問其故. 對曰, 我固能治偏枯 今吾倍所 以爲偏枯之藥 則可以起死人矣. 物固有可以爲小 不可以爲大 可以爲半 不可以爲全者也.

註解 ○偏枯(편고) — 반신불수. ○不可以爲全者(불가이위전자) — 반(半)을 잘하는 자가 반드시 잘할 수 없다.

오늘이 뭐가 추운가 — 사순론(似順論)·분직(分職)

위령공(衛靈公)이 추운 겨울날에 못을 파도록 시켰다.

완춘(宛春)이 이를 말리며,

"추운 날에 일을 시작하면 백성들이 동상을 입을까 염려되옵니다."

하고 말하자, 영공이,

"오늘이 뭐가 추운고?"

하고 반문했다. 그래서 완춘이,

"전하께선 여우의 털가죽을 두르시고, 곰의 털가죽 위에 앉아 계시며, 방의 네 귀에는 난로가 놓여져 있으므로 추울 리가 없으시옵니다. 하오나 백성들은 떨어진 옷을 깁지도 못한 채 입고 있고, 떨어진 신을 바닥도 대지 못한 채 신고 있나이다. 전하께선 춥지 않으셔도 백성들은 추워하나이다."

하고 설명하자, 영공도,

"그렇겠구나."

하고 일을 중지시켰다.

그러자 옆에 있는 근시들이,

"전하께선 못을 파라고 시키시면서 춥다는 것을 모르고 계셨는데 완춘이 이를 알았나이다. 완춘의 말에 의해 일을 중지시키게 되면 모두 완춘을 고마워하고 전하를 미워하게 되옵니다."

하고 말했다.

그러나 영공은,

"그럴 리 없소. 완춘은 노나라의 한 평민이던 것을 내가 등용한 사람이야. 백성들은 여지껏 그의 좋은 점을 모르고 있었으므로 이번 기회에 그것을 알도록 해 주는 것이오. 그리고 완춘에게 좋은 점이 있으면 그것은 곧 과인에게 있는 것과 마찬가지가 아니겠소."

하고 완춘을 두둔했다.

原文 衛靈公天寒鑿池. 宛春諫曰, 天寒起役 恐傷民. 公曰, 天寒乎. 宛春曰, 公衣狐裘 坐熊席 陬隅有竈 是以不寒. 今民衣弊不補 履決不組 君則不寒矣 民則寒矣. 公曰, 善. 令罷役. 左右以諫曰, 君鑿池不知 天之寒也. 而春也知之 以春之知之也. 而令罷之 福將歸於春也. 而怨將歸於君. 公曰, 不然. 夫春也魯國之匹夫也. 而

我擧之 夫民未有見焉. 今將令民以此見之 曰春也有善於寡人有
也. 春之善非寡人之善歟 靈公之論宛春.

註解 ○民未有見(민미유견) - 백성은 그의 좋은 점을 알지 못한다. 즉
백성은 아직 그의 착한 덕을 보지 못하고 있다.

공자 편(孔子篇)

《논어(論語)》──490장으로 이루어졌다. 《한서예문지(漢書藝文志)》에 의하면 공자가 그의 제자들 및 당대의 인물, 혹은 제자들끼리의 대화에 응답한 언행록으로서, 공자 사후에 그 문인들이 서로 논의하여 편집했기에 《논어》라 명명되었다 한다. 그 편집 연대는 대략 주말(周末 : 기원전 247년경)이나 진대(秦代)로 여겨진다.

《가어(家語)》──《공자가어(孔子家語)》의 약어(略語). 10권으로 이루어졌다. 편자(編者) 미상. 내용은 《좌전(左傳)》《맹자(孟子)》《예기(禮記)》《여씨춘추(呂氏春秋)》《설원(說苑)》《한비자(韓非子)》에서 공자에 관한 부분을 채록한 것이다.

남에게 주는 법—논어(論語)·옹야(雍也)

공자가 그의 제자 자화(子華)를 사적인 볼일로 제(齊)나라에 보내게 되었다. 같은 제자인 염자(冉子)가 자화의 어머니에게 식량을 주자고 하자 공자는 한 부(釜)를 주라고 했다.

"너무 적지 않을까요"

"그럼, 한 유(庾)를 주어라."

그러나 염자는 그래도 적은 것만 같아 쌀 다섯 병(秉)을 주었다. 공자는 염자를 이렇게 꾸짖었다.

"자화는 제나라로 갈 때 살찐 말을 타고 좋은 가죽옷을 입었다. 나는 군자(君子)는 급한 사람을 보살피고 잘사는 사람을 보태주지 않는다고 들었다."

한편 공자는 노(魯)나라에 있을 때 공자의 일을 보게 된 제자 원사(原思)에게는 쌀 9백 석을 주었다.

원사가 이를 사양하고 받지 않자, 공자는 이렇게 말했다.

"사양할 것 없다. 남는 것은 너의 이웃과 고을 사람들에게 주어라."

原文 子華使於齊 冉子爲其母請粟. 子曰, 與之釜. 請益. 曰, 與之庾. 冉子與之粟五秉. 子曰, 赤之適齊也 乘肥馬 衣輕裘. 吾聞之也 君子周急 不繼富. 原思爲之宰 與之粟九百. 辭. 子曰, 毋 以與爾鄰里鄕黨乎.

註解 ○子華(자화)—공자의 제자. 공자보다 42세 연하였으며 성은 공서(公西), 이름은 적(赤), 자가 자화(子華)인데 예법에 통했다. ○冉子(염자)—염구(冉求). 역시 공자의 제자로서 성은 염, 이름은 유(有), 자는 자유(子有)이다. ○粟(속)—곡식. ○釜(부)—6두(斗) 4승(升). ○庾(유)—16

두(斗). ○秉(병)─16곡(斛). ○不繼富(불계부)─부(富)한데 또 보태주지
아니하다. ○原思(원사)─공자의 제자. 성은 원, 이름은 헌(憲), 자는 자사
(子思)이며 노(魯)나라 사람으로 공자가 노나라 사구(司寇)를 지낼 때 재
(宰)로 있었다.

자공(子貢)의 간접 질문─논어(論語)·술이(述而)

[위(衛)나라에서 부자간에 싸움이 벌어지고 있었다. 위령공(衛靈公)
의 태자 괴외(蒯聵)는 아버지 영공의 미움을 받아 국외(國外)로 추방
당했으므로, 영공이 죽게 되자 괴외의 아들 첩(輒)이 영공의 뒤를 이
어 임금이 되었다. 그런데 진(晋)나라로 망명해 갔던 괴외는 자기 아
버지가 죽고 아들이 임금에 오른 것을 알자, 진나라의 후원을 얻어 위
나라로 임금 자리를 차지하기 위해 쳐들어 왔다.

위나라에서도 이에 대항하여 싸우게 되었는데, 이때 공자는 제자들
과 함께 위나라에 있었다.]

공자의 태도가 궁금했던 제자들 중 염유(冉有)가 자공에게 물었다.

"선생님은 지금 위나라 임금을 도와서 일을 하실까요?"

그러자 자공은,

"글쎄, 내가 가서 물어 보지."

하고 공자에게 갔다. 그러나 엉뚱하게도 딴 질문을 했다.

"백이(伯夷) 숙제(叔齊)는 어떤 사람입니까?"

"옛날에 어진 사람이었다."

"그들은 서로 원망했었습니까?"

"어진 일을 찾아 어진 일을 했을 뿐인데 또 무엇을 원망했겠는가?"

자공은 나와서 말하기를,

"우리 선생님은 누구도 위하지 않으신다."

[백이와 숙제는 형제끼리도 나라를 사양해서 초야에 숨었는데, 괴외와 첩은 부자끼리 나라를 놓고 다투고 있으니 말할 것도 없다는 뜻이다.]

原文 冉有曰, 夫子爲衛君乎. 子貢曰, 諾 吾將問之. 入曰, 伯夷 叔齊何人也. 曰, 古之賢人也. 曰, 怨乎. 曰, 求仁而得仁. 又何怨. 出曰, 夫子不爲也.

註解 ○爲衛君(위위군)−위(衛)나라 군주를 도와서 일을 하다. ○諾 (낙)−좋다는 뜻.

마음이 중하다 − 논어(論語)·술이(述而)

불량배들만이 모여 사는 호향(互鄕)이란 곳이 있었다. 세상 사람들 은 호향 사람이라면 상대를 하지 않았다.

그런데 하루는 그 호향의 아이 하나가 공자를 만나고 싶다며 찾아왔 다. 공자는 조금도 싫어하는 기색없이 그 아이를 들어오게 했다.

제자들은 공자의 처사에 의혹을 품고 못마땅해 하는 눈치였다.

공자는 제자들을 보고 이렇게 타일렀다.

"사람이 자기 마음을 깨끗이 하고 찾아오면, 그 깨끗함을 받아들이 면 됐지 그의 과거의 일까지 따질 거야 없지 않느냐. 또한 그가 나 아왔을 때만을 관여할 뿐, 그가 물러가서 하는 일까지 생각할 거야 없지 않느냐. 그러니 유독 심하게 굴 이유도 없지 않겠느냐."

原文 互鄕難與言. 童子見 門人惑. 子曰, 與其進也. 不與其退 也. 唯何甚. 人潔己以進 與其潔也 不保其往也.

註解 ○互鄕(호향)−마을의 이름. ○唯何甚(유하심)−덮어놓고 심하게

할 게 무엇이냐란 뜻.

자로(子路)와 염유(冉有) — 논어(論語)·선진(先進)

자로(子路)가 공자에게 물었다.

"들으면 곧 행(行)하여야 합니까?"

"부형(父兄)이 계신데 어떻게 듣는 대로 행할 수 있겠느냐?"

염유(冉有)가 또 공자에게 물었다.

"들으면 곧 행해야 합니까?"

"들으면 곧 행해야 한다."

똑같은 질문에 공자의 대답이 다른 것을 본 공서화(公西華)가 물었다.

"자로가, '들으면 곧 행해야 합니까'하고 물었을 때는, 선생님께서 '부형이 있다'고 하시고, 염유가 물었을 때는 '곧 행하라'고 하시니 그 까닭을 듣고 싶습니다."

"염유는 소극적이기 때문에 전진하게 하기 위한 것이고, 자로는 남보다 배나 용감하게 전진하기 때문에 누른 것이다."

原文　子路問. 聞斯行諸. 子曰, 有父兄在 如之何其聞斯行之. 冉有問. 聞斯行諸. 子曰, 聞斯行之. 公西華曰, 由也問 聞斯行諸. 子曰, 有父兄在 求也問 聞斯行諸. 子曰, 聞斯行之. 赤也惑敢問. 子曰, 求也退 故進之 由也兼人 故退之.

註解　○聞斯行諸(문사행제) — 사(斯)는 즉(則)과 통한다. 즉 들으면 바로 그것을 행한다는 뜻. ○公西華(공서화) — 공자의 제자. 성은 공서, 이름은 적(赤)이고 자가 자화(子華)이다. ○求也退(구야퇴) — 염구(冉求)는 지

나치게 겸손하다. 즉 소극적이다. ○由也兼人(유야겸인) - 자로(子路)는
남의 몫까지 한다. 즉 지나치게 행동적이다.

은자(隱者)의 노래 - 논어(論語) · 미자(微子)

초(楚)나라의 미치광이 접여(接輿)가 공자의 수레 앞으로 노래를
부르며 지나갔다.

봉(鳳)이여 봉이여,
어찌 덕이 쇠했는가.
지나간 일은 탓할 것이 없지만
오는 일은 오히려 말릴 수 있다.
그만둘지어다, 그만둘지어다.
오늘의 정치인은 위태로울 뿐.

공자는 수레에서 내려 그와 같이 이야기를 나누려 했다. 그러나 그
가 피해 달아나는 바람에 함께 이야기할 수가 없었다.

原文 楚狂接輿 歌而過孔子. 曰, 鳳兮 鳳兮 何德之衰. 往者 不
可諫 來者 猶可追 已而已而. 今之從政者殆而. 孔子下 欲與之言.
趨而辟之 不得與之言.

註解 ○楚狂接輿(초광접여) - 초나라 사람으로서, 미친 척하고 천하의
무도(無道)함을 한탄하며 은거한 사람. 성은 육(陸), 이름은 통(通), 자가
접여이다. ○鳳(봉) - 영조(靈鳥)로서 천하에 도(道)가 있으면 나타난다.
여기서는 공자에 비유하고 있다. ○已而(이이) - 이(已)는 지(止)와 통한
다. 즉 그만두어라. 또는 더할 도리가 없다는 뜻이다.

366

구세충정(救世衷情) — 논어(論語)·미자(微子)

장저(長沮)와 걸익(桀溺)이란 두 은사가 함께 밭을 갈고 있었다.

공자가 그 앞을 지나다가 짐짓 자로(子路)를 시켜 나루가 어디냐고 물어 오게 했다.

장저는 나루터를 일러주지 않은 채,

"저기 말고삐를 잡고 앉은 사람은 누군가?"

하고 물었다.

"공구(孔丘)올시다."

"그가 노(魯)나라의 공구인가?"

"그렇습니다."

"그 사람은 나루를 알 거야."

자로는 걸익에게 다시 물었다.

걸익 역시 대답은 않고,

"자네는 누군가?"

하고 물었다.

"중유(仲由)라고 합니다."

"그럼, 노나라 공구의 제자인가?"

"그렇습니다."

"온 천하가 지금 홍수처럼 휩쓸려 내려가고 있는데 누가 이것을 막을 수 있겠는가? 그리고 좋지 못한 사람을 피해 이리저리로 돌아다니는 공구와 같은 사람을 따라다니느니, 못된 세상을 피해 숨어 사는 사람을 따르는 것이 좋지 않겠는가?"

하고, 뿌린 씨앗을 긁어 덮고 있었다.

자로는 돌아가 공자에게 그들이 한 말을 전했다.

공자는 허전해 못견디는 무연(憮然)한 태도로 말했다.

"새와 짐승을 벗하고 살 수는 없지 않은가. 이 세상 사람과 함께 살지 않고 내가 누구와 함께 살 것인고. 천하에 도(道)가 있다면, 내가 굳이 나와 이러고 다닐 것조차 없지 않겠는가."

原文 長沮·桀溺 耦而耕. 孔子過之 使子路問津焉. 長沮曰, 夫執輿者爲誰. 子路曰, 爲孔丘. 曰, 是 魯孔丘與. 曰, 是也. 曰, 是知津矣. 問於桀溺 桀溺曰, 子爲誰. 曰, 爲仲由. 曰, 是 魯孔丘之徒與. 對曰, 然. 曰, 滔滔者天下皆是也. 而誰以易之. 且而與其從辟人之士也 豈若從辟世之士哉. 耰而不輟. 子路行以告. 夫子憮然曰, 鳥獸 不可與同羣 吾非斯人之徒與 而誰與. 天下有道 丘不與易也.

註解 ○長沮(장저)·桀溺(걸익)-두 사람 모두 은자(隱者)이다. ○問津(문진)-나루터를 묻다. ○執輿(집여)-고삐를 잡다. ○誰以易之(수이역지)-역(易)은 변역(變易). 즉 누가 천하를 변역할 것인가? ○且而(차이)-이(而)는 여(汝)와 통한다. 즉 또한 당신도란 의미이다. ○辟人之士(피인지사)-피(辟)는 피(避)와 통한다. 즉 포학무도한 군주를 피하는 선비. 여기서는 공자를 가리킨다. ○耰(우)-써레질을 하다.

교우법(交友法) ─ 논어(論語)·자장(子張)

자하(子夏)의 제자 한 사람이 자장(子張)에게 친구 사귀는 방법을 물었다. 자장은,
"자하는 뭐라고 하던가?"
하고 반문했다.
"자하의 말씀인즉 사귀어도 좋을 사람은 같이 사귀고, 사귀어서 좋지 못할 사람은 아예 거절하라고 했습니다."
"그건 내가 들은 바와는 다르다. 군자는 어진 사람을 존경하고 뭇사

람을 포용하며, 착한 사람을 가상히 여기고 무능한 사람을 불쌍히 여기는 법이다. 내가 아주 어질다면 남을 용납하지 못할 것이 뭐 있으며, 내가 어질지 못하다면 남이 나를 거절할 텐데 어떻게 남을 거절한단 말인가?"

原文　子夏之門人 問交於子張. 子張曰, 子夏云何. 對曰, 子夏曰, 可者與之 其不可者拒之. 子張曰, 異乎吾所聞. 君子 尊賢而容衆 嘉善而矜不能 我之大賢與 於人何所不容. 我之不賢與 人將拒我 如之何其拒人也.

註解　○可者與之(가자여지)－좋은 사람을 사귀다. ○嘉善(가선)－우수하고 능력있는 사람을 칭찬해 받들다.

범인(凡人)이 보는 성인 － 논어(論語) · 자장(子張)

노(魯)나라의 대부(大夫) 숙손무숙(叔孫武叔)이 조회(朝會) 마당에서 다른 대부들과 이야기를 하며,
"자공이 공자보다 더 뛰어납니다."
라고 평했다.
자복경백(子服景伯)이 이 이야기를 자공(子貢)에게 일렀다. 그러자 자공은 이렇게 말했다.
"집과 담을 놓고 비교한다면, 나의 담은 어깨까지 닿기 때문에 지나가는 사람은 누구나가 집안의 좋은 것들을 다 들여다볼 수가 있소 그러나 공자님의 담은 몇 길이나 되기 때문에 대문을 지나서 들어간 사람이 아니면, 그 안에 있는 종묘(宗廟)의 아름다움과 백관(百官)의 풍성한 모습을 볼 수 없소이다. 그 대문으로 들어가 본 사람

은 적을 수도 있으니 숙손 대감이 하신 말씀 또한 당연하외다."

原文   叔孫武叔語大夫於朝曰, 子貢賢於仲尼. 子服景伯以告子
貢. 子貢曰, 譬之宮牆 賜之牆也及肩. 窺見室家之好. 夫子之牆數
仞 不得其門而入 不見宗廟之美 百官之富. 得其門者或寡矣 夫子
之云 不亦宜乎.

註解   ○叔孫武叔(숙손무숙)-노(魯)나라의 대부(大夫). 이름은 주구
(洲仇). 무(武)는 시호이고 숙(叔)은 자(字)이다. ○子服景伯(자복경백)-
노나라의 대부. 이름은 하(何)이다. ○賜之牆(사지장)-사(賜)는 자공(子
貢). 즉 '나 자공의 담장은……'이란 뜻이다. ○及肩(급견)-어깨의 높이.
○不得其門而入(부득기문이입)-순서를 밟아서 옳은 경로인 '문으로 들
어가지 않으면……'이란 뜻이다.

죄는 백성에게 있지 않다 ─ 가어(家語)·시주(始誅)

공자가 노(魯)나라 대사구(大司寇)로 있을 때 어버이가 자식을 고
소한 사건이 있었다.

공자는 아버지의 고소에 따라 그 아들을 옥에 가둔 채 석 달이 지나
도록 사실 심문을 하지 않았다. 그러자 고소를 했던 아버지가 아들의
죄를 용서해 줄 것을 청해 왔다.

공자는 아들을 옥에서 풀어 주었다.

당시 실권자(實權者)인 계손(季孫)이 이 소식을 듣고 못마땅한 듯
이 말했다.

"공자가 나를 속이는구나. 앞서 나에게 말하기는 '나라는 반드시 효
도로 먼저 한다'고 했다. 지금 내가 한 불효자를 죽임으로써 백성들
에게 효도를 가르치게 된다면 또한 좋은 일이 아니겠는가. 어째서

370

용서를 한단 말이냐?"

계손의 심복이요 공자의 제자인 염유(冉有)가 공자에게 이 말을 전했다.

공자는 유연히 탄식을 하고 말했다.

"윗사람이 윗사람의 도리(道理)를 잃고 그 아랫사람을 죽이는 것은 이치(理致)에 맞지 않는 일이다. 효도를 가르친 일이 없이 죄를 다스린다는 것은 곧 죄없는 사람을 죽이는 것이야. 삼군(三軍)이 싸워 크게 패(敗)했을 때 그들을 다 죽일 수는 없는 일이다. 법(法)이 제대로 행해지지 않는데 죄인을 전부 법에 의해 다스릴 수는 없는 일이야. 무엇 때문일까. 위에서 제대로 가르치지 못했을 뿐이지 백성에게 죄가 있는 것은 아니기 때문이다. 대개 명령을 철저히 전달하지 않고 위반한 사람만을 애써 처벌하는 것을 적(賊)이라고 한다. 계절도 가리지 않고 세금을 마구 거둬들이는 것을 폭(暴)이라 하고, 그 사람의 능력도 시험해 보지 않고 좋은 결과만을 책임 지우는 것을 학(虐)이라고 한다. 정치에 이 세 가지가 없어진 다음에야 죄를 다스릴 수 있는 것이다."

原文 孔子 爲魯大司寇 有父子訟者. 夫子 同狴執之 三月 不別. 其父 請止. 夫子 赦之焉, 季孫 聞之. 不悅曰, 司寇 欺余 曩 告余. 曰, 國家 必先以孝 余今戮一不孝 以敎民孝 不亦可乎. 而又赦何哉. 冉有 以告孔子. 子 喟然歎曰, 嗚呼 上失其道 而殺其下非理也. 不敎以孝 而聽其獄 是殺不辜 三軍大敗 不可斬也. 獄犴不治 不可刑也 何者. 上敎之不行 罪不在民故也. 夫慢令 謹誅 賊也, 徵斂無時 暴也, 不試責成 虐也. 政無此三者 然後 刑可卽也.

註解 ○司寇(사구)-사법장관(司法長官). 대사구(大司寇)라고도 한다.

○冉有(염유)-공자의 제자. 염구(冉求).

버리려던 생선 - 가어(家語) · 치사(致思)

공자가 초(楚)나라로 가는데, 고기잡이가 가물치를 공자에게 바쳤다. 공자는 사양하고 받지 않았다.

그러자 고기잡이가 말하는 것이었다.

"날씨는 덥고 시장은 멀어서 팔 수가 없습니다. 그래서 밭에 거름이나 할까 하다가 군자(君子)에게 바치는 게 좋겠다고 생각해 드리는 것입니다."

그러자 공자는 두 번 절하고 이를 받은 다음, 제자들에게 땅을 깨끗이 쓸고 제사를 지내도록 했다.

제자들이 물었다.

"그가 버리려다 준 물건인데 선생님께서 제사를 지내시려는 것은 무슨 이유에서입니까?"

"내가 듣건대 삶아 먹기를 아까워하면서도 남 주기를 좋아하는 사람은 어진 사람이라고 하더라. 어진 사람이 준 것을 어찌 제사지내지 않을 수 있겠느냐."

原文 孔子之楚 而有漁者. 而獻鮫焉. 孔子不受漁者曰, 天暑市遠 無所鬻也. 思慮棄之糞壤 不如獻之君子 故敢以進焉. 於是夫子再拜受之使弟子掃地將以享祭. 門人曰, 彼將棄之 而夫子以祭之 何也. 孔子曰, 吾聞諸惜其腐餧 而欲以務施者 仁人之偶也. 惡有受仁人之饋 而無祭者乎.

註解 ○鮫(문)-가물치. ○鬻(육)-팔다. 매도하다.

월자(刖者)의 변(辯) - 가어(家語) · 치사(致思)

계고(季羔)는 위(衛)나라 옥관(獄官)으로 있으면서 죄인의 발을 자른 일이 있었다.

그리고 얼마 후 위나라에서 괴외(蒯瞶)의 난(亂)이 일어났다. 계고는 난을 피해 곽문(郭門)으로 달아났다. 그 곽문에는 바로 그가 얼마 전 발을 잘랐던 사람이 문지기가 되어 문을 지키고 있었다.

문은 열 수 없게 되어 있었다.

문지기는 계고에게 일러주었다.

"저기 성(城)이 무너진 데가 있습니다."

그러나 계고는,

"군자가 담을 넘어 도망칠 수 있겠는가?"

하고 넘어가기를 꺼렸다.

"저기, 빠져나갈 수 있는 구멍이 있습니다."

"군자가 어떻게 개구멍으로 빠져나갈 수 있겠는가?"

"그럼, 저기 방이 있으니 저리로 피하십시오."

계고는 문지기가 일러주는 방으로 들어갔다.

이윽고 추격해 오던 사람들이 다 흩어진 다음 방에서 나와 돌아가게 된 계고는 문지기에게,

"내가 임금의 법을 어길 수 없어 손수 그대의 발을 자르지 않았던가. 지금 내가 궁지에 빠져 있으니 지금이야말로 그대는 원수를 갚을 수 있는 때가 아닌가. 그런데 나에게 세 번이나 도망갈 길을 일러준 것은 무엇 때문인가?"

문지기는 대답했다.

"발을 잘린 것은 내 죄가 거기에 해당하니 어쩌는 수가 없지 않습니까. 앞서 나리께서 저를 법으로 다스릴 때 다른 사람을 먼저 다스

리고 나를 제일 나중에 다스린 것은 혹시나 내가 용서라도 받을까 해서가 아닙니까. 재판이 끝나고 죄가 결정되어 형을 선고할 때, 나리께서는 몹시 우울한 심정이었음을 저는 나리의 얼굴을 보고 알았습니다. 나리께서 어떻게 제게 사정(私情)을 쓸 수 있었겠습니까? 하늘이 낳으신 군자는 마땅히 그래야 할 것이 아닙니까. 그래서 저는 나리를 좋아했던 겁니다."

공자는 이 이야기를 듣고 이렇게 평했다.

"훌륭한 일이다. 관리가 되어 법을 집행하는 것은 매한가지지만 어진 마음과 용서하는 마음을 가지면 덕(德)을 심게 되고, 엄격과 강포(强暴)를 더하게 되면 원한을 심게 된다. 공정한 마음으로 행한 것은 바로 계고라 하겠다."

原文 季羔 爲衛之士師 刖人之足. 俄而衛有蒯瞶之亂. 季羔逃之走郭門 刖者守門焉. 謂季羔曰, 彼有缺. 季羔曰, 君子不踰. 又曰, 彼有竇. 季羔曰, 君子不隧. 又曰, 於此有室 季羔乃入焉. 旣而追者罷 季羔將去 謂刖者 吾不能虧主之法而親刖子之足矣. 今吾在難 此正子之報怨之時 而逃我者三 何故哉. 刖者曰, 斷足固我之罪 無可奈何 曩者君治臣以法令 先人後臣 欲臣之免也. 臣知獄決罪定 臨當論刑 君愀然不樂 見君顔色 臣又知之. 君豈私臣哉. 天生君子 其道固然 此臣之所以悅君也. 孔子聞之曰, 善哉. 爲吏 其用法一也 思仁恕怒則樹德 加嚴暴則樹怨. 公以行之其子羔乎.

註解 ○季羔(계고) - 공자의 제자. 본명은 고시(高柴). ○士師(사사) - 옥관(獄官). 교도관. ○蒯瞶之亂(괴외지란) - 괴외는 위(衛)나라 영공(靈公)의 태자(太子). 그는 나라에 죄를 짓고 진(晉)나라로 도망쳤는데, 영공

이 죽자 아들 첩(輒)을 세워 군주로 삼았던바, 괴외가 진나라로부터 위나라를 습격했다. 이때 자로(子路)와 계고는 위나라에서 벼슬살이를 하다가 이 난을 당하게 된 것이다.

자욕양(子欲養) 친부대(親不待) - 가어(家語) · 치사(致思)

공자가 제(齊)나라로 가던 도중에 몹시 슬프게 우는 울음소리가 들려왔다.

공자는 마부에게 말하기를,

"이 울음이 슬프기는 슬프나 초상당한 사람의 울음은 아니다."

하고 말을 몰아 앞으로 나갔다.

조금 가노라니, 웬 이상한 사람이 낫을 들고 새끼로 띠를 매고 울고 있는데 그 소리가 슬프지는 않았다.

공자는 수레에서 내린 다음 쫓아가서 물었다.

"당신은 누구요?"

"나는 구오자(丘吾子)라는 사람이오."

"당신은 지금 초상당한 것도 아닌데 어째서 슬피 우시오?"

구오자는 말했다.

"나는 세 가지를 잃고 늦게야 스스로 깨달았으니 뉘우친들 무슨 소용이 있겠소?"

"세 가지 잃은 것이 무엇인지 숨김없이 내게 말해 줄 수 없겠소?"

"나는 젊었을 때 배우기를 좋아해서 천하를 두루 돌아다니다가 늦게 돌아와 부모를 잃었으니 이것이 첫째 잃음이요, 커서 제(齊)나라 임금을 섬겼으나 임금이 교만하고 사치해서 선비들을 다 잃게 되어 신하로서의 도리를 다하지 못했으니 이것이 두 번째 잃음이요, 나는 평생 남과 사귀기를 좋아했으나 지금은 다 내게서 떠나 버렸으

니 이것이 세 번째 잃은 것이오. 나무는 가만히 있고 싶지만 바람이
그치지를 않고 자식은 부모를 봉양하고 싶지만 부모가 기다려 주질
않는 법이오. 오지 않는 것은 세월이요, 두 번 다시 볼 수 없는 것
이 부모요. 그럼, 이만 가보겠소."
하고 마침내 물로 뛰어들어 죽었다.

공자는 제자들을 돌아보며,

"너희들 잘 기억해 두어라. 이것은 충분히 교훈(敎訓)이 됨직하다."
하고 타일렀다.

그래서 제자들 중 공자를 하직하고 돌아가 부모를 봉양하게 된 사람
이 13명이나 되었다.

原文 孔子適齊 中路聞哭者之聲 其音甚哀. 孔子謂其僕曰, 此
哭哀則哀矣 然非喪者之哀矣. 驅而前 少進 見有異人焉. 擁鎌帶
素哭者不哀 孔子下車. 追而問曰, 子何人也. 對曰, 吾丘吾子也.
曰, 子今非喪之所 奚哭之悲也. 丘吾子曰, 吾有三失 晩而自覺 悔
之何及. 曰, 三失可得聞乎 願子告吾 無隱也. 丘吾子曰, 吾少時
好學 周遍天下 後還喪吾親 是一失也. 長事齊君 君驕奢失士 臣
節不遂 是二失也. 吾平生厚交 而今皆離絶 是三失也. 夫樹欲靜
而風不停 子欲養而親不待. 往而不來者年也 不可再見者親也. 請
從此辭 遂投水而死. 孔子曰, 小子識之 斯足爲戒矣. 自是弟子辭
歸養親者十有三.

註解 ㅇ鎌(겸)-낫. ㅇ樹欲靜而風不停(수욕정이풍부정) 子欲養而親不
待(자욕양이친부대)-'나무는 가만히 있고 싶지만 바람이 그치지 아니하
고, 자식은 효도를 하고 싶지만 부모는 기다려 주지 않는다'란 뜻으로 약
(略)하여 풍수지탄(風樹之嘆)이라고도 한다.

남이 싫어하는 건 피한다 - 가어(家語)·치사(致思)

공자가 밖에 나가려는데 비가 올 것만 같았다. 그런데 수레에는 덮개가 없었다.

제자들이,

"자하(子夏)에게는 있습니다."

하고 빌어오려 했다.

공자는 이를 못하게 하며 말했다.

"자하는 사람됨이 재물에 대해 대단히 인색한 편이다. 내가 들으니, 남과 사귀는 데에는 그의 좋은 점은 북돋아 주고, 그의 부족한 점은 피해 주어야 오래 사귈 수 있다고 하더라."

原文 孔子將行 雨而無蓋. 門人曰, 商也有之. 孔子曰, 商之爲人也 甚悋於財. 吾聞與人交 推其長者 違其短者 故能久也.

註解 ○商(상) - 공자의 제자인 자하(子夏)의 이름. 성은 복(卜)이고 이름이 상(商)이며 자가 자하이다. 공자보다 44세 연하이다.

사람이 다르다 - 가어(家語)·호생(好生)

노(魯)나라 사람으로 혼자 사는 사람이 있었는데, 그 이웃에 역시 혼자 사는 과부가 하나 있었다.

그런데 어느 날 밤, 폭풍우가 불어닥쳐 과부의 집이 쓰러지자, 과부는 옆집의 혼자 사는 사람의 집으로 달려가 하룻밤 재워 줄 것을 청했다.

남자는 문을 걸어잠그고 방안에 들이지 않았다. 과부는 창문에 대고 남자를 원망했다.

"당신은 어쩌면 그렇게도 인정이 없단 말입니까. 왜 나를 들여주지 않는 거요?"

"인정이 없어 그런 게 아니오. 내가 듣건대 남자는 나이 예순이 넘지 않으면 마음 편히 혼자 살지 못한다 했소. 지금 당신도 나이가 젊고 나 또한 나이가 젊기 때문에 감히 당신을 들일 수 없는 것이오."

"옛날 유하혜(柳下惠)는 폭풍우에 쫓긴 여인과 같이 밤을 지냈건만 아무도 그를 의심하는 사람이 없었다지 않소? 당신은 왜 유하혜처럼 하지 못하는 거요?"

"유하혜는 그럴 수 있지만 나는 그럴 수가 없소. 나는 나의 그럴 수 없는 것을 가지고, 유하혜의 그럴 수 있는 것을 배우려 하는 거요."

이 이야기를 듣고 공자는 말했다.

"장한 일이다. 유하혜를 배우려는 사람으로 이보다 더 잘할 수는 없는 일이야. 최고(最高)의 선(善)을 바라면서도 그가 한 일을 그대로 따라하지 않는 것은 지혜롭다 할 수 있다."

原文 魯人有獨處室者 鄰之釐婦 亦獨處一室. 夜暴風雨至 釐婦室壞 趨而託焉. 魯人閉戶而不納. 釐婦自牖與之言. 何不仁而不納我乎. 魯人曰, 吾聞男女不六十不同居. 今子幼吾亦幼 是以不敢納爾也. 婦人曰, 子何不如柳下惠 然嫗不建門之女 國人不稱其亂. 魯人曰, 柳下惠則可 吾固不可 吾將以吾之不可. 學柳下惠之可. 孔子聞之曰, 善哉. 欲學柳下惠者 未有似於此者 期於至善而不襲其爲可謂智乎.

註解 ○釐婦(이부)-과부. ○牖(유)-들창문. ○柳下惠(유하혜)-노(魯)나라의 현인(賢人). 본명은 전금(展禽). 자(字)는 계(季). 바른 도(道)를

지키며 군주를 섬겼던 일로 유명하다.

인간은 건망증 환자 - 가어(家語) · 현군(賢君)

노애공(魯哀公)이 공자에게 물었다.

"과인이 듣건대, 잊기를 잘하는 사람으로 이사를 가면서 그 아내를 잊은 사람이 있다는데 그것이 사실이오?"

"그건 오히려 덜 심한 사람입니다. 심한 사람은 곧 자기 몸마저 잊게 되옵니다."

"어디 이야기를 들려줄 수 없겠소?"

"옛날 하(夏)나라 걸(桀)은 귀(貴)하기로는 천자요, 부(富)하기로는 사해(四海)를 차지하고 있었지만, 그의 거룩한 조상들의 도리를 잊고, 그 법(法)과 제도(制度)를 허물어 버리고, 대대로 내려오던 제(祭)를 폐(廢)하며, 음락(淫樂)과 술에 빠져, 간사한 신하들이 아첨으로 그의 마음을 엿보아 이끌어 내고, 충성된 선비들은 입을 다물고 죄를 피해 말을 하지 않는지라, 천하가 걸을 죽이고 그 나라를 차지하고 말았으니, 이것이 곧 자기 몸마저 잊어버린 사람 중 가장 심한 사람이옵니다."

原文   哀公問於孔子曰, 寡人聞忘之甚者 徙而忘其妻 有諸. 孔子對曰, 此猶未甚者也 甚者乃忘其身. 公曰, 可得而聞乎. 孔子曰, 昔者夏桀 貴爲天子 富有四海 忘其聖祖之道 壞其典法 廢其世祀 荒於淫樂 躭湎於酒 佞臣諂諛 窺導其心 忠士折口 逃罪不言 天下誅桀 而有其國 此謂忘其身之甚矣.

註解   ○夏桀(하걸) - 하(夏)나라 마지막 제왕이었던 걸왕(桀王). 폭군

이었다.

황구소작(黃口小雀) - 가어(家語)·육본(六本)

공자가 지나가다 보니 그물로 참새를 잡는 사람이 있었는데, 잡은 것은 모두가 입부리가 노란 어린 새들뿐이었다. 그래서 공자는,
"어미참새가 잡히지 않는 건 무엇 때문이오?"
하고 물었다.
새잡이는 말했다.
"큰 참새는 놀라기를 잘하기 때문에 잡기가 어렵습니다. 어린 것은 먹는 데만 정신이 팔려 있기 때문에 잡기가 쉽습죠. 새끼가 어미를 따라도 잡기 힘들고, 어미가 새끼를 따라도 역시 잡기 힘듭니다."
공자는 제자들을 돌아보며 말했다.
"놀라기를 잘함으로써 해(害)를 멀리 할 수 있고, 먹는 것에 팔려 근심을 잊는 것은 그 마음에서 오는 것이지만, 다만 서로 어울리는 것으로 인해 화(禍)도 되고 복(福)도 될 수 있으므로 군자는 서로 어울리는 것을 조심한다. 장자(長者)의 생각으로써 하면 몸을 온전히 하는 바탕을 얻을 수 있고, 젊은이[小者]의 고지식함을 따르면 위망(危亡)의 실패를 갖게 된다."

原文 孔子見羅雀者所得 皆黃口小雀. 夫子問之曰, 大雀獨不得何也. 羅者曰, 大雀善驚而難得. 黃口 貪食而易得. 黃口從大雀則不得 大雀從黃口亦不得. 孔子顧謂弟子曰, 善驚以遠害 利食而忘患 自其心矣 而以所從爲禍福. 故君子愼其所從以長者之慮 則有全身之階 隨小者之戀 而有危亡之敗也.

註解 ○黃口(황구)-입 가장자리가 노랗다. ○羅者(나자)-새그물을

쳐서 새를 잡는 사람. ㅇ戇(공)-어리석다. 고지식하다.

순종만이 효(孝)가 아니다 — 가어(家語)·육본(六本)

증자(曾子)가 오이밭을 매는데 서툴러서 뿌리를 전부 끊어 놓았다.
증자의 아버지 증석(曾晳)은 성이 나서 굵은 지팡이를 들고 증자의 등
을 쳤다. 증자는 땅에 쓰러져 정신을 잃고 말았다.

증자는 얼마가 지난 후 깨어나자, 흔연히 일어나 아버지 증석에게
나아가서 잘못을 빌었다.

"아까 제가 아버님께 죄를 지었을 때 아버님께서는 너무 힘을 들이
시어 저를 훈계하셨는데 혹 병환이 나시지는 않으셨습니까?"

그리고는 자기 방으로 돌아와 거문고를 타며 노래를 불렀다. 자기가
아무 탈이 없다는 것을 아버지께 알리기 위해서였다.

공자는 이 소식을 듣자, 노하여 제자들에게 일러두었다.

"삼(參)이 오거든 들어오지 못하도록 해라."

증자는 자기가 잘못이 없다고 생각되어서 사람을 시켜 공자에게 그
까닭을 물었다. 공자는 말했다.

"너는 듣지 못했느냐? 옛날 순(舜)임금이 그의 아버지를 섬길 때
작은 회초리를 들면 기다렸다가 맞고 큰 지팡이를 들면 도망쳐 달
아났다. 그러므로 아비는 아비답지 못한 죄를 범하지 않게 되었고,
순임금은 순종하는 효도를 잃지 않았던 것이다. 그런데 지금 너는
아비를 섬기는 데 몸을 맡겨 폭노(暴怒)를 기다리며 죽어도 피하지
않았으니, 만일 몸이 죽어 아비를 불의에 빠뜨리게 된다면 이보다
더한 불효(不孝)가 또 어디 있겠느냐? 너는 천자(天子)의 백성이
아니더냐. 천자의 백성을 죽이면 그 죄가 어떻게 되겠느냐?"

증자는 그제서야 죄가 큰 줄을 알고 공자에게 사과했다.

原文 曾子耘瓜 誤斬其根. 曾晳怒建大杖 以擊其背. 曾子仆地 而不知人. 久之有頃 乃蘇 欣然而起 進於曾晳曰, 嚮也參得罪於 大人 大人用力敎 參得無疾乎. 退而就房 援琴而歌 欲令曾晳而聞 之知其體康也. 孔子聞之而怒 告門弟子曰, 參來勿內. 曾參自以爲 無罪 使人請於孔子. 子曰, 汝不聞乎. 昔瞽瞍有子曰舜 舜之事瞽 瞍 欲使之未嘗不在於側 索而殺之. 未嘗可得 小棰則待過大杖則 逃走. 故瞽瞍 不犯不父之罪 而舜不失烝烝之孝 今參事父委身以 待暴怒 殪而不避 旣身死而陷父於不義 其不孝孰大焉. 汝非天子 之民也 殺天子之民 其罪奚若. 曾參聞之曰, 參罪大矣 遂造孔子 而謝過.

註解 ○耘瓜(운과)－오이밭을 매다. ○曾晳(증석)－증삼(曾參)의 아버 지. ○瞽瞍(고수)－순(舜)임금의 아버지 이름. 몹시 어리석어서 선악(善 惡)을 판단하지 못했으므로 이렇게 불렀다고 한다.

안회(顔回)의 식언(識言)－가어(家語)·안회(顔回)

공자가 위(衛)나라에 있을 때다. 새벽 일찍 일어나 안회(顔回)가 옆 에 모시고 있었는데, 몹시 슬프게 우는 곡성(哭聲)이 들렸다.

공자는 안회에게 물었다.

"너, 이 울음이 어째서 우는 울음인지 알겠느냐?"

"제가 듣기에 이 울음은 다만 죽은 사람만을 위해 우는 것이 아니 라, 생이별 때문인 것 같습니다."

"어떻게 아느냐?"

"제가 환산(桓山)에서 새 울음소리를 들은 적이 있습니다. 새가 새 끼를 네 마리 낳았는데, 날개가 이미 다 자라 각각 사방으로 헤어지게 되었을 때, 그 어미가 슬피 울며 보내는 소리가 이와 비슷했습니다. 그것은 곧, 가면 다시 돌아오지 못하는 것을 뜻하는데 소리가 서로 같기 때문에 알 수 있습니다."

공자는 사람을 시켜 우는 이유를 물어 보게 했다. 과연 말하기를,

"아비가 죽고 집이 가난해서, 자식을 팔아 장사(葬事)를 지냈으므로 영영 헤어지게 되었습니다."

라고 했다.

공자는,

"회(回)는 소리를 잘 안다."

고 말했다.

原文 孔子在衛. 昧旦晨興 顔回侍側 聞哭者之聲甚哀. 子曰, 回 汝知此何所哭乎. 對曰, 回以此哭聲 非但爲死者而已 又有生離別 者也. 子曰, 何以知之. 對曰, 回聞桓由之鳥 生四子焉 羽翼旣成 將分于四海 其母悲鳴而送之. 哀聲有似於此 謂其往而不返也. 回 竊以音類知之. 孔子使人問哭者. 果曰, 父死家貧 賣子以葬 與之 長決. 子曰, 回也 善於識音矣.

註解 ○桓由(환유)-환산(桓山). ○賣子(매자)-자식을 팔다.

상가지구(喪家之狗) - 가어(家語) · 곤서(困誓)

공자가 정(鄭)나라로 갔을 때, 제자들과 서로 어긋나서 홀로 동문 밖에 서 있었다.

그랬는데 어떤 사람이 자공을 보고 말했다.

"동문 밖에 한 사람이 서 있는데 그의 키는 아홉 자 여섯 치나 되었

고, 눈은 냇물과 같았으며, 이마는 높직합디다. 그의 머리는 요(堯)
임금과 같았고, 그의 목은 고요(皐繇)와 같았고, 어깨는 자산(子産)
과 같았구요. 그리고 허리부터 아래까지는 우(禹)임금보다 세 치가
짧았고, 어찌할 바를 모르고 우두커니 서있는 모습은 마치 초상난
집 개와 같습디다."
자공이 그대로 공자에게 고했더니, 공자는 매우 탄식하며 말했다.
"생긴 모양은 그렇지 못하지만 초상난 집 개 같다는 것은 사실이다.
그건 사실이야."

原文   孔子適鄭 與弟子相失 獨立東郭門外. 或人謂子貢曰, 東
門外有一人焉 其長九尺有六寸 河目隆顙. 其頭似堯 其頸似皐繇
其肩似子産 然自腰已下 不及禹者三寸 纍然如喪家之狗. 子貢以
告. 孔子欣然而歎曰, 形狀永也 如喪家之狗 然乎哉 然乎哉.

註解   ○皐繇(고요)-순(舜)임금의 신하. 법리(法理)에 통달하여 법을
만들고 형벌을 제정했으며 또 옥(獄)을 만들었다. ○喪家之狗(상가지구)-
초상집의 개. '상가지구'란 고사성어는 여기서 생겨났다.

범보다 무서운 정치 - 가어(家語) · 정론해(正論解)

공자가 제나라에 갔을 때, 태산(泰山) 옆을 지나노라니 웬 부인이
들에서 몹시 슬프게 울고 있었다.
공자는 막대를 가로짚고 수레 위에서 귀를 기울이고 듣더니,
"이것은 슬프면서도 한쪽으로는 걱정이 있는 것 같다."
하고 자공을 시켜 가서 물어 보도록 했다.
부인은 이렇게 대답했다.

384

"시아버지가 범에게 죽었고, 남편이 또 범에게 죽었는데, 이번에는 내 자식까지 범에게 죽었습니다."

자공이,

"그럼 왜 여기를 떠나지 않습니까?"

하고 물으니 부인은,

"이곳에는 가혹한 정치가 없어서요."

하고 대답했다.

자공이 공자에게 보고하자, 공자는 제자들에게 이렇게 말했다.

"너희들 잘 알아 두어라. 가혹한 정치는 무서운 범보다도 더 무서운 것이다."

原文　孔子適齊　過泰山之側　有婦人哭於野者而哀. 夫子式而聽之曰, 此哀一似重有憂者　使子貢往問之. 而曰, 昔舅死於虎　吾夫又死焉　今吾子又死焉. 子貢曰, 何不去乎. 婦人曰, 無苛政. 子貢以告孔子. 子曰, 小子識之　苛政猛於暴虎.

註解　○子貢(자공)—공자의 제자. 성은 단목(端木), 이름은 사(賜). 공자보다 31년 연하이고 언변에 뛰어나 외교활동을 성공리에 해냈다. ○舅(구)—시아버지.

사랑과 단결 — 가어(家語)·곡례자공문(曲禮子貢問)

진(晋)나라가 장차 송(宋)나라를 칠 생각으로 사람을 보내어 송나라 실정을 탐지해 오도록 했다.

하루는 송나라 양문(陽門)을 지키는 문지기가 죽었는데, 재상인 사성자한(司城子罕)이 직접 문상(問喪)을 나와 여간 슬프게 우는 것이 아니었다.

탐지하러 왔던 사람은 이것을 보자 곧 돌아가 진나라 임금에게 말했다.

"양문의 한 졸병이 죽었는데 자한이 울기를 슬퍼했고, 백성들은 다 자한이 하는 일을 기뻐하고 있었나이다. 송나라는 아마 칠 수 없을 줄 아옵니다."

이 말을 듣고 공자는 말했다.

"착하도다, 나라를 살피는 것이여. 《시경(詩經)》에 이르기를 '무릇 백성 중에 다친 사람이 있으면 달려가 이를 구하라'고 했는데, 자한이 바로 그렇구나. 비록 진나라가 아닌 온 천하를 상대한다 해도 그 누가 능히 당해 내겠는가. 그러기에 주임(周任)이 말하기를 '백성이 그 사랑을 기뻐하면 가히 대적하지 못한다'고 했다."

原文 晉將伐宋 使人覘之. 宋陽門之介夫死 司城子罕哭之哀. 覘之反言於晉侯曰, 陽門之介夫死 而子罕哭之哀 民咸悅宋 殆未可伐也. 孔子聞之曰, 善哉 覘國乎. 詩云 凡民有喪 匍匐救之 子罕有焉. 雖非晉國 其天下孰能當之. 是以周任有言曰, 民悅其愛者 弗可敵也.

註解 ○覘(점)-엿보다. 정탐하다. ○周任(주임)-옛날의 사관(史官).

묵자 편(墨子篇)

   15권 53편. 묵자 및 그 후학(後學)의 저작
(著作)을 모은 것. 묵자, 즉 묵적(墨翟)의 생
몰 연대는 미상이다. 묵자는 기원전 5세기 후
반, 말하자면 전국시대 초기에 활약한 사상가
로, 겸애비공론(兼愛非攻論 : 博愛論, 平和論)
을 주창하여 유가(儒家)에 대항한 묵가(墨家)
의 중심인물이다.

겸애(兼愛)와 별애(別愛) – 겸애(兼愛)

어진 사람[仁人]이 해야 할 일이 있다.

‘천하의 이(利)’를 일으키고 ‘천하의 해(害)’를 제거하는 데 힘쓰는 것이다.

‘천하의 해’ 가운데 가장 큰 것은 어떤 것들인가.

큰 나라가 작은 나라를 공격하는 것, 큰 집안이 작은 집안을 못살게 구는 것, 강자(强者)가 약자(弱者)를 괴롭히는 것, 많은 수의 사람이 적은 수의 사람을 업신여기는 것, 약삭빠른 양반들이 순진한 백성들을 알겨먹는 것, 귀족이 평민을 멸시하는 것 등이 모두 천하의 해가 되는 것이다.

또 임금이 횡포한 것, 신하가 불충한 것, 어버이가 자비롭지 못한 것, 자식이 불효하는 것도 역시 천하의 해(害)가 된다. 이밖에 또 무기를 손에 들고 독약을 사용하며, 물과 불로 공격하여 수단과 방법을 가리지 않고 서로 살육하는 것이 다 천하의 해(害)다.

이런 무수한 ‘해’들은 어디서부터 생겨나는 것일까. 그것은 우리들이 남을 사랑하고, 남을 이롭게 하기 위해 생기는 것일까. 물론 그런 것은 아니다.

남을 미워하고 남에게 이롭지 못한 것을 주기 때문에 생기는 것이다.

남을 미워하고 남에게 해를 주는 행위, 그것은, ‘사람은 똑같이 대해야 한다’는 견해, 즉, 겸애(兼愛)에서 나오는 것일까. 아니면, ‘사람은 차별을 두어야 한다’는 견해, 즉, 별애(別愛)에서 나오는 것일까? 말할 것도 없이 별애에서 나오는 것이다.

그러고 보면, 이 별애야말로 천하의 해(害)를 가져오는 근원인 것이다. 별애를 반대하는 이유는 여기에 있다.

原文 仁人之事者 必務求興天下之利 除天下之害. 然當今之時

天下之害 孰爲大. 曰, 若大國之攻小國也, 大家之亂小家也, 强之
劫弱 衆之暴寡 詐之謀愚 貴之敖賤 此天下之害也. 又與爲人君者
之不惠也 臣者之不忠也. 父者之不慈也 子者之不孝也 此又天下
之害也. 又與今之賊人 執其兵刃毒藥水火 以交相虧賊 此又天下
之害也.

　姑嘗本原若衆害之所自生 此胡自生. 此自愛人利人生與. 卽必
曰, 非然也. 必曰, 從惡人賊人生. 分名乎天下惡人而賊人者 兼與
別與. 卽必曰, 別也. 然卽之交別者 果生天下之大害者與. 是故子
墨子曰, 別非也.

> 註解　○劫(겁) - 겁탈하다. 위협하다. ○又與(우여) - 여(與)는 여(如)와
> 통한다. 즉 '또한 ……과 같다'는 뜻이다. ○姑(고) - 잠시. 또한. ○嘗(상) -
> 시험삼아 ……을 해보다. ○分名(분명) - 분별하여 특징을 말하다.

꾸짖는 보람 - 경주(耕柱)

묵자(墨子)가 제자인 경주자(耕柱子)에게 자꾸만 야단치자, 경주
자가,

"제게는 다른 사람보다도 취할 점이 없다는 말씀이옵니까?"
하고 불평했다. 묵자는 이렇게 말했다.

"내가 앞으로 태행산(太行山)을 오르게 될 때, 마차와 우차를 준비
하게 되면 너는 어느 쪽을 택하겠느냐?"

"마차 쪽이옵니다."

"왜 마차 쪽을 택한다는 거냐?"　·

"말은 채찍질을 더하면 그만큼 빨리 달리기 때문입니다."

"나도 너를 꾸짖으면 그만큼 보람이 있을 것으로 알기 때문이다."

原文　子墨子怒耕柱子　耕柱子曰, 我毌兪於人乎. 子墨子曰, 我
將上大行　駕驥與牛　子將誰敺. 耕柱子曰, 將敺驥也. 子墨子曰,
何故敺驥也. 耕柱子曰, 驥足以責. 子墨子曰, 我亦以子爲足以責.

註解　○兪(유)－유(愈)와 통한다. 즉 더 나은 것, 더 훌륭한 것이란 의
미이다. ○大行(대행)－산 이름. 태행(太行)으로도 쓰며 산서성과 하남성
경계에 있다. ○敺(구)－구(驅)와 통하며 말을 몰다란 뜻이다.

미치광이가 소중하다 － 경주(耕柱)

무마자(巫馬子)란 유학자(儒學者)가 묵자에게 말했다.
"당신이 아무리 바른 일을 행하려 해도 누구 한 사람 따르는 사람이
없고, 신명[神]도 당신을 도우려고는 하지 않소. 그런데 그것을 남
이 알아줄 줄로 알고 있다면, 그건 미치광이나 하는 짓이 아니겠소."
그러나 묵자는 대답했다.
"지금 당신에게 두 하인이 있는데, 한 사람은 당신의 얼굴이 보일
때만 일을 하는 척하고, 다른 한 사람은 주인이야 보거나 말거나 할
일만 하고 있다면, 당신은 어느 쪽을 더 소중히 여기겠소?"
"그야 주인이 보든 말든 열심히 일하는 쪽이지요."
"그렇다면 당신도 역시 미치광이를 소중하게 여기는 것이 아니오?"

原文　巫馬子謂子墨子曰, 子之爲義也　人不見而助　鬼不見而富
而子爲之　有狂疾. 子墨子曰, 今使子有二臣於此. 其一人者見子從
事　不見子則不從事　其一人者見子亦從事　不見子亦從事　子誰貴
於此二人. 巫馬子曰, 我貴其見我亦從事　不見我亦從事者. 子墨子
曰, 然則是子亦貴有狂疾也.

註解 ○助(조)-돕다. 보통 야(邪)로 되어 있는데 그것은 잘못된 것 같다. ○而(이)-여기서는 그대. 너란 뜻이다.

말 흉내 - 경주(耕柱)

묵자가 노양(魯陽)의 문군(文君)에게 말했다.

"큰 나라가 작은 나라를 공격하는 것은 아이들이 말 흉내를 내며 노는 것과 같은 것입니다. 아이들이 말 흉내를 내며 놀게 되면 다리에 힘이 빠집니다.

그런데 큰 나라가 작은 나라를 치게 되면, 공격을 당하는 쪽에서는, 농부들은 농사를 지을 수 없고, 여자들은 베를 짤 수 없이, 날이면 날마다 나라를 지키기에 바쁩니다. 공격하는 쪽 역시, 농부는 농사를 지을 수 없고, 여자는 베를 짤 수 없이, 공격을 위해 나날을 보내게 됩니다. 그러므로 큰 나라가 작은 나라를 치는 것은 아이들이 말 흉내를 내며 노는 것과 같다는 것입니다."

原文 子墨子謂魯陽文君曰, 大國之攻小國 譬猶童子之爲馬也. 童子之爲馬 足用而勞. 今大國之攻小國也 攻者農夫不得耕 婦人不得織 以守爲事. 攻人者 亦農夫不得耕 婦人不得織 以攻爲事. 故大國之攻小國也 譬猶童子之爲馬也.

註解 ○魯陽文君(노양문군)-초나라 노양 땅의 문군. 초나라 사마(司馬) 자기(子期)의 아들이며 노양 땅을 식읍으로 가지고 있었다. ○爲馬(위마)-말놀이를 하는 것. 말놀이를 하다 보면, 말이 되는 아이나 말을 타는 아이나 모두 지쳐 버린다. 전쟁 역시 싸우다 보면 공격하는 쪽이나 방어하는 쪽이나 모두 큰 피해를 보게 된다.

도벽 - 경주(耕柱)

묵자가 노양의 문군에게 말했다.

"여기 가령 소와 양을 많이 기르고 있는 사람이 매일같이 쇠고기와 양고기 요리를 먹어서, 먹기 싫어 못먹을 정도인데도, 다른 사람이 떡을 만드는 것을 보면 두 눈을 반짝거리며 그것을 빼앗아 들고 '내게도 먹을 것을 다오' 한다고 합시다. 이것은 무엇이고 눈에 띄는 것이면 갖고 싶어하는 것일까요, 아니면 도둑질하는 버릇이 있는 것일까요?"

"도둑질하는 버릇이 있는 것이겠지요."

"지금 초나라는, 나라 안의 들판이 너무 넓어 다 갈아먹지 못하는 형편이고, 사람이 살지 않는 땅만도 한없이 많습니다. 그런데도 송(宋)나라나 정(鄭)나라의 빈 땅을 보면 두 눈을 반짝이며 이를 빼앗아 들이려 하고 있으니 아까 한 이야기와 다를 것이 뭐가 있겠습니까?"

"다를 것이 없지. 틀림없이 도둑질하는 버릇이 있는 것이 되겠지."

原文 子墨子謂魯陽文君曰, 今有一人於此 羊牛犓豢 饔人羶割 而和之 食之不可勝食也. 見人之作餠 則還然竊之. 曰, 予余食. 不知耳目安不足乎. 其有竊疾乎. 魯陽文君曰, 有竊疾也. 子墨子曰, 楚四竟之田 曠蕪而不可勝辟 呼墟數千 不可勝入. 見宋鄭之閒邑 則還然竊之 此與彼異乎. 魯陽文君曰, 是猶彼也 實有竊疾也.

註解 ○犓豢(추환)-사육하는 가축의 고기. ○饔人(옹인)-요리사. ○羶割而和之(단할이화지)-짐승의 고기를 다루어 맛있는 요리를 만드는 것. ○還然(환연)-도둑질하는 사람이 주위를 두리번거리며 살피는 것. ○予余(여여)-너에게 주다. ○竊疾(절질)-도둑질하는 버릇. ○辟(벽)-관

394

(關)과 통한다. 즉, 개척하다란 뜻. ○呼墟(호허)-빈 땅. ○閒邑(한읍)-
빈 고을.

정의는 귀하다 - 귀의(貴義)

묵자의 말이다.

"세상에 정의(正義)보다 귀한 것은 없다. 사람들을 보고 '네게 갓과
신을 주고, 그 대신 너의 손발을 끊겠는데 그래도 좋으냐?'하고 물
으면 좋다고 할 사람은 없을 것이다. 왜냐하면 갓과 신이 손발만큼
귀하지 못하기 때문이다. 또 '네게 천하를 주고 그 대신 너를 죽이
려 하는데 생각이 어떠냐?'고 하면, 이것 역시 듣지 않을 것이 뻔하
다. 왜냐하면 천하의 귀한 것이 내 몸 귀한 것을 따르지 못하기 때
문이다. 그러나 단 한 마디 시비로 서로 다투어 죽게 되는 것은, 정
의가 내 몸보다도 귀하기 때문이다. 그러므로 세상에 정의보다 더
귀한 것은 없다."

原文 子墨子曰, 萬事莫貴於義. 今謂人曰, 予子冠履 而斷子之
手足 子爲之乎. 必不爲. 何故 則冠履不若手足之貴也. 又曰, 予
子天下 而殺子身 子爲之乎. 必不爲. 何故 則天下不若身之貴也.
爭一言以相殺 是義貴於其身也. 故曰, 萬事莫貴於義也.

註解 ○冠履(관리)-머리에 쓰는 관과 신발.

한 사람뿐이라서 - 귀의(貴義)

묵자가 노(魯)나라에서 제(齊)나라의 친지 집에 갔더니, 그가 묵자
를 보고

"지금 세상에는 정의를 실천하려는 사람이 없는데, 당신만이 혼자 애를 쓰며 그것을 실행하려 하고 있소. 그런 짓은 그만두는 편이 좋을 것 같은데."

하므로 묵자는 이렇게 대답했다.

"만일 여기 열 명의 아들을 둔 사람이 있는데, 그 중 하나만이 농사일을 하고 나머지 아홉은 빈들빈들 놀기만 한다면, 일하는 사람은 더욱 뼈빠지게 일을 해야만 할 것이오. 왜냐하면 먹는 사람은 많고 일하는 사람은 적으니까. 그런데 세상에 정의를 구현하려는 사람이 없기로 말하면, 당신은 나에게 그것을 실행하라고 격려해야 마땅한 일일 텐데, 어째서 그만두라고 한단 말이오?"

原文 子墨子自魯卽齊 過故人. 謂子墨子曰, 今天下莫爲義 子獨自苦而爲義 子不若已. 子墨子曰, 今有人於此 有子十人 一人耕而九人處 則耕者不可以不益急矣. 何故 則食者衆而耕者寡也. 今天下莫爲義 則子如勸我者也 何故止我.

註解 ○卽(즉)-나아가다. ○過(과)-방문하다. 들르다. ○如(여)-의(宜)와 통한다. 즉 '마땅히'라는 뜻.

유세(遊說)의 필요 - 공맹(公孟)

유학자인 공맹자(公孟子)가 묵자에게 말했다.

"참으로 착한 일을 행하게 된다면, 누구나가 그것을 알게 되는 겁니다. 예를 들어, 뛰어난 무당이라면 집에 들어앉아 밖에 나가지 않더라도 많은 치성미(致誠米)가 들어오게 되는 것이요, 또 미녀라면 집에 있고 나가지 않더라도 사람들은 다투어 청혼을 하게 될 겁니

다. 밖에 나가 직접 자랑을 하며 쏘다니게 되면 도리어 데려갈 사람
이 없게 됩니다. 그런데 당신은 사방으로 돌아다니며 도(道)를 말하
고 있으니 공연한 수고가 아니겠소?"

그러자 묵자는 이렇게 대답했다.

"어쨌든 지금은 세상이 어지럽소이다. 따라서 미녀를 찾는 사람은
얼마든지 있으니까, 미녀는 밖에 나돌아다니지 않아도 사람들이 다
투어 그녀를 찾게 되겠지요. 그러나 착한 것을 찾는 사람은 적기 때
문에 애써 사람들에게 설명하지 않으면 이것을 아는 사람이 없을
겁니다. 그리고 또 여기 두 사람의 점쟁이가 있어, 똑같이 점이 용
하다고 한다면, 밖으로 돌아다니며 점을 쳐주는 사람과 집에서 점
을 쳐주는 사람과는 어느 쪽이 더 수입이 많겠소?"

"그야 돌아다니는 사람 쪽이 많겠지요."

"마찬가지로 인의(仁義)를 말하더라도 밖에 나가 사람들에게 설명
하게 되면 그 효과는 보다 낫고 보다 많게 될 것입니다. 어떻게 밖
에 나가 말하지 않을 수 있겠소?"

묵자를 찾아온 사람이 있었다. 묵자가,

"어째서 학문을 닦으려 하지 않는가?"

하고 묻자,

"저의 집안에는 학문을 하는 사람이 없어서입니다."

하고 대답하므로, 묵자는 이렇게 말했다.

"그것은 잘못이다. 예를 들어 미인을 좋아하는 일에 대해 '저의 집
안에는 미인을 좋아하는 사람이 없기 때문에 나도 좋아하지 않는다'
고 말할 수 있겠는가? 또 부귀를 원하는 점에 대해서 '우리 집안에
는 부귀를 원하는 사람이 없기 때문에 나도 그것을 원치 않는다'고
말할 수 있겠는가? 결국 미인을 좋아하고 부귀를 원하는 마당에서

는 남과 비교하는 일 없이 기를 쓰고 나서게 될 것이 아닌가. 하물며 의리(義理)라는 것은 세상에서 가장 귀중한 것인데, 구태여 남과 비교할 필요 같은 건 없지 않겠는가. 무슨 일이 있더라도 열심히 학문을 닦지 않으면 안된다."

原文 公孟子謂子墨子曰, 實爲善 人孰不知. 譬若良巫 處而不出 有餘糈. 譬若美女 處而不出 人爭求之. 行而自衒 人莫之取也. 今子徧從人而說之 何其勞也. 子墨子曰, 今夫世亂. 求美女者衆 美女雖不出 人多求之. 今求善者寡 不强說人 人莫之知也. 且有二生於此 善筮 一行爲人筮者 一處而不出者. 行爲人筮者 與處而不出者 其糈孰多. 公孟子曰, 行爲人筮者 其糈多. 子墨子曰, 仁義鈞 行說人者 其功善亦多. 何故不行說人也.

有游於子墨子之門者. 子墨子曰, 盍學乎. 對曰, 吾族人無學者. 子墨子曰, 不然. 夫好美者 豈曰吾族人莫之好 故不好哉. 夫欲富貴者 豈曰吾族人莫之欲 故不欲哉. 好美欲富貴者 不視人 猶强爲之 夫義天下之大器也 何以必視人. 强爲之.

註解 ○糈(서)-점을 쳐준다든가 푸닥거리를 해주고 받는 곡식. ○衒(현)-자랑하다. 뽐내다. ○取(취)-취(聚)와 통한다. 즉 장가든다는 뜻. ○筮(서)-산가치로《역경(易經)》을 이용해서 점을 치는 것. ○鈞(균)-균(均)과 통한다. 즉 같은 것. 고른 것이란 뜻. ○盍(합)-하(何)와 불(不)이 합친 것과 같은 의미. 즉, '어찌 ……안하랴'란 뜻이다. ○視人(시인)-남의 눈치를 보다.

책임 소재 - 노문(魯問)

묵자가 제나라 전화(田和)에게 말했다.

"여기 한 자루 칼이 있습니다. 이것으로 사람의 목을 시험해 보았더니, 단칼에 목이 댕강 떨어져 나갔습니다. 잘드는 칼이라고 말할 수 있겠습니까?"

"말할 수 있지."

"그것으로 많은 사람의 목을 시험해 보았더니 역시 싹싹 잘려 나갔습니다. 잘드는 칼이라 할 수 있겠지요?"

"잘드는 거지."

"칼이 잘드는 것만은 틀림이 없는데, 사람의 목을 벤 책임은 누가 져야만 되겠습니까?"

"그야 칼을 시험한 사람이 져야 되겠지."

"남의 나라를 병합하고, 남의 군사를 쳐서 이기고, 많은 백성들을 죽이게 되었을 경우에는 누가 그 책임을 져야 되겠습니까?"

전화는 머리를 올렸다내렸다하며 생각하던 끝에,

"내가 그 책임을 져야만 되겠지."

하고 대답했다.

原文 子墨子見齊大王曰, 今有刀於此 試之人頭 倅然斷之 可謂利乎. 大王曰, 利. 子墨子曰, 多試之人頭 倅然斷之 可謂利乎. 大王曰, 利. 子墨子曰, 刀則利矣 孰將受其不祥. 大王曰, 刀受其利 試者受其不祥. 子墨子曰, 幷國覆軍 賊殺百姓 孰將受其不祥. 大王俯仰而思之曰, 我受不祥.

註解 ○大王(대왕)-제(齊)나라 선공(宣公)의 재상이었던 태공(太公) 전화(田和). 전씨(田氏)는 대체로 제나라 재상을 지낸 명문인데 민심을 얻고 있다가, 전상(田常)에 이르러 간공(簡公)을 죽이고 제나라 정치를 우지좌지했다. 뒤에 전화는 직접 자신이 제후가 되어 제나라는 전씨네 것으로 바뀌었다. 태공이라든가 대왕은 나라를 처음으로 창건한 자에게 붙이

는 칭호이다. ○倅然(졸연)－싹둑 잘라지는 모양. ○賊殺(적살)－해치고
죽이는 것.

식인국(食人國)－노문(魯問)

노양(魯陽)의 문군(文君)이 묵자에게 말했다.
"초나라 남쪽에 사람을 잡아먹는 식인국이라는 것이 있다지 않겠소.
그 나라에서는 장남이 태어나면 그를 죽여 난도질해서 먹고는, 그
것이 다음에 태어나는 자식을 위해 도움이 되는 것으로 믿고 있다
는 거요. 게다가 먹어 보고 맛이 좋으면 임금에게 그것을 보내 주
고, 임금도 또한 기뻐하여 그 아비에게 상을 준다고 하니, 그 얼마
나 잔인하고 나쁜 풍속이오."
그것을 듣자 묵자는 이렇게 대답했다.
"중국 풍속도 역시 마찬가지이옵니다. 그 아비를 죽게 만들어 놓고
그 아들에게 상을 주는 것은, 그 자식을 먹고 그 아비에게 상을 주
는 것과 틀릴 것이 없나이다. 만일 인의(仁義)의 도를 행하지 못하
고 있다면 어떻게 야만인들이 자기 자식을 잡아먹는 것을 비난할
수 있겠나이까?"

原文 魯陽文君語子墨子曰, 楚之南有啖人之國者. 橋其國之長
子生 則解而食之 謂之宜弟. 美則以遺其君 君喜則賞其父. 豈不
惡俗哉. 子墨子曰, 雖中國之俗 亦猶是也. 殺其父而賞其子 何以
異食其子 而賞其父哉. 苟不用仁義 何以非夷人食其子也.

註解 ○啖(담)－잡아먹다. 씹어먹다. ○宜弟(의제)－그의 아우에게 여
러 가지로 좋다는 뜻.

마음가짐과 그 행동 - 노문(魯問)

노(魯)나라 임금이 묵자를 보고,

"과인에게 자식이 둘 있는데 하나는 학문을 좋아하고, 하나는 남에게 무엇을 나눠 주기를 좋아하고 있소. 이 중에 누구를 태자로 삼는 것이 좋겠소?"

하고 물었다. 그러자 묵자는 이렇게 대답했다.

"아직은 어느 쪽이 좋다고 말할 수 없나이다. 남에게 칭찬 듣고 싶어서 착한 일을 하는 것은, 낚싯군이 소리없이 낚시를 물속에 드리우고 있는 것과 같은 것으로서, 조용히 있는 것은 고기를 낚기 위해서지 고기에게 밥을 바치기 위해서가 아니옵니다. 쥐에게 독한 벌레를 밥으로 주는 것은 쥐를 사랑해서가 아니라 그것을 죽이기 위해서입구요. 부디 전하께서도 아드님들의 마음가짐과 그 행동을 아울러 잘 살피시기 바라옵니다."

原文 魯君謂子墨子曰, 我有二子 一人者好學 一人者好分人財. 孰以爲太子而可. 子墨子曰, 未可知也. 或所爲賞譽爲是也. 釣者之恭 非爲魚賜也. 餌鼠以蟲 非愛之也. 吾願主君之合其志功而觀焉.

註解 ○蟲(충)-고(蠱)와 통한다. 즉 독이 든 음식이란 뜻.

살인과 도벽 - 공수(公輸)

공수반(公輸盤)이 초(楚)나라를 위해 구름사다리[雲梯] 즉, 성을 공격하는 새로운 무기를 만들었다. 그는 그것으로 송(宋)나라를 칠 계획이었다.

이 소문을 들은 묵자는, 제(齊)나라에서 길을 떠나 열흘간 낮과 밤을 계속 걸어 초나라 서울 영(郢)에 도착했다.

묵자가 공수반을 만나자, 공수반은,

"선생님께선 무슨 일로 찾아오셨는지요?"

하고 물었다.

"북쪽에 사는 어느 놈이 나를 모욕했기에 당신의 힘을 빌어 그놈을 죽였으면 하고 왔습니다."

공수반은 얼굴을 찡그렸다. 묵자는,

"내 십 금(金)을 드리리다."

라고 말했다.

"사람을 죽이는 일은 의리상 할 수 없습니다."

하고 공수반은 대답했다.

그러자 묵자는 일어나 두 번 절하고 나서 말했다.

"그럼, 말씀드리겠습니다. 북쪽에서 듣건대, 당신은 구름사다리를 만들어 장차 송나라를 치려 한다고 하는데, 대관절 송나라에 무슨 죄가 있다는 겁니까? 초나라는 땅이 남아돌고 사람은 모자라는 형편입니다. 모자라는 백성들을 죽여 가며 필요 이상의 땅을 놓고 다투는 것은 지혜로운 일이라고 할 수 없습니다. 죄가 없는 송나라를 친다는 것은 어진 일이라고 할 수 없구요. 그것을 알고 있으면서도 임금을 말리지 않는 것은 충성된 일이 못됩니다. 임금을 말려 중지시키지 못한다면 강하다고 할 수 없습니다. 적은 사람을 죽이는 것이 의롭지 않은 줄 알면서 많은 사람을 죽인다면, 이것은 사리(事理)를 판단하지 못하는 일입니다."

"선생의 말씀이 옳습니다."

"옳은 줄 알면 왜 중지하지 못합니까?"

"내가 이미 왕께 말씀을 올렸기 때문에 어쩔 수 없습니다."

"그럼, 왕을 만나게 해 주십시오."

"그러지요."

묵자는 왕을 보고 말했다.

"여기 한 사람이 좋은 수레를 가지고 있으면서 이웃집의 다 낡은 수레를 훔치려 합니다. 좋은 옷을 가지고 있으면서 옆집의 누더기 옷을 훔치려 합니다. 곡식과 고기가 있으면서도 옆집의 쌀겨와 비지를 훔치려 합니다. 이 사람을 전하께서는 어떻게 생각하시나이까?"

"도둑질하는 버릇이 있음에 틀림없습니다."

"지금, 초나라의 영토는 사방 5천 리나 되지만, 송나라는 겨우 사방 5백 리밖에 안되옵니다. 이건 좋은 수레를 낡은 수레와 비교하는 것과도 같습니다. 초나라에는 운몽(雲夢) 벌에 코뿔소와 사슴이 가득하고, 장강(長江)과 한수(漢水)에는 고기가 얼마든지 있어 그 풍부함을 천하에 자랑하고 있나이다. 하온데 송나라는 겨우 꿩이니 토끼니 붕어니 하는 흔해 빠진 것마저 넉넉치 못하옵니다. 이는 곧 쌀과 고기를 쌀겨와 비지에 비교하는 것과 같나이다. 또 초나라에는 소나무·노나무·장나무 등 큰 나무들이 많은데, 송나라에는 그런 큰 나무가 없습지요. 이것은 좋은 옷과 누더기를 비교하는 것과 같사옵니다. 그런데 지금 전하의 신하들이 송나라를 치려 하고 있으니, 위에 말한 도벽이 있는 사람이 하는 짓과 무엇이 다르겠나이까? 전하께서 정의(正義)에 벗어나는 일을 하는 것뿐, 아무것도 얻는 것이 없나이다."

"과연 선생의 말씀과 같소. 그러나 공수반이 벌써 과인을 위해 구름사다리까지 만들어 두고 송나라를 기어코 치겠다 하니 어쩌겠소?"

이리하여 묵자는 공수반을 만나 공수반이 만든 새 무기를 상대로 혼자서 싸워 아홉 번을 막아내고도 여유를 보였다.

공수반은 묵자의 실력을 당해 낼 수 없음을 시인하고 나서 이런 말을 했다.

"하지만 나는 당신을 이길 수 있는 방법을 알고 있소. 그러나 그것을 이야기할 수는 없소."

그러자 묵자는 또,

"나도 당신의 그 방법이 무엇인지를 알고 있소. 그러나 말은 하지 않겠소."

라고 대답했다.

초나라 왕이 묵자에게 물었다.

"무슨 이야기들인지 알 수 없군요."

"공수반의 이야기인즉 외신(外臣)을 죽이면 된다는 것이옵니다. 하오나 그렇게 간단하지는 않나이다. 금활리(禽滑釐)를 비롯해 3백 명의 제자들이 벌써 외신이 만든 방어 무기(武器)들을 가지고 송나라 성 위에서 초나라 군사를 기다리고 있으니 외신을 죽인다 해도 소용없을 것이니이다."

"알았소. 송나라를 치는 일은 그만두기로 하겠소."

그런데 돌아오는 길에 묵자는 송나라를 지나게 되었다.

도중에 비를 만나 마을로 들어가 비를 피하려는데, 마을 문을 지키는 사람이 묵자를 들어오지 못하게 했다. 행색(行色)이 거지처럼 초라했기 때문이다. 그러므로, 사람들은 남이 알지 못하게 위기를 벗어나게 해 주었을 때는 그 공적을 몰라준다. 보란듯이 떠들어 대면 공적을 알게 되지만 ─ .

原文   公輸盤 爲楚造雲梯之械成 將以攻宋. 子墨子聞之 起於齊 行十日十夜. 而至於郢 見公輸盤. 公輸盤曰, 夫子何命焉爲. 子墨子曰, 北方有侮臣 願藉子殺之. 公輸盤不說. 子墨子曰, 請獻十金. 公輸盤曰, 吾義固不殺人.

404

子墨子起 再拜曰, 請說之. 吾從北方聞子爲梯 將以攻宋. 宋何
罪之有. 荊國有餘於地 而不足於民. 殺所不足 而爭所有餘 不可
謂智. 宋無罪而攻之 不可謂仁. 知而不爭 不可謂忠. 爭而不得 不
可謂强. 義不殺少而殺衆 不可謂知類. 公輸盤服. 子墨子曰, 然胡
不已乎. 公輸盤曰, 不可. 吾旣已言之王矣. 子墨子曰, 胡不見我於
王. 公輸盤曰, 諾.

子墨子見王曰, 今有人於此 舍其文軒 鄰有敝輿 而欲竊之 舍其
錦繡 鄰有短褐 而欲竊之 舍其粱肉 鄰有糠糟 而欲竊之 此爲何
若人. 王曰, 必爲竊疾矣. 子墨子曰, 荊之地 方五千里 宋之地 方
五百里 此猶文軒之與敝輿也. 荊有雲夢 犀兕麋鹿滿之 江漢之魚
鼈黿鼉 爲天下富. 宋所謂無雉兔鮒魚者也. 此猶粱肉之與糠糟也.
荊有長松文梓梗枏豫章 宋無長木 此猶錦繡之與短褐也. 臣以三吏
之攻宋也 爲與此同類. 臣見大王之必傷義而不得. 王曰, 善哉. 雖
然 公輸盤爲我爲雲梯 必取宋.

於是見公輸盤. 子墨子解帶爲城 以牒爲械 公輸盤九設攻城之機
變 子墨子九距之. 公輸盤之攻械盡 子墨子之守圉有餘. 公輸盤詘.
而曰, 吾知所以距子矣 吾不言. 子墨子亦曰, 吾知子之所以距我
吾不言. 楚王問其故 子墨子曰, 公輸子之意 不過欲殺臣 殺臣宋莫
能守 可攻也. 然臣之弟子禽滑釐等三百人 已持臣守圉之器 在宋
城上而待楚寇矣. 雖殺臣 不能絕也. 楚王曰, 善哉. 吾請無攻宋矣.

子墨子歸 過宋. 天雨 庇其閭中. 守閭者不內也. 故曰, 治於神
者 衆人不知其功 爭於明者 衆人知之.

註解 ○公輸盤(공수반)-노(魯)나라의 유명한 기술자. 공수반(公輸般),
노반(魯班), 공수반(公輸班)으로도 불린다. 노나라 소공(昭公)의 아들이
란 설도 있다. ○雲梯(운제)-누거(樓車)라고도 하며 수레에 높이 올라갈

수 있는 사닥다리가 붙여져 있어서 성(城)을 공격하기에 편리했다. ○藉(자)-힘을 빌리다. ○爭(쟁)-쟁간(爭諫). 군주의 뜻에 반대하며 올바르게 간(諫)하는 것. ○類(류)-유추(類推). ○舍(사)-사(捨)와 통한다. 즉 버려둔다는 뜻. ○文軒(문헌)-무늬가 새겨져 있는 고급 수레. ○敝輿(폐여)-낡고 망가진 수레. ○粱肉(양육)-기장과 고기. ○兕(시)-외뿔소. ○麋(미)-고라니. ○鼉(타)-악어. ○文梓(문재)-가래나무의 일종. ○三吏(삼리)-삼경(三卿), 또는 삼공(三公). ○牒(첩)-나무 조각. ○詘(굴)-굴(屈)과 통한다. 즉 굴복한다는 뜻. ○圉(어)-어(禦)와 통한다. 즉 방어하다란 뜻. ○庇(비)-가리다. 보호받다. ○閭(려)-마을의 문.

공자(孔子)는 위선자 - 비유(非儒)

[묵자는 주장한다.]

공자는 진(陳)과 채(蔡)의 국경에서 오지도 가지도 못하고, 열흘 동안 명아주국만을 마시며 곡식은 한 알도 입에 넣을 수가 없었다.

그때 자로(子路)가 돼지고기를 삶아 올렸는데, 공자는 그가 어디서 어떻게 구해 왔는지를 묻지도 않고 먹었다.

또, 자로가 강도질을 하여 그 돈으로 술을 사다 주었더니 그것을 어디서 어떻게 구해 온 것인지도 묻지 않고 마셨다.

그런데 그 후 애공(哀公)이 그를 맞이했을 때는 앉는 자리가 바르지 않다고 앉지 않았고, 음식을 차려 내자, 요리하는 방법이 잘못되었다면서 먹지 않았다.

자로가 나서서,

"진(陳)과 채(蔡)의 국경 사이에서는 이런 말씀을 하시지 않으셨는데요."

하고 말하자, 공자는,

"이리 오너라, 내가 일러주마. 그때는 너와 함께 구차하게 살아야만

406

했고, 지금은 너와 함께 구차하게 의(義)를 찾아야만 된다."
고 대답했다.

먹을 것이 없을 때는, 그것을 어떻게 얻게 되었는지 상관않고 먹었
으면서, 그렇지 않을 때는 남의 눈을 위해 자신을 돋보이게 하려는 것
이다.

이 세상 어디에 이보다 더 크게 간사하고 거짓된 짓이 있겠는가.

原文 孔某窮於蔡陳之閒 藜羹不糂十日. 子路爲亨豚 孔某不問
肉之所由來而食. 褫人衣以酤酒 孔某不問酒之所由來而飮. 哀公
迎孔子 席不端 弗坐 割不正 弗食. 子路進請曰, 何其與陳蔡反也.
孔某曰, 來 吾語女. 曩與女爲苟生 今與女爲苟義. 夫飢約則不辭
妄取以活身 嬴飽則僞行以自飾. 汙邪詐僞 孰大於此.

註解 ○藜羹(여갱)-명아주국. ○糂(삼)-삼(糝)으로도 쓰며 싸라기란
뜻이다. ○子路(자로)-공자의 제자. 성은 중(仲), 이름은 유(由). 용감하
고 올곧기로 이름이 나있었다. ○亨(형:팽)-팽(烹)의 속자(俗字). 삶다
는 뜻. ○褫(치)-옷을 빼앗다. ○酤(고)-술을 사다. ○飢約(기약)-굶주
리고 곤궁한 것. ○嬴(영)-여유가 있다. 풍부하다.

맹자 편(孟子篇)

　14권 7편. 전국시대 유가(儒家)의 대표인
맹자, 즉 맹가(孟軻 : 기원전 372?~289?년)
의 언론을 그의 제자들이 편집한 것이다. 특
히 《맹자》는 사서(四書)의 하나로서 한학
(漢學)을 배우는 데 기초로 쓰이기도 한다.

핑계 — 양혜왕(梁惠王) · 상(上)

자기 집에서 기르고 있는 개와 돼지가 사람이 먹을 곡식을 먹고 있
는 것은 금하려 하지도 않고, 길바닥에 굶주려 넘어진 사람이 있어도
창고의 쌀을 내다가 구할 생각조차 않다가 사람이 죽은 다음,
　"나 때문이 아니라 흉년 때문이다."
하는 임금은 사람을 찔러 죽게 만들어 놓고도,
　"나 때문이 아니라 칼 때문이다."
하는 것과 조금도 다를 것이 없다.

原文　狗彘食人食而不知斂 塗有餓莩而不知發 人死 則曰, 非我
也 歲也. 是何異於刺人而殺之曰, 非我也 兵也.

註解　○狗彘食人食(구체식인식) — 개, 돼지가 사람이 먹을 것을 먹다.
○不知斂(부지렴) — 거두어들여서 저장할 줄 모르다. ○塗(도) — 길, 도로.
○發(발) — 창고를 열어, 비축했던 곡식을 방출하다. ○歲(세) — 1년 농사의
풍흉(豊凶)을 두고 하는 말. 즉 '비아야(非我也) 세야(歲也)'는 '내 탓이
아니라 농사가 흉년이 든 탓이다'란 의미이다. ○兵(병) — 무기. 칼.

살인은 같다 — 양혜왕(梁惠王) · 상(上)

양혜왕이 맹자를 보고,
　"선생님의 가르침을 듣고 싶습니다."
하고 정치에 대해 물었다. 그러자 맹자는 이렇게 말을 이끌어 나갔다.
　"사람을 죽일 때, 몽둥이로 죽이는 것과 칼로 죽이는 것에 다를 것
이 있나이까?"

"다를 것이 없습니다."

"그럼 칼로 죽이는 것과 정치로 인해 죽이는 것에 다를 것이 있사 옵니까?"

"다를 것이 없습니다."

"지금 고기 창고에는 살찐 고기가 들어 있고, 마구간에는 살찐 말이 있는데 들판에는 굶주려 죽은 시체가 있으니, 이것은 짐승을 거느 리고 사람을 잡아먹는 거나 다를 것이 없나이다. 짐승들이 저희끼 리 서로 잡아먹는 것도 사람들이 싫어하는데, 백성의 부모로서 정 치를 하면서 짐승을 거느리고 사람을 잡아먹는 결과를 벗어나지 못 한다면 어떻게 백성의 부모라 할 수 있겠나이까."

原文 梁惠王曰, 寡人 願安承教. 孟子對曰, 殺人以梃 與刃 有 以異乎. 曰, 無以異也. 以刃 與政 有以異乎. 曰, 無以異也. 曰, 庖有肥肉 廐有肥馬 民有飢色 野有餓莩 此率獸而食人也. 獸相食 且人惡之 爲民父母行政 不免於率獸而食人 惡在其爲民父母也.

註解 ○願安承教(원안승교)-당신의 가르침을 받기 원한다. ○以(이)- 가지고, 용(用)의 뜻과 같다. ○梃(정)-몽둥이. 곤장. ○刃(인)-칼처럼 날 이 서있는 도구. ○庖(포)-주방. ○廐(구)-마구간. ○率獸(솔수)-짐승을 거느리다. ○相食(상식)-서로 잡아먹다. ○惡之(오지)-증오하다. ○爲民 父母(위민부모)-백성의 부모가 되다. ○惡在(오재)-어디에 있는가?

백성을 낚는 그물 - 양혜왕(梁惠王) · 상(上)

[제선왕(齊宣王)이 맹자와 오랜 이야기를 나눈 끝에]

"선생님께서 내 뜻을 도와 맑게 가르쳐 주십시오. 비록 능한 것은 없지만 한번 실험해 보겠습니다."

하고 청했다. 맹자는 이렇게 말했다.

"일정한 살림이 없이도 마음을 일정하게 갖는 것은 선비만이 가능한 것이며, 일반 백성들은 일정한 살림이 없으면 마음도 따라서 일정하지 못한 법이옵니다. 일정한 마음을 잃게 되면 자연 못된 일을하게 되는데, 그들이 법에 어긋난 짓을 한다고 해서 벌을 주게 되면, 이것은 백성을 그물에 걸리게끔 만들어 놓고 잡아올리는 것과다를 것이 없습지요. 어떻게 어진 임금이 왕으로 앉아 있으면서 백성을 그물질하는 짓을 할 수 있겠나이까."

原文 願夫子 輔吾志 明以敎我 我雖不敏 請嘗試之. 曰, 無恒産而有恒心者 惟士爲能. 若民則無恒産 因無恒心. 苟無恒心 放辟邪侈 無不爲已. 及陷於罪 然後 從而刑之 是罔民也. 焉有仁人位在 罔民而可爲也.

註解 ○輔(보)-보좌하다. ○吾志(오지)-나의 뜻. 제선왕의 뜻은 여전히 천하를 호령하려는 것이었다. ○嘗試(상시)-시험삼아서 해보다. ○恒産(항산)-일정한 수입이 있는 생활 근거. ○恒心(항심)-변치 아니하는 꾸준한 마음. ○爲能(위능)-할 수 있다. ○放辟邪侈(방벽사치)-방탕과 편벽과 사악과 사치. ○無不爲已(무불위이)-하지 않는 짓이 없다. ○罔民而可爲(망민이가위)-백성을 그물로 잡는 일을 할 수 있다.

오십보 백보 - 양혜왕(梁惠王) · 상(上)

양혜왕이 맹자에게 물었다.

"과인은 이 나라 백성들을 위해 성의를 다하고 있습니다. 하내(河內) 지방이 흉년이 들면 그곳 백성들을 하동(河東)으로 옮기는 한

412

편 하동의 곡식을 하내로 옮기고, 또 하동이 흉년이 들면 역시 같은
일을 하고 있습니다. 다른 나라의 정치하는 것을 보아하니 나처럼
그렇게까지는 못하고 있는데도, 여전히 이웃나라 백성의 수가 줄지
않고, 우리 나라 백성의 수가 늘지 않는 것은 무엇 때문입니까?"
그러자 맹자는 이렇게 말했다.
"전하께서는 전쟁을 좋아하시니 전쟁을 비유로 들겠나이다. 둥둥
북을 울리며 칼날을 맞부딪쳐 싸우게 되면 갑옷을 벗어던지고 무기
를 끌며 달아나는 군사가 생기게 되옵니다. 그때 어떤 사람은 백 보
(步)쯤 달아나서 걸음을 멈추고, 어떤 사람은 50보쯤 가서 걸음을
멈추었을 경우 50보쯤 달아난 사람이 백 보쯤 달아난 사람을 보고
비웃었다면 어떻겠나이까?"
"그건 있을 수 없지요. 백 보나 50보나 달아난 건 마찬가지니까."
"그것을 아신다면 전하께서도 내 나라 백성이 이웃 나라보다 많기
를 바라지 말으셔야 하옵니다."

原文 梁惠王曰, 寡人之於國也 盡心焉耳矣. 河內凶 則移其民
於河東 移其粟於河內 河東凶 亦然. 察鄰國之政 無如寡人之用心
者 鄰國之民 不加少 寡人之民 不加多 何也. 孟子對曰, 王 好戰
請以戰喩. 塡然鼓之 兵刃旣接 棄甲曳兵而走. 或百步而後止 或
五十步而後止. 以五十步 笑百步 則何如. 曰, 不可. 直不百步耳
是亦走也. 曰, 王如知此 則無望民之多於鄰國也.

註解   ○於國(어국)-내 나라를 다스리는 데 있어서의 내 태도. ○盡心
焉(진심언)-나 자신의 정성을 다하여 나라의 복리를 위해 일한다는 뜻. ○
粟(속)-곡식. ○喩(유)-설명하여 알게 해주다. ○塡然(전연)-둥둥, 북치
는 소리. ○棄甲(기갑)-갑옷을 벗어 버리다. ○曳兵(예병)-병기(兵器)를

끌다. 대전(對戰)을 않고 달아난다는 뜻. ○笑(소)-비겁하다고 비웃음.

함정 - 양혜왕(梁惠王) · 하(下)

제선왕(齊宣王)이 맹자에게 물었다.

"옛날 주문왕(周文王)은 사방 70리나 되는 유원지를 가지고 있었다는데 사실입니까?"

"기록에 나와 있나이다."

"그렇게 컸습니까?"

"그래도 백성들은 작다고 했사옵니다."

맹자는 왕의 다음 질문을 유도하기 위해 이렇게 대답한 것이다.

"과인의 유원지는 사방이 40리밖에 안되는데도 백성들은 오히려 너무 크다고 하니 무슨 이유인지 모르겠습니다."

맹자는 이렇게 대답했다.

"문왕의 유원지 사방 70리에는 풀을 베고 나무를 하는 사람들이 마음대로 드나들고, 꿩을 잡고 토끼를 잡는 사람들도 자유롭게 드나들었나이다. 이렇게 백성들이 함께 이용할 수 있었으니 작다고 말하는 것이 당연하지 않나이까?"

"……."

"신(臣)이 처음 국경을 넘어 들어올 때 제(齊)나라 국법에서 크게 금지하고 있는 것이 무엇인가를 확인하고 들어왔나이다. 그때 신이 듣기를, 교외 관문 안에는 사방 40리의 유원지가 있는데, 그 안에서 짐승을 죽이는 사람은 살인죄와 똑같은 형을 받는다고 들었사옵니다. 이것은 사방 40리나 되는 넓은 땅에 백성들을 잡기 위한 함정을 만들어 둔 거나 다를 게 없으니 백성들이 크다고 말하는 게 당연하지 않겠나이까?"

414

齊宣王 問曰, 文王之囿 方七十里 有諸. 孟子對曰, 於傳
有之. 曰, 若是其大乎. 曰, 民猶以爲小也. 曰, 寡人之囿 方四十里
民猶以爲大 何也. 曰, 文王之囿 方七十里 芻蕘者往焉 雉兎者往
焉 與民同之 民以爲小不亦宜乎. 臣始至於境 問國之大禁 然後
敢入. 臣聞郊關之內 有囿 方四十里 殺其麋鹿者 如殺人之罪. 則
是 方四十里 爲阱於國中 民以爲大不亦宜乎.

註解 ○囿(유)-원유(苑囿). 한 지역을 막고 그 안에서 조수(鳥獸)를
기르는 곳. ○有諸(유제)-그런 일이 있었는가? ○芻蕘者(추요자)-꼴을
베고 나무를 하는 사람. ○雉兎者(치토자)-꿩과 토끼를 잡는 사냥꾼. ○
同之(동지)-그것. 즉 원유를 같이 썼다. ○問國之大禁(문국지대금)-나
라의 큰 금령(禁令)을 묻다. ○麋鹿(미록)-크고 작은 사슴. 미(麋)는 큰
사슴. ○阱(정)-함정. 원래는 짐승을 잡기 위한 것이지만, 여기서는 백성
을 죽음에 빠뜨린다는 뜻으로 쓰이고 있다.

호색(好色)은 병이 아니다 —양혜왕(梁惠王)·하(下)

제선왕(齊宣王)은 맹자와 정치 이야기를 나누던 끝에,

"선생님이 하신 말씀은 참으로 훌륭합니다."

하고 감탄했다.

"훌륭하다고 생각하시면 왜 실천하시지 않으시옵니까?"

"과인은 병이 있습니다. 재물을 좋아합니다."

"옛날 주(周)나라의 공유(公劉)는 재물을 좋아했나이다. 하지만 주
나라는 공유로 인해 강대해졌사옵니다. 《시경(詩經)》에 '쌓아놓고
창고에 저장했고 마른 양식을 싸는 데는 전대에 담고 자루에 담았
나니 백성들을 편안케 하고 나서 나라를 빛내려고 생각했다. 활과

화살을 그제서야 펴들고 방패와 창과 도끼를 들고 그제서야 비로소
길을 가기 시작했도다'라고 했나이다. 그러므로 남아 있는 사람들은
쌓아놓고 창고에 저장한 양식이 있고, 길을 가는 사람은 양식을 싼
자루를 가진 연후에 비로소 떠날 수 있었던 것입지요. 전하께서 재
물을 좋아하신다면 그것을 백성들과 함께 좋아하시오소서. 그러면
통일 천하(統一天下)는 문제가 되지 않나이다."
"과인은 또 병이 있으니, 색(色)을 좋아합니다."
"호색(好色)은 병이 아니옵니다. 옛날 주나라 태왕(太王)도 호색하
시어 그의 왕비를 사랑했습지요……. 《시경》에 '고공단보(古公亶
父)는 일찍이 아침에 말을 달려, 서쪽 물가를 따라가서 기산(岐山)
기슭에 이르렀다. 그제서야 강씨의 딸과 함께 그곳에 와서 같이 살
았도다'라고 했나이다. 그 당시 안으로는 시집 못가서 애타해 하는
여자가 없었고, 밖으로는 아내없이 홀로 사는 남자가 없었으니, 전
하께서 만일 호색을 하신다면 백성들도 함께 남녀의 즐거움을 갖도
록 하시오소서. 그러면 통일 천하는 문제없을 것이니이다."

[原文] 王曰, 善哉 言乎. 曰, 王如善之 則何爲不行. 王曰, 寡人
有疾 寡人 好貨. 對曰, 昔者 公劉好貨. 詩云 乃積乃倉 乃裹糇糧
于橐于囊. 思戢用光 弓矢斯張 干戈戚揚 爰方啓行. 故居者 有積
倉 行者 有裹囊也 然後 可以爰方啓行. 王如好貨 與百姓同之 於
王 何有.

王曰, 寡人有疾 寡人好色. 對曰, 昔者 大王好色愛厥妃. 詩云
古公亶父 來朝走馬 率西水滸 至於岐下. 爰及姜女 事來胥宇. 當
是時也 內無怨女 外無曠夫. 王如好色 與百姓同之 於王何有.

[註解] ○疾(질)-병통. 여기서는 나쁜 버릇. ○公劉(공유)-주(周)나라

416

민족의 조상으로서 시조인 후직(后稷)의 증손(曾孫)이라고 한다. ㅇ詩云(시운)-《시경(詩經)》〈대아(大雅)〉공유편 제1장 제4구 이하 제7구를 응용한 것이고, 하반절의 시운(詩云)은 《시경》〈대아〉면편(緜篇)의 제2구를 응용한 것이다. ㅇ橐(탁)-전대. ㅇ囊(낭)-주머니. ㅇ弓矢斯張(궁시사장)-활과 화살을 펴다. ㅇ干戈戚揚(간과척양)-방패·창·도끼·큰도끼. ㅇ爰方啓行(원방계행)-이에 비로소 행진을 시작하다.

경중(輕重)을 몰라 - 양혜왕(梁惠王)·하(下)

맹자가 제선왕(齊宣王)에게 말했다.

"전하께서는 집을 지으실 때는 반드시 공사(工師) 등을 시켜 큰 나무를 구해 오라고 하시옵니다. 공사들이 큰 나무를 구해 오면, 전하는 기뻐하시며 자기 소임을 충분히 이행한다고 칭찬하시구요. 그것을 목수들이 잘못 깎아서 작게 만들어 버리면 전하께서는 노하시며 자기 소임을 다하지 못한다고 하시옵니다. 사람들이 대개 어려서 배우는 것은 커서 실행해 보겠다는 욕망에서이온데 전하께서 '너희들이 배운 것은 그냥 버려두고 나 하라는 대로만 따라 해라'고 하신다면 어찌되겠나이까?"

"……"

"여기 박옥(璞玉)이 있다면, 비록 만 일(鎰)일지라도 전하께서는 반드시 옥공을 시켜 깨어 다듬게 하실 것이옵니다. 그런데 나라를 다스리는 마당에서도 '네가 배운 건 그냥 버려두고 나를 따르라' 하시니, 어찌 옥공을 시켜 옥을 다듬게 하는 것과 다르시옵니까?"

原文 孟子見齊宣王曰, 爲巨室 則必使工師 求大木. 工師得大木則王喜 以爲能勝其任也. 匠人 斲而小之 則王 怒以爲不勝其任矣. 夫人幼而學之 壯而欲行之 王曰, 姑舍女所學 而從我. 則何如

今有璞玉於此　雖萬鎰　必使玉人彫琢之. 至於治國家　則曰, 姑舍
汝所學　而從我. 則何以異於敎玉人彫琢玉哉.

註解　○爲巨室(위거실)-거대한 궁전을 건축하다. ○斲(착)-쪼개다.
○姑(고)-잠시 동안. ○舍女所學(사여소학)-네가 배운 바를 버리라. ○
從我(종아)-나를 따르라. ○璞玉(박옥)-다듬지 아니한 옥. ○彫琢之(조
탁지)-박옥을 깎고 다듬어서 좋은 옥으로 만들다.

분업(分業)의 원리 - 등문공(滕文公)·상(上)

[맹자를 존경하며 맹자를 스승으로 알고 있던 등(滕)나라 태자가 임
금이 되니 그가 곧 등문공(滕文公)이다. 등문공은 임금이 되자, 맹자
의 이상(理想)이던 정전법(井田法)을 실시해서 토지를 농민들에게 골
고루 나눠 주는 토지 개혁을 단행했다.]
　당시 초(楚)나라에 신농씨(神農氏)를 숭상하는 허행(許行)이란 사
람이 있었는데, 그는 등문공의 토지 개혁 소식을 듣자 초나라에서 등
나라로 제자들을 거느리고 와서 살았다.
　허행의 제자 수십 명 중에는 당시 초나라의 유명한 학자 진양(陳良)
의 제자 진상(陳相)도 있었다.
　진상은 맹자를 찾아와서 허행의 주의(主義)와 사상을 설명하고 이
런 말을 했다.
　"등나라 임금은 참으로 훌륭한 임금입니다. 그러나 아직 도(道)를
알지 못합니다. 어진 임금은 백성들과 같이 밭갈이를 하고 같이 밥
을 지어먹는 법인데, 지금 등나라에는 창름(倉廩)과 부고(府庫)들
이 있으니, 이는 곧 백성들을 착취하여 자기만 편하게 지내는 것인
즉 어찌 어질다고 할 수 있겠습니까?"

맹자는 진상에게 물었다.

"허자(許子)는 곡식을 심어 반드시 그걸 먹는가?"

"그렇습니다."

"허자는 반드시 베를 짜서 그것으로 옷을 지어 입는가?"

"아닙니다. 허자는 털옷을 입습니다."

"허자는 갓을 쓰는가?"

"씁니다."

"무슨 갓을 쓰는가?"

"흰 명주갓을 씁니다."

"자기가 짜서 쓰는가?"

"아니오. 곡식과 바꿉니다."

"허자는 왜 손수 베를 짜지 않는가?"

"밭갈이에 방해가 되기 때문입니다."

"허자는 솥과 시루에 밥을 지어먹고 쇠로 된 연장으로 밭갈이를 하는가?"

"그렇습니다."

"손수 만드는가?"

"아닙니다. 곡식을 주고 바꿉니다."

"곡식으로 기계를 바꾸는 사람은 대장장이를 해치려 하지 않는다. 대장장이도 그가 만든 기계로 곡식을 바꾸므로 농부를 싫어할 리 없다. 그런데 허자는 어째서 집안에다 대장간을 차리지 않고 분주히 백공(百工)들과 교역을 하는가?"

"백공의 일이란 실제로 밭갈이를 하며 동시에 할 수는 없는 일이기 때문입니다."

"그러면 혼자서 천하를 다스리는 일은 밭갈이하며 할 수 있겠는가? 세상에는 큰사람이 할 일이 있고 작은사람들이 할 일이 있다. 설사

한 사람이 백공의 하는 일을 다 할 수 있다 하더라도, 만일 그것을 반드시 몸소 만들어 쓰기로 말한다면, 이것은 온 천하 사람들을 거느리고 길거리를 분주히 왔다갔다하며 만드는 결과가 된다. 그러므로 옛말에 이르기를 '혹은 마음을 쓰고 혹은 힘을 쓴다'고 했다. 마음을 쓰는 사람은 사람을 지도하고, 힘을 쓰는 사람은 사람의 지도를 받게 된다. 사람의 지도를 받는 사람은 사람을 먹여 주게 되고, 사람을 지도하는 사람은 사람에게 얻어먹게 되어 있는 것이 천하의 공통 원리인 것이다……."
[진상은 다시 화제를 바꾸었다.]
"허자의 주의(主義)대로 하게 되면, 시장의 물건값이 똑같기 때문에 온 나라 안이 거짓이 없게 됩니다. 비록 5척 동자를 시장에 보낸다 해도 속일 사람이 없습니다. 베나 비단의 길이가 같으면 값이 같고, 각종 실이나 솜의 무게가 같으면 그 값이 같으며, 각종 곡식이 그 분량이 같으면 값도 같고, 신도 크기가 같으면 값이 같습니다."
"대개 물건이란 서로가 같지 않은 게 사실이다. 그래서 두 배 다섯 배로 차이가 생기고, 또는 열 배 백 배로 차이가 생기며, 천 배 만 배의 차이가 생길 수도 있다. 그런데 허자가 그것을 똑같이 보고 같은 값으로 한다면 이것은 천하를 혼란시키게 만드는 것이야. 거칠게 만든 신이나 곱게 만든 신을 크기만으로 값을 정한다면 어느 누가 곱게 만들 사람이 있겠는가? 허자의 주의(主義)를 따르면 모두 좋지 못한 물건만을 만들어, 그것을 일삼게 될 것이니, 그러고야 어떻게 능히 나라를 다스릴 수 있겠는가?"

原文 有爲神農之言者許行 自楚之滕 踵門而告文公曰, 遠方之人 聞君行仁政 願受一廛而爲氓. 文公 與之處. 其徒數十人 皆衣褐 捆屨織席 以爲食. 陳良之徒陳相 與其弟辛 負耒耜而自宋之

滕. 曰, 聞君行聖人之政 是亦聖人也 願爲聖人氓. 陳相 見許行而
大悅 盡棄其學而學焉. 陳相 見孟子 道許行之言曰, 滕君則誠賢
君也 雖然 未聞道也. 賢者 與民並耕而食 饔飧而治. 今也 滕有
倉廩府庫 則是 厲民而以自養也 惡得賢.

　孟子曰, 許子 必種粟而後 食乎. 曰, 然. 許子 必織布而後 衣
乎. 曰, 否 許子 衣褐. 許子冠乎. 曰, 冠. 曰, 奚冠. 曰, 冠素. 曰,
自織之與. 曰, 否 以粟易之. 曰, 許子 奚爲不自織. 曰, 害於耕.
曰, 許子 以釜甑爨 以鐵耕乎. 曰, 然. 自爲之與. 曰, 否 以粟易
之. 以粟易械器者 不爲厲陶冶 陶冶亦以其械器 易粟者 豈爲厲農
夫哉. 且許子 何不爲陶冶 舍皆取諸其宮中而用之 何爲紛紛然與
百工交易 何許子之不憚煩. 曰, 百工之事 固不可耕且爲也.

　然則治天下 獨可耕且爲與. 有大人之事 有小人之事. 且一人之
身 而百工之所爲備 如必自爲而後 用之 是率天下而路也. 故曰,
或勞心 或勞力. 勞心者 治人 勞力者 治於人 治於人者 食人 治
人者 食於人 天下之通義也.

　從許子之道 則市賈不貳 國中無僞 雖使五尺之童適市 莫之或
欺. 布帛長短同 則賈相若. 麻縷絲絮 輕重同 則賈相若 五穀多寡
同 則賈相若 屨大小同 則賈相若. 曰, 夫物之不齊 物之情也 或
相倍蓰 或相什伯 或相千萬 子此而同之 是亂天下也. 巨屨小屨同
賈 人豈爲之哉. 從許子之道 相率而爲僞者也 惡能治國家.

註解　○神農(신농)－중국 고대, 전설상의 제왕(帝王). ○許行(허행)－초
나라 사람의 이름. ○氓(맹)－야인(野人). ○陳良(진양)－초나라 사람. 유
도(儒道)를 좋아했다. ○厲民(여민)－백성들을 괴롭히다. ○奚冠(해관)－
무슨 관(冠)인가? ○釜甑(부증)－솥과 시루. ○舍(사)－그만두다. 하지 않
다. ○耕且爲(경차위)－경작을 하면서 그 일을 하다. ○不貳(불이)－값이
서로 다르지 않음. ○五尺之童(오척지동)－12, 3세의 어린아이. 지금의 3

척동자란 말과 같은 뜻임. ㅇ麻縷(마루)-삼의 실. ㅇ倍蓰(배사)-갑절과
다섯 갑절. 사(蓰)는 다섯 배. ㅇ屨(구)-삼으로 만든 신발.

말이 궁하면 - 양혜왕(梁惠王) · 하(下)

맹자가 제선왕(齊宣王)에게 말했다.
"처자를 친구에게 부탁해 두고 초나라로 놀러간 사람이 있었는데,
그가 돌아와 보니 처자들이 굶주려 있었나이다. 그 친구를 어떻게
하면 좋겠나이까?"
"절교를 해야겠지요."
"여기 법관이 한 사람 있어서 그 부하들을 제대로 통솔하지 못한다
면 어떻게 하시겠나이까?"
"파면을 시켜야지요."
"온 나라가 제대로 다스려지지 못한다면 어떻게 하시겠나이까?"
선왕은 말이 막혀 좌우를 돌아보고 엉뚱한 이야기만 했다.

原文 孟子謂齊宣王曰, 王之臣 有託其妻子於其友而之楚遊者
比其反也 則凍餒其妻子 則如之何. 王曰, 棄之. 曰, 士師不能治
士 則如之何. 王曰, 已之. 曰, 四境之內不治 則如之何. 王顧左右
而言他.

註解   ㅇ遊(유)-객지에서 돌아다니다. ㅇ凍餒(동뇌)-얼게 하고 굶기
다. ㅇ四境之內(사경지내)-사방의 국경 안. 즉, 나라 전체.

나간 것이 들어온다 - 양혜왕(梁惠王) · 하(下)

추(鄒)나라가 노(魯)나라와 충돌한 일이 있었다. 추목공(鄒穆公)이

맹자에게 물었다.

"이번 싸움에서 관원들은 서른세 명이나 전사했는데, 백성들은 한 사람도 죽지 않았으니, 어떻게 하면 좋겠소. 죄를 주자니 수가 너무 많고, 내버려두자니 앞으로도 상관이 죽는 것을 보고만 있을 테니……."

맹자는 이렇게 대답했다.

"흉년이 들었을 때, 백성들 중 늙은이와 어린 것들은 산골짜기를 헤매게 되고, 장정들은 먹을 것을 찾아 사방으로 흩어지게 되어도 임금의 곡식 창고와 재물 창고는 그대로 꽉꽉 차 있다고 하면 이것은 관원들이 임금께 사실을 보고하지 않은 때문이니 곧 위가 게을러서 아랫사람을 해치게 된 것이옵니다. 증자(曾子)가 말하기를 '조심하고 조심하라. 네게서 나온 것이 네게로 되돌아가느니라' 했나이다. 대저 백성들은 이때서야 받은 것을 돌리게 된 것뿐이옵니다. 전하께선 그들을 허물하지 마시오소서. 전하께서 어진 정치를 하시면 백성들은 곧 윗사람을 아끼게 되고 그 상관을 위해 죽게 될 것이옵니다."

原文 鄒與魯鬨. 穆公問曰, 吾有司死者三十三人 而民莫之死也. 誅之則不可勝誅 不誅則疾視其長上之死而不救 如之何則可也. 孟子對曰, 凶年饑歲 君之民 老弱 轉乎溝壑 壯者 散而之四方者 幾千人矣. 而君之食廩實 府庫充 有司莫以告. 是上慢而殘下也. 曾子曰, 戒之戒之. 出乎爾者 反乎爾者也. 夫民今而後 得反之也. 君無尤焉. 君行仁政 斯民親其上 死其長矣.

註解 ○鄒(추)-맹자가 태어난 나라. ○鬨(홍)-싸우다. 전쟁을 하다. ○有司(유사)-여기서는 장교, 지휘관이란 뜻이다. ○民莫之死(민막지사)-

백성들은 그들 유사(有司)를 위해 죽지 아니하다. ○戒之(계지)-경계하
다. 조심하다.

닭 도둑 - 등문공(滕文公) · 하(下)

송(宋)나라 대부 대영지(戴盈之)가 맹자에게 말했다.
"농민들의 현물세(現物稅)를 10분의 1로 줄여 받고 관문에서나 시
장에서 물품세 받는 것을 지금 당장 그만두기는 어려운 일이니 지
금은 세율을 조금만 가볍게 해두고, 명년쯤 가서 그만둘까 합니다.
어떻겠습니까?"
맹자는 이렇게 대답했다.
"여기 한 사람이 날마다 그 이웃집 닭을 훔쳐서 잡아먹고 있었는
데, 어느 사람이 '그건 군자의 도리가 아니다'라고 충고하자, 그 사
람 말이 '그럼 수량을 줄여 한 달에 한 마리 정도로 하고, 명년쯤
가서 그만두겠네'라고 하는 것과 다를 것이 없지 않은가. 그것이
의로운 일이 아닌 줄 알았으면 빨리 그만둘 일이지 내년까지 기다
릴 것이 뭐란 말인가."

原文   戴盈之曰, 什一 去關市之征 今玆未能 請輕之 以待來年
然後已 何如. 孟子曰, 今有人 日攘其鄰之鷄者 或告之曰, 是非君
子之道. 曰, 請損之 月攘一鷄 以待來年然後已 如知其非義 斯速
已矣 何待來年.

註解   ○戴盈之(대영지)-송(宋)나라의 대부(大夫). ○什一(십일)-수
확의 10분의 1을 바치는 조세(租稅). 즉 십일조. ○關市之征(관시지정)-
관문(關門)에서 받는 관세와 시장에서 받는 영업세. ○攘(양)-훔치다.

참 대장부 — 등문공(滕文公) · 하(下)

경춘(景春)이란 사람이 맹자에게 와서,

"공손연(公孫衍)과 장의(張儀)는 어찌 참으로 대장부가 아니겠습니까. 한번 성을 내면 제후들이 겁을 먹고, 그들이 가만히 있으면 온 천하가 조용해집니다."

하고 칭찬했다. 맹자는 이렇게 반박했다.

"그들이 어찌 대장부일 수 있겠소? 그대는 예법을 배우지 않았소? 예법에, 남자가 처음 어른이 되어 갓을 쓰게 되면 아버지가 아들에게 교훈을 주게 되고, 여자가 시집을 가게 되면 어머니가 딸에게 교훈을 주게 되오. 딸을 대문간에서 떠나보낼 때 어머니가 훈계하기를 '시집에 가면 반드시 시부모를 공경하여 받들고 내 몸을 조심하여, 남편의 뜻을 거역하는 일이 없도록 하라'고 하오. 복종을 정당한 것으로 삼는 것은 첩부(妾婦)의 도리외다."

"……"

"천하의 넓은 곳(마음)에 있으면서 천하의 바른 자리에 서고, 천하의 큰 길을 걸어 뜻을 얻으면, 백성들과 함께 걸어가되, 뜻을 얻지 못하면 홀로 자기 길을 실천해 나가야 하오. 그렇게 하면, 부귀도 그의 마음을 어지럽히지 못하고, 가난과 천대도 그의 지조(志操)를 바꿔놓지 못하며, 위력과 무력도 그의 의지를 꺾지 못하는데 이런 사람을 가리켜 대장부라고 하는 것이오."

原文 景春曰, 公孫衍 張儀 豈不誠大丈夫哉. 一怒而諸侯懼 安居而天下熄. 孟子曰, 是焉得爲大丈夫乎. 子未學禮乎. 丈夫之冠也 父命之 女子之嫁也 母命之. 往送之門 戒之曰, 往之女家 必敬必戒 無違夫子. 以順爲正者 妾婦之道也. 居天下之廣居 立天

下之正位 行天下之大道 得志 與民由之 不得志 獨行其道. 富貴
不能淫 貧賤 不能移 威武不能屈 此之謂大丈夫.

註解 ○景春(경춘)-전국시대 맹자가 살아가던 때의 종횡가(縱橫家).
○公孫衍(공손연)-전국시대의 종횡가. ○往送之門(왕송지문)-어머니가
출가하는 딸을 문까지 따라나가서 전송하는 것. ○移(이)-마음이 변하는
것. ○威武(위무)-무서운 무력(武力).

어학(語學)의 비결 - 등문공(滕文公)·하(下)

맹자가 송(宋)나라 신하 대불승(戴不勝)에게 말했다.
"당신은 당신 임금이 착한 일 하기를 원하오? 내가 당신에게 분명
히 일러주리다. 여기에 초(楚)나라 대신(大臣) 한 사람이 있는데,
그가 그 아들에게 제(齊)나라 말을 가르치려 할.경우 제나라 사람
을 스승으로 삼겠소, 초나라 사람을 스승으로 삼겠소?"
"그야 제나라 사람을 스승으로 삼겠지요"
"제나라 사람이 말을 가르치고 초나라 사람이 말을 배우게 되면 허
구한 날 아무리 때리며 가르쳐도 제나라 말을 배우기는 어려울 것
이오. 그러나 그 아이를 데려다 제나라의 장악(莊嶽)과 같은 번화
한 도시 속에 몇 년간 있게 한다면, 날마다 매를 때리며 초나라 말
을 하라고 해도 되지 않을 것이외다. 지금 당신은 설거주(薛居州)
를 좋은 선비라며 임금을 옆에서 모시도록 했는데, 임금 옆에 있는
사람이 어른이나 아이나 높은 사람이나 낮은 사람이나 모두가 설거
주와 같다면 임금이 누구와 같이 나쁜 짓을 할 수 있겠소? 그러나
임금 옆에 있는 사람이 어른이나 아이나 높은 사람이나 낮은 사람
이나 모두 설거주 같은 사람이 아니라면, 임금이 누구와 같이 착한

일을 하겠소? 설거주 한 사람으로서 송나라 왕을 어떻게 할 수 있 겠소?"

原文　孟子謂戴不勝曰, 子欲子之王之善與 我明告子. 有楚大夫 於此 欲其子之齊語也 則使齊人傳諸 使楚人傳諸. 曰, 使齊人傳 之. 曰, 一齊人 傳之 衆楚人 咻之 雖日撻而求其齊也 不可得矣. 引而置之莊嶽之間數年 雖日撻而求其楚 亦不可得矣. 子謂薛居州 善士也 使之居於王所. 在於王所者 長幼卑尊 皆薛居州也 王誰與 爲不善 在王所者 長幼卑尊 皆非薛居州也 王誰與爲善. 一薛居州 獨如宋王 何.

註解　○戴不勝(대불승) - 송(宋)나라 귀족으로 송나라의 정사를 맡아보 던 사람. ○傳(부) - 가르치다. ○咻(휴) - 시끄럽게 떠들다. ○莊嶽(장악) - 제(齊)나라의 번화가.

덜 된 비유 - 이루(離婁) · 상(上)

순우곤(淳于髡)이란 제(齊)나라의 유명한 변사(辯士)가 맹자를 변 론으로 시험하려 했다.

"남자와 여자가 직접 주고받지 않는 것이 예(禮)인가요?"

"예요"

"그런데 형수가 물에 빠졌을 때는 시동생이 손을 잡아 끌어올릴 수 있지 않을까요?"

"형수가 물에 빠진 것을 보고도 내버려둔다면 그것은 승냥이나 다 를 게 없소. 남녀가 직접 주고받지 않는 것은 예법(禮法)이고, 형수 가 물에 빠졌을 때 건지는 것은 임기응변이오."

"지금 천하가 온통 물에 빠져 있는데 선생께서 나와 건지려 하지 않는 것은 어째서인가요?"
"천하가 물에 빠진 것은 도(道)로써 건지고, 형수가 물에 빠진 것은 손으로 건지오. 당신은 손으로 천하를 건질 생각이시오?"

原文 淳于髡曰, 男女授受不親 禮與. 孟子曰, 禮也. 曰, 嫂溺 則援之以手乎. 曰, 嫂溺不援 是豺狼也. 男女授受不親 禮也. 嫂溺 援之以手者 權也. 曰, 今天下溺矣. 夫子之不援 何也. 曰, 天下溺 援之以道. 嫂溺 援之以手 子欲手援天下乎.

註解 ○淳于髡(순우곤)-제(齊)나라의 변사(辯士). ○嫂(수)-형수. ○權(권)-임기응변의 조치.

군자의 교육 - 이루(離婁)·상(上)

공손추(公孫丑)가 맹자에게 물었다.
"군자(君子)가 자기 자식을 직접 가르치지 않는 것은 무엇 때문입니까?"
"형편상 어렵기 때문이다. 가르치는 사람은 반드시 올바른 것을 들어 가르치게 된다. 올바른 일을 가르쳐도 행(行)하지 못하면 계속 성을 내게 된다. 계속 성을 내면 도리어 의(義)를 해치게 된다. 속으로, '아버지는 나에게 올바른 일을 하라고 하지만 아버지도 반드시 바르게 하지만은 않더라' 하게 되면 이는 부자간의 의(義)를 상하게 되는 것이니 그 결과가 나쁘게 된다. 그래서 옛날에는 자식들을 서로 바꿔 가르쳤다 한다. 부자간에는 잘못을 책하지 않는다. 잘못을 책하면 사이가 멀어지게 된다. 부자간의 사이가 멀어지는 것보다 더 불행한 일은 없다."

[原文] 公孫丑曰, 君子之不敎子 何也. 孟子曰, 勢不行也. 敎者
必以正 以正不行 繼之而怒. 繼之以怒 則反夷矣. 夫子敎我以正
夫子未出於正也 則是父子相夷也. 父子相夷則惡矣. 古者 易子而
敎之 父子之間不責善. 責善則離 離則不祥 莫大焉.

[註解] ○公孫丑(공손추)─맹자의 제자. ○勢不行也(세불행야)─힘이 통
하지 않는다. 형편이 안좋아진다. ○反夷矣(반이의)─도리어 손상하게 된
다. ○父子之間不責善(부자지간불책선)─부자간에는 선(善)으로 권면하
고 인도하기는 하지만 그것을 잘못했다고 책망하지는 않는다는 뜻이다.

군자와 소인─이루(離婁) · 하(下)

제(齊)나라 대신(大臣) 공행자(公行子)가 아들의 초상(初喪)을 당
하게 되었다. 그때 우사(右師) 벼슬을 한 왕환(王驩)이라는 사람이 문
상(問喪)을 왔다.

왕환은 왕의 총신(寵臣)으로 세도를 가진 사람이었다. 그가 문간에
들어서자, 그에게 달려가 인사를 하는 사람이 있는가 하면, 그가 앉은
자리로 가서 이야기를 나누는 사람도 있었다.

맹자는 왕환을 소인(小人)이라 하여 멀리하고 있었으므로 그와 더
불어 이야기하지 않았다. 전부터 맹자를 좋아하지 않던 왕환은 모욕을
당하는 기분이었던지,

"모든 군자(君子)들이 다 이 왕환과 더불어 말을 하는데, 맹자만 홀
로 말을 하지 않으니 이것은 왕환을 업신여기기 때문이다."
하고 불평을 늘어놓았다.

맹자는 그 말에 이렇게 대응했다.

"예(禮)에는, 조정(朝廷)에서는 자기 자리를 떠나서 남과 이야기하지 않고, 뜰을 넘어가서 서로 읍(揖)하지 않는다 한다. 나는 예를 행하고자 한 것인데, 왕환은 나보고 자기를 업신여긴다 하니 이상하지 않은가."

原文 公行子有子之喪 右師往弔. 入門 有進而與右師言者 有就右師之位而與右師言者 孟子不與右師言 右師不悅. 曰, 諸君子皆與驩言 孟子 獨不與驩言 是 簡驩也. 孟子聞之曰, 禮朝廷 不歷位而相與言 不踰階而相揖也. 我欲行禮 子敖以我爲簡 不亦異乎.

註解 ○公行子(공행자)―제(齊)나라 대부. ○有子之喪(유자지상)―아들의 상(喪)을 당하다. ○右師(우사)―제후(諸侯)의 경(卿)에 좌사(左師)와 우사(右師)가 있는데 여기서는 제나라 총신(寵臣)으로서 오만했던 왕환(王驩)을 가리킨다. ○簡(간)―소홀하게 다루다. 즉 무시한다는 뜻. ○歷位(역위)―다른 사람의 자리를 지나가다. ○子敖(자오)―우사(右師) 왕환의 자(字).

거지와 다름없다 ― 이루(離婁)·하(下)

제나라에 아내와 첩을 거느리고 매일같이 놀고 있는 사람이 있었다. 그런데 나가기만 하면 반드시 술과 고기 등 배불리 얻어먹고 돌아오는 것이었다. 그래서 아내가,

"오늘은 누구네 집에서 그렇게 잘 자시고 오셨습니까?"

하고 물어 보면 대답하기를, 모두가 유명한 사람들 집에서 먹었다는 것이었다. 이상한 생각이 든 아내는 첩에게,

"서방님께선 나가기만 하면 반드시 음식 대접을 받고 돌아오시는데,

누구 집에서 대접을 받았느냐고 물어 보면 한결같이 유명한 집들이 아니겠는가. 그런데 그 훌륭한 분들이 한번도 우리 집을 찾아오는 일이 없으니 아무래도 이상해. 그러니 오늘은 내가 마음먹고 서방님의 뒤를 한번 밟아 보아야겠네."

하고, 아침 일찍 남편의 뒤를 멀리서 따라가게 되었다. 남편은 시내 거리를 이리저리 헤매고 돌아다녔다. 그러나 한 사람도 만나서 이야기하는 사람은 없었다.

마침내 동문 밖 무덤이 많은 들판으로 나가더니, 무덤 앞에서 제사 지내는 사람을 찾아가, 먹고 남은 제사 음식을 얻어먹고 있었다. 그리고 한 곳에서 배가 차지 않자, 다시 다른 곳으로 찾아가는 것이었다. 그것이 바로 날마다 술과 고기를 배불리 먹는 방법이었다.

아내는 먼저 돌아와 첩에게 사실 이야기를 한 다음,

"남편이란 평생을 의지하고 우러러보며 사는 존재인데, 그런 꼴을 하고 다니니 이를 어쩌면 좋단 말인가?"

하고 첩과 함께 남편을 원망하며 마당 한가운데서 엉엉 울고 있었다. 그런데 남편이란 자는 그런 내용도 모르고 거드름을 피우며 밖으로부터 들어와 울고 있는 아내와 첩에게 호통을 치는 것이었다.

군자의 입장에서 본다면 세상에서 부귀와 이득(利得)을 찾아 애쓰고 돌아다니는 사람 쳐놓고, 그의 아내나 첩이 그 뒤를 밟아 보고 와서 부끄러워 서로 마주 잡고 울지 않을 사람이 별로 없다.

原文　齊人 有一妻一妾而處室者 其良人 出則必饜酒肉而後反. 其妻問所與飲食者 則盡富貴也. 其妻告其妾曰, 良人 出則必饜酒肉而後反. 問其與飲食者 盡富貴也 而未嘗有顯者來. 吾將瞷良人之所之也. 蚤起 施從良人之所之 徧中國 無與立談者. 卒之東郭墦間之祭者 乞其餘 不足 又顧而之他 此其爲饜足之道也. 其妻歸告其妾曰, 良人者 所仰望而終身也 今若此. 與其妾 訕其良人 而相泣於中庭. 而良人 未之知也 施施從外來 驕其妻妾.

由君子觀之 則人之所以求富貴利達者 其妻妾 不羞也而不相泣者幾希矣.

○良人(양인)−남편. ○顯者(현자)−이름이 널리 알려진 훌륭한 사람. ○瞷(한)−몰래 살피다. ○蚤起(조기)−일찍 일어나다. ○施從(시종)−비스듬히 뒤따라가다. ○墦間(번간)−무덤이 있는 곳. ○其餘(기여)−남은 음식물. ○施施(이이)−의기양양한 모양.

지자(智者)를 속인다−만장(萬章)·상(上)

옛날 정나라 자산(子産)에게 산 물고기를 선물로 가지고 온 사람이 있었다. 자산은 그것을 고기를 기르는 소임에게 명령하여 못에 넣어 주도록 시켰다. 그런데 그 사람은 그 고기를 가져가서 삶아먹어 버리고 자산에게는 이렇게 보고했다.

"처음, 못에 넣었을 때는 꽤 어릿어릿하더니만, 조금 지나자 꼬리를 흔들며 물속 깊숙이 들어가 버렸습니다."

자산은 그 말을 듣자,

"물고기도 제 곳을 찾은 셈이로구나, 제 곳을 찾은 셈이야."

하고 기뻐했다.

그런데 속으로 자산을 웃으며 물러나온 그 사람은 다른 사람들을 보고 이런 말을 했다.

"자산을 보고 지혜 있는 사람이라고 누가 말했지. 내가 고기를 삶아 먹어 버렸는데도 '제 곳을 얻었다, 제 곳을 얻었다' 하겠지."

이 이야기처럼, 군자도 도리에 맞게끔 이야기를 하면 속을 수가 있

432

다. 그러나 도리에 벗어난 일로 군자를 속이려 하면 그것만은 되지 않는다.

> 原文 昔者有饋生魚於鄭子産 子産 使校人 畜之池. 校人 烹之. 反命曰, 始舍之 圉圉焉 少則洋洋焉 攸然而逝. 子産曰, 得其所哉. 得其所哉. 校人出曰, 孰謂子産智 予旣烹而食之 曰, 得其所哉 得其所哉. 故君子 可欺以其方 難罔以非其道.

> 註解 ○饋(궤)-음식을 주다. ○子産(자산)-정(鄭)나라의 대부(大夫)인 공손교(公孫僑)의 자(字). ○反命(반명)-복명(復命)하다. ○舍之(사지)-놓아 주다. 여기서는 산 물고기를 놓아 준다는 뜻이다. ○斯以其方(사이기방)-사리에 맞는 방법으로 속이다. ○非其道(비기도)-사리에 안 맞는 것.

대신(大臣)의 의무―만장(萬章)·하(下)

제선왕(齊宣王)이 경(卿)에 관해 물었다.
맹자는,
"어느 경을 물으시옵니까?"
하고 되물었다.
"경에는 차별이 있습니까?"
"차별이 있나이다. 귀척(貴戚)의 경이 있고, 이성(異姓)의 경이 있습지요"
"귀척의 경에 대해 듣고 싶습니다."
"임금이 크게 잘못하는 일이 있으면 간(諫)하고, 여러 번 간해도 듣지 않으면 임금을 바꿔 버리옵니다."

왕은 발끈하여 얼굴빛이 싹 변했다.

맹자는 말했다.

"전하께서 신(臣)에게 물으시니 신은 감히 바른 대로 대답할 수밖에 없나이다."

왕은 노여움이 가라앉은 후 다시 물었다.

"청컨대 이성의 경에 대해 듣고 싶습니다."

"임금에게 잘못이 있으면 간하고, 여러 번 간해도 듣지 않으면 떠나가옵니다."

原文 齊宣王 問卿. 孟子曰, 王何卿之問也. 王曰, 卿不同乎. 曰, 不同. 有貴戚之卿 有異姓之卿. 王曰, 請問貴戚之卿. 曰, 君有大過則諫 反覆之不聽 則易位. 王 勃然變乎色. 曰, 王勿異也. 王問臣 臣不敢不以正對. 王色定 然後 請問異姓之卿. 曰, 君有過則諫 反覆之而不聽 則去.

註解 ○貴戚之卿(귀척지경)─군주와 동성(同姓)인 경(卿). ○異姓之卿(이성지경)─군주와 성이 다른 경(卿). ○勃然(발연)─안색을 바꾸며 성을 내다. ○色定(색정)─변했던 안색이 가라앉고 평상으로 돌아가다.

수성(水性)과 인성(人性)─고자(告子)·상(上)

고자(告子)가 맹자에게 말했다.

"사람의 성품은 소용돌이치는 물과 같습니다. 동쪽으로 터놓으면 동쪽으로 흐르고 서쪽으로 터놓으면 서쪽으로 흐르지요. 사람의 성품에 선(善)과 악(惡)의 구분이 없는 것은, 물에 동(東)과 서(西)가 없는 것과 같습니다."

맹자가 말했다.

"물의 성질에 동서는 없지만 위아래도 없는가? 사람의 성품이 착한 것은 물이 아래로 가는 것과 같지. 사람은 착하지 않은 사람이 없고, 물은 아래로 내려가지 않는 것이 없어. 물을 쳐서 튀게 하면 이마 위로 지나가게도 할 수 있고, 막아서 올리면 산에도 있게 할 수 있지. 그러나 그것이 어찌 물의 성질일 수 있겠는가. 그 형세가 그렇게 만든 것이야. 사람이 착하지 못한 일을 하는 것도 그 성질이 또한 이와 같아."

原文 告子曰, 性猶湍水也. 決諸東方則東流 決諸西方則西流. 人性之無分於善不善也 猶水之無分於東西也. 孟子曰, 水信無分於東西 無分於上下乎. 人性之善也. 猶水之就下也. 人無有不善 水無有不下. 今夫水 搏而躍之 可使過顙 激而行之 可使在山 是豈水之性哉. 其勢則然也. 人之可使爲不善 其性亦猶是也.

註解 ○湍水(단수)-소용돌이치는 물. ○水信無分於東西(수신무분어동서)-물에는 정녕 동서의 구분이 없는가? ○搏(박)-손뼉을 치다. ○躍之(약지)-튀어오르게 하다. ○激(격)-흘러가는 물에 힘을 가하여 반대 방향으로 역류시키다. ○其性亦猶是也(기성역유시야)-그 본성 역시 이것과 같다.

경중(輕重)과 비유-고자(告子)·하(下)

임(任)나라 사람이 맹자의 제자인 옥려자(屋廬子)에게 물었다.
"예(禮)와 먹는 것과는 어느 것이 더 중합니까?"
"예가 더 중하오."
"색(色)과 예는 어느 것이 중한가요?"

"예가 중하오."

"예를 지키면 굶어죽게 되고, 예를 무시하면 먹을 수 있어도 반드시 예를 지켜야 하나요? 예를 갖추어 장가를 가려면 아내를 얻을 수 없고, 예를 갖추지 않으면 아내를 얻을 수 있어도 반드시 예를 갖춰야만 합니까?"

옥려자는 대답을 하지 못했다.

그래서 이튿날 맹자가 계신 추(鄒)나라로 가서 맹자에게 물었다.

맹자는 이렇게 말했다.

"그걸 대답하는데 뭐가 어려울 게 있겠는가. 그 뿌리를 맞추지 않고 끝만 가지고 따지기로 말하면 사방 한 치 되는 나무토막을 뾰족한 산언덕보다 더 높게 할 수 있다. 쇠가 깃[羽] 보다 무겁다는 것은 어찌 띠 갈고리 한 개와 한 수레의 깃을 가지고 비교할 수 있겠는가. 먹는 것의 무거운 것과 예의 가벼운 것을 비교하면 먹는 것이 무겁다뿐이겠는가. 색의 무거운 것과 예의 가벼운 것을 비교하면 색이 무겁다뿐이겠는가. 가서 이렇게 대답하라. 형의 팔을 비틀어 빼앗아 먹으면 먹을 수 있고, 팔을 비틀지 않으면 먹을 수 없을 경우 형의 팔을 비틀 작정인가. 이웃집 담을 넘어 그 집 처녀를 납치해 오면 아내를 얻을 수 있고, 그러지 않으면 아내를 얻지 못할 경우, 역시 남의 처녀를 납치하겠는가."

原文 任人 有問屋廬子曰, 禮與食 孰重. 曰, 禮重. 色與禮孰重. 曰, 禮重. 曰, 以禮食 則飢而死 不以禮食 則得食 必禮乎. 親迎 則不得妻 不親迎 則得妻 必親迎乎. 屋廬子不能對 明日之鄒 以告孟子.

孟子曰, 於答是也 何有. 不揣其本 而齊其末 方寸之木 可使高於岑樓. 金重於羽者 豈謂一鉤金與一輿羽之謂哉. 取食之重者 與

禮之輕者而比之 奚翅食重 取色之重者 與禮之輕者而比之 奚翅色
重. 往應之曰, 紾兄之臂而奪之食 則得食 不紾 則不得食 則將紾
之乎. 踰東家牆 而摟其處子 則得妻 不摟 則不得妻 則摟之乎.

註解 ○任人(임인)-임(任)나라 사람. 임나라는 지금의 산동성 제녕현
(濟寧縣)에 있었다. ○屋廬子(옥려자)-맹자의 제자. 성이 옥려이고 이름
은 연(連)이다. ○色(색)-여색(女色). 여기서는 남자가 여자와 사는 것을
의미한다. ○以禮食(이례식)-예법을 따져서 그것에 따라 식사하다. ○鄒
(추)-맹자의 고국(故國). ○揣(취)-요량하다. 헤아리다. ○齊(제)-가지
런히 하다. ○岑樓(잠루)-산언덕. ○一鉤金(일구금)-혁대 고리 쇠 하나.
○一輿羽(일여우)-수레에 가득 실은 새털. ○奚翅(해시)-어찌 ……일
뿐이랴. 그것 이상이라는 뜻. ○紾(진)-비틀다. 남의 팔을 비트는 난폭한
행위. ○踰(유)-넘어가다. ○摟(루)-끌어당기다. ○處子(처자)-처녀. 생
가(生家)에 머물러 있는 여자를 가리킨다.

귀인(貴人)을 대하는 법-진심(盡心)·하(下)

맹자는 말했다.

"부귀한 사람을 설득할 때는 그를 작게 볼 뿐 그의 세도(勢道)와
지위가 혁혁한 것은 보지 말아야 한다. 집이 몇 리나 되고 서까래의
굵기가 몇 자가 된다 해도, 그런 건 내가 뜻을 얻은 뒤에도 원치 않
는 것이요, 먹는 음식이 사방 열 자나 되는 상에 그득하고 옆에 모
신 첩이 수백 명이 된다 해도, 그런 건 내가 뜻을 얻은 뒤라도 원치
않는 것이며, 마음껏 즐기고 술을 마시며 말과 수레를 달려 산과 들
로 사냥을 할 때 뒤따르는 수레가 천 대나 된다 해도, 내가 뜻을 얻
은 다음에도 원치 않는 것들이다. 이렇게 그들이 가지고 있는 것은
내가 원치 않는 것이며, 내가 가지고 있는 것은 모두가 옛 성인(聖

人)의 가르침에 따르는 것이다. 내가 어찌 그를 두려워하겠는가."

原文 孟子曰, 說大人則藐之 勿視其巍巍然. 堂高數仞 榱題數
尺 我得志 弗爲也. 食前方丈 侍妾數百人 我得志 弗爲也. 般樂
飮酒 驅騁田獵 後車千乘 我得志 弗爲也. 在彼者 皆我所不爲也.
在我者 皆古之制也 吾何畏彼哉.

註解 ○說(세) – 설득하다. ○藐之(막지) – 그를 멀리 다루다. ○巍巍然
(위위연) – 부귀로 말미암은 위세가 당당한 모양. ○仞(인) – 성인의 키로 한
길. ○榱題(최제) – 매우 큰 집. ○驅騁(구빙) – 거마(車馬)를 달리다. ○後
車千乘(후거천승) – 출행(出行)할 때 자기 수레 뒤에 1천 대의 수레가 따
르게 하다. ○在彼者(재피자) – 저에게 있는 것. ○古之制(고지제) – 옛날의
제도.

본색은 하찮은 곳에서 – 진심(盡心) · 하(下)

맹자는 말했다.
"이름나기[虛名]를 좋아하는 사람은 천 승(千乘) 나라도 사양할
수 있다. 그러나 그가 진정으로 부귀에 욕심이 없는 사람이 아닐 경
우라면, 한 그릇 밥과 한 대접 국을 놓고 얼굴을 붉히게 된다."

原文 孟子曰, 好名之人 能讓千乘之國. 苟非其人 簞食豆羹 見
於色.

註解 ○好名之人(호명지인) – 명예를 좋아하는 사람. ○簞食豆羹(단사
두갱) – 한 그릇의 밥과 국. 대수롭지 아니한 이(利). ○見於色(현어색) –
그것을 잃을까 두려워하는 기색이 얼굴에 나타나다.

회남자 편(淮南子篇)

21권, 21편. 《회남홍렬(淮南鴻烈)》이라고
도 한다. 전한(前漢)의 회남왕(淮南王), 유
안(劉安 : 기원전 179~122년)이 그의 문하
인 빈객(賓客) 학자에게 일러 천문지리(天文
地理), 각지 열국(列國)의 풍속괴이(風俗怪
異), 고금의 설화 등을 집록(集錄)케 한 이
른바 잡가(雜家)의 서(書)로, 그 백과전서적
성격은 《여씨춘추(呂氏春秋)》와 비슷하다.

이겼기 때문에 걱정 - 도응훈(道應訓)

조양자(趙襄子)는 적(翟)나라를 쳐서 우(尤)와 종(終) 두 고을을 빼앗았다.

적나라 사신이 조양자를 뵈러 왔을 때, 마침 양자는 밥상을 받으려는 참이었는데, 반가워하는 대신 걱정스런 표정을 보였으므로 시종들이,

"하루 아침에 두 성을 항복받은 것이옵니다. 모두들 기뻐하고 있는데 전하께서는 걱정하는 모습을 보이시니 어찌된 일이옵니까?"

라고 물었다. 양자는 이렇게 대답했다.

"큰 강물이라도 사흘이 못가서 물이 주는 수가 있고, 아무리 센 바람이라도 아침부터 점심때까지 계속되는 일은 없으며, 해도 중천에 걸려 있는 시간은 잠시 동안밖에 되지 않는 법 —. 그런데 지금 우리 조씨는 남달리 많은 덕을 쌓은 것도 아닌데 하루 아침에 두 성이 항복을 하지 않았는고, 그러니 망할 시기가 또한 머지않을 것만 같아 그래서 걱정을 하는 것이야."

공자(孔子)는 이 말을 듣고,

"조자(趙子)는 반드시 번창하게 되리라."

라고 했다. 대저 걱정은 번영의 근본이 되고, 기쁨은 망할 장본이 되는 것이다.

原文 趙襄子 攻翟而勝之 取尤人終人. 使者來謁之 襄子方將食而有憂色. 左右曰, 一朝而兩城下 此人之所喜也. 今君有憂色何也. 襄子曰, 江河之大也 不過三日 飄風暴雨 日中不須臾. 今趙氏之德行 無所積 一朝兩城下 亡其及我乎.

孔子聞之曰, 趙氏其昌乎. 夫憂所以爲昌也 而喜所以爲亡也.

442

註解　○翟(적)-전국시대 초기에 있었던 약소국.　○兩城下(양성하)-두 성을 쳐서 빼앗다.　○飄風(표풍)-거세게 부는 바람. 태풍.　○無所積(무소적)-쌓은 바가 없다.

큰 목소리도 재능의 하나 - 도응훈(道應訓)

옛날 공손룡(公孫龍)이 조(趙)나라에 갔을 때 제자들에게,
"나는 무능한 사람과는 상종하지 않는다."
라고 말한 적이 있었다. 그런데 어느 날 허름한 털옷에 노끈으로 띠를 두른 한 사람이 찾아와서,
"저는 남보다 큰 목소리를 낼 수 있습니다."
라며 자기 소개를 했다. 공손룡이 제자들을 돌아보며,
"내 문하에 큰 목소리를 내는 사람이 있느냐?"
하고 묻자,
"없습니다."
라고 대답했다.
"그럼 이 사람을 제자의 명부에 올리도록 해."
하고 명령했다.

며칠이 지난 다음, 연(燕)나라 임금에게 유세(遊說)를 갈 작정으로 황하까지 오게 되었는데, 배는 건너편에 가있어서 건너갈 도리가 없었다. 그래서 큰 목소리를 낼 수 있다는 그 사람을 불러내어 사공을 불러보도록 시켰다.

그랬더니 한 번 외치는 소리에 배는 이쪽을 향해 오고 있었다.

原文　昔者公孫龍　在趙之時　謂弟子曰, 人而無能者　龍不能與游. 有客　衣褐帶索而見曰, 臣能呼. 公孫龍顧謂弟子曰, 門下故有

能呼者乎. 對曰, 無有. 公孫龍曰, 與之弟子之籍 後數日往說燕王
至於河上 而航在一汜 使善呼者呼之. 一呼而航來.

註解 ○公孫龍(공손룡)－전국시대 조(趙)나라의 사상가. 기원전 320?～
250? 자는 자병(子秉).

사람은 쓰기에 달렸다－도응훈(道應訓)

초(楚)나라 장군 자발(子發)은, 무엇인가 남다른 재주를 가진 사람
을 불러모으는 데 열심이었다. 그러자 초나라에 좀도둑질로 뛰어난 사
람이 그를 찾아와서,

"장군께서는 무엇이고 남다른 재주를 가진 사람을 찾으신다고 해서
왔습니다. 저는 좀도둑질을 하는 놈입니다만 이 도둑질하는 재주로
장군의 부하가 되었으면 합니다."

하고 청했다. 자발은 통인에게 그 말을 전해 듣자, 옷에 띠를 두르기도
바쁘게, 갓도 미처 바로잡지 못하고 총총히 밖으로 나가 그를 정중히
맞아들였다. 측근들이,

"자칭 좀도둑이라고 했으니 도둑임이 틀림없지 않습니까. 그런데
그런 자를 그렇게 정중한 예로써 대하시니 영문을 알 수 없습니다."

라며 못마땅해 하자, 자발은,

"이건 그대들이 상관할 문제가 아니오."

하고 대답했다.

그로부터 얼마 안 있어서, 제(齊)나라가 군사를 일으켜 초나라로 쳐
들어왔다. 자발은 군대를 이끌고 나가 제나라 군사와 대전했는데 세
번 접전했건만 세 번 다 불리했다. 초나라에서는 중신들이 모여 열심
히 대책을 강구하고 있었으나, 제나라 군사의 기세는 갈수록 더해만

444

갔다. 그때 앞서의 그 좀도둑이란 자가 자발에게 나아와서,

"저는 변변치 못한 재주를 가지고 있습니다만, 장군을 위해 한번 시
험해 보고 싶습니다."

하므로 자발은,

"그럼 어디 한번 해 보아라."

하고, 자세한 설명도 들을 것 없이 허락했다. 좀도둑은 어둠을 이용하여,
제나라 장군이 거처하는 본영으로 들어가 문앞에 드리운 장막을 벗겨다
가 자발에게 올렸다. 그래서 자발은 사람을 시켜 그것을 돌려보내며,

'병졸 가운데 땔감을 구하러 나갔던 자가 장군의 장막을 가지고 왔
으므로 삼가 돌려드립니다.'

하고 전하도록 시켰다. 좀도둑은 다음날 밤에 또 적군의 본영으로 들
어가서 장군이 베고 자는 베개를 훔쳐가지고 왔다. 자발은 이번에도
사람을 보내어 그것을 돌려주고 오게 했다. 다음날 밤에는 적장의 머
리에 감긴 끈을 풀어 가지고 돌아왔다. 자발은 또 돌려보내 주었다.

제나라 군중에선 그 사실을 알고 크게 당황하기 시작했다. 제나라
장군은 마침내 군관들을 모아놓고,

"오늘 중으로 퇴각하지 않으면 초나라에서 내 머리를 훔쳐갈지도
모를 일이다."

하고 군대를 철수시키고 말았다.

고로, 어떤 보잘것없는 재주라도 그것을 업신여길 수 없는 것이며,
임금된 사람이 쓰기에 달려 있는 것이다.

原文 楚將子發 好求技道之士. 楚有善爲偸者. 往見曰, 聞君求
技道之士 臣楚市偸也. 願以技齎一卒 子發聞之 衣不給帶 冠不暇
正 出見而禮之. 左右諫曰, 偸者天下之盜也. 何爲禮之. 君曰, 此
非左右之所得與. 後無幾何 齊興兵伐楚. 子發將師以當之. 兵三

却. 楚賢良大夫 皆盡其計 而悉其誠 齊師愈强. 於是市偸進請曰,
臣有薄技 願爲君行之. 子發曰, 諾. 不問其辭而遣之. 偸則夜出.
解齊將軍之幬帳而獻之. 子發因使人歸之曰, 卒有出薪者 得將軍
之帷 使歸之於執事 明夕復往取其枕. 子發又使人歸之. 明夕復往
取其簪 子發又使歸之. 齊師聞之大駭. 將軍與軍吏謀曰, 今日不去
楚軍恐取吾頭 乃還師而去. 故伎無細而能無薄 在人君用之耳.

註解 ○子發(자발)－초나라의 영윤(令尹). 즉 재상(宰相). 장군. ○技
道之士(기도지사)－기능을 가진 사람. 재주가 있는 사람. ○偸(투)－도둑
질. 좀도둑. ○齎(재)－……을 가져오다. 여기서는 쓰임 받다란 뜻. ○薄技
(박기)－서투른 재능. 변변치 못한 재주.

새옹지마(塞翁之馬)－인간훈(人間訓)

국경의 요새지 근처에, 점(占)을 잘 치는 사람이 살고 있었다. 그 집에
서 기르고 있는 말이, 하루는 아무 까닭도 없이 국경 넘어 오랑캐[胡]들
이 살고 있는 곳으로 달아나 버렸다. 마을 사람들이 안됐다는 인사를
하러 가자 그 집 영감은,

"이것이 다행스런 일이 될지 누가 알겠는가."

라며 태연했다. 그로부터 몇 달이 지나서, 달아났던 말이 오랑캐의 좋은
말을 데리고 돌아왔다. 사람들이 잘됐다는 인사를 하러 갔더니 영감은,

"이것이 불행스런 일이 안될지 누가 알겠소."

라며 별로 좋아하는 기색이 없었다. 어쨌든 그 집에는 좋은 말이 한 필
늘어나게 되었다. 그런데 영감의 아들이 말타기를 좋아했는데 새로 들
어온 말을 타고 돌아다니다가 그만 떨어져 다리가 부러졌다. 사람들이
위문가자 영감은,

"이것이 다행스러운 일이 될지 누가 알겠소."

446

하고 덤덤한 표정이었다. 그로부터 1년쯤 지나 오랑캐들이 크게 몰려
와 요새지를 공격했으므로 젊은 사람들은 모두 적과 싸워야만 했다.
그리하여 요새지 일대에 사는 사람들은 열에 아홉은 전사했다. 그러나
영감의 아들은 절름발이였으므로 부자(父子)가 함께 무사했다.

原文　近塞上之人　有善術者　馬無故亡而入胡. 人皆弔之. 其父
曰, 此何遽不爲福乎. 居數月　其馬將胡駿馬而歸. 人皆賀之. 其父
曰, 此何遽不能爲禍乎. 家富良馬　其子好騎　墮而折其髀. 人皆弔
之. 其父曰, 此何遽不爲福乎. 居一年　胡人大入塞　丁壯者引弦而
戰　近塞之人　死者十九. 此獨以跛之故　父子相保.

註解　○善術者(선술자)－도술(道術)을 잘하는 사람. 점(占)을 잘 치는
사람. ○遽(거)－즉시. ○將胡駿馬(장호준마)－오랑캐의 좋은 말을 데리
고 오다. ○墮(타)－말에서 떨어지다. ○引弦而戰(인현이전)－활을 당기
면서 전쟁을 하다. ○死者十九(사자십구)－죽은 사람이 열에 아홉이다란
뜻. ○父子相保(부자상보)－부자가 모두 목숨을 부지했다.

결사(決死)의 각오 - 인간훈(人間訓)

노(魯)나라 사람이 제(齊)나라로 와서 아버지의 원수를 죽였다. 원
수의 배를 갈라 심장을 끄집어내고는, 조용히 앉아 갓을 바로잡은 다
음, 일어나 옷을 갈아입고, 천천히 걸어서 성문을 나왔다. 수레에 오른
뒤에도 말을 채찍질하는 일이 없었고, 얼굴 표정 하나 변하지 않았다.
마부가 말을 급히 몰려고 하자, 그의 손을 눌러 못하게 말리며,

"내가 오늘 아버지를 위해 원수를 죽인 것은, 죽음을 각오한 위에
저지른 일이다. 이제 와서 살려는 생각은 없다. 그보다도 내가 할
일을 다했으니 어디 특별히 갈 곳도 없지 않겠는가."

라고 했다. 그의 뒤를 쫓던 사람들도,

"이 사람은 예절과 의리가 있는 사람이다. 그를 죽일 수는 없다."

하고, 포위를 풀고 가버렸다.

만약 이 사람이 옷도 제대로 못입고 갓도 바로잡지 못한 채 허둥지둥 달아나려 했으면 열 걸음을 채 못가서 잡히고 말았을 것이다. 그는 이제 다시 앉아 갓을 바로 쓰고, 일어나 옷을 갈아입은 다음, 천천히 걸어서 성문을 나와, 수레를 타고도 말을 채찍질하지 않고, 얼굴빛 하나 달라지지 않았기 때문에 사람들은 그가 결사의 각오로 임한 것을 알게 되었던 것이다. 그것이 도리어 살게 된 원인이 되었다.

이것이 이른바 '천천히 걷는 걸음이 도리어 빠르고, 달려가는 것은 걷는 것보다 늦다'고 하는 것이다.

原文 魯人有爲父報讐於齊者. 刳其腹而見其心 坐而正冠 起而更衣 徐行而出門. 上車而步馬. 顏色不變. 其御欲驅 撫而止之曰, 今日爲父報讐 以出死 非爲生也. 今事已成矣. 又何去之. 追者曰, 此有節行之人 不可殺也. 解圍而去之. 使被衣不暇帶 冠不及正 蒲伏而走 上車而馳 必不能自免於十步之中矣. 今坐而正冠 起而更衣 徐行而出門 上車而步馬 顏色不變 此衆人所以爲死也. 而乃反以得活. 此所謂徐而馳 遲於步也.

註解 ○報讐(보수)-원수를 갚다. ○刳(고)-가르다. 쪼개다. ○御欲驅(어욕구)-어자(御者 : 마부)가 말을 달리게 하다. ○何去之(하거지)-어디로 갈 것인가. 갈 곳이 마땅치 않다는 뜻이다.

교묘한 간언(諫言)-인간훈(人間訓)

노애공(魯哀公)이 궁전 서쪽에다 새로 증축을 하려고 했다.

사관(史官)이 이를 반대하여,

"서쪽에 증축을 하는 것은 집 짓는 법으로 보아 좋지 못하옵니다."
라고 말했다. 애공은 얼굴빛을 바꾸며 크게 화를 냈다. 그는 주위 사람
이 아무리 간해도 들으려 하지 않았다. 그리고 시종관인 재절수(宰折
睢)에게,

"과인이 집을 새로 증축하려는데, 사관들은 모두 운이 맞지 않는다
면서 반대를 하고 있소. 경은 어떻게 생각하오?"
라고 물었다. 재절수가,

"천하에는 세 가지 불상사(不祥事)가 있는데, 서쪽에 증축을 하는
것은 그것과 아무 관계도 없사옵니다."
라고 대답하자, 애공은 몹시 기뻐했다. 그리고 조금 지나서 물었다.

"그 세 가지 불상사란 어떤 것이오?"

"예의를 행하지 않는 것이 첫째 불상사요, 욕심에 한계가 없는 것이
둘째 불상사요, 면대하여 간하는 말에 귀를 기울이지 않는 것이 셋
째 불상사이옵니다."

애공은 아무 말없이 한참을 생각하고 있더니, 차츰 반성을 하며 마
침내는 서쪽에 증축하는 일을 중지했다.

原文 魯哀公欲西益宅. 史爭之以爲. 西益宅不祥. 哀公作色而怒
左右數諫不聽. 乃以問其傅宰折睢. 曰, 吾欲益宅而史以爲不祥. 子
以爲何如. 宰折睢曰, 天下有三不祥. 西益宅不與焉. 哀公大悅而喜
頃復問曰, 何謂三不祥. 對曰, 不行禮義 一不祥也. 嗜慾無止 二不
祥也. 不聽强諫 三不祥也. 哀公默然深念憤然自反 遂不西益宅.

註解 ○益宅(익택)-궁전을 증축하다. ○史爭(사쟁)-사관(史官)이 반
대 의견을 내다. ○宰折睢(재절수)-부(傅), 즉 시종관의 성명.

순자 편(荀子篇)

　　20권 32편으로 이루어져 있다. 순자는 전
국시대의 유학자(儒學者)로 맹자(孟子)의
성선설(性善說)과 반대되는 성악설(性惡說)
을 제창한 것으로 유명하다. 지금 우리에게
전해지고 있는 《순자(荀子)》는 자신이 집필
한 것과 제자들이 쓴 것이 섞여져 있으며 한
(漢)으로부터 송(宋)까지 내려오는 동안 유
행하였던 판본도 여러 종류가 된다. 내용은
주로 순자의 사상을 세분하여 볼 수 있는 자
연론 · 성악설 · 인식론 · 예론(禮論) · 정치론
등으로 살펴 볼 수 있다.

흑백의 선택 - 권학(勸學)

남방에는 몽구(蒙鳩)라는 이름의 새가 있다. 깃털로 둥지를 만들고 그것을 머리털로 엮어서 갈대 이삭에 매어놓는다. 바람이 불어오면 이삭이 꺾어지고 둥지 속의 알은 깨지며 그 새끼들은 떨어져 죽기도 한다. 이것은 둥지가 불완전하여서가 아니라 그런 곳에다 둥지를 매어놓기 때문이다.

서쪽에는 야간(射干)이라고 불리는 풀이 있다. 풀줄기는 비록 네 치이지만 높은 산 위에서 자라고 있으므로 백 길이나 되는 못을 바라보고 있다. 그것은 풀줄기가 길어질 수 있기 때문이 아니라 태어난 곳이 높은 산 위이기 때문이다.

쑥대가 삼대밭에서 자라면 두루 곧아지고, 흰 모래가 개흙 속에 던져지면 개흙과 같이 검게 된다.

난괴(蘭槐)의 뿌리는 향료로 쓰이는데 구정물에 담가두면 군자나 범인이나 아무도 가까이하지 않고, 몸에 지니고 다니려고 하지 않는다. 그 바탕은 향기롭지만 구정물에 담가두었기 때문에 그렇게 되고 만 것이다.

그러므로 군자는 반드시 마을을 가리어서 살고, 노는 데 있어서도 반드시 선비들과 어울린다. 이것은 사악한 곳으로 들어가려는 것을 스스로 막음으로써 올바른 곳에 가까워지고자 하기 때문이다.

原文 南方有鳥焉 名曰蒙鳩. 以羽爲巢 而編之以髮 繫之葦苕. 風至苕折 卵破子死 巢非不完也 所繫者然也. 西方有木焉 名曰射干. 莖長四寸 生於高山之上 而臨百仞之淵. 木莖非能長也 所立者然也. 蓬生麻中 不扶而直 白沙在涅 與之俱黑. 蘭槐之根 是爲芷 其漸之滫 君子不近 庶人不服. 其質非不美也 所漸者然也. 故君子 居必擇鄕 遊必就士 所以防邪僻 而近中正也.

452

註解 ○蒙鳩(몽구)-뱁새의 일종. ○苕(초)-갈대의 이삭. ○射干(야간)-오선(烏扇)이라고도 한다. 중국 서쪽의 높은 산에서 나는 풀 이름. ○蓬(봉)-다북쑥. ○蘭槐(난괴)-향초의 일종. 그 뿌리는 지(芷)라 하여 향료로 쓰인다. ○瀡(수)-오래된 구정물. ○邪僻(사벽)-사악하고 비뚤어진 것.

들리지 않는 소리가 없고 - 권학(勸學)

옛날에 호파(瓠巴)라는 이가 있어 슬(瑟 : 큰 거문고)을 켜면 물속에 있던 고기도 나와서 들었고, 백아(伯牙)라는 사람이 있어 금(琴 : 거문고)을 타면 수레를 끄는 여섯 필의 말들도 고개를 들고 귀를 기울였다.

그러니 아무리 소리는 작다 하지만 소리라는 것은 들리지 않는 소리가 없고, 행동 또한 아무리 숨기려 하여도 드러나지 않는 것이 없는 법이다. 구슬이 산에 있으면 초목이 윤택하여지고 연못 속에서 진주가 나오면 그 연못가는 마르는 법이 없다.

선을 행하고 악한 것을 버린다면 어찌 명성이 드날리지 아니하겠는가.

原文 昔者 瓠巴鼓瑟 而流魚出聽 伯牙鼓琴 而六馬仰秣. 故聲無小而不聞 行無隱而不形. 玉在山而草木潤 淵生珠而崖不枯. 爲善不積邪 安有不聞者乎.

註解 ○瓠巴(호파)-옛날에 슬(瑟)을 잘 타던 사람. 호파가 슬(瑟)을 타면 새가 춤을 추고 물고기가 뛰었다고 한다. ○流魚(유어)-흐르는 물속에 있는 고기. ○伯牙(백아)-옛날에 금(琴)을 잘 타던 명인. 종자기(鍾子期)란 친구가 그의 음악을 잘 이해해 주었다는 데서 '지음(知音)'이란 고사성어가 생겨났다. ○六馬(육마)-천자의 수레인 노거(路車)를 끄는

여섯 마리의 말. ㅇ仰秣(앙말)-말이 금(琴) 소리를 듣기 위해 풀을 뜯다가 고개를 쳐들다.

인물 평가법 - 비상(非相)

요(堯)임금은 키가 컸고 순(舜)임금은 키가 작았으며, 주(周)나라의 문왕(文王)은 키가 컸고 주공(周公)은 키가 작았다. 또 키가 큰 분으로는 공자가 있고, 작은 분으로는 중궁(仲弓)이 있다.

옛날 위(衛)나라 영공(靈公)에게 공손여(公孫呂)라는 신하가 있었는데 신장은 일곱 자나 되며 얼굴 길이는 석 자에 넓이는 세 치나 되었다고 한다. 이런 얼굴에 눈·코·귀가 다 갖추어져 있었으나 이름을 온 천하에 떨쳤다.

손숙오(孫叔敖)라는 사람은 초(楚)나라의 기사(期思)라는 고을의 시골뜨기인데 튀어나온 대머리에 왼팔이 길었음에도 불구하고 수레에 앉은 채 초나라의 패업을 이룩하였다.

섭공자(葉公子)는 작은 몸집에 깡마른 빼빼여서 걸을 때는 제몸에 걸친 옷도 제대로 이기지 못하는 것 같았다. 그러나 백공(白公)의 난 때에는 영윤(令尹)인 자서(子西)와 사마(司馬)인 자기(子期)가 모두 죽자 초나라로 들어가 그곳을 근거지로 하여 백공을 죽여 나라를 안정시키는 것을 손바닥 뒤집듯 쉽게 하였다.

이들의 인의(仁義)와 공명(功名)은 후세에까지 좋게 전해져 내려오고 있다.

이러한 까닭에 일을 함에 있어서는 키가 크고 작음이라든가 몸집이나 몸이 가볍고 무거움을 따지지 않으며 사람의 뜻으로 하여야 한다. 키의 장단, 몸집의 대소, 얼굴이 잘나고 못생김을 어찌 논할 것인가.

454

原文 蓋帝堯長 帝舜短 文王長 周公短 仲尼長 子弓短. 昔者
衛靈公有臣曰公孫呂 身長七尺 面長三尺 焉廣三寸 鼻目耳具 而
名動天下. 楚之孫叔敖 期思之鄙人也 突禿長左 軒較之下而以楚
霸. 葉公子高 微小短瘠 行若將不勝其衣 然白公之亂也 令尹子西
司馬子期 皆死焉 葉公子高入據楚 誅白公 定楚國 如反手爾. 仁
義功名 善於後世. 故事不揣長 不揳大 不權輕重 亦將志乎爾. 長
短小大美惡形相 豈論也哉.

註解 ○子弓(자궁)−공자의 제자인 중궁(仲弓)의 자(字). ○期思(기사)−
초(楚)나라 고을 이름. ○突禿(돌독)−머리가 튀어나오고 대머리인 사람.
○長左(장좌)−왼팔이 긴 사람. ○軒較之下(헌교지하)−수레를 타고 옆에
기대어 앉다. 손숙오(孫叔敖)가 무력을 쓰지 않고 수레에 앉은 채 지략으
로 초나라의 패업(霸業)을 이룩케 한 것을 뜻한다. ○葉公子高(섭공자고)
−섭(葉)은 초나라 안에 있던 조그마한 나라 이름. 자고(子高)는 섭나라
임금이었으므로 섭공자고라 하였다. ○短瘠(단척)−키가 작고 깡마른 것.
○白公之亂(백공지란)−백공승(白公勝)이 일으킨 반란. ○揣(췌)−헤아리
다. ○權(권)−저울로 단다는 뜻.

학문의 길−비상(非相)

서(徐)나라의 언왕(偃王)이란 사람은 눈으로 말머리를 바라볼 수
없을 만큼 꼽추였다. 공자 또한 그 얼굴 모습이 방상시(方相氏) 가면
과 흡사했으며, 주공의 모습은 부러진 마른 나무 같았고, 고요(皐陶)는
얼굴빛이 깎아놓은 오이 같았다.

굉요(閎夭)라는 이는 얼굴 전체가 무성한 털로 덮여 있었고, 부열
(傅說)은 몸체가 등지느러미를 세운 물고기 같기도 했으며, 이윤(伊
尹)은 얼굴에 수염도 눈썹도 없었다고 한다.

우(禹)임금은 절름발이였고 탕(湯)임금은 반신불수, 요와 순임금은
눈동자가 겹쳐 있었다 한다.

학문하는 사람이라면 인물의 잘나고 못남 같은 외형상의 문제만을
따질 것이 아니라 사람의 뜻을 논하고, 그것을 쓴 글과 견주어 보아야
한다.

原文 且徐偃王之狀 目可瞻馬 仲尼之狀 面如蒙倛 周公之狀
身如斷菑. 皐陶之狀 色如削瓜 閎夭之狀 面無見膚. 傳說之狀 身
如植鰭 伊尹之狀 面無須麋. 禹跳 湯偏 堯舜參牟子. 從者將論志
意 比類文學邪 直將差長短 辨美惡 而相欺傲邪.

註解 ○偃(언) - 눕는 것. 언왕(偃王)이란 이름이 붙여진 것도 그의 몸
이 누워 있는 것처럼 언제나 제쳐져 있었기 때문이라고 한다. ○目可瞻馬
(목가첨마) - 눈은 말을 바라볼 만하다란 뜻. 뒤로 제쳐진 앞쪽 꼽추여서 사
람은 잘 못보고 말처럼 큰 것만을 볼 수 있었다는 뜻이다. ○蒙倛(몽기) -
방상시(方相氏) 가면. ○削瓜(삭과) - 껍질을 벗긴 오이. 얼굴색이 푸른색
이었음을 뜻한다. ○閎夭(굉요) - 문왕(文王)의 신하. ○植鰭(치기) - 물고
기의 등지느러미를 세우는 것. 역시 꼽추임을 뜻한다. ○偏(편) - 반신불수
란 뜻. ○參牟子(참모자) - 눈동자가 겹친 것. 후세에는 이것을 제왕의 상
(相)이라고 했다. ○直(직) - 지(只)와 통한다. 즉 다만이란 뜻. ○欺(기) -
망령되다란 의미이다.

선비의 출퇴(出退) - 유효(儒效)

진(秦)나라 소왕(昭王)의 물음에 순자는 이렇게 대답했다.

── 선비란 옛임금을 본받고 예의를 존중할 줄 알며 신하들에 대하
여 삼가는 것을 알며 임금을 귀히 여기는 사람들이옵니다. 전하께서

456

선비를 등용하시면 곧 조정의 권세를 잡아 모든 일을 합당하게 할 것이며, 등용치 않으시면 백성들 틈에 섞여 성실히 지내면서 순종할 것이니이다.

비록 가난하여 헐벗고 굶주림으로 허덕인다 하더라도 나쁜 길로 들어서서 재물을 탐욕하지 않을 것이며, 송곳을 세울 만한 땅조차 없더라도 국가를 지탱하여 나가는 대의에는 밝나이다.

소리쳐 불러도 누구 하나 호응해 주는 사람이 없더라도 만물을 풍부하게 하고 백성들을 기르는 법에는 통달해 있사옵니다.

권세를 잡아 남의 위에 서면 임금이 되어도 손색이 없고, 남의 아래에 있으면 신하이며 임금의 보배가 될 것이니이다. 비록 가난한 마을, 거기서도 비가 새는 집에 숨어 산다고 하더라도 사람들이 모두 받드는 것은 올바른 도리가 존재하기 때문이옵니다.

공자가 노나라의 사구(司寇)가 되려고 하자 심유씨(沈猶氏)는 아침에 양의 배에 물을 채워서 무게를 늘여 팔지 않게 되었고, 공신씨(公愼氏)는 그의 음탕한 처를 내보냈으며, 신궤씨(愼潰氏)는 사치하였던 까닭에 국경을 옮겨갔고, 소와 말을 팔던 사람들도 값을 속여 팔지 않게 되었나이다. 이것은 몸을 바르게 닦고서 기다렸기 때문입지요.

궐당(闕黨)에 있을 때에는, 궐당의 젊은이들이 짐승을 사냥하여 오면 부모가 있는 사람에게 조금 많이 분배하였나이다. 이것은 효도와 우애로써 교화시켰기 때문이구요.

선비는 조정에 있어서는 아름다운 정치를 시행하고, 떠나면 풍속을 아름답게 하옵니다. 선비가 남의 아래에 있게 되면 이와 같나이다.

原文 秦昭王問孫卿子曰, 儒無益於人之國. 孫卿子曰 儒者法先王 隆禮義 謹乎臣子 而致貴其上者也. 人主用之 則埶在本朝而宜. 不用則退編百姓而慤 必爲順下矣. 雖窮困凍餧 必不以邪道爲

貪 無置錐之地 而明於持社稷之大義. 嗚呼而莫之能應 然而通乎
財萬物 養百姓之經紀. 執在人上 則王公之材也 在人下 則社稷之
臣 國君之寶也. 雖隱於窮閻漏屋 人莫不貴之 道誠存也.

　仲尼將爲司寇 沈猶氏不敢朝飮其牛 公愼氏出其妻 愼潰氏踰境
而徙 魯之粥牛者 不豫賈 必蚤正以待之也. 居於闕黨　闕黨之子
弟 罔不分有親者取多 孝弟以化之也. 儒者在本朝則美政 在下位
則美俗 儒之爲人下 如是矣.

註解　○致(치)-극(極)과 통한다. 즉 매우란 뜻. ○退編(퇴편)-물러나
어울리다. ○經紀(경기)-기강(紀綱). 법(法). ○閻(염)-마을. 골목. ○漏
屋(누옥)-비가 새는 집. ○沈猶氏(심유씨)-양(羊) 장사의 이름. 언제나
그의 양에게 물을 먹이어 무게를 늘여 팔았다. ○公愼氏(공신씨)-그의
아내가 매우 음탕했건만 남편의 입장에서 제재를 가하지 못했었다. ○愼
潰氏(신궤씨)-아주 사치스러운 생활을 하던 사람. ○闕黨(궐당)-궐리
(闕里)라고도 한다. 공자(孔子)가 처음으로 교육을 시작했던 마을 이름.
지금의 산동성 곡부현(曲阜縣)에 있다.

대신(大神) - 왕제(王制)

북해 근처의 지방에는 잘 달리는 말과 잘 짖어대는 개가 있다. 남해
근처에서는 새깃·상아·외뿔소 가죽과 증청(曾靑)·단사(丹砂)가
난다.

동해 근처에서는 자초(紫草)와 칡베·물고기·소금 등이 생산되며,
서해 근처에서는 짐승의 가죽과 무늬 있는 쇠가죽이 난다. 이것들은
다 중국에서 구해다가 사용하는 것이다.

그러므로 물가에 사는 사람들도 나무가 풍부하고, 산에 사는 사람도
물고기가 풍족하다. 농부들은 나무를 깎고 다듬거나 질그릇을 굽지 않

지만 쓰는 용구는 풍부하다. 장인들이나 상인들도 마찬가지로 밭을 갈지는 않지만 양곡이 넉넉하다. 그리고 호랑이나 표범은 사납지만 군자들은 그것을 사냥하여 가죽을 사용하고 있다. 그러므로 하늘 아래에 있는 물건들은 모두가 그 가진 바대로 잘 쓰이고 있다.

위로는 그 물건들로 어질고 선량한 이들을 장식케 하고, 아래로는 백성들을 먹여 살리어 모두 안락하게 하여 준다. 이것을 일컬어 대신(大神)이라고 한다.

原文 北海則有走馬吠犬焉 然而中國得而畜使之. 南海則有羽翮齒革 曾靑丹干焉 然而中國得而財之. 東海則有紫絍魚鹽焉 然而中國得而衣食之. 西海則有皮革文旄焉 然而中國得而用之. 故澤人足乎木. 山人足乎魚 農夫不斷削不陶冶 而足械用 工賈不耕田而足菽粟. 故虎豹爲猛矣 然君子剝而用之 故天之所覆 地之所載莫不盡其美 致其用. 上以飾賢良 下以養百姓 而安樂之. 夫是之謂大神.

註解 ○走馬(주마) - 북쪽에서 나는 말 이름. 잘 달린다 하여 이런 이름이 붙여졌다. ○羽翮(우핵) - 크고 작은 새의 깃털. ○齒(치) - 상아(象牙). ○曾靑(증청) - 구리[銅]에서 빼내는 것으로서 푸른 물감으로 쓰이고 또 황금을 녹이는 데도 쓰였다. ○丹干(단간) - 단사(丹砂). ○文旄(문모) - 무늬가 있는 모우(旄牛)의 꼬리.

인간, 만물의 영장(靈長) - 왕제(王制)

물과 불은 기운은 있으나 생명이 없다. 풀과 나무는 생명이 있으되 지각이 없다. 새와 짐승은 지각은 있으되 의로움이 없다. 사람은 이들이 지니지 못한 기운·생명·지각·의로움을 지니고 있기 때문에 이 세상에서 가장 존귀한 존재이다.

힘은 소만큼 세지 못하고 달리는 것은 말보다 빠르지 못하다. 그런데 소와 말은 왜 사람에게 부림을 당하는 것인가? 그것은 사람은 여럿이 모여 살며 그 힘을 합칠 수 있지만 소와 말은 그것을 할 줄 모르기 때문이다.

사람은 어떻게 여럿이서 모여 살며 힘을 합칠 수 있는가? 그것은 분별이 있기 때문이다. 그 분별은 어째서 존재할 수 있는가? 의로움이 있기 때문이다.

의로움을 가지고 사람들을 분별 지우면 화합하게 되고, 화합하면 하나로 뭉쳐지고, 뭉쳐지면 힘이 많아지고, 힘이 많아진다는 것은 강해진다는 것을 의미하며, 강해지면 만물을 이겨낼 수가 있다. 그러므로 사람들은 집을 짓고 살 수 있다.

사람이 사철의 질서를 따라 만물을 성장케 하여 온 천하를 이롭게 하는 것은 다른 까닭이 아니라 바로 분별과 의로움을 지니고 있다는 데에 있다.

原文 水火有氣而無生 草木有生而無知. 禽獸有知而無義 人有氣有生有知 亦且有義 故最爲天下貴也. 力不若牛 走不若馬 而牛馬爲何用也. 曰, 人能羣 彼不能羣也. 人何以能羣. 曰, 分. 分何以能行. 曰, 義. 故義以分則和 和則一 一則多力 多力則彊 彊則勝物. 故宮室可得而居也. 故序四時 裁萬物 兼利天下 無它故焉 得之分義也.

註解 ○分(분)-분별. 사회적인 신분의 구별. ○宮室(궁실)-여기서는 사람들이 사는 일반적인 '집'을 의미한다. ○序(서)-질서를 따르는 것. ○

裁(재)-성(成)과 통한다. 즉 만물을 성장케 하는 것.

묵자(墨子)의 걱정 - 부국(富國)

묵자의 걱정이란 것은 뻔하다. 그는 세상을 위하여 물자가 부족하게 되지나 않을까 걱정하고 있다. 이러한 것은 세상 천하 전체의 걱정이라 할 수 없다. 다만 묵자 개인적인 걱정이요, 어떻게 보면 지나친 생각이라고도 할 수 있다.

지금 이 땅에선 오곡(五穀)이 생산되고 있다. 사람들이 잘만 가꾸면 비록 한 마지기의 땅에서라도 여러 항아리의 곡식을 거둘 수 있고 1년에 두 번은 수확할 수가 있다. 그 외에도 오이·복숭아·대추·오얏은 한 그루의 나무에서 여러 항아리의 양을 딸 수 있다. 또 파·마늘이나 갖가지 채소도 호수의 양만큼은 충분히 거둔다.

가축이나 새·짐승의 경우에는 한 마리가 수레에 찰만큼 자라난다. 자라·악어·물고기·미꾸라지·전어 등도 철따라 새끼를 치고 부화하여 수많은 무리를 이룬다. 새·오리·기러기 등도 구름이 덮인 바다와 같다. 그밖에도 곤충과 여러 가지 생물·무생물들이 생산되어 서로 먹고 살아갈 수 있는 것은 이루 다 헤아릴 수가 없다고 하겠다.

하늘과 땅이 만물을 생산할 때에는 다 본래부터 여유가 있어서 사람들을 먹이기에 충분하며, 삼과 칡·누에·면사 및 새나 짐승의 깃과 털, 이빨과 가죽 등은 본시부터 여유가 있어서 이것 또한 사람들이 입기에 충분한 것이다.

여유가 있으니 부족하다는 것은 온천하의 걱정이라고 할 수 없다. 다만 묵자의 개인적인 걱정일 뿐이요, 지나친 생각에 불과하다고 하겠다.

原文 墨子之言昭昭然. 爲天下憂不足. 夫不足 非天下之公患也

特墨子之私憂過計也. 今是土之生五穀也 人善治之 則畝數盆 一
歲而再獲之. 然後瓜桃棗李 一本數以盆鼓 然後葷菜百疏 以澤量
然後六畜禽獸 一而剸車 鼃鼄魚鼈鰌鱣以時別 一而成羣 然後飛
鳥梟雁 若烟海 然後昆蟲萬物生其間 可以相食養者 不可勝數也.
夫天地之生萬物也 固有餘 足以食人矣. 麻葛繭絲 鳥獸之羽毛齒
革也 固有餘 足以衣人矣. 夫有餘 不足非天下之公患也 特墨子之
私憂過計也.

註解 ○昭昭然(소소연)－소(昭)는 소(小)와 통한다. 즉 조금 환하다는
의미이다. ○過計(과계)－지나친 생각. ○葷菜(훈채)－파·마늘·고추 등
양념이 되는 채소. ○剸車(전거)－수레 가득히. ○鰌(추)－미꾸라지. ○以
時別(이시별)－철따라 새끼를 치다. ○梟(부)－오리. ○食人(식인)－사람
들에게 먹이다.

정복자의 비법(秘法)－의병(議兵)

왕자의 군제(軍制)에 대해 순자는 이렇게 말했다.

── 장수는 죽음으로 북을 지키고, 수레를 모는 사람은 죽음으로
말고삐를 지키며, 여러 관리들은 죽음으로 직무를 지키며, 사대부들은
죽음으로 대열을 지킵니다. 북소리에 따라 진격하고 징소리가 울리면
후퇴합니다. 명령을 지키는 것이 그 첫째라고 할 수 있으며 공을 세우
는 것은 그 다음 일입니다. 진격하지 말라고 하는데 진격하는 것은 후
퇴하지 말라고 하는데 후퇴하는 것과 그 죄가 같습니다.

노인이나 약한 자는 죽여서는 안되며, 곡식을 짓밟아 버려서도 안됩
니다. 항복하는 사람은 포로로 잡지 아니하고, 대항하는 자는 버려두지
아니하며, 살겠다고 도망온 자도 포로로 하여서는 아니됩니다.

처벌에 있어서는 백성들을 처벌하는 것이 아니라 그들을 어지럽힌
자를 처벌하도록 하여야 합니다. 만일 백성 가운데 적을 도와 준 사람
이 있다면 적과 같이 취급해야 합니다.

칼날에 순종하는 자는 살려두고, 칼날에 순종치 않는 자는 죽이며,
목숨을 부지하려고 하는 자는 장군에게 바칩니다.

무왕(武王)이 주나라를 정벌하였을 때 미자계(微子啓 : 微子開)는
송나라에 봉(封)했으나, 조촉룡(曹觸龍)은 군중에서 처형되었습니다.
항복한 은(殷)나라 백성들이라도 먹여살리는 데는 주나라 사람들과 똑
같이 해 주었습니다. 그러므로 멀고 가까운 곳의 사람들을 막론하고
모두가 노래부르며 즐거워하고 이곳에 와 안락하게 살았습니다. 온 세
상이 한집안처럼 되었으며 길이 통하는 곳에 있는 사람들이면 모두가
복종하였습니다. 이런 사람을 일컬어 백성들의 지도자라고 합니다.

《시경》에,

　　서쪽에서도 동쪽에서도
　　남쪽에서도 북쪽에서도
　　굴복하여 오지 않는 이가 없네.

라고 한 시구(詩句)는 이것을 두고 한 말입니다.

왕자에게는 주벌(誅罰)은 있지만 전쟁은 없습니다. 성을 지키고만
있을 때에는 공격하지 아니하고, 적군이 필사코 저항한다면 공격하지
않습니다. 임금과 신하들이 서로 기뻐하고 있으면 이것을 축하하여 주
고, 성안의 백성들은 남김없이 죽이지 아니하고, 군대를 몰래 출동시켜
공격하지 않습니다. 또 백성들을 오래도록 싸움터에 붙들어 두거나 출
전하여 해를 넘기는 일 따위는 하지 않습니다. 이렇게 하여야만 난국
(亂國)의 백성들도 그러한 정치를 좋아하여 자기의 임금에게 오히려
불안을 느끼고 왕자의 군대가 오기를 바라게 됩니다.

原文 請問王者之軍制. 孫卿子曰, 將死鼓 御死轡 百吏死職 士大夫死行列. 聞鼓聲而進 聞金聲而退 順命爲上 有功次之. 令不進而進 猶令不退而退也 其罪惟均. 不殺老弱 不獵禾稼 服者不禽 格者不舍 犇命者不獲. 凡誅 非誅其百姓也 誅其亂百姓者也. 百姓有扞其賊 則是亦賊也. 以故順刃者生 蘇刃者死 犇命者貢. 微子開封於宋 曹觸龍斷於軍. 殷之服民 所以養生之者也 無異周人. 故近者歌謳而樂之 遠者竭蹷而趨之 無幽閒辟陋之國 莫不趨使而安樂之. 四海之內 若一家 通達之屬 莫不從服 夫是之謂人師. 詩曰, 自西自東 自南自北 無思不服 此之謂也. 王者有誅而無戰. 城守不攻 兵格不擊. 上下相喜 則慶之 不屠城 不潛軍 不留衆 師不越時. 故亂者樂其政 不安其上 欲其至也.

註解 ○鼓(고)-북. 군대를 지휘할 때 두드렸다. ○轡(비)-수레를 끄는 말고삐. ○金(금)-징. ○禽(금)-금(擒)과 통한다. 즉 사로잡아서 포로로 취급한다는 뜻. ○格(격)-항거하다. ○犇(분)-소가 놀라서 달아나다. ○扞(간)-막아주다. 감싸주다. ○蘇(소)-소(傃)와 통하여 향(向)이란 뜻. 즉 맞선다는 의미이다. ○微子開(미자개)-은(殷)나라 주왕(紂王)의 이복형인 미자계(微子啓). ○曹觸龍(조촉룡)-은나라 주왕의 좌사(左師)로서 아첨을 잘하던 사람. ○竭蹷(갈궐)-너무 서두르다가 앞으로 엎어지다. ○潛軍(잠군)-몰래 군사를 내어 적을 습격하다.

앎과 모름의 차이 - 천론(天論)

만물이란 도(道)의 일부, 한 물건이란 만물의 일부, 어리석은 자는 한 물건의 일부이다. 스스로는 도를 알고 있다고 생각하지만 실은 알고 있지 못한 것이다.

신자(愼子)는 뒤에서만 보고 앞에서는 보지 못하였으며, 노자(老子)

는 굽히는 것만 알았을 뿐 뻗치는 것은 알지 못하였다. 묵자는 가지런하고 편평한 것만 알았지 특출하게 빼어난 것은 몰랐으며, 송자(宋子)는 적은 것만 알았지 많은 것은 알지 못하였다.

뒤만 알고 앞을 알지 못하면 군중들은 나아가야 할 길을 모를 것이다. 굽힐 줄만 알고 뻗칠 줄을 모른다면 귀천의 구별이 없어질 것이다. 가지런한 것만 알고 특출하게 빼어난 것이 있음을 모른다면 곧 정령(政令)이 베풀어지지 않을 것이다. 적은 것만 알고 많은 것을 모른다면 곧 군중들이 교화되지 않을 것이다.

原文 萬物爲道一偏 一物爲萬物一偏 愚者爲一物一偏. 而自以爲知道 無知也. 愼子有見於後 無見於先. 老子有見於詘 無見於信. 墨子有見於齊 無見於畸. 宋子有見於少 無見於多. 有後而無先 則羣衆無門. 有詘而無信 則貴賤不分. 有齊而無畸 則政令不施. 有少而無多 則羣衆不化.

註解 ○一偏(일편) - 한편으로 치우쳐진 일부분. ○愼子(신자) - 전국시대 조(趙)나라 사람. 이름은 신도(愼到). 저서에 《신자(愼子)》가 있다. ○詘(굴) - 굴(屈)과 통한다. 즉 몸을 굽힌다는 뜻. ○信(신) - 신(伸)과 통한다. 즉 몸을 뻗친다는 뜻. ○齊(제) - 모든 것이 평등한 것. ○畸(기) - 일정하지 않은 것. ○宋子(송자) - 맹자와 같은 시대를 살았던 송(宋)나라 사람. 이름은 경(耕)이다. ○門(문) - 나아갈 곳. 나아갈 길.

왕도(王道) - 해폐(解蔽)

옛날 임금 중, 마음이 가리웠던 사람으로는 하(夏)나라의 걸(桀)왕과 은(殷)나라의 주(紂)왕이 있다. 걸왕은 말희(末喜)와 간신인 사관(斯觀)에 가리워져 충신 관용봉(關龍逢)을 알아보지 못하였다. 미혹된

마음으로써 그의 행동을 어지럽게 하였던 것이다. 주왕은 달기(妲己)
와 간신 비렴(飛廉)에게 가리워져 충신 미자계(微子啓)를 몰랐을 뿐
아니라 그의 미혹된 마음으로 행동을 어지럽게 하였다.

이런 까닭에 여러 신하들은 충성심을 버리고 사사로이 섬기었으며,
백성들은 그릇된 정치를 원망하면서도 일하지 않을 뿐더러, 현량한 사
람들은 벼슬자리를 물러나가거나 숨거나 그렇지 않으면 도망하였다.
이것이 구주(九州)의 땅을 잃고 대대로 지켜온 종묘를 폐허로 만든 원
인이었다. 걸왕은 정산(亭山)에서 죽었고 주왕은 붉은 깃대 위에 머리
가 매달려졌다. 자신도 먼저 알지 못하였지만, 간신들에 가리워진 것을
사람들이 간하여 주지 않은 데서 온 화근이다.

은나라 탕임금은 걸왕을 거울삼아 줏대 있는 마음으로 신중히 나라
를 다스렸다. 그러하였으므로 오랫동안 어진 이윤(伊尹)을 등용하고
자신도 도리를 잃지 않았다고 할 수 있다. 이것이 그가 하(夏)나라 임
금을 대신하여 구주를 물려받게 된 원인이다.

주나라 문왕은 은나라 주왕을 거울삼아 줏대 있는 마음으로 신중히
다스렸다. 여망(呂望)을 오랫동안 등용하였으며 자신도 도리를 잃음이
없이 신중히 나라를 다스렸다. 그가 은나라를 대신하여 구주를 물려받
은 원인은 바로 이것이다.

原文 昔人君之蔽者 夏桀·殷紂是也. 桀蔽於末喜·斯觀 而不
知關龍逢 以惑其心 而亂其行. 紂蔽於妲己·飛廉 而不知微子啓
以惑其心 而亂其行. 故羣臣 去忠而事私 百姓 怨非而不用 賢良
退處而隱逃. 此其所以喪九牧之地 而虛宗廟之國也. 桀死於亭山
紂縣於赤斾 身不先知 人又莫之諫 此蔽塞之禍也. 成湯監於夏桀
故主其心而愼治之 是以能長用伊尹而身不失道 此其所以代夏王
而受九有也. 文王監於殷紂 故主其心而愼治之 是以能長用呂望而

466

身不失道 此其所以代殷王而受九牧也.

註解 o末喜(말희)-매희(妺嬉)라고도 하며, 걸왕(桀王)은 그의 용모에 반하여 정치를 어지럽혔다. o斯觀(사관)-걸왕의 간신(奸臣). o關龍逢(관용봉)-환용봉(豢龍逢)이라고도 하며 걸왕을 받들던 충신. o妲己(달기)-주왕(紂王)을 받들던 총희. 주왕은 그녀의 환심을 사기 위해 난행을 자행했다. o飛廉(비렴)-주왕의 간신. o縣(현)-현(懸)과 통한다. 즉목 매달리는 것. o赤斾(적패)-붉은 깃대. o蔽塞(폐색)-마음이 가려지고 막히는 것. o成湯(성탕)-은나라 탕왕(湯王). 성업(聖業)을 이루었다[成]하여 이렇게도 부른다. o監(감)-감(鑑)과 통한다. 즉 거울로 삼다란 뜻. o伊尹(이윤)-탕왕을 보좌하여 천하통일을 한 재상. o呂望(여망)-태공망(太公望) 여상(呂尙).

사람은 악하다 - 성악(性惡)

사람의 본성은 악하다. 사람의 본성이 선하다고 하는 것은 거짓이다. 오늘날 사람의 본성은 나면서부터 이익을 좋아한다고 할 수 있다. 이것을 좇기 때문에 서로 다투고 뺏고 하는 일이 생기며, 사양함이 없어지는 것이다. 사람은 나면서부터 질투하고 서로가 미워한다. 그렇기 때문에 남을 상하게 하고 해치는 일이 생기며, 충성과 신용이 없어지는 것이라고 볼 수 있다. 사람은 나면서부터 귀와 눈에 욕망이 있어서 아름다운 소리와 빛깔을 좋아한다. 그러므로 음란한 행동이 생기고 예의와 아름다운 형식이 없어진다.

사람이 감정을 따른다면 반드시 다투고 뺏고 하게 되며, 분부를 어기고 이치를 어지럽히게 되어 난폭하게 될 것이다. 이런 까닭에 반드시 스승과 법도에 의한 교화와 예의의 가르침이 있어야 한다. 그런 다음에야 서로 사양할 줄 알게 되고 아름다운 형식을 갖게 되어 다스림으로 귀결케 될 것이다.

이런 것을 보아서도 사람의 본성이 악하다는 것이 분명하고, 선하다
는 말은 거짓이라고 하겠다.

原文 人之性惡 其善者僞也. 今人之性 生而有好利焉. 順是 故
爭奪生而辭讓亡焉. 生而有疾惡焉. 順是 故殘賊生而忠信亡焉. 生
而有耳目之欲 好聲色焉. 順是 故淫亂生而禮義文理亡焉. 順人之
情 必出於爭奪 合於犯分亂理 而歸於暴. 故必將有師法之化 禮義
之道 然後出於辭讓 合於文理 而歸於治. 用此觀之 然則人之性惡
明矣 其善者僞也.

註解 ○疾惡(질오)-질(疾)은 질(嫉)과 통한다. 즉 질투하고 미워하는
것. ○殘賊(잔적)-남을 상(傷)케 하고 해치는 것. ○犯分(범분)-자신의
분수를 어기는 것. ○道(도)-도(導)와 통한다. 즉 인도, 지도 등의 뜻.

기울어진 그릇의 교훈-유좌(宥坐)

공자가 노(魯)나라 환공(桓公)의 묘를 구경할 때 기울어진 그릇이
하나 있었다. 공자가 묘지기에게 물었다.

"이 그릇은 무엇인가요?"

"이 그릇은 거처하는 옆에 두고 교훈을 삼는 것입니다."

"내가 듣기로는 거처하는 옆에 두고 교훈을 삼는 그릇이란 것은 비
게 되면 기울어지고, 알맞으면 바로 서며, 가득 차면 엎어진다고 하
였소"

공자는 그의 제자들을 돌아보며 말했다.

"물을 갖다 부어라."

제자들이 물을 갖다 부었다. 알맞을 때에는 바로 서고, 가득 차니 엎

어지고, 비게 되자 기울었다.

공자가 크게 한숨을 쉬며 말하였다.

"아아! 가득 차고도 엎어지지 않는 것이 이 세상 어디에 있을까."

자로(子路)가 말했다.

"감히 가득 찬 것을 지속하여 나갈 수 있는지를 묻고자 합니다."

"총명하고 신통한 지혜가 있으면 그것을 지킴에 어리석음으로써 하고, 용기와 힘이 세상을 뒤덮을 만한 사람이면 그것을 지킴에 겁냄으로써 하며, 온세상을 차지하는 부귀를 지니면 부귀를 지킴에 겸손함으로써 하는 것이다. 이것이 이른바 자기 것을 버리는 것이고, 세상을 살아가는 도이다."

原文 孔子觀於魯桓公之廟 有欹器焉. 孔子問於守廟者曰, 此爲何器. 守廟者曰, 此蓋爲宥坐之器. 孔子曰, 吾聞宥坐之器者 虛則欹 中則正 滿則覆. 孔子顧謂弟子曰, 注水焉. 弟子挹水而注之 中而正 滿而覆 虛而欹. 孔子喟然而歎曰, 吁. 惡有滿而不覆者哉. 子路曰, 敢問持滿有道乎. 孔子曰, 聰明聖知 守之以愚 功被天下 守之以讓 勇力撫世 守之以怯 富有四海 守之以謙. 此所謂挹而損之之道也.

註解 ㅇ桓公之廟(환공지묘)-《춘추(春秋)》애공(哀公) 3년의 기록에 의하면 환공의 묘와 희공(僖公)의 묘가 모두 화재를 당했다고 한다. 따라서 공자는 황폐해진 묘를 구경갔던 것이다. ㅇ欹器(의기)-한편으로 기울어, 엎어지기 쉬운 그릇. ㅇ宥坐(유좌)-유(宥)는 우(右)와 통한다. 즉 좌우에 두고 교훈을 삼는 것. ㅇ注(주)-물을 붓다. ㅇ挹(읍)-물을 떠내다. ㅇ惡(오)-어찌. 어디에. ㅇ子路(자로)-공자의 제자 중 한 사람. 성은 중(仲), 이름은 유(由). 성격이 거칠고 용맹했었다. ㅇ撫(무)-가리는 것. 덮는 것. ㅇ挹而損之(읍이손지)-떠내고 덜어내는 것. 자기 자신을 낮추고 또 낮추는 것.

사기 편(史記篇)

130권(本紀 12, 書 8, 表 10, 世家 30, 列傳 70)으로 이루어진다. 태사공(太史公) 사마천(司馬遷)의 저작(著作)으로서 중국 정사(正史) 기술(記述)에 있어 기전체(紀傳體)의 전통을 세워놓았다. 인간학(人間學)의 백과사전으로 통칭되는 《사기》 속에 아로새겨진 인간관계에의 추적은 역사와 인간의 만남을 실현시킨다.

관포지교(管鮑之交) - 관안(管晏)

관중(管仲)은 말한다.

"일찍이 곤궁해 있을 적에 포숙(鮑叔)과 함께 장사를 하였는데, 이익금을 내가 더 많이 가지곤 하였으나 포숙은 나를 욕심 많은 사람이라고 말하지 않았다. 내가 가난한 줄을 알고 있었기 때문이다. 일찍이 나는 포숙을 위해 사업을 경영하였다가 실패하여 다시 곤궁한 지경에 이르렀는데, 포숙은 나를 우매하다고 하지 않았다. 시운에 따라 이롭고 이롭지 않은 것이 있는 줄을 알기 때문이다. 일찍이 나는 세 번 벼슬길에 나갔다가 세 번 다 임금에게 쫓겨나고 말았지만, 포숙은 나를 무능하다고 하지 않았다. 내가 시운을 만나지 못한 줄을 알기 때문이다. 일찍이 나는 세 번을 전쟁터에 나가 싸우다가 세 번 다 패해서 달아났지만 포숙은 나를 겁쟁이라고 하지 않았다. 나에게는 늙은 어머니가 있는 줄을 알기 때문이다. 공자 규(糾)가 패하였을 때, 동료이던 소홀(召忽)은 싸움에서 죽고 나는 잡히어 욕된 몸이 되었지만 포숙은 나를 부끄럼을 모르는 자라고 하지 않았다. 내가 작은 일보다는 공명을 천하에 날리지 못하는 것을 부끄러워하는 줄을 알기 때문이다. 나를 낳은 이는 부모지만 나를 알아준 이는 포숙이다."

포숙은 관중을 천거한 연후에 그 자신은 관중의 아랫자리에 들어가서 경의를 표하였다. 포숙의 자손은 대대로 제(齊)나라의 녹을 받고 봉읍(封邑)을 가지기를 10여 대(代)나 하였는데, 항상 명망있는 대부로서 세상에 알려졌다.

세상 사람들은 관중의 현명함을 칭찬하기보다 오히려 포숙의 사람을 알아보는 눈이 밝은 것을 더 칭찬하였던 것이다.

原文 管仲曰, 吾始困時 嘗與鮑叔賈 分財利多自與 鮑叔不以我

472

爲貪 知我貧也. 吾嘗爲鮑叔謀事而更窮困 鮑叔不以我爲愚 知時
有利不利也. 吾嘗三仕三見逐於君 鮑叔不以我爲不肖 知我不遭時
也. 吾嘗三戰三走 鮑叔不以我爲怯 知我有老母也. 公子糾敗 召
忽死之 吾幽囚受辱 鮑叔不以我爲無恥 知我不羞小節而恥 功名
不顯于天下也. 生我者父母 知我者鮑子也.

鮑叔旣進管仲 以身下之. 子孫世祿於齊 有封邑者十餘世 常爲
名大夫. 天下不多管仲之賢而多鮑叔能知人也.

註解 ○管仲(관중)-제(齊)나라 환공(桓公)을 춘추오패(春秋五霸)의
자리에 올려놓은 명재상(名宰相). ○鮑叔(포숙)-관중의 죽마지우(竹馬之
友)로서 제나라의 대부(大夫). ○分財(분재)-재물을 나누다. ○三仕(삼
사)-세 차례 벼슬을 하다. ○三走(삼주)-세 차례 도망치다. ○公子糾(공
자규)-제나라 공자. 환공의 이복형(異腹兄). ○召忽(소홀)-공자 규를 섬
겼던 제나라 중신.

지기(知己)의 예-관안(管晏)

안자(晏子)는 제(齊)나라 재상이 된 뒤에도 식사에는 두 가지 고기
반찬을 겹치지 않았고, 아내에게는 비단옷을 입히지 않았으며, 조정에
들어가서는 임금께서 물으면 바른말로 대답하고, 묻지 않으면 품행을
지켜 스스로 조심하였다.

나라에서 정책을 펼 때는 임금의 명령에 순종하고, 그렇지 않을 때
는 일을 잘 처리하여 틀림이 없도록 실행하였다.

그 때문에 3대(代)에 걸쳐 제나라는 제후들 사이에서 이름을 날릴
수가 있었다.

월석보(越石父)란 현인이 어쩌다가 죄를 범하여 죄수들 속에 섞여
있었다. 안자는 외출하는 도중 우연히 죄수가 된 석보를 만나자 자기

수레에 매인 왼쪽 말을 풀어 속죄금을 바치고 석보를 수레에 태우고 집으로 돌아왔다. 그런데 안자가 아무런 인사도 없이 그대로 내실로 들어가 버렸으므로 잠시 뒤에 석보는 절교하기를 청하였다.

안자는 깜짝 놀라 의관을 바로 입고 석보에게 사과하였다.

"제가 비록 어질지는 못하나 선생을 구해 드렸는데, 어째서 선생은 이렇게도 성급히 절교를 하려는 것이오?"

석보가 말하였다.

"그런 것이 아니오. 내가 들은 바에, 군자는 나를 모르는 자에게는 굴복하나, 나를 아는 자에게는 자기 뜻을 편다고 하였소. 내가 죄수가 되어 있는 동안 나를 죄 준 사람은 나를 모르는 사람이었소. 그런데 선생이 나를 풀어 준 것은 나를 알기 때문이 아니겠소. 지기(知己)로서 예가 없다면 굳이 그대로 죄수로 있는 것만 못하오. 그런 뜻에서 절교를 청한 것이오."

안자는 이에 느낀 바 있어 석보를 불러들여서 상객으로 대우하였다.

原文 晏平仲嬰者 ……旣相齊 食不重肉 妾不衣帛. 其在朝 君語及之 卽危言 語不及之 卽危行. 國有道 卽順命 無道 卽衡命. 以此三世顯名於諸侯.

越石父賢 在縲絏中. 晏子出 遭之塗 解左驂贖之 載歸. 弗謝 入閨. 久之 越石父請絶. 晏子懼然 攝衣冠謝曰, 嬰雖不仁 免子於戹 何子求絶之速也. 石父曰, 不然. 吾聞君子詘於不知己而信於知己者. 方吾在縲絏中 彼不知我也. 夫子旣已感寤而贖我 是知己 知己而無禮 固不如在縲絏之中. 晏子於是延入爲上客.

註解 ㅇ晏平仲嬰(안평중영)-춘추시대 제(齊)나라의 재상이었던 안자(晏子). 이름은 영(嬰), 자가 평중(平仲)이다. ㅇ重肉(중육)-두 가지 고

474

기 반찬. ㅇ越石父(월석보)-제나라의 현인(賢人). ㅇ遭之塗(조지도)-길을 가다가 우연히 만나다.

마부의 아내 - 관안(管晏)

제(齊)나라 재상인 안자가 어느 날 외출을 하려는데, 마부의 아내가 문틈으로 자기 남편을 엿보았다.

남편은 재상의 마부이므로 큰 일산(日傘)을 받쳐들고 사두마(四頭馬)에 채찍질을 하면서 의기양양하며 매우 흐뭇한 얼굴이었다.

얼마 뒤에 남편이 돌아오자 그 아내는 이혼하기를 청하였다. 남편이 까닭을 묻자, 아내는 이렇게 말했다.

"안자는 키가 6척이 다 못되는데, 그 몸은 제나라 재상으로 이름을 제후들에게 날리오. 그러나 아까 내가 외출하는 것을 보니, 매우 찬찬해 보이고 언제나 남에게 겸손한 태도이십디다. 그런데 당신은 키가 8척인데도 남의 마부가 되어 있으면서 장한 듯이 만족한 빛이 었소. 내가 이혼하기를 바라는 것은 이 때문이오"

그뒤 남편은 스스로 마음을 눌러 남 앞에서 겸손하였다. 안자가 이상히 생각하여 물어보자, 마부는 사실대로 대답하였다.

이에 안자는 느낀 바 있어 마부를 천거하여 대부(大夫)로 올려주었다.

原文 晏子爲齊相出 其御之妻從門閒而闚其夫. 其夫爲相御 擁大蓋 策駟馬 意氣揚揚 甚自得也. 旣而歸 其妻請去. 夫問其故. 妻曰, 晏子長不滿六尺 身相齊國 名顯諸侯. 今者妾觀其出 志念深矣 常有以自下者. 今子長八尺 乃爲人僕御 然子之意自以爲足 妾見以求去也. 其後夫自抑損. 晏子怪而問之 御以實對. 晏子薦以爲大夫.

註解 ○御(어)-어자(御者). 수레를 모는 사람. ○闚(규)-엿보다. ○駟馬(사마)-네 마리 말이 끄는 수레. ○去(거)-떠나다. 여기서는 헤어져 떠나다. 즉 이혼을 뜻한다.

노자(老子)는 용(龍)이다 ─노장신한(老莊申韓)

공자(孔子)가 주(周)나라에 갔을 때다. 노자에게 예(禮)를 물으려고 하자, 노자는 이렇게 말했다.

"그대가 말하는 옛날의 성인도 그 육신과 뼈다귀가 이미 썩어서 지금은 다만 그 말한 바를 남겼을 뿐이오. 군자는 때를 얻으면 수레를 타는 귀한 몸이 되지만, 그렇지 못할 때는 떠돌이 신세가 되고 마는 것이고, 훌륭한 장사치는 물건을 깊이 간직하여 밖에서 보기는 공허한 것같이 보이지만 속이 실하고, 군자는 풍성한 덕을 몸에 깊이 갖추어 우선 보기에는 어리석은 것같이 보이지만 사람됨이 충실하다고 들었는데, 그대는 몸에 지니고 있는 그 교만한 것과 욕심 많은 것과 젠체하는 것과 산만한 생각 따위를 다 버리오. 그런 것들은 그대를 위해 아무런 이로움이 없는 것. 내가 그대에게 말하고자 하는 것은 다만 이것뿐이오."

공자는 돌아가서 제자에게 말하였다.

"새는 날고, 고기는 헤엄치고, 짐승은 달리는 것이라는 것은 나도 잘 알고 있다. 달리는 것은 그물을 쳐서 잡고, 헤엄치는 것은 낚시를 드리워서 낚고, 나는 것은 주살을 가지고 쏘아서 떨어뜨릴 수 있거니와 용(龍)에 이르면 그것은 바람과 구름을 타고 하늘에 오른다고 하니 나로서는 실체를 알 수가 없다. 나는 오늘 노자를 만났는

476

데, 용같다고나 할까 전혀 잡히는 것이 없더라."

孔子適周 將問禮於老子. 老子曰, 子所言者 其人與骨皆
已朽矣 獨其言在耳. 且君子得其時則駕 不得其時則蓬累而行. 吾
聞之 良賈深藏若虛 君子盛德容貌若愚. 去子之驕氣與多欲 態色
與淫志 是皆無益於子之身. 吾所以告子 若是而已. 孔子去 謂弟
子曰, 鳥吾知其能飛 魚吾知其能游 獸吾知其能走. 走者可以爲罔
游者可以爲綸 飛者可以爲矰. 至於龍 吾不能知其乘風雲而上天.
吾今日見老子 其猶龍邪.

註解 ○朽(후)-썩다. ○良賈(양고)-장사를 잘하는 사람. ○罔(망)-
망(網)과 통한다. 즉 그물. ○矰(증)-주살.

사마양저(司馬穰苴)의 군율-사마양저(司馬穰苴)

안자(晏子)는 사마양저를 제경공(齊景公)에게 추천하며 다음과 같
이 말하였다.

"양저는 첩의 몸에서 났으나, 글은 뭇사람의 마음에 감동을 주고,
무용(武勇)은 적을 놀라게 할만한 인물이옵니다. 바라옵건대 전하
께서 친히 시험해 보시오소서."

경공은 양저를 불러서 군사에 관한 것을 이야기했는데, 크게 마음에
들어 장군으로 등용하였다. 군사를 이끌고 연(燕)·진(晋)의 군사를
막기로 되니, 양저는 말하였다.

"신은 근본이 비천한 출신이옵니다. 전하께서 이런 신을 병졸들 중
에서 뽑아 내어 대부의 위에 서게 하셨사오나 아직 병졸들에게는
물론 서민들에게도 신임을 얻지 못했나이다. 그러므로 인물에 무게

가 없고 권위도 빈약하옵니다. 바라옵건대 전하께서 총애하시는 신하 가운데, 국민에게도 존경을 받는 사람을 시켜 군사를 감독케 하여 주시오소서."

경공은 이런 청을 허락하고 장가(莊賈)라는 자를 동행토록 하였다. 양저는 경공에게 인사를 드리고, 장가와는,

"내일 정오에 군영에서 만납시다."

라고 약속하였다.

이튿날 양저는 먼저 군영으로 달려가서 해시계를 세우고 물시계를 걸어 놓은 다음 장가를 기다렸다. 장가는 평소부터 교만하였는데, 이때도 장군이 군영에 있는 이상 감찰격인 자기는 그리 급하게 서두를 것이 없다고 생각한 나머지 친척과 친구들의 송별을 받으며 머물러 술을 마시고 있었다.

정오가 되어도 장가가 오지 않으므로, 양저는 해시계를 엎어 버리고 물시계를 쏟아 치운 다음, 군영을 순시하고 군사를 정돈하여 군령을 시달하였다. 이런 일도 다 끝이 나고 저녁 나절이 되어서야 겨우 장가가 왔다. 양저가 물었다.

"어째서 제 시간에 늦었소?"

이에 장가가,

"대부와 친척들이 송별을 해 주어서 늦어진 것입니다."

하고 대답하니, 양저는 말하였다.

"장군이란 자는, 출진의 명령을 받은 그날부터 집을 잊어야 하고 군무에 종사하여, 군령을 내면 육친을 잊어야 하며 채를 들어 군고(軍鼓)를 급히 치면 몸을 잊어버려야 하는 것이오 지금 적군이 깊이 침입하여 국내가 소란하고 사병들은 국경을 지키며 몸을 풍우에 내던지고 있소이다. 임금은 자리에 누워서도 편한 잠을 못자고 음식을 먹어도 맛을 모르며 백성들의 목숨은 모두 임금의 한 몸에 매여

있소. 이러한 때에 송별연이나 하는 짓이 말이나 되오!"

그리고 군정(軍正 : 군의 법무관)을 불러 물었다.

"군법에 기한을 어겼을 때의 죄는 무엇인가?"

"참(斬)하는 것입니다."

장가는 겁을 내어 종자에게 명해서 말을 달리게 하여 경공에게 알리고 구원을 청하였다. 양저는 종자가 아직 돌아오기 전에 장가를 베고, 이 사실을 널리 3군에게 알리어 경계를 삼으니 사졸들은 모두 떨었다.

얼마 후, 경공은 사자를 보내어 부절(符節)을 보이고 장가를 용서하려고 하였다. 사자가 말을 달려 군영 안으로 들이닥치니 양저는 사자에게 말하였다.

"장수가 된 자는 진중에 있는 한, 임금의 명령이라도 듣지 않을 수 있는 법이 있소이다."

그리고 다시 군정을 향해 물었다.

"군영 안으로 말을 달려 들어오는 것은 허락되지 않은 일이다. 지금 사자는 영중으로 말을 달려 들어왔다. 그 죄는 어떤 것인가?"

군정이,

"참하는 것입니다."

하고 대답하는 말을 듣자, 사자는 크게 겁을 내었다. 그러나 양저는,

"임금의 사자는 죽일 수 없다."

하고 그 사자를 태워 온 수레의 말몰이 하인과 수레의 왼편 붙임나무와 왼편의 곁말을 베어 3군에 시위하였다. 한편, 경공에게는 사자를 보내어 이 사실을 보고케 하고 비로소 싸움터로 출동하였다.

사졸의 숙사・우물・아궁이・음식을 비롯하여 병의 위문・의약에까지 모두 몸소 마음을 쓰고, 장군에게 주어지는 급비(給費)는 모두 사졸들에게 베풀어 주는 한편, 자신은 사졸들과 양식을 같이하고 그런 중에도 가장 허약한 사졸의 분량과 한가지로 하였다. 이렇게 한 덕으

로 3일 동안에 군사를 정비했는데, 환자까지도 모두 출동을 같이하기를 원하여 앞을 다투어 분발해서 싸움터로 나아갔다.

진군(晉軍)은 이 사실을 전해 듣고 싸움을 그쳐 물러가고, 연군(燕軍)도 이를 듣고 황하를 건너 해산하였다. 이에 이들을 추격하여 앞서 잃었던 땅을 빼앗아 회복하고 군사를 인솔하여 돌아왔다. 그리고 도성에 닿기 전에 대오를 풀고 군령을 거두어 임금에 대한 충성을 맹세한 다음 도성으로 들어왔다.

原文 晏嬰乃薦田穰苴曰, 穰苴雖田氏庶孽 然其人文能附衆 武能威敵 願君試之. 景公召穰苴 與語兵事 大說之 以爲將軍 將兵扞燕晉之師. 穰苴曰, 臣素卑賤 君擢之閭伍之中 加之大夫之上 士卒未附 百姓不信 人微權輕 願得君之寵臣 國之所尊 以監軍乃可. 於是景公許之 使莊賈往. 穰苴旣辭 與莊賈約曰, 旦日日中會於軍門. 穰苴先馳至軍 立表下漏 待賈. 賈素驕貴 以爲將己之軍而己爲監 不甚急 親戚左右送之 留飮. 日中而賈不至. 穰苴則仆表決漏 入行軍勒兵 申明約束. 約束旣定 夕時 莊賈乃至.

穰苴曰, 何後期爲. 賈謝曰, 不佞大夫親戚送之 故留. 穰苴曰, 將受命之日則忘其家 臨軍約束則忘其親 援枹鼓之急則忘其身. 今敵國深侵 邦內騷動 士卒暴露於境 君寢不安席 食不甘味 百姓之命皆懸於君 何爲相送乎.

召軍正問曰, 軍法期而後至云何. 對曰, 當斬. 莊賈懼 使人馳報景公 請救. 旣往 未及反 於是遂斬莊賈以徇三軍. 三軍之士皆振慄. 久之 景公遣使者持節赦賈 馳入軍中. 穰苴曰, 將在軍 君令有所不受. 問軍正曰, 馳三軍法何. 正曰, 當斬. 使者大懼. 穰苴曰, 君之使不可殺之. 乃斬其僕 車之左駙 馬之左驂 以徇三軍. 遣使者還報 然後行. 士卒次舍井竈飮食問疾醫藥 身自拊循之. 悉取將

480

軍之資糧享士卒 身與士卒平分糧食. 最比 其羸弱者 三日而後勒
兵. 病者皆求行 爭奮出爲之赴戰.
　晋師聞之 爲罷去. 燕師聞之 度水而解. 於是追擊之 遂取所亡
封內故境 而引兵歸. 未至國 釋兵旅 解約束 誓盟而後入邑.

註解　○田穰苴(전양저)-사마양저(司馬穰苴)로 더 널리 알려져 있다.
제나라의 대사마(大司馬 : 군사령관). 《사마법(司馬法)》이라는 병법서(兵
法書)도 저술했다 한다. ○扞燕晋(한연진)-연나라와 진나라 군대를 막다.
○微權輕(미권경)-무게도 없고 권위도 없다. ○莊賈(장가)-제나라 귀족.
○仆表決漏(부표결루)-해시계를 엎고 물시계를 쏟다. ○當斬(당참)-목
을 베어 죽이는 것이 마땅하다. ○度水(도수)-도(度)는 도(渡)와 통한다.
즉 강물을 건너다란 뜻이다.

궁녀 용병 -손자오자(孫子吳子)

　흔히 손자(孫子)로 알려진 손무(孫武)는 제(齊)나라 사람이다. 병법
에 뛰어났으므로 오왕(吳王) 합려(闔廬)의 초빙을 받았다. 그때 합려
가 말했다.
　"그대가 지은 13편의 병서는 다 읽어 보았소. 어디 한번 실제로 군
대를 훈련시켜 보일 수 있겠소?"
　"좋사옵니다."
　"여자라도 상관이 없을지?"
　"상관없나이다."
　그래서 합려는 궁중의 미녀 180명을 불러내었다. 손자는 그들을 두
편으로 나누고 오왕의 총희 두 사람을 각각 대장으로 삼았다. 그리고
전원에게 창을 들린 다음 명령을 하달했다.

"그대들은 자기의 가슴과 좌우의 손과 등 쪽을 알고 있는가?"

"예!"

" '앞쪽'이라고 명령하면 가슴 쪽을, '왼쪽'이라고 명령하면 왼손 쪽을, '오른쪽'이라고 명령하면 오른손 쪽을, '뒤로'라고 명령하면 등 쪽을 보아야 하오."

"예!"

이렇게 구령을 결정한 다음, 손자는 부월(鈇鉞)을 갖추어 두고, 몇 번씩 되풀이해 가며 군령을 설명하였다. 그런데 막상 북을 치며,

"오른쪽!"

하고 호령하자 여자들은 웃어대기만 할 뿐 움직이지 않았다. 손자는,

"군령이 분명하지가 못하고, 명령 전달이 충분치 못한 것은 장수된 사람의 죄다."

하고, 다시 세 번 군령을 들려주고 다섯 번 설명을 한 다음, 큰북을 울리면서,

"오른쪽!"

하고 호령했다. 그러나 여자들은 여전히 웃어대기만 하였다. 그러자 손자는 이렇게 말했다.

"군령이 분명치 못하고 전달이 불충분한 것은 장수의 죄이지만, 이미 군령이 분명히 전달되어 있는데도 병졸들이 규정대로 움직이지 않는 것은 곧 대장된 자의 죄다."

그러고는 군령대로 두 대장을 참수하려 했다. 위에서 관병(觀兵)하던 오왕은 자신의 총희 두 사람이 손자의 손에 참수되려는 것에 놀란 나머지 황급히 전령을 보내어 제지하였다.

"과인은 이미 장군의 용병이 뛰어난 것인 줄 잘 알았소. 과인에게 그 두 여자가 없다면 밥을 먹어도 맛을 알 수 없을 정도이니 부디 용서해 주기를 바라겠소."

그러나 손자는,

"신은 이미 임금의 명을 받아 장수가 되었나이다. 장수가 군중(軍中)에 있을 때에는 임금의 명령을 받들지 않을 수도 있사옵니다."

하고, 마침내 두 대장의 목을 베고 임금이 그 다음으로 사랑하는 여자를 뽑아 새로 대장으로 세웠다. 그러고는 다시 북을 울리고 호령을 내렸다. 그러자 여자들은, 왼쪽이라고 하면 왼쪽으로, 오른쪽이라고 하면 오른쪽으로, 앞으로 하면 앞으로, 뒤로 하면 뒤로, 꿇어앉는 것도 일어나는 것도 모두 구령대로 따랐다. 웃기는커녕 소리마저 내지 않았다. 손자는 비로소 오왕에게 전령을 보내어,

"부대는 이미 갖춰져 있사옵니다. 내려오셔서 시험해 보소서. 전하의 명령만 계시면 군사들은 물과 불속이라도 즐겨 뛰어들 것이옵니다."

하고 보고했다. 그러나 왕은 이렇게 말했다.

"장군은 훈련을 끝내고 숙사에서 쉬도록 하오. 과인은 내려가 보기를 원치 않소."

이때 손자는 이렇게 탄식했다.

"왕은 다만 방법에 대한 의론만을 좋아할 뿐, 병법을 실제로 사용하지는 못하겠군."

그리하여, 합려는 손자가 용병에 뛰어난 것을 인정했고, 마침내는 그를 장군으로 등용하였다.

原文 孫子武者 齊人也. 以兵法見於吳王闔廬. 闔廬曰, 子之十三篇 吾盡觀之矣 可以小試勒兵乎. 對曰, 可. 闔廬曰, 可試以婦人乎. 曰, 可. 於是許之 出宮中美女 得百八十人. 孫子分爲二隊 以王之寵姬二人名爲隊長 皆令持戟. 令之曰, 汝知而心與左右手背乎. 婦人曰, 知之. 孫子曰, 前則視心 左視左手 右視右手 後卽

視背. 婦人曰, 諾. 約束旣布 乃設鈇鉞 卽三令五申之. 於是鼓之
右 婦人大笑. 孫子曰, 約束不明 申令不熟 將之罪也. 復三令五申
而鼓之左. 婦人復大笑. 孫子曰, 約束不明 申令不熟 將之罪也 旣
已明而不如法者 吏士之罪也. 乃欲斬左右隊長.

　吳王從臺上觀 見且斬愛姬 大駭. 趣使使 下令曰, 寡人已知將
軍能用兵矣. 寡人非此二姬 食不甘味 願勿斬也. 孫子曰, 臣旣已
受命爲將 將在軍 君命有所不受. 遂斬隊長二人以徇. 用其次爲隊
長 於是復鼓之. 婦人左右前後跪起皆中規矩繩墨 無敢出聲. 於是
孫子使使報王曰, 兵旣整齊 王可試下觀之 唯王所欲用之 雖赴水
火猶可也. 吳王曰, 將軍罷休就舍 寡人不願下觀. 孫子曰, 王徒好
其言 不能用其實. 於是闔廬知孫子能用兵 卒以爲將.

註解　○子之十三篇(자지십삼편)－그대가 저술한 13편. 즉 손자가 쓴
13편의 병법서(兵法書). ○三令五申(삼령오신)－군령을 몇 번이고 되풀
이하다. ○大駭(대해)－크게 놀라다. ○罷休(파휴)－끝내고 쉬다.

내기에 이기는 법－손자오자(孫子吳子)

　[제(齊)나라에 간 손빈(孫臏)은] 장군 전기(田忌)의 인정을 받아
그의 빈객으로 머물게 되었다. 전기는 때마침 도박에 빠져, 공자(公子)
들과 기사(騎射)를 즐기고 있었다. 어느 날 손빈은 그 내기를 구경하
다가 기사의 허점을 간파하게 되었다.
　당시의 기사는 네 마리의 말이 끄는 수레를 한 조로 해서 3조가 각
한 번씩 차례로 세 번 경기를 벌이게 되어 있었다. 손빈은 그 3조의 말
을 각기 비교한 끝에 속력 역시 3등급으로 나뉘어지는 것을 깨달았던
것이다. 손빈은 전기를 부추겼다.

"내기를 다시 해보시오. 내가 장군을 이기게 해드리리다."

전기는 손빈을 믿고 왕과 공자들에게 다시 천 금을 건 내기를 하자고 제안했다. 그리하여 다시 경기를 시작하게 되자, 손빈은 그에 앞서 전기에게 승리할 수 있는 비방을 일러주었다.

"장군의 제일 느린 하등 수레를 상대방의 가장 빠른 상등 수레와 달리게 하고, 장군의 상등 수레는 상대방의 중등 수레, 장군의 중등 수레는 상대방의 하등 수레와 달리게 하십시오."

경기가 끝나자 전기는 2승 1패의 전적을 거두었으므로 결국 내기에 이겨 천 금을 얻었다.

原文   齊將田忌善而客待之. 忌數與齊諸公子馳逐重射. 孫子見其馬足不甚相遠 馬有上中下輩. 於是孫子謂田忌曰, 君弟重射 臣能令君勝. 田忌信然之. 與王及諸公子逐射千金. 及臨質 孫子曰, 今以君之下駟與彼上駟 取君上駟與彼中駟 取君中駟與彼下駟. 旣馳三輩畢 而田忌一不勝而再勝 卒得王千金.

註解   ○田忌(전기)-제나라 장군이며 대부(大夫). ○馳逐重射(치축중사)-말을 타고 달리며 활을 쏘아 맞추는 놀이. 일종의 도박이다.

전사(戰死) 2대(二代) - 손자오자(孫子吳子)

오기(吳起 : 吳子)는 장군으로서 군대를 거느릴 때에는 언제나 하급 병졸들과 의식(衣食)을 똑같이 했고, 누울 때도 자리를 까는 법이 없었으며, 행군할 때도 수레에 타지 않았다. 또한 자기가 먹을 양식은 자기가 가지고 다니는 등, 사졸들과 고락을 같이 나눴다.

언젠가 병졸들 가운데 종기[疽]를 앓는 사람이 생기자 오기는 그

고름을 입으로 빨아내었다. 그러자, 그 병졸의 어머니는 그 소문을 듣고 소리를 내어 울었다. 누군가가,

"당신 아들은 졸병에 지나지 않는데 장군께서 친절하게도 종기를 빨아 주기까지 하지 않았소. 그런데 왜 우는 거요?"

하고 묻자, 그 어머니는 이렇게 말했다.

"그런 게 아닙니다. 지난 해에도 오기 장군께서 그애 아버지의 종기를 빨아 주었습니다. 그이는 감격한 나머지 끝까지 도망치지 않고 싸우다가 죽고 말았지요. 장군께서 지금 또 자식의 종기를 빨아 주셨으니, 그 자식도 필경은 어디선가 싸우다가 죽을 것이 아닙니까. 그래서 우는 겁니다."

原文 起之爲將 與士卒最下者同衣食. 臥不設席 行不騎乘 親裹
嬴糧 與士卒分勞苦. 卒有病疽者 起爲吮之. 卒母聞而哭之. 人曰,
子卒也 而將軍自吮其疽 何哭爲. 母曰, 非然也. 往年吳公吮其父
其父戰不旋踵 遂死於敵. 吳公今又吮其子 妾不知其死所矣. 是以
哭之.

註解 ○起(기)-오기(吳起). 전국시대의 장군. ○分勞苦(분로고)-고통
을 함께 나누다. ○疽(저)-종기. ○吮(연)-빨다. 핥다.

공주(公主) 아내-손자오자(孫子吳子)

공숙(公叔)은 위(魏)나라 부마이자 재상인데, 오기(吳起)가 방해되었으므로 늘 벼르고 있었다. 때마침 부하 하나가 이렇게 진언해 왔다.

"오기를 내쫓기란 쉽습니다."

"어떻게 말이냐?"

486

"오기란 사람은 절조가 굳고 청렴하지만 이름 나는 것을 좋아합니다. 그러니까 상공께서 먼저 임금과 말씀하실 기회를 만들어 '오기는 현인입니다. 전하께선 아직 나이 젊으시고, 또 강한 나라[秦]와 국경을 맞대고 있습니다. 신은 오기가 우리 나라에 머물러 있을 생각이 없지나 않을까 걱정이옵니다'라고 하십시오. 임금께서는 '어떻게 하면 머무르게 할 수 있겠는가'하고 물으실 것입니다. 그러시면 상공께선 임금님께 '시험삼아 공주를 시집보내도록 해보시면 어떻겠나이까. 오기가 머물러 있을 생각이 있으면 반드시 받아들일 것이고, 머무를 생각이 없으면 반드시 사양할 것이니 이것으로 점쳐 보소서'라고 하십시오. 그렇게 말씀해 두시고, 오기를 초대하여 함께 댁으로 가신 뒤에, 공주(公叔의 아내)로 하여금 성난 얼굴로 상공을 푸대접하는 것을 보게 되면, 공주에게 장가들 생각이 없어져 임금의 청을 거절하게 될 것입니다."

이리하여, 오기는 무후(武侯)에게 부마되기를 사양하고 말았다. 이를 계기로 무후는 오기를 의심하여 그를 신임하지 않게 되었다. 오기는 죄를 입게 될까 두려워한 나머지 초(楚)나라로 망명했다.

原文 公叔爲相 尙魏公主 而害吳起. 公叔之僕曰, 起易去也. 公叔曰, 柰何. 其僕曰, 吳起爲人節廉而自喜名也. 君因先與武侯言曰, 夫吳起賢人也 而侯之國小 又與彊秦壤界 臣竊恐起之無留心也. 武侯卽曰, 柰何. 君因謂武侯曰, 試延以公主 起有留心則必受之 無留心則必辭矣. 以此卜之. 君因召吳起而與歸 卽令公主怒而輕君. 吳起見公主之賤君也 則必辭. 於是吳起見公主之賤魏相 果辭魏武侯. 武侯疑之而弗信也. 吳起懼得罪 遂去 卽之楚.

註解 ○尙魏公主(상위공주)－또한 위나라의 부마이다. ○易去(이거)－

보내기는 쉽다. ㅇ自喜名(자희명)-스스로 이름 떨치기를 좋아하다. ㅇ壤界(양계)-국경을 마주하고 있다. ㅇ弗信(불신)-불(弗)은 불(不)과 통한다. 즉 믿지 않다, 의심하다란 뜻.

어부 문답 - 오자서(伍子胥)

[적에게 쫓기던 오자서(伍子胥)는] 가까스로 양자강(揚子江)에 이르러 때마침 배를 띄우고 있던 한 어부의 도움을 받아 겨우 위급을 면할 수 있었다. 이에 오자서는 강을 건너자마자 차고 있던 칼을 끌러 어부에게 사례하려 했다.

"이 칼은 백 금의 값어치를 가지고 있으니 이것을 당신에게 사례로 드리겠소"

그러나 어부는 사양했다.

"초(楚)나라에는 이런 방(榜)이 나붙었소. 오자서를 잡는 사람에게는 쌀 5만 섬과 집규(執珪)의 벼슬을 준다는 방이 ─ . 만일 내게 욕심이 있었다면 그런 백 금의 칼이 문제겠소?"

[原文] 至江 江上有一漁父乘船 知伍胥之急 乃渡伍胥. 伍胥旣渡 解其劍曰, 此劍直百金 以與父. 父曰, 楚國之法 得伍胥者賜粟五萬石 爵執珪 豈徒百金劍邪.

[註解] ㅇ江(강)-오(吳)나라와 초(楚)나라의 경계를 이루었던 장강(長江 : 양자강). ㅇ解其劍(해기검)-차고 있던 칼을 끄르다. ㅇ粟(속)-곡식.

나무 옮기기 - 상군(商君)

상앙(商鞅 : 商君)은 높이가 3장(丈)이나 되는 나무를 성중 장판의

488

남문에다 세우고 글을 써 알리기를,

　'이 나무를 북문에다 옮겨 놓는 자에게는 10금을 준다.'

라고 하여 사람을 모집하였다. 그러나 모두들 이상하게 여길 뿐 옮기려는 자가 없으므로 다시 공고하기를,

　'이 나무를 북문에다 옮기는 자에게는 50금을 준다.'

고 하였다. 어떤 자가 이것을 옮겼으므로 즉시 50금을 주었다. 그리하여 백성을 속이지 않는다는 것을 밝혀 알린 다음에 법령을 공포하자 그때까지 잘 시행되지 않았던 진(秦)나라 법령은 하루 아침에 전국민을 승복시키게 되었다.

　原文　已乃立三丈之木於國都市南門　募民有能徙置北門者予十金. 民怪之 莫敢徙. 復曰, 能徙者予五十金. 有一人徙之 輒予五十金 以明不欺. 卒下令.

　註解　○徙置(사치) - 옮겨 놓다. ○莫敢徙(막감사) - 감히 옮기려고 하지 않다. ○輒(첩) - 선뜻. 대수롭지 않게.

밭 두어 뙈기 - 소진(蘇秦)

　소진(蘇秦)은 합종 동맹의 장(長)이 되고, 동시에 6개국의 재상이 되었다. 그래서 북쪽 조왕(趙王)에게 복명하려고 도중에 낙양(雒陽)을 통과하는데, 그 거마(車馬)와 짐은 제후로부터 사자를 시켜 보내온 물건으로 가득 차서 임금의 행차인가 하고 의심을 할 정도였다.

　주(周)나라 현왕(顯王)은 이 말을 듣고 두려워하여 길가에 모인 사람들을 해산시키고, 사자를 교외로 보내어 출영하고 위로하였다. 소진의 형제 처족들은 눈을 내리뜨고 우러러 볼 수조차 없었으며 엎드려

기어서 식사 심부름을 하였다.

소진이 웃으며 형수에게 말하였다.

"전에는 위세를 부리더니 어찌하여 이제는 이렇게도 공손하시오?"

형수는 떨리는 듯 몸을 구부리고 엎드려서 얼굴을 땅에 대고 사과하였다.

"서방님의 지위가 높고 재물이 많으신 것을 보았기 때문입니다."

소진은 탄식하며 말하였다.

"사람은 한 사람인데, 부귀하면 친척도 우러러 보고 빈천하면 업신여긴다. 하물며 남이야 더 말할 것이 있는가. 만약 나에게 낙양성 근처에 밭 두어 뙈기만 있었더라면, 여섯 나라 재상의 인수를 찰 수 없었으리라."

그리하여 천 금을 일족과 친구들에게 나누어 주었다.

原文 於是六國從合而幷力焉. 蘇秦爲從約長 幷相六國. 北報趙王 乃行過雒陽 車騎輜重 諸侯各發使送之甚衆 疑於王者. 周顯王聞之恐懼 除道 使人郊勞. 蘇秦之昆弟妻嫂側目不敢仰視 俯伏侍取食. 蘇秦笑謂其嫂曰, 何前倨而後恭也. 嫂委虵蒲服 以面掩地而謝曰, 見委子位高金多也. 蘇秦喟然歎曰, 此一人之身 富貴則親戚畏懼之 貧賤則輕易之 況衆人乎. 且使我有雒陽負郭田二頃 吾豈能佩六國相印乎. 於是散千金以賜宗族朋友.

註解 ○六國(육국) - 전국시대 후기에 남아 있던 여섯 나라. 즉, 초(楚) · 연(燕) · 제(齊) · 한(韓) · 위(魏) · 조(趙)나라 등. ○幷相(병상) - 재상 벼슬을 겸직하다. ○除道(제도) - 길가에 모인 사람을 해산시키다. ○前倨而後恭(전거이후공) - 전에는 거만하더니 나중에는 공손해지다. ○虵蒲服(사포복) - 몸을 구부리며 엎드리다.

490

임기응변 — 소진(蘇秦)

[소진은 재상을 시켜주겠다고 약속했으면서도 지키지 않은 연왕(燕王)에게 이렇게 말했다.]

"신이 들잡건데 어떤 사람이 관리가 되어 먼 곳에 있을 때, 아내가 다른 사람과 사통하였는데 얼마 후 남편이 돌아온다는 것을 듣고 친한 남자가 걱정을 하니 아내는 말하기를 '걱정하지 마오. 나는 벌써 독약 넣은 술을 준비하고 기다리고 있으니까' 하였다 하더이다. 그런 지 사흘 뒤에 과연 남편이 돌아왔나이다. 아내는 첩에게 술잔을 들려 남편에게 권하라고 하였습지요. 첩은 술에 독이 들어 있는 것을 알리면 주부(主婦)에게 쫓겨날 것이고, 알리지 않으면 주인이 죽을 것을 두려워했나이다. 그리하여 일부러 넘어져서 술잔을 쏟아 버렸던 바 주인은 크게 노하여 첩에게 매 50대를 때렸습지요. 한번 거짓으로 넘어져서 술을 쏟은 첩의 계교가 주인을 보호하고 주부도 보호한 것이니이다. 그러면서도 매맞는 일은 면하지를 못했습지요. 충신이면 죄를 얻을 리가 없다고 어떻게 말할 수 있겠나이까? 대체로 신의 허물이라고 하는 것 역시 말하자면 불행하게도 이와 같은 것이라고 하겠나이다."

연왕은 하는 수 없이 이렇게 대답했다.

"선생은 전과 같이 관직에 취임하오."

原文 臣聞 客有遠爲吏而其妻私於人者 其夫將來 其私者憂之 妻曰, 勿憂 吾已作藥酒待之矣. 居三日 其夫果至 妻使妾擧藥酒 進之. 妾欲言酒之有藥 則恐其逐主母也 欲勿言乎 則恐其殺主父 也. 於是乎詳僵而弃酒. 主父大怒 答之五十. 故妾一僵而覆酒 上 存主父 下存主母 然而不免於答 惡在乎忠信之無罪也. 夫臣之過不幸而類是乎. 燕王曰, 先生復就故官.

註解 ○妻私於人(처사어인) – 아내가 어떤 사나이와 사통(私通)하다. ○果至(과지) – 과연 이르렀다. 과연 돌아왔다. ○故官(고관) – 이전의 관직 (官職).

장의(張儀)의 혀 – 장의(張儀)

장의(張儀)는 학업을 마치자 제후들에게 유세를 하면서 돌아다녔다. 어느 때 초(楚)나라 재상과 술을 마시게 되었는데, 초나라 재상의 벽옥(璧玉)이 없어졌다. 재상의 빈객들은 장의를 의심하여,

"장의는 가난뱅이로 품행이 좋지 못하오. 재상의 구슬을 훔친 것은 반드시 그자의 소행일 것이오."

라며, 여럿이 장의를 붙들어서 매 수백 대를 호되게 쳤는데, 아무리 쳐도 자백하지 않으므로 매질을 그쳤다.

그의 아내가,

"아아, 당신이 독서・유세 같은 것을 하지 않았던들 이런 욕은 당하지 않았을 것을."

하고 탄식하니,

"내 혀가 있는지 보아 주오. 아직은 있는가."

하고 장의가 물었다.

아내는 웃으며,

"있습니다."

하고 대답하니, 장의는,

"그러면 안심이오."

라고 말하였다.

492

原文 張儀已學而游說諸侯. 嘗從楚相飲 已而楚相亡璧 門下意
張儀曰, 儀貧無行 必此盜相君之璧. 共執張儀 掠笞數百 不服 醳
之. 其妻曰, 嘻. 子毋讀書游說 安得此辱乎. 張儀謂其妻曰, 視吾
舌尚在不. 其妻笑曰, 舌在也. 儀曰, 足矣.

註解 ○相飲(상음)-재상과 함께 술을 마시다. ○共執(공집)-함께 붙
잡다. ○醳(석)-용서하다.

현손(玄孫)의 손자-맹상군(孟嘗君)

전영(田嬰)에게는 아들이 40여 명 있었다. 신분이 천한 첩과의 사이
에 난 아들이 있었는데, 이름은 문(文)이라고 하였다. 전문은 5월 5일
에 났다. 전영은 전문의 어머니에게,

"아이를 키워서는 안된다."

라고 말했다. 하지만 그 어머니는 전문을 몰래 키웠다.

장성해서 전문은 형제의 주선으로 전영을 만나게 되었다. 전영은 전
문의 어머니에게 노여움을 터뜨렸다.

"나는 너에게 이 아들을 버리라고 하였는데 숨겨서까지 키운 것은
어쩐 일인고?"

전문이 머리를 조아리며 말하였다.

"아버님이 5월에 난 아들을 키우지 않으려고 한 것은 무슨 까닭입
니까?"

"5월에 난 아들을 키울 경우, 키가 문에 닿을 만하면 어버이를 죽인
다고 하기 때문이다."

"사람은 목숨을 하늘에서 받은 것일까요, 아니면 문에서 받은 것일
까요?"

전영은 대답하지 않고 있었다. 전문은 말했다.

"목숨을 하늘에서 얻었다면 아버님께서는 걱정할 필요가 없습니다. 목숨을 문에서 받았다면 문을 높이면 될 것이니 누가 그 높이를 따라 클 것입니까?"

"그런 소리는 하지 마라."

그뒤 얼마 안 지나 전문은 아버지에게 시간이 있을 때를 엿보아 물었다.

"아들의 아들은 무엇입니까?"

"손자다."

"손자의 손자는 무엇입니까?"

"현손이다."

"현손의 손자는 무엇입니까?"

"모르겠다."

"아버님은 정치에 관여하고 제(齊)나라 재상이 되어 오늘까지 3왕 (三王)에 이르렀는데, 그 동안 제나라 영토는 조금도 넓어지지 않았어도 아버님의 개인 집은 만 금의 부를 쌓았으며, 그러고도 문하에는 한 사람의 현인도 보이지 않습니다. '장수의 문중에는 반드시 장수가 있고, 재상의 문중에는 반드시 재상이 있다'고 들었습니다. 지금 아버님의 후궁들은 찬란한 비단을 입고 긴 치맛자락을 밟고 있는데 나라의 선비는 짧은 바지도 얻지 못하고, 첩들은 좋은 쌀밥과 고기를 먹고도 남아돌아가는데, 나라의 선비는 겨도 먹지 못해 합니다. 이제 아버님은 이 위에 저축을 더하고, 더 저장하여 그것을 알지도 못하는 어느 자손에게 주려고 나라가 나날이 여위는 것을 잊어버리고 계십니까. 저는 은근히 마음에 이상함을 느껴 견딜 수 없습니다."

이 말을 듣고 전영은 전문을 대우하여 가사를 돌보게 하고 식객을 접대케 하였다. 식객은 날로 불어났고 그의 이름은 제후 사이에 널리 퍼졌다. [이 전문이 바로 뒤에 전국(戰國) 사공자(四公子) 중에서도 첫머리에 오르는 맹상군(孟嘗君)이다.]

原文 初田嬰有子四十餘人 其賤妾有子名文 文以五月五日生. 嬰告其母曰, 勿擧也. 其母竊擧生之. 及長 其母因兄弟而見其子文 於田嬰. 田嬰怒其母曰, 吾令若去此子 而敢生之 何也. 文頓首 因 曰, 君所以不擧五月子者 何故. 嬰曰, 五月子者 長與戶齊 將不利 其父母. 文曰, 人生受命於天乎. 將受命於戶邪. 嬰默然. 文曰, 必 受命於天 君何憂焉. 必受命於戶 則可高其戶耳 誰能至者. 嬰曰, 子休矣.

久之 文承間問其父嬰曰, 子之子爲何. 曰, 爲孫. 孫之孫爲何. 曰, 爲玄孫. 玄孫之孫爲何. 曰, 不能知也. 文曰, 君用事相齊 至今 三王矣. 齊不加廣而君私家富累萬金 門下不見一賢者. 文聞將門 必有將 相門必有相. 今君後宮蹈綺縠而士不得 僕妾餘粱肉而士不 厭糟穅. 今君又尙厚積餘藏 欲以遺所不知何人 而忘公家之事日損 文竊怪之. 於是嬰迺禮文 使主家待賓客. 賓客日進 名聲聞於諸侯.

註解 ㅇ田嬰(전영)-제나라의 귀족. 정곽군(靖郭君). ㅇ文(문)-전문 (田文). 전영의 서자(庶子). 맹상군(孟嘗君)의 이름이다. ㅇ擧(거)-버리 다. ㅇ長與戶齊(장여호제)-자라서 키가 문 위에 닿다. ㅇ三王(삼왕)-전 영이 재상이 되어 섬겼던 제나라의 3대 왕들. 즉 위왕(威王)·선왕(宣王)· 민왕(湣王).

나무 우상(偶像)과 흙 우상 - 맹상군(孟嘗君)

맹상군(孟嘗君)은 초청에 응하여 진(秦)나라로 가려고 하였다. 식객

들은 누구나 다 가는 것을 찬성하지 않고 위험하다고 간했으나 듣지
않았다. 소대(蘇代)가 말하였다.

"오늘 아침에 제가 밖에서 이곳으로 올 때 나무로 만들어진 우상과
흙으로 만들어진 우상이 얘기하는 것을 들었습니다. 나무 우상이
말하기를 '비가 오면 그대는 이제 곧 무너져 버릴 것이다' 하였습니
다. 흙 우상이 말하기를 '나는 본디 흙에서 생긴 자이니 무너지면
흙으로 돌아갈 뿐이다. 그대는 지금 비가 와서 떠내려가면 어디까
지 가려는지 모른다'고 하더군요. 진나라는 호랑이와 같은 나라인데,
공(公)께서는 굳이 가려고 하십니다. 만약 돌아오지 못하는 일이라
도 있으면 흙 우상에게도 웃음거리가 되지 않겠습니까?"

이에 맹상군은 진나라로 가는 것을 단념했다.

原文 孟嘗君將入秦 賓客莫欲其行 諫 不聽. 蘇代謂曰, 今旦代
從外來 見木禺人與土禺人相與語. 木禺人曰, 天雨子將敗矣. 土禺
人曰, 我生於土 敗則歸土. 今天雨 流子而行 未知所止息也. 今秦
虎狼之國也 而君欲往 如有不得還 君得無爲土禺人所笑乎. 孟嘗
君乃止.

註解 ○莫欲(막욕)-원하지 않다. ○蘇代(소대)-전국시대의 유세가
(遊說家). 소진(蘇秦)의 동생이다. ○木禺(목우)-나무로 만든 우상. ○土
禺(토우)-흙으로 만든 우상.

세상이 다 취했다 - 굴원가생(屈原賈生)

초(楚)나라 재상 자란(子蘭)은 굴원(屈原)이 자기를 미워한다는 말
을 듣고 크게 노하여 상관대부(上官大夫)를 시켜 굴원을 경양왕(頃襄

王)에게 무고하였다. 왕은 노하여 굴원을 강남(江南)으로 내쫓았다. 굴원은 양자강(揚子江)에 이르러 머리카락을 풀어 흐트린 채 물이 흐르는 강가에서 노래를 읊으며 방황하였다. 안색은 초췌하고 그 몸은 말라서 고목과 같았다.

한 어부가 물었다.

"아니, 공(公)은 삼려대부(三閭大夫 : 楚의 王族 三姓)가 아니십니까. 어찌하여 이런 데를 오셨습니까?"

"세상이 다 혼탁한데 나만 홀로 깨끗하고, 뭇사람이 다 취해 있는데, 나만 홀로 깨어 있어서 추방을 당했다네."

"성인은 사물에 구애받지 않고 시세를 따라 잘 처세한답니다. 세상이 다 혼탁하면 어째서 그 흐름을 따라 그 물결에 실리지 않습니까. 뭇사람이 다 취해 있으면 어째서 그 찌꺼기와 거르고 난 술이라도 마시지 않습니까? 어째서 근(瑾)·유(瑜 : 둘 다 美玉)의 재능을 가지셨으면서 스스로 추방당하는 일을 하셨습니까?"

"머리를 감는 자는 반드시 관의 먼지를 새로 털고, 목욕하는 자는 반드시 옷의 먼지를 새로 턴다고 하였네. 누가 그 깨끗한 몸을 때와 먼지로 더럽히려고 하겠는가. 차라리 양자강에 몸을 던져 고기 뱃속에 장사를 지내는 것이 나으리라. 또 어찌하여 희고 흰 결백한 몸으로 세속의 검은 먼지를 뒤집어쓰겠는가?"

原文 令尹子蘭聞之大怒 卒使上官大夫短屈原於頃襄王 頃襄王怒而遷之. 屈原至於江濱 被髮行吟澤畔. 顔色憔悴 形容枯槁. 漁父見而問之曰, 子非三閭大夫歟. 何故而至此. 屈原曰, 擧世混濁而我獨淸 衆人皆醉而我獨醒 是以見放. 漁父曰, 夫聖人者 不凝滯於物而能與世推移. 擧世混濁 何不隨其流 而揚其波. 衆人皆醉 何不餔其糟而啜其醨. 何故懷瑾握瑜 而自令見放爲. 屈原曰, 吾聞

之 新沐者必彈冠 新浴者必振衣 人又誰能以身之察察 受物之汶
汶者乎. 寧赴常流 而葬乎江魚腹中耳 又案能以晧晧之白而蒙世俗
之溫蠖乎.

註解 ○子蘭(자란)-초나라 영윤(令尹). 즉 재상(宰相). ○屈原(굴원)-
초나라 귀족. 대부(大夫). ○被髮(피발)-머리를 풀어 산발하다. ○三閭大
夫(삼려대부)-굴원의 존칭. ○不凝滯(불응체)-구애받지 아니하다. ○不
隨(불수)-따르지 않다.

제자백가 연보(諸子百家 年譜)

　　제자백가의 사적에 관해서는 명확하지 않
은 데가 많다. 춘추전국 시대를 정점으로 하
여 수없이 명멸해 간 사상가들, 중국 사상의
기틀이 되기도 하는 이들의 발자취를 역사의
일몰(日沒)에 따라 살펴보았음을 밝혀둔다.

서주(西周)

기원전 1100년경   무왕(武王)이 은(殷)을 멸하고 주(周)를 세우다. 백이(伯夷)·숙제(叔齊), 수양산에서 굶어 죽다.

841년   여왕(厲王)의 폭정으로 국민이 왕을 추방, 공화백(共和伯)의 정치를 하다. 《사기(史記)》는 이때부터 연표(年表) 시작하다.

춘추시대(春秋時代 : 東周 前期) ′

770년   평왕(平王)이 견융(犬戎)에게 쫓겨 동부의 낙읍(洛邑)으로 도읍을 옮기다.

722년   **공자**(孔子)가 만든 역사책 《춘추(春秋)》는 이해부터 시작되다.

685년   제(齊)에 환공(桓公)이 즉위하고, **관중**(管仲)이 재상에 오르다.

681년   제환공이 노장공(魯莊公)과 가(柯)에서 회맹하고, 조말(曹沫)에게 협박당하여 영토를 반환하다.

679년   제환공이 패권(覇權)을 잡다.

645년   관중 죽다.

643년   제환공 죽다.

638년   송양공(宋襄公)이 초(楚)를 위해 사양하다가 홍(泓)에서 패전하다('宋襄之仁' 出典).

636년   진(晉)에 문공(文公)이 즉위하다.

632년   진문공이 제후와 함께 초군(楚軍)을 성복(城濮)에서 무찌르다. 문공은 제후와 천토(踐土)에서 회맹하고 패권을 잡다.

623년   진목공(秦穆公)이 서융(西戎)의 패자가 되다.

602년   황하의 흐름이 이동하다 (제1회 변천).

598년   초장왕(楚莊王)이 제후와 진릉(辰陵)에서 회맹하고 패권을 잡다.

585년	오(吳)에 수몽(壽夢)이 즉위하다.
579년	송(宋)의 대부 화원(華元)이 진(晋)·초(楚) 사이를 왕래하며 평화 공작을 하다.
552년	공자가 노(魯)에서 태어나다.
547년	제(齊)의 경공(景公)이 즉위하여 **사마양저**(司馬穰苴)를 등용하다.
543년	**자산**(子産)이 정(鄭)의 집정이 되다.
539년	제(齊)의 **안영**(晏嬰)이 사자로 진(晋)에 가다.
522년	초(楚)의 **오자서**(伍子胥)가 오(吳)에 망명하다.
515년	오(吳)의 합려(闔廬)가 전제(專諸)에게 왕(王) 요(僚)를 죽이게 하고 즉위하다.
510년	오(吳)가 처음으로 월(越)을 공격하다.
496년	월왕(越王) 구천(勾踐)이 오군(吳軍)을 격파하다. 오왕(吳王) 합려는 부상당해 죽고 부차(夫差)가 이어 즉위하다.
494년	오왕 부차가 월왕 구천을 격파하고 회계산(會稽山)에 유폐하다.
484년	오자서, 자결을 명령받다.
482년	오왕 부차가 황지(黃池)에서 중원(中原)의 제후와 회맹하다.
479년	공자 74세로 죽다. 이에 앞서 2년 전 노애공(魯哀公)이 서방에 사냥나가 인(麟)을 잡았다는 소식을 듣고 공자는 이때 《춘추(春秋)》의 집필을 중지했다.
478년	이 무렵 **묵자**(墨子)가 노(魯)에서 태어나다.
473년	월왕 구천이 숙적 오(吳)를 대파하고 패권을 잡다. 구천을 도운 범여(范蠡)는 오를 떠나고 3년 후에 구천 죽다.
458년	진(晋)의 육경(六卿)의 한 사람인 지백(知伯)이 조(趙)·한(韓)·위(魏) 등 3씨(三氏)와 함께 범씨(范氏)·중행씨(中行氏)를 멸하고 그밖의 땅을 분할하다.
453년	진(晋)의 한(韓)·위(魏)·조(趙) 3가(三家)가 지백을 멸하고

그 땅을 3분(三分)하다(三晉).

446년 위(魏)에 문후(文侯)가 즉위하다(397년까지 재위). **오기**(吳起)를 서하(西河)의 태수에 임용하다. 이회(李悝)에게 《법경(法經)》을 만들게 하다.

444년 묵자의 설득으로 초(楚)가 송(宋)의 공략 중지하다.

438년 송(宋)의 대부로 있던 묵자는 소공(昭公)의 간신 자한(子罕)의 계략으로 체포되다. 이 무렵의 20년 동안에 공자의 제자 **자공**(子貢)·**자하**(子夏)·**증자**(曾子) 등이 죽다.

415년 이 무렵 **자사**(子思)와 함께 노목공(魯穆公) 밑에 있었던 묵자는 제(齊)로 떠나다.

405년 제(齊)의 실권은 대부 전화(田和)의 손에 들어가다.

전국시대(戰國時代 : 東周 後期)

403년 한(韓)·위(魏)·조(趙) 3가(三家)가 국왕에 의해 각각 제후에 봉해지다.

397년 섭정(聶政)이 한(韓)의 재상 협누(俠累)를 죽이다.

394년 묵자는 이 무렵 초(楚)에서 죽다.

389년 이 무렵 **맹자**(孟子) 태어나다. 또한 진(秦)의 **상앙**(商鞅)도 이 무렵에 위(衛)에서 태어나다.

386년 제(齊)의 전화(田和)가 제후에 봉해지다.

384년 오기가 위(魏)에서 도망, 초(楚)에 가서 재상이 되었으나 3년 뒤 귀족 출신 대신들에게 살해되다. 이 무렵 **손빈**(孫臏)이 제(齊)에서 태어나다.

381년 묵가(墨家)의 거자(鉅子) **맹승**(孟勝)의 죽음으로 거자의 위치는 송(宋)의 **전양자**(田襄子)에게 양위되다.

376년 제(齊)의 전오(田午)가 국군(國君) 섬(剡)을 죽이고 전제(田

齊)를 시작함에 따라 이후 제의 제후는 여씨(呂氏) 대신 전씨 (田氏)가 되다.

370년	위(魏)에 혜왕(惠王)이 즉위하다 (319년까지 재위).
367년	조(趙)·위(魏)가 주(周)의 내분에 끼어들어 마침내 주를 동주 (東周)·서주(西周)의 소국(小國)으로 나누다.
362년	위(魏)의 도읍을 안읍(安邑)에서 대량(大梁)으로 옮기다.
361년	상앙, 위의 효공(孝公)에 등용되다.
360년	이 무렵 손빈과 방연(龐涓)은 함께 병법을 배웠으나 뒤에 가서 두 사람은 불구대천의 원수가 된다.
359년	진효공(秦孝公)이 상앙을 등용하여 변법(變法)을 실시하다.
355년	이 무렵 손빈은 위(魏)의 방연에게 무릎을 절단당했으나 뒤에 몰래 제(齊)의 사자와 만나 위를 탈출, 제의 장군 전기(田忌) 에게 몸을 맡기다.
354년	위(魏)가 조(趙)의 한단(邯鄲)을 포위하다.
352년	진(秦)의 상앙, 대양조(大良造)의 지위에 올라 위를 벌하고 안 읍(安邑)을 항복시키다.
344년	이 무렵의 위(魏)는 그 세력이 절정에 달하여 혜왕(惠王)은 봉 택(逢澤)에서 제후들과 회합하고 주천자(周天子)를 알현하다.
343년	제(齊)의 손빈, 마릉(馬陵)에서 위(魏)의 방연을 죽이고 위의 태자 신(申)을 사로잡다.
338년	진효공이 죽자 상앙은 자신이 제정한 거열형(車裂刑)으로 처 형되다.
337년	한(韓)의 재상 **신불해**(申不害) 죽다.
334년	위(魏)의 **혜시**(惠施) 재상이 되다.
333년	**소진**(蘇秦)은 합종(合縱)을 성립시키고 6국(六國)의 재상이 되었으나 이듬해 그가 조(趙)를 떠나자 합종은 깨어지다.
330년	이 무렵에 **순자**(荀子)가 조(趙)에서 태어나다.

328년 **장의**(張儀)가 연횡(連衡)을 주창하고 진(秦)의 재상이 되다.

326년 조(趙)의 무령왕(武靈王 : 299년까지 재위) 즉위하다.

325년 진(秦)의 혜문군(惠文君)이 처음으로 왕이라 칭하고 개원(改
元)하다.

322년 위혜왕(魏惠王)은 진(秦)의 대신 장의를 위의 대신으로 하고
진과 맺어지는 연횡정책을 취하다. 위의 전(前) 대신 혜시는
초(楚)로 망명하다.

320년 제위왕(齊魏王 : 357년 즉위)이 죽고 선왕(宣王 : 301년까지
재위)이 즉위하다. 맹자가 위혜왕(魏惠王)을 만나 왕도정치(王
道政治)를 설하는 것을 시작으로 그의 유세 시작되다.

319년 위(魏)의 합종과, 공손연(公孫衍)이 제(齊)·초(楚)·연(燕)·
조(趙)·한(韓) 5국의 지지를 얻어 위의 대신이 되고 장의는
진(秦)으로 추방되다.

318년 위의 양왕(襄王) 즉위했으나 맹자는 그의 인품에 실망, 제(齊)
로 가 선왕(宣王)의 신망을 얻다.

317년 조(趙)·한(韓)·위(魏)의 연합군이 진(秦)을 쳤으나 진의 대
승(大勝)으로 끝나다. 이 해에 진은 장의를 다시 대신으로 하
고, 소진은 제(齊)에서 죽음을 당하다.

314년 제(齊)는 연왕(燕王) 쾌(噲)와 재상 자지(子之)를 죽이고 그
전토를 정복하다.

312년 제(齊)의 연(燕) 점령정책(占領政策) 등으로 선왕(宣王)과 의
견이 맞지 않아 마침내 맹자는 제(齊)를 떠나고, 장의는 재차
위(魏)의 대신(大臣)이 되다.

309년 진(秦)은 저리질(樗里疾)·감무(甘茂)를 재상에 등용하다.

307년 진(秦)에 소양왕(昭襄王 : 251년까지 재위)이 즉위하여 위염
(魏冄)을 장군에 임명하다.

306년 초(楚)가 월(越)의 내란에 개입, 이를 멸망시키다.

305년   맹자가 각지를 돌아다니다 마침내 실망 끝에 고향 추(鄒)로 돌아가다.

299년   제(齊)의 맹상군(孟嘗君), 진(秦)의 대신이 되었으나 이듬해에 제로 돌아와 대신이 되어 한(韓)·위(魏)와 함께 진(秦)을 토벌하다. 이 무렵 제의 맹상군·조(趙)의 평원군(平原君)·위(魏)의 신릉군(信陵君)·초(楚)의 춘신군(春申君)을 사공자(四公子)로 불렀다.

298년   조(趙)의 혜문왕(惠文王)이 동생 승(勝)을 평원군(平原君)에 봉하다.

296년   초회왕(楚懷王), 진(秦)에서 죽다.

293년   진(秦)의 백기(白起)가 한(韓)·위군(魏軍)과 싸워 이궐(伊闕)에서 대승하다.

291년   진(秦)이 위염을 재상으로 하다.

289년   이 무렵에 **장자**(莊子), 제(齊)에서 죽다. 뒤에 진시황제(秦始皇帝)의 재상이 된 여불위(呂不韋), 한(韓)에서 태어나다.

288년   진(秦)의 소양왕(昭襄王), 스스로 '서제(西帝)'를 칭하고 제(齊)의 민왕(湣王)을 '동제(東帝)'라 칭했으나 3개월 뒤에 왕호(王號)로 복귀하다.

284년   연(燕)의 장군 악의(樂毅)는 제(齊)를 치고 도읍인 임치(臨淄)를 함락시키다.

283년   조(趙)의 인상여(藺相如)는 진(秦)의 사신으로 가 화씨벽(和氏璧)을 보전하여 돌아오다.

280년   진(秦)의 백기는 조(趙)를, 사마착(司馬錯)은 초(楚)를 치다. 이 무렵 **한비**(韓非)는 한(韓)에서, 이사(李斯)는 초(楚)에서 각각 태어나다.

279년   조(趙)의 장군 염파(廉頗)가 제(齊)를 공격하다. 한편 제(齊)의 전단(田單)은 즉묵(卽墨)에서 항전했고 연(燕)의 침략지를 탈환하다.

278년 초(楚)의 **굴원**(屈原)이 회왕(懷王)을 사모하던 끝에 멱라(汨羅)에서 투신 자살하다. 순자는 50세에 처음으로 유세에 나와 제(齊)에 이르다.

276년 위(魏)의 안리왕(安釐王)이 동생 무기(無忌)를 신릉군(信陵君)에 봉하다.

275년 위(魏)는 진(秦)에게 잇단 공격을 받고 그 땅을 빼앗기다.

270년 조(趙)의 장군 조사(趙奢)가 진군(秦軍)을 격퇴하고 마복군(馬服君)에 봉해지다. 범수(范雎)가 진(秦)에서 원교근공책(遠交近攻策)을 가르치다.

266년 진(秦)은 범수를 대신으로 하여 응후(應侯)로 봉하다. 소양왕(昭襄王)은 그의 정책을 높이 평가하여 옛 대신들을 추방하다.

265년 평원군(平原君)이 조(趙)의 재상이 되다.

264년 이 무렵 순자는 진(秦)의 범수를 만나 정치를 논했으나 곧 떠나다.

262년 순자는 태어난 조(趙)로 돌아가 효성왕(孝成王)을 알현하고, 그의 면전에서 임무군(臨武君)과 병론(兵論)하다. 초(楚)가 황헐(黃歇)을 재상으로 하여 춘신군(春申君)에 봉하다.

260년 진(秦)의 백기가 장평(長平)에서 조군(趙軍)에 대승하다. 이 무렵 순자는 다시 제(齊)로 가다. 한비·이사가 함께 순자의 문하에 들어가 배운 것도 이 무렵의 일이다.

257년 진군(秦軍)이 조(趙)의 도읍 한단을 포위하고 노중련(魯仲連)이 조(趙)로 오다. 평원군의 요청으로 위(魏)의 신릉군과 초(楚)의 춘신군이 한단의 포위를 풀다.

256년 제(齊)에서 중상 모략을 받은 순자는 초(楚)의 춘신군 아래 몸을 의탁, 난릉(蘭陵)의 땅 장관이 되어 노령으로 이곳에서 학구와 교육 생활로 들어가다. 이해에 진(秦)은 주(周)를 멸하다.

전국시대의 종말이 가까워 오다.

255년 진(秦)이 범수를 물러나게 하고 채택(蔡澤)을 재상에 임명하다.

254년 진(秦)이 위(魏)를 토벌하고, 위는 진의 명령을 듣기에 이르다.

251년 이 무렵에 공손룡(公孫龍)이 죽다. 여불위가 조(趙)에 인질로 가있는 진공자(秦公子) 자초(子楚)에게 접근하다. 공자(公子)는 뒤에 장양왕(莊襄王)으로 즉위하며 진시황의 아버지이다.

249년 진(秦)에 장양왕이 즉위하고, 여불위는 상국(相國)이 되어 문신후(文信侯)에 봉해지고 낙양(洛陽) 10만 호(戶)의 봉읍을 받다. 이해에 진은 동주(東周)를 멸하고, 초(楚)는 노(魯)를 멸하다.

247년 초(楚)에서 온 이사가 여불위의 가신이 되어 뒤에 진시황과 접하기에 이른다. 위(魏)의 신릉군이 5개국의 병사를 이끌고 진을 공격, 하내(河內)에서 무찌르다.

246년 진왕(秦王) 정(政 : 시황제)이 즉위하다.

243년 위의 신릉군이 죽다.

241년 초(楚)·위(魏)·조(趙)·한(韓)·연(燕) 5국이 합종(合縱), 초가 지도국이 되어 진(秦)을 공략했으나 함곡관(函谷關)에서 패하고, 초는 도읍을 진(陳)에서 수춘(壽春)으로 옮기다.

240년 여불위가 《여씨춘추(呂氏春秋)》를 짓다.

238년 초(楚)의 춘신군, 이원(李園) 때문에 죽음을 당하다.

237년 여불위, 가신 노애(嫪毐)가 태후와 사통한 데 관계되었음이 드러나 재상 자리에서 물러났고 2년 뒤 자살하다.

236년 진(秦)의 장군 왕전(王翦)이 조(趙)를 공격하다.

233년 한비가 이사에게 중상당하여 자살을 강요받다.

230년 한(韓)이 진(秦)에 멸망당하다.

228년 진(秦)의 왕전이 조(趙)의 한단을 함락시키다(趙는 222년에 완전히 멸망).

227년   연(燕)의 태자 단(丹)이 형가(荊軻)를 시켜 진왕(秦王) 정을
        자살(刺殺)하려다 실패하다.
225년   위(魏)가 진(秦)에 멸망당하다.
223년   진(秦)은 초(楚)·조(趙)·연(燕)을 차례로 멸망시킨 뒤 마침
        내 제(齊)도 멸망시키고 천하를 통일하다.

新譯 諸子百家

初版 印刷 ● 1999年　4月　25日
初版 發行 ● 1999年　5月　　1日

共撰譯 ● 金　瑩　洙
　　　　安　吉　煥

發行者 ● 金　東　求

發行處 ● 明　文　堂
　　　　서울특별시 종로구 안국동 17~8
　　　　대체　010041-31-0516013
　　　　전화　(영) 733-3039, 734-4798
　　　　　　　(편) 733-4748
　　　　FAX　734-9209
　　　　등록　1977. 11. 19. 제1~148호

● 낙장 및 파본은 교환해 드립니다.
● 불허복제 · 판권 본사 소유.

값　12,000원
ISBN 89-7270-595-0　93150